SIMON PORTIUS

GRAMMATICA
LINGUÆ GRÆCÆ VULGARIS

REPRODUCTION DE L'ÉDITION DE 1638

SUIVIE D'UN

COMMENTAIRE GRAMMATICAL ET HISTORIQUE

PAR

WILHELM MEYER
PROFESSEUR A L'UNIVERSITÉ D'IÉNA

AVEC UNE INTRODUCTION

DE

JEAN PSICHARI
MAITRE DE CONFÉRENCES DE LANGUE NÉO-GRECQUE
A L'ÉCOLE DES HAUTES ÉTUDES

PARIS

F. VIEWEG, LIBRAIRE-ÉDITEUR

E. BOUILLON ET E. VIEWEG, SUCCESSEURS

67, RUE DE RICHELIEU, 67

———

1889

Forme le 78ᵉ fascicule de la Bibliothèque de l'Ecole des Hautes Etudes.

EN VENTE A LA MÊME LIBRAIRIE

BIBLIOTHÈQUE DE L'ÉCOLE PRATIQUE DES HAUTES ÉTUDES, publiée sous les auspices du Ministère de l'instruction publique. Format in-8° raisin.

1. La Stratification du langage, par Max Müller, traduit par L. Havet. — La Chronologie dans la formation des langues indo-germaniques, par G. Curtius, traduit par A. Bergaigne, membre de l'Institut. 4 fr.
2. Études sur les Pagi de la Gaule, par A. Longnon, membre de l'Institut. 1re part. : l'Astenois, le Boulonnais et le Ternois, avec 2 cartes. Épuisé.
3. Notes critiques sur Colluthus, par E. Tournier. 1 fr. 50
4. Nouvel Essai sur la formation du pluriel brisé en arabe, par Stanislas Guyard. 2 fr.
5. Anciens glossaires romans, corrigés et expliqués par F. Diez. Traduit par A. Bauer. 4 fr. 75
6. Des formes de la conjugaison en égyptien antique, en démotique et en copte, par G. Maspero, membre de l'Institut. 10 fr.
7. La vie de Saint Alexis, textes des XIe, XIIe, XIIIe et XIVe siècles, publiés par G. Paris, membre de l'Institut, et L. Pannier. Épuisé.
8. Études critiques sur les sources de l'histoire mérovingienne, par Gabriel Monod, et par les membres de la Conférence d'histoire. 6 fr.
9. Le Bhâminî-Vilâsa, texte sanscrit, publié avec une traduction et des notes par Abel Bergaigne, membre de l'Institut. 8 fr.
10. Exercices critiques de la Conférence de philologie grecque, recueillis et rédigés par E. Tournier. 10 fr.
11. Études sur les Pagi de la Gaule, par A. Longnon, membre de l'Institut. 2e partie : les Pagi du diocèse de Reims, avec 4 cartes. 7 fr. 50
12. Du genre épistolaire chez les anciens Égyptiens de l'époque pharaonique, par G. Maspero, membre de l'Institut. 10 fr.
13. La Procédure de la Lex Salica: Étude sur le droit Frank (la fidejussio dans la législation Franke ; — les Sacebarons ; — la glosse malbergique), travaux de M. R. Sohm, professeur à l'Université de Strasbourg. Traduit par M. Thévenin. 7 fr.
14. Itinéraire des Dix Mille. Étude topographique par F. Robiou, professeur à la Faculté des lettres de Rennes, avec 3 cartes. 6 fr.
15. Étude sur Pline le jeune, par T. Mommsen, traduit par C. Morel. 4 fr.
16. Du C dans les langues romanes, par C. Joret. 12 fr.
17. Cicéron. Epistolæ ad Familiares. Notice sur un manuscrit du XIIe siècle par C. Thurot, membre de l'Institut. 3 fr.
18. Étude sur les Comtes et Vicomtes de Limoges antérieurs à l'an 1000, par R. de Lasteyrie. 5 fr.
19. De la formation des mots composés en français, par A. Darmesteter. Épuisé.
20. Quintilien, institution oratoire, collation d'un manuscrit du Xe siècle, par E. Chatelain et J. Le Coultre. 3 fr.
21. Hymne à Ammon-Ra des papyrus égyptiens du musée de Boulaq, traduit et commenté par E. Grébaut. 22 fr.
22. Pleurs de Philippe le Solitaire, poème en vers politiques publié dans le texte pour la première fois d'après six mss. de la Bibliothèque nationale par l'abbé E. Auvray. 3 fr. 75
23. Haurvatât et Ameretât. Essai sur la mythologie de l'Avesta, par J. Darmesteter. 4 fr.
24. Précis de la Déclinaison latine, par M. F. Bücheler, traduit de l'allemand par L. Havet, enrichi d'additions communiquées par l'auteur, avec une préface du traducteur. Épuisé.
25. Anis el-'Ochchâq, traité des termes figurés relatifs à la description de la beauté, par Cheref-eddîn-Râmi, traduit du persan et annoté par C. Huart. 5 fr. 50
26. Les Tables Eugubines. Texte, traduction et commentaire, avec une grammaire et une introduction historique, par M. Bréal, membre de l'Institut, professeur au Collège de France, accompagné d'un album de 13 planches photogravées. 30 fr.
27. Questions homériques, par F. Robiou. 6 fr.
28. Matériaux pour servir à l'histoire de la philosophie de l'Inde, par P. Regnaud, 1re partie. 9 fr.
29. Ormazd et Ahriman, leurs origines et leur histoire, par J. Darmesteter. 12 fr.
30. Les métaux dans les inscriptions égyptiennes, par C. R. Lepsius, traduit par W. Berend, avec des additions de l'auteur et accompagné de 2 pl. 12 fr.
31. Histoire de la ville de Saint-Omer et de ses institutions jusqu'au XIVe siècle par A. Giry. 20 fr.
32. Essai sur le règne de Trajan, par C. de la Berge. 12 fr.
33. Études sur l'industrie et la classe industrielle à Paris au XIIIe et au XIVe siècle, par G. Fagniez. 12 fr.
34. Matériaux pour servir à l'histoire de la philosophie de l'Inde, par P. Regnaud, 2e partie. 10 fr.
35. Mélanges publiés par la section historique et philologique. Avec 10 planches gravées. 15 fr.
36. La religion védique d'après les hymnes du Rig-Veda, par A. Bergaigne, tome 1er. 12 fr.
37. Histoire critique des règnes de Childérich et de Chlodovech, par M. Junghans, traduit par J. Monod, et augmenté d'une introduction et de notes nouvelles. 6 fr.
38. Les Monuments égyptiens de la Bibliothèque nationale (cabinet des médailles et antiques). 1re partie, par E. Ledrain. 12 fr.
39. L'Inscription de Bavian, texte, traduction et commentaire philologique, avec trois appendices et un glossaire, par H. Pognon, 1re partie. 6 fr.
40. Patois de la commune de Vionnaz (Bas-Valais), par J. Gilliéron, accompagné d'une carte. 7 fr. 50
41. Le Querolus, comédie latine anonyme, par L. Havet. 12 fr.
42. L'Inscription de Bavian, texte, traduction et commentaire philologique, avec trois appendices et un glossaire, par H. Pognon, 2e partie. 8 fr.
43. De Saturnio latinorum versu scripsit L. Havet. 15 fr.

S. PORTII
GRAMMATICA LINGUÆ GRÆCÆ VULGARIS

Paris. — Imp. A. LANIER ET SES FILS, 14, rue Séguier.

BIBLIOTHÈQUE
DE L'ÉCOLE
DES HAUTES ÉTUDES

PUBLIÉE SOUS LES AUSPICES

DU MINISTÈRE DE L'INSTRUCTION PUBLIQUE

SCIENCES PHILOLOGIQUES ET HISTORIQUES

SOIXANTE DIX-HUITIÈME FASCICULE

SIMON PORTIUS. — ΓΡΑΜΜΑΤΙΚΗ ΤΗΣ ΡΩΜΑΙΚΗΣ ΓΛΩΣΣΑΣ. — GRAMMATICA LINGUÆ GRÆCÆ VULGARIS. — REPRODUCTION DE L'ÉDITION DE 1638, SUIVIE D'UN COMMENTAIRE GRAMMATICAL ET HISTORIQUE PAR WILHELM MEYER, PROFESSEUR A L'UNIVERSITÉ D'IÉNA ; AVEC UNE INTRODUCTION DE M. JEAN PSICHARI, MAITRE DE CONFÉRENCES DE LANGUE NÉO-GRECQUE A L'ÉCOLE DES HAUTES ÉTUDES.

PARIS
F. VIEWEG, LIBRAIRE-ÉDITEUR

E. BOUILLON ET E. VIEWEG, SUCCESSEURS

67, RUE DE RICHELIEU, 67

1889

ΓΡΑΜΜΑΤΙΚΗ
ΤΗΣ ΡΩΜΑΙΚΗΣ
γλώσσας.

GRAMMATICA
LINGVÆ GRÆCÆ
VVLGARIS.

Auctore SIMONE PORTIO Romano
Doctore Theologo.

(ICI UNE CORBEILLE DE FLEURS)

PARISIIS,
Sumptibus Societatis Typographicæ Librorum Officij Ecclefiaſtici, Iuſſu Regis
conſtitutæ.

M. DC. XXXVIII.
Cum Priuilegio Regis.

SIMON PORTIUS

GRAMMATICA
LINGUÆ GRÆCÆ VULGARIS

REPRODUCTION DE L'ÉDITION DE 1638

SUIVIE D'UN

COMMENTAIRE GRAMMATICAL ET HISTORIQUE

PAR

WILHELM MEYER
PROFESSEUR A L'UNIVERSITÉ D'IÉNA

AVEC UNE INTRODUCTION

DE

JEAN PSICHARI
MAITRE DE CONFÉRENCES DE LANGUE NÉO-GRECQUE
A L'ÉCOLE DES HAUTES ÉTUDES

PARIS

F. VIEWEG, LIBRAIRE-ÉDITEUR

E. BOUILLON ET E. VIEWEG, SUCCESSEURS

67, RUE DE RICHELIEU, 67

1889

LETTRE A M. WILHELM MEYER

POUR SERVIR D'INTRODUCTION A LA

GRAMMAIRE DE SIMON PORTIUS

Mon cher Ami,

Lorsque, pendant l'année scolaire 1885-86, vous m'avez fait l'honneur de suivre mes conférences de Langue néogrecque à l'Ecole des Hautes-Etudes, vous étiez déjà un maître dans le domaine des langues romanes [1]; vous n'avez donc pas tardé à vous familiariser avec le domaine plus restreint de nos études. Vous étiez professeur à l'Université de Zürich; vous aviez quitté votre belle patrie suisse pour passer un hiver avec nous. C'était une preuve de sympathie que vous nous donniez là, ainsi qu'aux lettres françaises; le souvenir nous en est resté cher. L'année même où vous

---

[1] Le lecteur nous sera sans doute reconnaissant de la courte notice bibliographique que nous donnons ici des principales productions de M.W. Meyer: Die Schicksale des lateinischen Neutrums im romanischen. Halle, 1883, 176 p. in-8°. — Beiträge zur romanischen Laut- und Formenlehre. I. Die Behandlung tonloser Pænultima. Zeitschrift für rom. Philol. VIII, 205-242. — II. Zur Geschichte des Perfekts, ibid., IX, 225-267. — Cy, Ty im Italiänischen, ibid., VIII, 302. — Zur Deklination, ibid., VIII, 304. — Zu den Auslautgesetzen, ibid., IX, 143. — Franko-italiänische Studien, ibid., IX, 597-640; X, 22-55, 363-410. — Romanische Etymologien, ibid., X, 171-174; XI, 250-257. — Die lateinische Sprache in den romanischen Ländern, Grüber, Grundriss für romanische Philologie, I, 351-382. — Italiänische Grammatik, historische Laut- und Formenlehre (mit Ausschluss der betonten Vokale), ibid., I, 526-560. — Italiänische Chrestomathie mit litteraturgeschichtlichen Einleitungen und biographischen Notizen (im Verein mit G. Büller), Zürich, 1887, 400 p. in-8°. — De nombreux articles dans les périodiques suivants : K. Z. XVIII, 162-175; Litteraturblatt für germ. und rom. Philol., 1883; Deutsche Litteraturzcitung, 1884 et suiv.; Wochenschrift für klassische Philol., 1884, 1885; Zeitschrift für rom. Phil., VII et suiv.; Revue critique, 1887, p. 125, etc., etc.

cherchiez à vous initier à la connaissance du grec médiéval et moderne, vous étiez l'élève assidu du savant éminent qui préside notre section, de M. Gaston Paris. Il vous avait prié, de son côté, de faire à sa place, tous les lundis, le cours de latin vulgaire qu'il s'était proposé de faire lui-même cette année. C'est ainsi que pendant deux semestres vous avez enseigné en français dans notre Ecole. Vous étiez alors à l'âge où l'esprit s'ouvre à toutes les curiosités. Vous vouliez tout apprendre, élargir votre horizon sur tous les points. La grammaire comparée, la grammaire latine, le celtique, la mythographie même, tout vous tentait à la fois. C'est ainsi que vous avez été amené à vous occuper de néo-grec.

Je m'étais permis, à ce propos, de vous donner un conseil que je me suis réjoui de vous voir suivre. Pour acquérir des connaissances grammaticales solides et précises, pour vous assouplir au maniement des textes médiévaux et des formes modernes, je vous engageais à ne pas vous contenter de suivre mes modestes conférences, mais à vous attaquer de front à un travail personnel et de première main, où, voyant les choses par vous-même et touchant pour ainsi dire la science du doigt, vous pourriez faire une application nouvelle et pour vous inattendue de vos qualités de phonétiste et de grammairien. Vous savez que le but de notre enseignement est de développer l'esprit d'initiative chez nos auditeurs, de susciter des travaux originaux, de faire en quelque sorte de nos conférences de simples laboratoires scientifiques, où l'élève assiste à la formation de la science et contribue lui-même à la former. Vous partagiez déjà ces principes et j'ai eu le bonheur de vous persuader; d'autre part, Simon Portius attendait une réédition depuis 1638 et la nécessité d'un commentaire grammatical, accompagnant le texte, se faisait sentir tous les jours. Telles sont les circonstances qui ont donné naissance au présent volume. Il vous rappellera, maintenant que vous voici professeur à l'Université d'Iéna et exclusivement occupé de vos études romanes, le temps où vous lisiez Théodore Prodrome et l'année que vous avez passée au milieu de nous.

Vous avez l'amabilité de me demander une préface. Je n'ai pas à vous patronner auprès du public ni à vous servir d'introducteur. Je me contente de vous adresser cette simple lettre, moins solennelle qu'une Introduction, et que je vous écris parce qu'elle me donne une occasion de dire à vos lecteurs tout le bien que vous n'auriez pu leur dire de vous-même. Je vous dois d'ailleurs quelques explications. Je voudrais vous répéter ici les raisons qui m'avaient fait choisir Simon Portius comme champ spécial de votre activité. J'essaierai de faire ressortir en même temps l'utilité que le commentaire de ce texte peut avoir pour nos études à l'heure qu'il est, la façon dont vous avez conduit votre travail et les difficultés que rencontrerait aujourd'hui l'exécution d'une grammaire complète du néo-grec, menée suivant un plan méthodique et conforme aux exigences scientifiques, telles que celles-ci nous paraissent formulées dans les diverses grammaires consacrées soit à l'analyse de langues anciennes, comme le sanskrit, le grec ou le latin, soit de langues modernes, comme les langues romanes. Il ne sera pas non plus inutile de dire quelques mots du personnage même dont vous nous rendez le livre et dont vous avez redressé en tant d'endroits les erreurs d'interprétation et de langue.

I. Nous avons avant tout besoin aujourd'hui d'une grammaire du grec moderne, qui soit à la fois d'une utilité pratique pour les commençants désireux d'avoir une idée d'ensemble de cette langue, et qui repose aussi sur des bases scientifiques. Pour qu'un pareil ouvrage puisse être entrepris à l'heure qu'il est, il faudrait que nous eussions d'abord pour le néo-grec l'équivalent de la grammaire de M. Brugmann ou de M. G. Meyer pour le grec ancien ; ou bien, nous devrions pouvoir nous reporter à un ensemble de travaux aussi imposant et aussi considérable que ceux dont le français a été l'objet jusqu'ici. De cette façon, notre grammaire élémentaire pourrait être considérée à bon droit comme l'*abrégé* d'une grammaire plus complète, dont nous résumerions les résultats généraux, en nous dispensant d'entrer dans les détails. Mais telle n'est malheureusement pas la situation. Cette base nous fait encore défaut. Pour aborder une esquisse du système grammatical moderne, il nous faut cependant un point d'appui quelconque ;

si nous cherchions cet appui en nous-mêmes, si nous voulions nous fier à nos propres forces, si nous nous mettions un jour à notre table dans l'intention d'écrire la grammaire élémentaire dont je vous parle, nous ne tarderions pas à nous rendre compte des exigences nombreuses qu'une pareille tâche nous imposerait. Il nous faudrait vérifier chaque forme par nous-mêmes, la recueillir sur place et relier l'ensemble de ces renseignements en un faisceau serré qui nous présenterait ainsi la concordance des diverses parties entre elles, leur unité et leur harmonie. Dans ces conditions, il est plus sage et plus méthodique d'avoir recours à un guide : S. Portius s'offre à nous à point nommé. La langue moderne a peu varié depuis le XVIIe siècle ; nous trouverons donc dans notre auteur la généralité des formes encore usitées de nos jours. D'autre part, il est nécessaire de le redresser sur bien des points et de substituer, aux formes vieillies ou dialectales, celles dont la langue commune se sert à peu près constamment. Enfin, chacune de ces formes a besoin d'une interprétation scientifique. Nous obtenons ainsi le résultat que nous poursuivions : le commentaire, à côté du texte, nous présente le tableau des formes courantes et les rattache du même coup au développement historique du néo-grec. Seulement, la besogne est ici bien simplifiée : il suffit de s'en tenir au texte que nous avons sous les yeux et il ne s'agit plus d'embrasser dans sa généralité la langue qui se parle aujourd'hui.

Ces travaux préparatoires sont pour le moment tout indiqués. Moi-même, dans mes conférences, pour satisfaire à la demande de quelques-uns de mes auditeurs, j'ai commencé par interpréter successivement les deux grammaires de Sophianos et de Simon Portius, pensant ainsi faciliter à mes élèves cette vue d'ensemble qu'ils désiraient avoir de la langue moderne, avant de commencer l'étude du grec médiéval. Je n'osais pas encore, il y a trois ans, aborder un cours de grammaire élémentaire fait de première main et sans le secours d'un texte servant de base à nos explications. Je l'ose à peine aujourd'hui. Vous voyez que nous sommes bien loin de l'état florissant où se trouvent les langues romanes. Il convient même, à ce propos, de dissiper un malentendu qui se fait jour dans le public. On semble attendre, sur notre domaine, l'apparition d'une grammaire générale du néo-grec et des dialectes romaïques, entreprise à l'imitation et sur le modèle de la Grammaire de Frédéric Dietz, que vous vous proposez de reprendre et de refaire en ce moment même avec tant de courage et de succès. Sans doute, il sera un jour possible d'élever un monument pareil au néo-grec; mais ce jour n'est pas proche et, à voir le tour que prennent nos études, il se fera peut-être encore attendre un siècle ou deux. Vous en comprendrez mieux que personne les raisons.

Il faudrait d'abord que la langue actuellement parlée en Grèce, que la langue vivante fît l'objet d'une observation et, par conséquent, d'une analyse directes. Cela signifie que les formes courantes devraient être recueillies de la bouche même des sujets parlants et non prises au hasard dans les livres, dans des grammaires antérieures, ou admises sur un témoignage de seconde main et toujours sujet à caution, même alors qu'il provient d'un indigène, étranger aux travaux linguistiques et ne comprenant pas, quelle que soit d'ailleurs sa bonne volonté, la rigueur que la science doit apporter en pareilles matières. La plupart des grammaires du grec moderne sont réduites à puiser leurs renseignements à ces diverses sources. Quant elles sont faites par des étrangers, c'est là un mal nécessaire : l'étranger n'a pas les facilités d'un indigène pour prendre ses informations et diriger son enquête avec la méthode requise. D'autre part il n'y a pas eu jusqu'ici d'essai de ce genre fait par un linguiste grec. La constatation de l'état actuel de la langue vivante nous donnerait le premier substratum : ce serait le fondement même de l'édifice. Pour aboutir à l'explication des formes modernes, il est indispensable, en effet, d'avoir la description exacte et comme la photographie de ces formes, tant en ce qui concerne les sons que la morphologie elle-même. Nous apprendrions tout d'abord quelle est au juste la *qualité* des voyelles, dans quel cas *a o u e i* sont ouverts ou fermés et ce que l'accent ou la position exercent d'influence sur la fermeture ou l'ouverture des voyelles. Le tableau du vocalisme moderne n'a pas encore été dressé. Cela tient sans doute à ce que les travaux entrepris jusqu'ici ont toujours porté sur des questions de phonétique générale; c'est pourtant par là que toute étude aurait dû commencer; mais, pour avoir quelque valeur, elle aurait dû être faite sur les lieux mêmes. Nous n'avons à ce sujet que de rares renseignements. Les notations des voyelles, par exemple, δὲν ἐχὸ, mais δὲν τρὲχὸ (ou ἐχὸ, τρὲχὸ suivant les régions) ne sont guère passées dans l'usage et on les a négligées, probablement parce que l'on n'a pas encore compris l'importance de ces prétendus détails. M. Chatzidakis, qui est un linguiste de grand mérite, est surtout polémiste de sa nature. Ses premiers articles, auxquels la science doit beaucoup, ont été provoqués, on peut le dire, par M. Michel Deffner. C'est pour combattre les théories de M. Deffner que M. Chadzidakis a écrit ses belles pages. Il ne pouvait donc pas s'occuper des questions étrangères à ce débat. Aujourd'hui que la dispute a pris fin, aucune raison ne peut plus l'empêcher de nous donner les indications qu'on attend de lui.

C'est par l'observation attentive de la langue parlée, sténographiée au moment même de l'émission des sons, que nous connaîtrons les véritables lois du phonétisme moderne. Il règne à ce sujet les plus grands dissentiments. C'est que toutes ces discussions ont lieu sur le papier et ne descendent pas des hauteurs de la théorie. Il serait pourtant bien facile de clore le débat par la simple constatation des faits. Deux savants sont rarement d'accord sur une règle énoncée par l'un d'eux, et le public, qui est la victime de ces incertitudes, souffre de ne pouvoir être fixé sur un point de grammaire qui l'intéresse. Je pourrais vous citer plusieurs exemples. Bien des personnes se demandent si les groupes σθ, φχ, πτ, deviennent régulièrement στ, φκ, φτ dans la langue moderne, ou s'il est vrai que le ν de l'accusatif masculin ou féminin singulier de l'article ne subsiste que devant κ π τ et les voyelles. En réalité, il ne peut y avoir d'hésitation sur la matière: il suffit, pour se former une opinion, d'entendre parler les gens. Le mot εὐχαριστῶ, qui est d'origine savante, devient dans la bouche du peuple ἐφκαριστῶ, et chez ceux qui pratiquent l'aphérèse, φκαριστῶ. C'est une prononciation que j'ai recueillie en Orient, dans les régions les plus dissemblables phonétiquement et dans bien des centres : Constantinople, Athènes, Chio. C'est donc que cette loi est toujours en vigueur. Un jour que M. Palamas, l'intelligent directeur de la grande École nationale du Phanar, m'avait accordé l'autorisation d'assister à l'enseignement qui se fait dans les diverses classes de cet établissement, j'ai entendu dire à l'un des professeurs, pendant une explication de Théocrite, αἰστάνομαι, avec un *t* bien distinct, au lieu de αἰσθάνομαι. C'est là un témoignage d'autant plus précieux qu'il était involontaire : le professeur se servait de la langue savante et démontrait à ce moment-là même la légitimité de la prononciation moderne contre Erasme. Du même coup, il établissait sans le savoir la justesse de la loi régnante encore aujourd'hui : σθ = στ. Si nous considérons que dans ἐφχαριστῶ pour εὐχαριστῶ (= ἐφχαριστῶ) nous avons une spirante sourde et une explosive sourde à la place de deux spirantes sourdes consécutives, nous pouvons déduire de ce fait que les deux explosives πτ se changeront partout en φτ, c'est-à-dire en une spirante sourde suivie d'une explosive sourde. Ce phénomène n'est que le pendant et, pour ainsi dire, le corollaire du premier. Il vous sera également certifié par l'observation de la langue vivante : les personnes mêmes qui surveillent leur parole se laisseront aller à dire ἐχτός pour ἐκτός. Ce mot, qui est savant, nous fournit par cela même un témoignage d'autant plus sûr concernant la langue populaire et vous prouve que *kt* comme *pt* continuent toujours à se changer en χτ, φτ. La confirmation de toutes les règles phonétiques nous sera ainsi livrée par le seul relevé des formes de la conversation. J'ai vu que, dans le cours de votre Commentaire, vous avez été un moment embarrassé par le traitement du ν devant σ : vous vous demandiez si dans κόσολας pour *console, consul*, il n'y aurait pas une influence italienne et vous avez même été tenté, à l'origine, de remonter pour la chute de la nasale jusqu'au latin vulgaire. Nous avons, en effet, peu de combinaisons anciennes νσ ayant passé dans la langue moderne et nous permettant ainsi de vérifier ce phénomène; vous ne trouviez pas non plus dans les livres de renseignements précis à cet égard. L'étude de la langue parlée aurait dissipé tous vos doutes. Vous auriez vu tout d'abord que le ν de l'article tombe toujours devant le σ initial du substantif suivant, comme je me réserve de vous le dire tout à l'heure. Vous auriez été également frappé par la façon dont tous les Grecs, même quand ils parlent français, prononcent le nom de *Constantinople*: ils ne disent jamais autrement que *Costantinople*, parce que la forme Κωνσταντινούπολις, qui est une forme artificielle, devient forcément, dans la bouche du peuple et même des personnes instruites: Κωσταντινούπολις. Pour savoir si γ tombe régulièrement devant μ suivant, comme dans πρᾶμα, πραματεφτής, il faudrait également relever dans les conversations journalières tous les cas où ce γ, même dans les mots savants, ne se fait plus sentir.

Mais cette étude demanderait non seulement une grande finesse d'oreille, mais encore une extrême sagacité. La langue vivante est aussi difficile à connaître et exige, pour être connue, une investigation aussi méthodique que le patois d'un village. Vous savez que la notation scientifique d'une langue parlée, la distinction des éléments qui lui sont propres et de ceux qui lui sont venus du dehors constituent l'enquête la plus délicate à mener à bonne fin. Vous connaissez à ce sujet les idées de M. J. Gilliéron et de M. l'abbé Rousselot et ce qu'ils en ont dit l'un et l'autre dans la *Revue des patois gallo-romans*. Vous n'avez qu'à vous reporter à la remarquable introduction que M. l'abbé Rousselot a mise en tête du 1er fascicule, tome Ier. M. Gaston Paris a consacré à ces études de patois une longue série de réflexions que vous trouverez dans *Les Parlers de France*, lecture faite à la réunion des Sociétés savantes, le samedi 26 mai 1888, Paris, Imprimerie Nationale. Pour ne pas vous entretenir plus longuement sur ce sujet, qui a fait pendant tout un hiver l'objet de mon cours, permettez-moi de vous signaler ce que j'ai dit moi-même dans quelques opuscules tout récents: *Questions d'histoire et de linguistique* (discours destiné au Congrès du Syllogue hellénique philologique de Constantinople); *Observations sur la phonétique des patois* et leur influence sur les langues communes; *Observations sur la langue littéraire moderne; Observations sur quelques phénomènes de phonétique néo-grecque,* Paris, E. Leroux, 1888, etc., etc.

Suivant un principe que j'ai bien des fois essayé de mettre en lumière, quand une langue n'est pas encore fixée par l'écriture, peu de personnes savent comment elles parlent cette langue, et seuls les linguistes de profession sont capables de reconnaître et de noter les formes qui s'emploient journellement. Le français, tel qu'il se parle aujourd'hui, n'est pas une langue fixée par l'écriture : nous vivons toujours sur une orthographe de tradition. Si vous entrepreniez de noter phonétiquement la langue parlée, vous étonneriez bien du monde et l'on vous contesterait le bien fondé de vos assertions. Personne ne retrouvera, au premier abord, dans la transcription phonétique *letkašte,* les mots usuels *lettre cachetée.* Quelques-uns ne voudront même pas croire qu'ils prononcent de cette façon. Vous rencontreriez les mêmes difficultés en Grèce ; certaines formes d'observation délicate pourront échapper même à des linguistes. A Constantinople, on dit couramment κοσιένα, parce que le nom de nombre είκοσι, devenant ainsi quatrisyllabique, perd l'accent de l'antépénultième qui se trouve reculé sur la préantépénultième par l'adjonction de ένα, accentué ; c'est ainsi qu'on dira κάμερη, mais καμερήμου. Κοσιένα subit alors l'aphérèse et serait irrégulier sous toute autre forme. Les personnes qui ne se sont pas encore rendu compte de cette règle ne comprennent pas la raison d'être de ce phénomène, et, comme elles ne le prévoient pas, elles ne savent pas l'observer, parce qu'elles ont toujours dans l'esprit et dans l'oreille la forme accentuée είκοσι. Ce n'est pas seulement dans les villes que le langage devient difficile à étudier méthodiquement ; si vous voulez recueillir la langue d'un village, vous vous heurterez à bien d'autres obstacles ; le paysan qui aura voyagé niera l'existence des formes de son patois quand vous l'interrogerez directement sur ces formes, parce qu'il aura dans l'esprit les formes communes et que celles-ci lui feront toujours l'effet d'être les formes vraiment usitées et normales. En revanche, et par un singulier renversement des rôles, dans la langue commune, vous parviendrez avec beaucoup de peine à faire le relevé des formes courantes, parce qu'on s'est habitué à voir imprimées les formes de la langue savante seulement, si bien que celles-ci semblent seules répondre à la réalité. Comme il faut une certaine force d'analyse pour noter sa propre parole, tout le monde ne se sent pas capable de cet effort. Il est tout aussi difficile de savoir comment on parle que de se connaître soi-même.

En étudiant le grec moderne sur place, on remplirait la seconde condition préalable d'une grammaire générale. On reconnaîtrait l'existence d'une langue commune et on arriverait à en déterminer les caractères. Ne me demandez ni pourquoi ni comment quelques linguistes ont voulu nier l'existence d'une langue commune en Grèce. Il n'y a pas lieu d'insister sur cette opinion. Ce qui *a priori* paraît impossible, c'est qu'il puisse se rencontrer des langues qui ne soient pas communes. Supposez deux villages entièrement isolés et n'ayant de communications qu'entre eux. Chacun de ces villages a un patois bien distinct. Néanmoins il s'établira entre l'un et l'autre, au bout de quelque temps, une langue qui sera commune aux deux villages, c'est-à-dire une langue que comprendront indifféremment les gens qui parlent deux patois distincts. Si vous étendez les rapports de ces deux localités avec des localités voisines et les rapports de celles-ci avec les centres, vous arrivez facilement à la formation d'une langue commune. Tous les Grecs se comprennent entre eux, de quelque point qu'ils viennent: c'est donc qu'il y a une langue universellement connue et comprise en Grèce, en d'autres termes une langue commune. La persistance de certains types locaux bien caractérisés dans la bouche d'un seul individu n'a pas d'importance dans cette question spéciale. Un Grec de ma connaissance, vivant à Paris et parlant d'ailleurs une langue commune contaminée de formes savantes, ne peut s'empêcher de laisser passer de temps en temps dans la conversation la forme γνωρίντζω, qui révèle son origine chiote. C'est là une habitude individuelle, restée pour le moment sans influence sur la généralité des sujets parlants. Le système de la déclinaison et de la conjugaison, la lexicologie pour une grande part sont les mêmes pour tout le monde. Quelque différence essentielle que l'on puisse remarquer entre le tzaconien, le trébizontain et le chiote ou le dialecte des îles, le nominatif πατέρας est un nominatif connu de tout le monde, parce qu'il est *commun*. Je vous ai plus d'une fois engagé à indiquer, dans votre Commentaire, le paradigme communément usité, et vous l'avez fait en plus d'un endroit. S. Portius vous donnait l'exemple. Il parle lui-même du *communis usus* (19,12) par opposition à certaines particularités dialectales.

Ce qui serait d'un intérêt bien plus considérable, ce serait l'étude de divers dialectes modernes. Quand ces dialectes seront connus, le néo-grec nous apparaîtra dans son haut relief : il pourra rivaliser d'importance avec les langues romanes, et la grammaire générale dont je vous parlais au commencement de cette lettre pourra être faite alors seulement. Vous trouverez en Grèce, entre les idiomes variés qui se parlent en Tzaconie, à Trébizonde, dans les îles et en Macédoine, des différences caractéristiques aussi fortes que celles qui séparent, par exemple, le français, le portugais, l'italien et le roumain. Sans sortir de l'île de Chio, on peut déjà observer, entre les villages du Nord et ceux du Midi, souvent entre deux villages du Midi qui n'ont pas une même origine linguistique, la divergence que vous présentent le provençal et le français. Ce sont là des faits ignorés et l'on croit généralement que la Grèce est moins riche en diversités dialectales que les langues néo-latines. C'est une erreur. L'étendue géographique est moins grande et les dialectes grecs ne se sont pas constitués en pays distincts ; aussi nous offrent-ils l'apparence et nous donnent-ils l'illusion d'une surface uniforme où se reconnaissent çà et là seulement quelques traits dialectaux. Mais le champ d'études est beaucoup plus vaste et nous réserve des surprises infinies.

Vous saisissez dès maintenant l'intérêt multiple de cette étude. D'abord, elle rendra possible une grammaire *comparée* des dialectes néo-grecs ; tous les phénomènes phonétiques ou morphologiques, dont l'explication nous arrête encore, s'éclairciront par des rapprochements inattendus. Les phonétiques dialectales nous rendront compte de l'état de la langue commune. Bien plus, les patois nous reporteront à des moments linguistiques que la langue commune a déjà laissés derrière elle, à des étapes qu'elle a dépassées. Nous trouverons dans les patois grecs, rapprochés les uns des autres, toute l'histoire un instant stationnaire. Après la conquête d'Alexandre, lorsqu'une langue commune, effaçant ou absorbant en elle toutes les particularités locales, se fut étendue sur la Grèce entière comme une nappe d'eau immense, elle se transforma à son tour, s'altéra, prit des aspects différents suivant le caractère des pays où elle se déposa en quelque sorte. Mais la transformation ne se fit pas partout de la même façon. Certains patois peuvent encore nous offrir des états linguistiques du IIᵉ siècle de notre ère et, de siècle en siècle, nous rencontrerons, en descendant, toutes les nuances phonétiques suivant des dégradations insensibles. Chaque siècle se reflétera dans un patois encore retardataire. Comment ψιχί (ψυχή) a-t-il pu devenir, en Crète, ψί? Les villages nous expliquent ce changement, en nous fournissant les formes intermédiaires ψιʽί (je marque par l'esprit rude entre les deux ι ce qu'on noterait ailleurs par h: ψιhί), ψιί (les deux ι restent encore bien distincts), ψιⅈ́ (le second ι se *réduit*, c'est-à-dire qu'il ne devient pas *jod*, mais ne forme plus syllabe: c'est donc un ι qui tient le milieu entre l'ι voyelle et l'ι consonne, en d'autres termes un ι *réduit*), puis enfin ψί. J'ai recueilli, chez trois personnes d'âge différent (soixante, trente et dix ans), toutes trois originaires du même village, les états phonétiques suivants pour le mot πιί (= πηγή: il faut partir, dans ce village, de la forme sans γ intervocalique): πιί (soixante ans), πⅈ́ (trente ans), πί (dix ans). Cela nous montre comment la langue progresse au sein d'un même patois et comment les transformations s'opèrent: mes trois individus étaient unis l'un à l'autre par les liens de grand'mère, fille et petit-fils.

Dans ce même village de Pyrgi (Chio), j'ai pu constater la prononciation τολλόο (τὸν λόγον), qui repose sur une transmission directe remontant pour le moins au IIᵉ siècle avant notre ère. A une autre occasion, j'ai pu noter également, dans une locution toute faite, recueillie durant le récit d'un conte populaire, un ế, alors que cette prononciation était inconnue à ce patois. Cette prononciation avait évidemment voyagé avec le conte lui-même, et, par une persistance étrange qui nous ouvre un jour nouveau sur la transmission des formes du langage, ne s'était plus conservée que dans une sorte de formule consacrée. Ce phénomène doit être courant dans quelque patois. D'où vient ce é? La cause m'en échappe, parce que les informations dialectales nous font encore défaut. Leur comparaison seule pourra nous instruire. Je vous parlais tout à l'heure du ν de l'article et de la chute du ν final. Les patois ne nous laissent aucun doute sur le traitement de la nasale en néo-grec. A Pyrgi (Chio), le ν s'assimile à toute consonne suivante qui n'est pas κ π τ: il ne subsiste que devant voyelle. Ainsi donc on dira τοββασιλιά, τογγάμο, τοδδοῦλο, τηζζωή, τοθθεό, τολλόο, τομμῆνα, τοννοῦ, τορρῆα (ῥῆγα), τησσοῦβλα, τοφφίλο, τοχχοῖρο; mais τὸν ἄθρωπο, etc., *tombatéra*, *tondáfo*, *tongópo*, formes où le ν est successivement labial, dental et guttural. Le ν a le même traitement dans les verbes; ici, il disparaît quand il est final: ἔχου, λέου, etc. Nous voyons du même coup que la langue commune a dû traverser, à une certaine époque, le même état linguistique : seulement, comme la réduplication des consonnes a disparu partout, les combinaisons τοββ., etc., se sont réduites à τοβασιλιά, etc. Nous saisissons également la raison de la persistance de ν devant κ π τ. En somme, le ν s'est partout *assimilé* à la consonne suivante : devant χ ι (= *j, jod*) γ θ δ σ ζ φ β μ ν ρ λ, il s'est assimilé de façon à former double consonne ; devant κ π τ il n'a pu s'assimiler qu'en devenant guttural, labial ou dental, comme ces consonnes mêmes. C'est pourquoi il se prononce encore. Enfin, devant voyelles, il n'avait aucune raison de disparaître. Ainsi sa chute est bien régulière. Vous avez eu vous-même l'obligeance de renvoyer vos lecteurs à un passage où la question est traitée avec plus de développements (p. 92 de votre Commentaire). Si, maintenant, vous entendez jamais dire τὸ κόπο, vous saurez à quoi attribuer cette prononciation, qui est du reste fort rare et qui ne se rencontre pas dans la langue vraiment populaire. Vous ne pourrez la recueillir que chez les personnes dont la langue a été contaminée par l'influence savante. Comme elles ne se rendent plus compte de la valeur historique de la règle du ν final que je viens d'exposer, elles disent τὸ κόπο d'après τὸ βασιλιά, quand elles veulent parler comme le peuple. Le peuple ne fera jamais pareille faute et n'a pas encore admis ces doublets. Ainsi, par les rapprochements que nous fournissent les dialectes, l'histoire de la langue commune nous apparaît sous son vrai jour.

Il sera curieux de retrouver en Grèce, d'un bout à l'autre du territoire, dans les patois populaires, « cette vaste tapisserie dont les couleurs variées se fondent sur tous les points en nuances insensiblement dégradées » (Gaston Paris, *loc. cit.*, p. 4). La tapisserie sera ici interrompue dans son développement par les mers. Mais, si l'on part de ce point de vue que chaque région représente une langue aussi distincte des autres idiomes grecs, que les langues romanes par rapport les unes aux autres, on cherchera d'abord, dans l'intérieur de ces régions isolément observées, à retrouver les liens ou, pour mieux dire, les *traits* phonétiques qui sont communs à deux villages et qui les rattachent à tous les autres par une succession graduée de ressemblances. La plus grande erreur à laquelle on puisse être exposé dans ces recherches, c'est de parler des dialectes de Chio, de la Crète, de Chypre, de la Macédoine ou de toute autre région comme d'ensembles nous présentant un système grammatical homogène dans toutes ses parties, comme d'unités caractéristiques. Ces dialectes sont, à leur façon, des langues *communes*. Les divers patois de ces contrées ont contribué chacun à la formation de ces langues *centrales* qu'on étudie d'ordinaire dans les capitales et qu'on croit être répandues sur tout le territoire de Chio, de la Crète, etc. D'autres patois, la plupart du temps pour des raisons géographiques, ne sont pas arrivés jusqu'aux centres. Il faudra néanmoins retrouver les liens délicats qu'ont entre eux tous les villages d'une contrée. Ensuite, on reconnaîtra les traits qui unissent les *dialectes* en apparence les plus dissemblables et il sera facile de saisir tous les points de transition qui relient les îles au continent. La langue moderne nous apparaîtra ainsi dans toute son unité, et nous verrons qu'elle a une origine unique dans ses parties les plus éloignées : la langue commune du temps d'Alexandre.

Un profit immédiat à retirer de cette étude, ce sera de

constater une fois de plus l'influence que les patois exercent sur la formation des langues communes et les éléments hétérogènes qu'ils y introduisent. Deux systèmes phonétiques divergents ont souvent chacun leur représentant dans une langue commune. En français, nous disons couramment : *reine, veine*, mais *avoine et foin*; nous devrions dire ou bien *roine, voine, avoine, foin*, ou bien *reine, veine, aveine, fein*, pour rester dans la règle. Mais les formes *avoine, foin* n'ont pu qu'être importées à Paris d'une région phonétique où ce traitement est normal. Je m'avancerai jusqu'à dire que *moins* doit avoir la même provenance. De là cette confusion. Vous la retrouverez également en Grèce. Ces confusions sont inhérentes aux langues communes. Si nous ne tenons pas compte de ces influences, comment pourrons-nous expliquer le fait suivant? Διά en grec commun se dit γιά, alors que tous les groupes διο- διου- δια- sont restés. Cette irrégularité m'avait toujours frappé. En écoutant parler un jeune Tiniote à Constantinople, j'ai été étonné d'entendre dans sa bouche tous ces groupes devenir ιο- (*jo*), ιου-, ια-; ce fut pour moi comme un trait de lumière : la transformation était donc régulière dans son patois ! Pour γιά et *moins*, la situation est la même : ce sont des particules en grec comme en français. Je n'insiste pas sur un fait que j'ai essayé de présenter déjà au public, et je vous prierai encore de vous reporter à ce que j'en ai dit dans les opuscules dont je vous donnais les titres un peu plus haut. Comme la langue littéraire moderne, — je veux dire la langue vulgaire, — n'est pas encore fixée par l'écriture, vous entendrez, même dans l'usage courant, deux formes différentes pour un même mot : par exemple κάτω, κάτου; ces formes proviennent de régions phonétiques différentes et c'est ce que vous-même, un peu, je crois, à mon instigation, avez indiqué bien des fois dans le cours de votre Commentaire.

L'étude des patois, l'observation du phénomène phonétique au moment même où il vient à se produire, contiennent toute la philosophie du langage. La linguistique n'est plus alors une science de détail : elle nous renseigne directement sur l'âme humaine et sur le jeu secret des organes de la parole. Elle nous révèle un des côtés les plus saisissants de l'activité humaine, la production du langage. Elle nous dégage de la superstition de l'écriture. Elle nous fait voir, même pour les époques que n'atteint plus l'observation directe, parce qu'elles sont trop éloignées de nous, la façon dont les choses ont dû se passer. Un des principes que mon vénéré maître, M. Tournier, expose le plus souvent à ses conférences, un des principes certainement les plus féconds de la science moderne, c'est que, sur tous les domaines, quand il s'agit de nous représenter les faits historiques de l'antiquité même la plus reculée, les plus fortes analogies nous sont données par l'observation directe de la réalité présente, la plus familière et la plus banale. En étudiant les chansons populaires modernes, en assistant parfois au secret de leur composition, en en faisant une analyse linguistique détaillée, afin d'y reconnaître les divers éléments dialectaux que ces chansons se sont assimilés dans leur passage à travers tous les pays grecs, on parviendra peut-être à se faire une idée plus nette de la conception et de l'exécution des poèmes homériques. De même, en écoutant parler les paysans les plus incultes, en suivant de village en village les transformations graduelles d'un même son, on aura quelque chance de reconstruire les états phonétiques intermédiaires qui ont fait passer φιλέω à φιλῶ. Ces états existaient dans les divers villages de l'Attique et de l'Ionie; mais nul témoignage ne nous les a conservés. Nous pouvons aujourd'hui les rétablir par une déduction dont les bases se retrouvent dans les divers patois grecs. L'étude de la langue ancienne retirera, en effet, plus d'un avantage et plus d'un éclaircissement de la connaissance de la langue moderne et surtout de ses dialectes, pour mieux dire, de ses *patois*. A Pyrgi, par exemple, le traitement de l'ο et de l'ω est resté encore distinct : la consonne est redoublée après ο tonique dans στόμμα; elle reste sans redoublement dans χῶμα, prononcé χŏμă, avec un ο bien ouvert. J'ai essayé de démontrer ailleurs que la question de la prononciation devait être transplantée sur un autre terrain : l'étude de la prononciation, c'est l'étude même de la langue. Or, de l'état actuel de la langue, nous pouvons conclure bien des fois à l'existence de faits antérieurs, confirmer ou bien réfuter des hypothèses émises au sujet de certains phénomènes de la langue ancienne. Le fait que ο est devenu ου dans plusieurs régions grecques, vient à l'appui de cet autre fait, que ο ancien avait un timbre fermé. La prononciation ρτ pour ρθ (*Observations sur quelques phénomènes phonétiques néo-grecs*, p. 305-307) nous donnera peut-être un renseignement précieux sur la qualité du ρ ancien dans certaines zones. Il est, en revanche, des superstitions qu'il faudra détruire (voyez *ibid.*, 311). Le double σσ dans θάλασσα n'aboutit pas aujourd'hui à τσ, puisque nous avons τσ pour σ simple, même dans ἀξαέρφη τσου (Pitios, Chio). La morphologie nous en apprendra tout autant. On recueille avidement chez les lexicographes et sur les inscriptions les moindres vestiges de la langue ancienne. Il n'y a que la langue vivante que l'on néglige. Le verbe moderne ξημερώνει, *il fait jour*, ne se trouve dans aucun lexique ; ce verbe ne peut pourtant devoir son existence qu'à un verbe ancien ἐξημερόω, que nous pouvons reconstituer et ajouter aux lexiques, d'après l'état moderne de la langue. La transformation populaire d'un nom de lieu ancien peut de même venir en aide à l'archéologue : elle le renseignera plus d'une fois sur l'emplacement de la ville ancienne. Si le nom ne s'est pas perdu dans la mémoire du peuple — et c'est ce que prouverait son altération même, — c'est que la ville n'a pas non plus changé de place. Παλιόκαστρο, nom populaire de Tirynte, est tout aussi instructif que le mot ancien, bien que ce ne soit plus le même nom : il témoigne, dans cette contrée, de l'existence d'un κάστρο, *fort, forteresse*, remontant à l'antiquité et dont le peuple conserve le souvenir (παλιό = παλαιόν).

Mais les assises véritables d'une grammaire générale du néo-grec doivent être cherchées avant tout dans le grec du moyen âge. Il faut que tous les textes soient dépouillés méthodiquement, soumis à une critique rigoureuse, que des monographies grammaticales soient entreprises pour chacun d'eux. Il ne suffit pas de s'occuper du grec *ancien* ou du grec *moderne*. Entre ces deux grecs, il y en a un troisième qui est de beaucoup le plus important dans nos études, parce qu'il nous représente l'intermédiaire véritable, c'est le grec *médiéval*. Nous devons songer d'abord à reconnaître l'existence de ce grec comme langue distincte, ensuite à faire *une grammaire de la langue médiévale* qui mette nettement en relief les caractères de cette époque linguistique. Des préjugés sans valeur nous ont empêchés jusqu'ici de nous livrer à cette recherche. Il faut étudier sérieusement les choses sérieuses. Tout l'effort de la science doit tendre actuellement à établir les *origines du grec moderne*. Nous les surprenons dans le grec du moyen âge. Bien des phénomènes de la langue moderne resteront un mystère éternel sans la connaissance du grec médiéval : nous ne comprendrons ni les *contractions* telles que τόκαμα (τὸ ἔκαμα), ni la déclinaison moderne ὁ πατέρας, etc., si nous ne nous reportons pas à l'état de la langue au XIIe et au XVe siècle. J'essaye de le démontrer en ce moment même dans l'Introduction des *Essais de grammaire historique*, t. II. Mais nous devrions remonter beaucoup plus haut. Il faudrait que nous eussions pour le néo-grec un livre qui serait l'équivalent de l'*Introduction à la grammaire des langues romanes*, par Frédéric Dietz. Le travail serait immense. Nous aurions à dépouiller tous les grammairiens et tous les lexicographes, à faire une partie du travail que vous avez fait si magistralement dans votre latin vulgaire, à réunir en tableau d'ensemble les renseignements éparpillés dans tous les recueils d'inscriptions et de papyrus, à les classer par régions, à faire la distribution géographique de ces faits innombrables, à mêler l'histoire à la linguistique. Si nos études ont quelque ambition d'arriver jamais à la gloire des sciences romanes, c'est par ce travail qu'elles devront commencer. Du IIe siècle avant notre ère jusqu'au IXe environ s'étend toute une période inconnue qu'il s'agirait de nous révéler. Ce serait la véritable histoire des Origines du grec, l'étude qui, sur notre domaine, devrait primer toutes les autres.

Vous ne me contredirez plus maintenant : j'ai essayé de vous montrer que nous avons encore bien du temps devant nous avant de voir s'élever le monument attendu. Ces études seront, je n'en doute pas, poussées avec activité en Grèce même. De quelle joie le monde savant ne saluera-t-il pas une *Revue des patois néo-grecs ?* M. Chatzidakis peut donner à cette Revue la direction et l'impulsion. Il nous ferait quelque belle monographie du dialecte crétois. Cela vaut bien toutes les polémiques! D'autre part, le moyen âge serait médité comme il convient. Les recueils d'inscriptions, qu'on songe exclusivement à utiliser pour le grec ancien, auraient une utilité nouvelle : ils contribueraient maintenant à la connaissance des premières apparitions du néo-grec. L'esprit humain est intéressant dans toutes les manifestations de son activité : point de science qui prime l'autre ; dans chaque science point de détails insignifiants, car leur ensemble seul peut nous révéler les vérités générales. L'histoire de l'esprit grec à travers les âges est une des plus importantes. Quand nous embrasserons d'un coup d'œil tout le développement du grec, depuis l'antiquité jusqu'à nos jours, nous aurons devant nous une belle page historique. L'étude de la langue dans son évolution touche à la psychologie et nous ouvre, autant que toute autre étude, l'âme d'un peuple. Laissez-moi vous le dire : je désire plus que personne l'accomplissement de cette œuvre; je suis né grec et j'ai par là même un culte profond pour cette belle langue. Je crois en voir aussi l'intérêt scientifique; il y a là, en effet, toute une partie de l'histoire qu'il s'agit de faire connaître, pour le profit non seulement de la langue grecque, mais de la linguistique et de la science.

Vous nous montrez, par votre bel exemple, qu'il faut commencer par les études de détail, par des monographies scrupuleuses. Comme nous ne pouvons songer pour le moment à notre Grammaire générale, il importe de multiplier les recherches d'une nature plus spéciale. Mais vous avez su dépasser votre cadre. Vous venez de faire une œuvre originale : par le fait, le livre que vous nous donnez aujourd'hui est la première grammaire du grec moderne, entreprise sur des bases historiques et pouvant servir, jusqu'à un certain point, de manuel pratique pour les commençants. Ils y trouveront un coup d'œil d'ensemble qui leur manque si souvent, en même temps que l'explication des faits isolés. Je suis très fier d'avoir vu ce travail sortir de mes conférences et de lui donner l'occasion et les moyens de se produire. Vous me demandez maintenant de vous renseigner sur le grammairien qui fournissait un cadre si heureux à votre commentaire. Je vais tâcher de le faire : en réalité, je ne vous apprendrai rien que vous ne sachiez déjà ; vous avez pu vous reporter aux quelques informations que M. Legrand nous donne sur notre personnage dans la précieuse préface mise en tête de son édition de Nicolas Sophianos (Paris, 1874); vous avez pu tirer d'autres renseignements de la lecture même de votre auteur.

II. Qui était donc Simon Portius? Il signe en grec Σίμων Πόρκιος Ρωμάνος (p. 2, 20 ; je désignerai par ces chiffres la page et la ligne de votre édition) et en latin Simon Portius Romanus (4, 10). Le *k* n'est peut-être qu'une variation dialectale du *t* dans le domaine même du grec. A Chio, d'un village à l'autre, le *t* dental se mouille et devient *palatal* (Observations phonétiques, *op. cit.*, 309), puis plus loin aboutit à *k* et enfin se change en *ts*. Je n'ose rien conclure à cet égard pour notre auteur. En ce qui concerne le surnom de *Romanus*, M. Legrand a démontré que l'adjonction de ce titre ne prouve en rien que le personnage qui le porte ne soit pas grec (p. 70 = 2, 20). M. Pierre de Nolhac (*Mélanges Renier*, 1887, p. 323, n. 3) nous parle aussi d'un Pyrrho Ligorio qui signait *Romano,* bien qu'il fût napolitain.

Il faut admettre, en effet, que S. Portius est grec : le ton général de l'Epitre dédicatoire au cardinal de Richelieu, les passages où il a l'air de parler au nom même de la Grèce (1, 25-26 ; 2, 9-10), le patriotisme qu'il y fait éclater (1, 25-30 ; 2, 3-4, 12) témoigneraient en faveur d'une origine grecque. Nous pouvons relever aussi des expressions comme : *vernaculæ Græcæ linguæ* (7, 1), *nostri Græco-vulgares* (62, 16), et encore *tua lingua* (13, 39-14, 1-6), quand il s'adresse à son lecteur et veut désigner le français. Tout cela n'est peut-être pas bien concluant : mais voici qui est plus décisif. On lit (60, 25-30) : « Item tunc non ponuntur absolute (les pronoms possessifs), ut possessiva, sed unâ cum alio nomine ut quum dicimus, liber meus, τὸ βιβλίον μου, at cum dicimus, hic liber est meus, quia meus est solus et non cum aliquo nomine, *nos* dicimus, ετοῦτο τὸ βιβλίον εἶναι δικόμου. » Il établit donc une distinction entre le *cum dicimus*, formule de grammairien introduisant son paradigme, et le *nos* dicimus, servant à caractériser la langue grecque par opposition au latin ou au français. S. Portius dit donc ici en d'autres termes : nous autres Grecs.

Mais S. Portius est un Grec catholique. Il ne peut y avoir aucun doute à ce sujet: il prie le Cardinal νὰ διαφεντέψῃς τὴν καθολικὴν ἐκκλησίαν καταπονῶντας τοὺς ἐχθρούς της (2, 15; 4, 5; cf. p. 70). Il termine par ces mots : « Ad Dei omnipotentis gloriam, Fidei Catholicæ propagationem » (68, 27). Comme plusieurs Grecs catholiques de nos jours en Orient, on trouvera même que S. Portius est un défenseur zélé de sa foi; il pécherait plutôt par excès : les *ennemis* de l'église catholique, dont il parle plus haut, ne sont autres que les Grecs, ses compatriotes. Nous voyons encore aujourd'hui des sentiments analogues chez les Grecs catholiques en Orient. Il aime à nous entretenir de sa piété; il met incidemment dans un paradigme : ὁ πάπας εἶναι εἰς τὸ ποδάρι, vel εἰς τὸν τόπον τοῦ θεοῦ εἰς τὴν γῆν, Papa vicem Dei gerit in terris (57, 20). Il ne manque pas une occasion de protester de son zèle, même par ce simple exemple de grammaire : ailleurs il s'écrie pareillement : Ὦ τοῦ θαύματος, o rem admirandam; idest Papæ (68, 23=239)[1] !

Le but même de sa grammaire est de servir aux missionnaires catholiques et de leur mettre ainsi entre les mains un instrument de propagande. Cela paraît ressortir des lignes suivantes du Privilège : « ... à la charge qu'ils imprimeroient les Nouveaux Testaments, les Catechismes et les Grammaires ès Langues Orientales : et en donneroient gratuitement certain nombre, qui sera envoyé aux Missionnaires d'Orient, pour les distribuer à ceux qu'ils desireroient instruire en la vérité de nostre Religion » (5, 35-40; de même 6, 21-25). Mais nous avons vu que ce n'était pas son unique mobile : le patriotisme hellénique le poussait pour une bonne part à faire connaître sa langue en Occident. C'est peut-être même là le sentiment qui l'amena à Paris, où il a probablement résidé quelque temps (Legrand, *op. cit.*, p. 10). La dédicace au Cardinal,

---

[1]. Je me servirai de ce second chiffre pour établir la correspondance entre le texte et votre commentaire.

qu'il connut peut-être personnellement, viendrait à l'appui de cette hypothèse.

Je ne saurais vous dire de quelle partie de la Grèce S. Portius est originaire. Peut-être trouverions-nous dans sa grammaire même des formes capables de nous renseigner à cet égard, si les dialectes étaient aujourd'hui mieux connus. Je vous soumets les suivantes : ἐπορπάτησες, πορπατησιά 22, 24-25; ἐπατειούσου 38, 11; ἀγαποῦτο 40, 26-27; σβειῶ 46, 7; les constructions telles que ἐδιάβασά σας 60, 33=234, surtout ἀγαπῶτα, ἀγαπῶτους 59, 40 et εἶδα τον 28, 20=168; πρικός (10, 20=94). En vérité il ne nous est guère permis pour le moment de tirer une conclusion précise d'indices aussi rares. Ἐπορπάτησες, πορπατησιά, πρικός peuvent se rencontrer partout en Grèce; j'en dirai autant de σβειῶ, qui est analogique. La syntaxe du pronom démonstratif après le verbe est plus significative; cette syntaxe est bien dialectale et se rencontre, entre autres, à Chio. Mais ne se rencontre-t-elle que là? C'est peu probable. Du reste, Portius indique indifféremment les deux constructions. Ἐπατειούσου, ἀγαποῦτο nous reportent également à des régions où la chute du ν entraîne encore la réduplication de la consonne suivante et où l'on dit, par conséquent, εἶχα φίλο, *j'avais un ami*, mais εἶχαφφίλο, *ils avaient un ami*, ce qui explique l'abandon du ν aux troisièmes personnes du pluriel de ces verbes : partout où ν s'assimile, il n'est jamais final; en effet, l'assimilation fait perdre le souvenir de la nasale et εἶχαφφίλο, en dehors de ce contexte, n'apparaît plus que comme εἶχα. Cette phonétique se retrouve encore à Chio, mais est-elle propre au chiote? Je ne le crois pas. Les îles, pour ne citer que Chypre et Candie, connaissent le même traitement. Vous avez dû remarquer pourtant que le nom de Chio revient souvent dans le texte : « νὰ... apud Chios... ἐκεινὰ pro ἐκεῖ, τουτονὰ pro τοῦτον (68, 4-5), à Chiis (68, 8) »; πάμενι (pour πάμενε, 66, 15) est bien une forme chiote. S. Portius connaît également l'interrogatif τίς (30, 3) qui est encore usité dans cette île, mais qui l'est sans doute aussi ailleurs; τόνε (28, 20) ne nous donne pas d'indice suffisant; cette forme est entrée dans la langue commune qui s'en sert devant les verbes commençant par toute autre consonne que κ π τ, afin d'éviter la confusion qui résulterait de l'emploi de la forme régulière τό, dans cette syntaxe, avec le nominatif-accusatif neutre; dans les dialectes, et particulièrement dans certains patois chiotes, nous pouvons même dire que τόνε n'a pas d'emploi, car on n'y confondra jamais τοφφίλο et τὸ φύλλο, τὸ λέω et τολλέω (τὸν λέω). Ce serait donc plutôt un emprunt à la langue commune qui, à son tour, emprunte cette forme à d'autres dialectes. Elle est courante aujourd'hui. Je ne sais si le lexique nous donnera plus de lumières : le mot σκλίμα (10, 9 = 94) m'est inconnu. S. Portius traduit τζουκάλι par ἀγγεῖον (64, 6), dans le sens de *vase*. Dans plusieurs villages chiotes, ἀγγεῖο, sous la forme, régulière dans ces dialectes, de *andzó*, signifie *vase de nuit*; dans la langue commune, c'est τζουκάλι qui désigne cet objet et qui, au contraire, à Chio, veut dire simplement *vase*. Je ne crois pas non plus que τορνέσια (64, 7) nous apprenne quelque chose. Une remarque que vous avez dû faire, c'est que S. Portius connaît peu d'adverbes en ου : « rarissima vero in ου, ut ἀξάφνου... πιτακτοῦ » (53, 21 = 223; S. Portius met les deux adverbes sur le même pied, sans voir que l'*u* du premier est phonétique et l'*u* du second étymologique). Il n'est donc pas originaire d'une région où *o* atone devient *u* : cela encore nous ramènerait aux îles, du moins à quelques patois de Chio. D'autre part, nous lisons dans sa grammaire cette remarque singulière : « apud quosdam non circumflecti genitivum singularem, et pluralem nominum desinentium in ι, quum dicunt τοῦ παιδίου, et τῶν παιδίων cum accentu acuto. Verùm communis usus utrósque circumflectit » (19, 10-12). S. Portius n'appartient donc pas à une région où *i* devant voyelle est encore resté consonne, comme cela semble être le cas pour certaines parties des îles ioniennes (*Revue des Ét. gr.*, I, 2, p. 206, v. 13). Cette prononciation paraît plutôt étonner notre auteur. Je m'empresse de vous dire que ces deux phénomènes, $o = u$, $i + $ voyelle $= j + $ voyelle, peuvent s'observer dans les régions mêmes où la phonétique contraire est en vigueur : dans tel village de Chio, vous entendrez dire παιδίου, ἀπάνω; mais en avançant, vous pouvez, dans d'autres villages et toujours en notant les degrés intermédiaires (πεδίου avec *i* réduit, απανό avec *o* fermé), recueillir les formes πεδίου, απανου. Cela nous montre que ces phénomènes sont insuffisants à caractériser des dialectes et que leur présence ou leur absence relèvent uniquement de la chronologie : ils se développent plus tôt dans tel lieu que dans tel autre. Cependant, pour ne nous en tenir qu'aux lignes générales, les traitements $o = u$, $i +$ voyelle $= j =$ voyelle, semblent nous éloigner des îles ioniennes et nous rejettent plutôt vers l'Archipel. Enfin, je vous rappellerai qu'à Chio il y a eu et il y a encore beaucoup de Grecs catholiques; mais Paros et d'autres îles sont dans le même cas. Il est possible que S. Portius soit un insulaire de ces parages; dans l'état actuel de nos connaissances dialectales, nous ne pouvons rien affirmer avec certitude.

Il n'a pas été le premier à écrire une grammaire *linguæ græcæ vulgaris*. Sophianos, que vous citez souvent avec raison, l'avait précédé d'un siècle. Il avait eu probablement d'autres prédécesseurs, mais ils nous sont restés pour la plupart inconnus : l'histoire littéraire profitera peut-être un jour des indications que nous trouvons dans S. Portius à ce sujet : « Grammaticam... *à quamplurimis* frustra promissam, *à nonnullis* vero quibusdam veluti delineamentis duntaxat adumbratam, nec ab aliquo satis adhuc expressam » (7, 3-6)... « H, sonat I, et non E, ut *quibusdam* placet » (9, 13)... « Λ valet L, ac semper eundem retinet sonum ante quascunque vocales, et diphthongos posita, licet *quibusdam* videatur aliter exprimenda ante ι, volunt enim tunc idem prorsus sonare, quod *gli* Italorum, vel *ll* Hispanorum. Utrumque sonum non improbo » (9, 33-37)... « Quæ de nominum divisione inseri hoc loco possent, ut potè satis dilucide *ex aliorum grammaticis* » (14, 33-35)... « P. Hieronymus Germanus Societatis Jesu in Dictionario suo Italo-Græco... qui optime *omnium* nostris hisce seculis arcana hujus Græcæ linguæ penetravit » (39, 25-40=205)... « Apud *quosdam* (s'agit-il ici de grammairiens ?)... non circumflecti παιδίου » (19, 9). Girolamo Germano seul nous est connu par son Vocabulaire gréco-italien, dont vous avez déjà lu l'indication bibliographique chez M. Legrand (p. 7, *op. cit.*) et qui contient un premier essai de grammaire grecque. Le reste des allusions nous échappe. En revanche, une de ces citations contient des indices dialectaux que nous pouvons rattacher à ce que je vous ai dit de la patrie de S. Portius. La prononciation mouillée du λ devant *j* semble, d'après la transcription en lettres latines de l'Erophile où la graphie *gni, gli = ni, li* est constante, provenir de l'île de Crète. Or, S. Portius ne connaît pas cette prononciation de naissance : il n'est donc pas probable qu'il soit originaire de ce pays.

Ce passage nous fournit aussi un renseignement, de peu d'importance il est vrai, sur des phénomènes propres aux langues romanes. S. Portius leur consacre souvent une réflexion : « N... ante ι, οι, ει et υ... sonum *gni* Italorum, vel duplicis *nn* Hispanorum præ se ferre videtur » (9, 41-10, 2). ... « Δ, densiori quodam spiritu, quam D Latinorum edi debet. Hispani ad hanc pronunciationem maxime omnium accedunt » (8, 40-41) ... « X, sonus hujus literæ scriptura nequit ostendi, qui tamen Florentinorum C noverit, ejusdem literæ pronunciationem non ignorabit, quanvis non tam aspere sit edenda. Sane si *chi* Gallorum careret sibilo, et Italicum *sci*, non longe distarent à græco χ » (11, 1-5); la définition est jolie et exacte; ailleurs il parle du γ et du *ghie* italien (8, 34). Vous avez su à l'occasion tirer parti de ces renseignements.

Il nous en donne d'autres sur certains phénomènes dialectaux propres au grec. Il fait expressément la distinction des diverses régions où il recueille ses exemples (64, 27). Ailleurs il dit: « in nobilioribus saltem præsentis Græciæ locis » (9, 41 = 92; de même 10, 9 = 94). Quels sont ces *loci nobiliores?* Il m'est bien difficile de vous le dire. Ils vous montrent en tout cas que S. Portius n'est pas un latiniste consommé. Ces erreurs lui échappent de temps en temps : ainsi il dit *inficitur* pour *infitiatur* (7, 15) ! *fac ut amaris* (41, 4, et p. 40, note 1), *genitivum utuntur* (62, 28). Je veux bien n'y voir que des fautes d'impression. Mais que faut-il penser de cette singulière *licence :* « Tres sunt articuli præpositivi, *à quibus* (!) genus nominum dignoscitur » (14, 15-16)? S. Portius était cependant *docteur en théologie de la Faculté de Rome* (Legrand, *op. cit.*, p. 9). Vous trouverez sans doute qu'il n'y a pas beaucoup profité de ses leçons de latin.

Son grec n'est pas beaucoup plus brillant. J'aurais presque envie de vous dire que son grec sent par instants l'étranger. Je laisse de côté εὐφραδίαν (1, 10) pour εὐφράδειαν que S. Portius ne trouvait peut-être pas suffisamment ancien, ainsi que εὐγλωττάταις (1, 24). Mais il mentionne des tournures qui n'ont jamais été grecques : ὁ δίκαιος κράζεται, ἡ κρατειέται μακάριος ἀπ' ὅλους (65,6); ἐσὺ μαθαίνεσαι ἀπ' ἐμένα τὴν γραμματικήν, tu doceris à me grammaticam,... ut apud Latinos (64, 19 = 237). Ce sont là des latinismes que notre auteur a rapportés de l'école. La phrase entière μισεύοντας ἐγὼ ἀπὸ τὴν ἐκκλησίαν ἔπεσεν ἡ στέγη τοῦ σπιτιοῦ σου (62, 18) est aussi bien étrange. Ailleurs (60, 29) il croit devoir établir une distinction syntaxique qu'un Grec parlant naturellement sa langue ne songerait jamais à faire : « ἐτοῦτο τὸ βιβλίον εἶναι δικόμου, et non τοῦτο τὸ βιβλίον μοῦ εἶναι. » Cette construction ne sert même pas ici à prévenir chez le lecteur étranger l'emploi d'un xénisme, car elle ne répond à aucune construction française, italienne ou latine.

Il ne manque pourtant pas d'expressions parfois heureuses : ἀδύναμα παιδιά (1, 21). En général, les réflexions justes abondent dans sa grammaire. Certaines parties sont bien traitées. Il a bien compris qu'il y avait une difficulté à signaler et à résoudre dans l'emploi des formes vocaliques et consonantiques des pronoms personnels ἐμένα, μέ, ἐσένα, σέ, ἐσᾶς, σᾶς (59, 30-35). « Nominativi... ἐμεῖς et ἐσεῖς ponuntur absolute initio periodi » (64, 14), nous apprend-il; mais il oublie de nous en donner la raison. C'est que, dans l'exemple même donné par Portius, ἐμεῖς est emphatique et s'oppose au sujet de la proposition suivante. Or, ce sont les formes emphatiques ou pronominales des pronoms personnels comme des pronoms démonstratifs (ἐκεῖνος, etc., de même ἐκεῖ et, par suite, ἐδῶ) qui présentent la voyelle initiale. Quand le pronom tient la place du nom, il a toujours son ε. Il le garde aussi après consonne, probablement par souvenir de la vieille syntaxe où le pronom et le nom semblent ne former qu'un seul mot. On ne dira donc jamais ὁ λαὸς κεῖνος, bien qu'en réalité, ici, le pronom soit un simple adjectif et ne remplace pas le nom. En revanche, le sens pronominal ou emphatique lui-même n'arrive pas toujours à sauvegarder l'ε après la voyelle finale du mot précédent, parce qu'ici la synizèse s'opère comme dans l'intérieur d'un mot et de la même façon que dans τὸ ἔκαμε, où le groupe οε se contracte d'abord en une diphtongue, pour aboutir ensuite à un son unique : τόκαμε. Vous voyez que la phonétique syntactique n'a pas laissé de jouer son rôle dans l'histoire des pronoms : les consonnes précédentes protègent encore l'ε des pronoms, quel que soit le sens du pronom ; les voyelles parviennent souvent à absorber même l'ε emphatique. La psychologie n'est pas toujours étrangère à ces alternances. S. Portius ne pouvait pas deviner toutes ces causes. Remercions-le d'avoir signalé et compris le problème.

Les règles plus nettes qu'il développe à propos de δὲν μᾶς τὸ ἔστειλες, au lieu de δὲν τὸ ἔστειλές μας (60, 34-61, 4) sont à retenir. Parfois il oublie ce qu'il a déjà dit. Il ne marque plus la nuance de sens qui s'observe entre les deux tournures γεμίζω τὸ ἀγγεῖον ἀπὸ νερό et νερό, sans ἀπό (64, 4-9 = 234), bien qu'il ait cherché ailleurs à établir cette distinction (59, 2-7 ; 61, 30 ; cf. 62, 9-14). Ses distractions sont assez fréquentes. Mais, en somme, ses formes sont exactes. Son principe est de nous donner la grammaire de la langue commune : « communis usus... quem etiam sequendum esse censemus » (19, 12-13). D'ailleurs, il ne faut pas demander à ce livre une valeur scientifique ; vous le savez mieux que personne. Pour notre auteur, αι, αυ, ει, ευ, οι, ου sont toujours des diphtongues (7, 21-23) ; il reconnaît même des *diphthongos improprias* dans η, ῳ, υι (*ibid.*). La preuve pour lui que β se prononce *v*, c'est que l'on est forcé, dit-il, de transcrire par μπ le *b* italien : si β se prononçait *b*, on aurait transcrit par β. Ne cherchez pas grand sens à cette observation et ne vous demandez pas s'il parle du β ancien ou moderne. Il est antiérasmien (8, 1 = 72) et croit naïvement qu'on discute sur la légitimité de la prononciation actuelle du grec, en tant que langue vivante, ou qu'il s'agit de faire dire désormais en Grèce *b* pour β. Il est des formes qu'il trouve trop vulgaires : « στέρνω nimis corrupte » (10, 20). Cela veut dire tout simplement que στέρνω est un phénomène dialectal, non admis par la langue commune : c'est pourquoi notre auteur en est quelque peu surpris. Il déclare ailleurs (12, 6-7 ;

13, 7, 10, 12) que l'accent peut porter sur la préantépénultième et cite ἀναγκάλλιασις, ἐνύκτιασεν, κάμετενε, εἴδατονε, sans comprendre que, dans les deux premiers cas, ι a valeur de consonne et, par conséquent, ne forme pas syllabe, et que, dans les deux derniers cas, on dit, en réalité, κάμετενέ, εἶδα τόνε. Il considère encore que η est long dans ἁγιώτατη (12, 39-13, 5). Il est toujours esclave de l'écriture et se laisse tromper par la lettre imprimée. Ne le lui reprochons pas avec trop de vivacité. Bien des linguistes, même à l'heure qu'il est, en sont encore à l'état d'esprit de S. Portius.

III. J'aime mieux vous parler de vous que de votre auteur. Comme lui, vous pouviez dire, en entreprenant cet ouvrage : grande quidem ac perarduum opus (7, 7). Mais, comme lui, vous avez réussi à nous donner ce que nous vous demandions : brevem Græcæ linguæ notitiam (7, 10). J'ai à vous féliciter tout d'abord de la somme de travail dépensée dans ce livre : votre commentaire représente un effort sérieux et qui vous fait le plus grand honneur. Il était intéressant de voir un romaniste s'occuper de néo-grec. Les langues romanes n'ont pu que profiter à ce commerce. Vous ne les perdez pas de vue et le grec moderne vous fournit l'occasion de plusieurs rapprochements que vos lecteurs romanistes trouveront dans bien des passages : δ moderne comparé à l'espagnol, à l'italien méridional, au savoyard, 77 = 8, 40 (les deux derniers chiffres vous rappelleront le passage de S. Portius que vous commentez); γ comparé à l'ancien toscan *ghie schiacciato*, 76 = 8, 34 ; θ roman, 82 = 9, 20; *ibid.* c espagnol au dix-septième siècle ; τλ = κλ comparé au latin vulgaire, 95 = 10, 35 ; les nombreuses remarques sur la quantité des voyelles, 101 = 11, 32 ; sur παιδίον donnant *pággio* et, par conséquent, encore diphtongué à ce moment, 98 = 11, 13 ; le suffixe -*ain* dans *Bertain* et *bambitt* milanais, 135, note 1 ; le suffixe -*ulla*, -*ulus*, -*ittus*, -*icco*, -*úlo* napolitain, 150 ; *bărbát*, 159 ; *dînsŭ* roumain et ἀπατός μου, 173 = 29, 13 ; κείτομαι expliqué comme le portugais *sarar*, 180, in fine ; ἡ γουμένα ramené à l'italien *gomina*, 197, note 1 ; les constructions ἀγαπᾷ με, ἐμένα ἀγαπᾷ rapprochées fort à propos des constructions du vieux français *me aimet* et *moi aimet*, 233 = 59, 36 ; la perte du datif grec opposée à la conservation du datif en roman, 236 = 62, 24 ; θὰ γράψω comparé à *aimeravons* et *bigna avere* = *bisogna avere*, 193 = 33, 30. Parfois, une forme grecque vous fait conclure à l'existence d'une forme romane inconnue, et, d'après μιλιοῦνι (154 = 23, 29), vous rétablissez un type *miglioni dans les dialectes de l'Italie méridionale. Peut-être vous arrive-t-il aussi d'aller quelquefois trop loin : vous voyez dans l'accent de ἐγγονίσσης (156 = 24, 22) une influence italienne sur ce suffixe et vous vous croyez en présence d'un suffixe -*issa*. Ἐγγονίσσης nous conserve tout simplement l'accentuation traditionnelle ; le texte qui vous la fournit est de 1281 ; cette forme appartient donc encore à une époque où la désinence -ας n'avait pas remplacé sur toute la ligne la désinence -ης (*Essais de gramm. hist. néo-gr.*, I, 93) ; aussi l'accent ancien persistait-il à la place qu'il avait toujours occupée.

Mais le maniement des langues romanes a singulièrement assoupli votre méthode et vous usez pour le grec de la même rigueur scientifique, des mêmes procédés d'analyse. Ainsi vous tenez à faire nettement la distinction entre la tonique et l'atone, et cette distinction, niée à tort par certains savants, vous fait formuler cette jolie loi de $i + r$ devenant e, quand il est sans accent, et restant i, quand il est accentué, suivant l'alternance que vous présentent, dès le IIe siècle de notre ère, les deux formes χερός, mais χῖραν (81 = 9, 13). Je partage tout à fait votre manière de voir : des phénomènes tels que κόμπος, à côté de κουμπί, σήμερα à côté de σμερνός ne sont pas un pur hasard. L'accent protège la voyelle et l'empêche de s'altérer, s'il ne suffit pas toujours à la garantir de l'aphérèse, comme dans ἵνα, où il disparaît en même temps qu'elle. L'itacisme, il est vrai, n'a pas épargné les voyelles accentuées et, s'il a commencé par frapper les atones, il s'est facilement étendu sur les toniques, pour devenir partout dominant. Mais une nouvelle époque phonétique, que nous traversons, semble-t-il, encore aujourd'hui, s'est fait jour dans la langue depuis l'itacisme. Un changement de ο en ε, par exemple, comme Ἔλυμπος = Ὄλυμπος, n'a pas encore été démontré d'une façon méthodique et sévère. Au contraire, tout infirme cette hypothèse. Ce nom de lieu se rencontre surtout, en Grèce, au pluriel : οἱ Ἐλύμποι. Or, nous avons aussi les formes Λυμπούσης et Λύμπους, qui témoignent de l'abandon de l'*o* initial. L'*e* paraît simplement hystérogène. Vous voyez donc que l'accent grec n'a pas les mêmes influences que l'accent roman et qu'il garde aujourd'hui ses voyelles intactes. Vous avez bien raison d'en tenir le plus grand compte.

Vous faites preuve de la même précision d'esprit dans votre explication de φασούλι (82 = 9, 13), dans le raisonnement par lequel vous arrivez à déduire l'existence en Grèce d'un *m* mouillé devant $i = j$ (87-88 = 9, 38). Votre critique des textes n'a pas moins de solidité dans ce que vous dites du ν dans la forme μήν de Prodrome (p. 89) ; votre remarque sur οι = *ii* (100 = 11, 30), sur αι devenant è, d'abord quand il est final (98 = 11, 13), est délicate et solide. Quelquefois, je crains que vous ne vous montriez aussi trop difficile. Ainsi, en nous parlant du changement des explosives sourdes en sonores après la nasale, πανdα = πάντα (85-86 = 9, 30), vous vous sentez pris de scrupule et vous vous écriez qu' « on ne peut hasarder une explication de ce fait ». Cette explication est fort simple et je crois l'avoir donnée moi-même (*Doublets syntactiques*, p. 11). Mais, par le fait, je pense que vous n'avez rien trouvé à lui objecter.

En revanche, je vous abandonne volontiers quelques-unes des interprétations que j'avais proposées par le passé. Vous réfutez victorieusement (p. 138) ce que j'ai pu dire au sujet du nominatif γίς ; je préfère sans conteste votre explication de ἐμένα (p. 164) à celle que j'en avais essayée et dont je me rappelle vous avoir signalé comme à plaisir tous les points faibles à l'une de nos conférences ; j'adopte τέσσερεις (153 = 23, 13) et vous êtes bien près de me convaincre que l'*i* de τίς est analogique (116). Je me demande encore cependant si cet accusatif ne provient pas d'un dialecte où le changement de ε atone en *i* serait régulier.

Vos principes sont excellents. Vous avez résolument pris parti contre la prétendue persistance des formes doriennes dans la langue moderne (73 = 8, 16). Vous poursuivez cette fausse doctrine dans ses derniers retranchements et vous ne lui faites aucune concession (175 = 30, 22). Vous avez su faire un bon usage des textes : vous ne perdez jamais de vue la littérature médiévale et vos explications s'appuient toujours sur une forte documentation. Vous avez même eu l'occasion de constater l'accord des textes avec la langue parlée, dans une démonstration rigoureusement conduite au sujet de Puell. Juv. II (90 = 9, 41). L'examen que vous faites de l'état de la langue chez Prodrome à propos de μήν (p. 89, in fine) est des plus pénétrants. L'application de la critique verbale aux textes médiévaux donnera toujours des résultats féconds : il ne faut pas seulement se servir de ces textes; il faut encore savoir s'en servir. Vous n'avez pas manqué de faire, au cours de votre Commentaire, une large place à l'analogie : vous maniez la méthode analogique avec sûreté et elle vous a aidé à résoudre bien des problèmes, le κ dans ὀρτύκι, calqué sur la forme ordinaire du suffixe -υξ, υκός (77 = 8, 34), le pluriel neutre κάστρη (p. 126 initio), le ε de γράφουνε (191 = 33, 18), le présent ἀφήνω (210 = 43, 24), l'étymologie de σπρώχνω (187 = 32, 27), la deuxième personne δείχνεις comparée à γράφεις (181 in fine), les pluriels neutres χρέητα, λάθια (73 = 8, 17). Vous arrivez ainsi à rendre compte du pronom τέτοιος (177 = 30, 27) et ce paragraphe de votre grammaire me paraît un des meilleurs. Je n'hésite pas à en admettre les conclusions.

Vos parties d'ensemble sont fort bien traitées et nous permettent de jeter un coup d'œil sur l'économie du système grammatical moderne. Tout votre Commentaire, on peut le dire, a cet avantage. Votre chapitre des pronoms (163-177), des prépositions (227 = 54, 25), votre catalogue des formes verbales parmi lesquelles vous rangez avec raison l'infinitif (183), l'aperçu des modes (182 = 32, 3), le tableau des désinences personnelles (197 suiv.), l'histoire des verbes en -μι (178 = 31, 36), vos suffixes surtout (122 suiv.) contiennent des pages très intéressantes. Il était bon de dresser aussi la liste des consonnes et des voyelles comme vous l'avez fait (p. 71), sans compliquer inutilement vos transcriptions. Je vous proposerais aujourd'hui une transcription nouvelle

(*Mém. de la Société de Ling.*, VI, 318). J'aurais surtout à ajouter quelques diphtongues à celles que vous donnez : la langue moderne n'en possède pas moins de vingt, si l'on veut compter les diphtongues qui se produisent d'une façon inconsciente même dans la bouche des puristes. Mais je me réserve de faire ailleurs dans le détail ce relevé, dont voici les traits principaux. Vous savez que la production des diphtongues est dans toute langue un phénomène perpétuel. Παλαίος devient tout d'abord παλεός, avec trois voyelles simples. Au moyen âge, *e* et *o* contigus se combinent en diphtongue : le mot n'est plus que disyllabique. Cette nouvelle diphtongue disparaît de nos jours, et παλιός ne nous présente plus que deux voyelles, *i* s'étant réduit à une consonne. De même, τὸ ἔκαμε commence par se diphtonguer, puis aboutit à τὄκαμε. La langue moderne, à son tour, crée des diphtongues nouvelles. Il faudrait donc, dans une bonne classification, reconnaître, suivant les époques, les diphtongues *anciennes*, *médiévales* et *modernes*. Je ne vous dirai un mot que de ces dernières. Je les range par ordre : *ai* dans πάει, καημένος ; *oi* dans τρώει, ῥολόϊ (τρῶ est dialectal ; je vous en parle un peu plus loin) ; il faut remarquer que les formes τὄπα, τὄξερα, τὄδα sont loin d'être, dans la langue commune, des faits établis comme τὄκαμα, τὄφερα ou τἄφεραν, etc. Cela tient peut-être à la nature consonantique de l'*i*, rebelle à la diphtongaison. Le fait est que l'on dit toujours νάκαμε, θάκαμε et qu'on n'entendra presque jamais θάρθε, νάρθε et rarement θάναι. L'*i* a donc un traitement distinct des autres voyelles ; *ui* dans ἀκούει (ἀκού comme τρῶ) ; *ei* dans λέει, λεημοσύνη ; *ae* dans ἔφαε ; *oe* dans ὄεσκε (ὄγεσκε) ; *ue* dans ἄκουε, τοῦ ἔφερε (jamais τὄφερε dans la langue commune ; c'est pourquoi la combinaison ποῦ ἔφερε = πὄφερε doit être considérée comme dialectale) ; *ao* dans πάω, φάω ; *uo* dans ἀκούω ; *eo* dans κλαίω, λέω, θεός (mot mi-savant mi-populaire), ἔλεος (mot savant) ; *au* dans πελάου ; *ou* dans τοῦ λόου σου (dialectal) ou dans des combinaisons telles que νὰ διῶ οὐρανό ; *oa* dans ὁ ἄντρας ; *ua* dans τοῦ ἀφέντη, en réalité *twa* ; c'est pourquoi τἀφέντη n'est pas commun au même titre que τὄκαμε. Dans les combinaisons *ie*, *io*, *eu*, *iu*, *ia*, *ea* nous ne pouvons avoir régulièrement de diphtongues, puisque le *j* devrait se développer dans ces conditions. Pourtant la diphtongue apparaît, soit grâce à la langue savante, soit par l'effet de la position syntactique : ainsi on dira τὸ παιδὶ ἔφυγε, ἡ ὥρα, εἶχε οὐρά, μεγάλη οὐρά, ἢ ἂς πῆ ou ἡ ἄλλη, φέρε ἁμάξι. D'autre part, les puristes évitant le *jod* n'arrivent, en parlant vite, qu'à prononcer de simples diphtongues dans τίμιε, τίμιος, ἔλεος, Ἰουστῖνος, παλαιά, θεός, etc. Le jeu de la phonétique syntactique est si délicat pour les voyelles, qu'on peut même relever des diphtongues dans ὁ ὅμοιος. Ces diphtongues sont momentanées et n'aboutissent pas : ὁ entre dans une série d'autres combinaisons qui entretiennent constamment le souvenir de l'article et maintiennent l'*o*.

Votre classification des verbes (178 = 31, 14 suiv.) fournit une base excellente aux travaux ultérieurs sur le système de la conjugaison. Vous avez suivi S. Portius en le précisant. Je crois néanmoins que vous n'êtes pas encore complet. Je vous demanderai de faire une catégorie à part pour ce que j'appellerai les *verbes contractes* dans la langue moderne. J'ai vu, au cours de l'impression, que ces verbes vous embarrassaient plus d'une fois. En y réfléchissant par la suite, j'ai fini par trouver la cause de vos hésitations. Vous expliquez les formes ἀκούουν, τρῶς par analogie des verbes n'ayant qu'une ou deux consonnes contiguës, à la première et à la deuxième personnes du pluriel du présent de l'indicatif (206-207) ; ailleurs, vous écrivez : « devant ει, le γ tombe : πάεις, πᾶς » (213 = 45, 25) ou bien « les formes pleines ne manquent pas et deviennent plus fréquentes sous l'influence des verbes en -άω : πάει » (213 = 45, 25) et vous rapprochez ἐφᾶτε de φᾶς (215 = 46, 22). Tous ces verbes veulent être rangés à part : les verbes *contractes* de la langue moderne doivent leur naissance soit : 1° à la rencontre de deux voyelles identiques à l'une des personnes du présent de l'indicatif, ordinairement à la deuxième personne du pluriel ; soit : 2° à la prédominance des voyelles fortes (*a o u*) sur les voyelles faibles (*e i*) dans le cas de cette rencontre. Cette collision amène forcément la réunion des deux voyelles en une seule, c'est-à-dire la contraction ; puis a lieu l'extension analogique de la contraction ainsi obtenue à tout le paradigme du présent. Les désinences nous apparaissent alors sous un nouvel aspect.

Ainsi, dans les régions où γ intervocalique tombe toujours, soit ἐώ pour ἐγώ, ou ne se produit jamais, comme dans ἀκούω (non ἀκούγω), λέγετε devient λέετε qui, à son tour, aboutit à λέτε. Λέτε donne tout d'abord λέμε, λέν. Les désinences se réduisent dès lors pour le pluriel à -με, -τε, -ν (-νε devant toutes les spirantes) et le radical du verbe est conçu comme ayant une terminaison vocalique, d'après γράφου-με, γράφου-ν et même γράφε-τε, ce qui nous conduit à n'avoir plus au singulier que les désinences suivantes : première personne -ο, deuxième personne -ς, troisième personne radical seul, suivant le modèle fourni par γράφο, γράφι-ς, γράφι-, et nous obtenons ainsi λέ-ο, λέ-ς, λέ-. Cette dernière forme n'a pas pénétré encore dans la langue commune, parce que celle-ci garde toujours le souvenir d'une désinence *i* et ne conçoit pas le radical comme purement vocalique (γράφ-ι). Κλαίω, φταίω, ἀκούω (ἀκούουν = ἀκοῦ-ν d'où ἀκού-τε, ἀκού-με, ἀκού-ς, ἀκού, mais ἀκούει dans la langue commune) doivent leur conjugaison au même principe de contraction (κλαίετε, φταίετε). Dans d'autres verbes, au contraire, c'est la voyelle la plus forte qui domine : le paradigme φάω, φᾶς, φάη (langue commune), φᾶμε, φᾶτε, φᾶν subjonctif, πάω, πᾶς, πάει, πᾶμε, πᾶτε, πᾶν, τρώ-ς, τρώει, τρώμε, τρώτε, τρών (τρώγω dans la langue commune) sont dus à la contraction soit de *ae = a* dans φάετε, soit de *ao = a* dans πάομε, et dans τρώτε à la contraction de *oe = o* de τρώετε ou mieux de *oo = o* dans τρώομε, ce qui nous ferait rejeter ce verbe dans la première division 1°, ci-dessus, de nos verbes contractes. Mais le point de départ de ces verbes est toujours une région où le γ intervocalique est absent : sans cela, ils n'existeraient pas. Ce qui confirme notre manière de voir, c'est que ces mêmes verbes, *dans la langue commune*, font encore λέγαμε, λέγατε, ἔλεγαν (ou λέγανε devant les spirantes), ἔλεγα, ἔλεγες, ἔλεγε à l'imparfait, et au passif λέγουμαι, λέγουμουν, ἀκούεται, etc., etc. C'est que tout le paradigme a sa source dans la deuxième personne du pluriel du présent de l'indicatif et n'a pas encore envahi les autres temps et les autres modes. Ἄμε, que vous renoncez à interpréter (226 = 54, 14), s'est produit grâce à des causes analogues : il faut partir de ἄομε (ἄγομεν, plus exactement ἄγομεν = *agamus*) et, après la contraction, ἄμε, *allons*.

Je prends plaisir à vous rappeler les passages de votre Commentaire qui méritent une mention particulière, non que je prétende par là leur donner une sorte de *laissez-passer*, mais uniquement pour vous dire que je partage plusieurs de vos points de vue. Dans cet ordre d'idées, je vous citerai bien des pages, soit pour l'ensemble soit pour le détail : τόνε (167 = 28, 20), ἐτοῦτος (169 = 28, 37), ὅποιος (171 = 29, 8), ὁποῦ = ποῦ (171 = 29, 8), ἀποῦ (172), φεύγω τοὺς μ' ἀγαποῦσιν expliqué par la syntaxe coordonnée (172), ἀτός, τός (166), ὄντα (174 = 30, 3) où vous apportez dans l'explication tant de sagacité et de méthode, tous les suffixes, -ιλα (122), -μα, -μος (146 = 22, 5) où je trouve un de vos plus heureux commentaires, -σις, -σία (147 = 22, 22), -άκι (148-9 = 22, 31) malgré l'hésitation qui perce dans cette ligne : « il est aussi possible que l'italien -*acchio* y soit pour quelque chose », -μίο (148 = 22, 26), -ίτζα (149 = 22, 31) très bien vu, -οῦλα (150), -όπουλον (150), -τρια, -ισσα (155 = 24, 22), -ᾶς (156 = 24, 30), qui est excellent, -ούτζικος (158 = 26, 4), -κος (158 = 26, 4), -τερός (159 = 26, 4 et 160 = 26, 24), -ατος (158-159 = 26, 14) bien compris, -ινος (160 = 26, 20), -ῖνος (160 = 26, 20), -άρικος (160 = 26, 20), -άρα (161 = 26, 27), -ιάρικος (161 = 26, 34), σκυλίτικος (162 = 26, 37) qui me paraît moins bon que le reste, les comparatifs -τερός (157 = 25, 24) ; tout ce que vous dites de γράφαμε, ἔγραφα (191 = 33, 18), εἶχα γράψει (191 = 33, 22), γράφοντας (196 = 35, 5), γραφούμεσθεν (197 = 35, 23), ἐγράφουμουν (198 = 35, 24) très ingénieux, de même ἐγράφουνταν (198 = 35, 24), l'origine du suffixe -κα (199 = 35, 28, rapproché de χάρηκα, 204 = 39, 15). Je voudrais mentionner plus particulièrement la page que vous avez consacrée à la désinence -δες (133 = 17, 28; φαγᾶς, 162 = 26, 4), si bien traitée au point de vue historique. Vous analysez aussi avec beaucoup d'exactitude les pronoms ἐμεῖς (164), ἐσεῖς (165-6), τόνε (167 = 28, 20). Mais j'aurais voulu vous voir plus explicite au sujet de la syntaxe de ἐμοῦ, μοῦ (163). Nous rencontrons alternativement dans la langue les formes ἐγώ, γώ, ἐμένα, μένα, ἐσύ, σύ, ἐσένα, σένα, ἐκεῖνος, κεῖνος, ἐκεῖ, κεῖ. Les formes vocaliques, nous l'avons vu, sont spécialement pronominales et emphatiques. Ainsi on dira : κεῖνο τὸ παιδί, mais ἐκεῖνο, soit lorsque le pronom remplace le nom, soit lorsqu'on insiste sur l'idée. D'autre part, il s'établit une certaine confusion dans l'emploi de ces formes, par suite de leur position syntactique : elles perdent leur voyelle, même quand elles sont pronominales et emphatiques, après une voyelle précédente; elles gardent, en revanche, leur voyelle même devant un substantif suivant, lorsque le mot précédent finit par une consonne : εἶδα κεῖνο τὸ παιδί, mais εἶδες ἐκεῖνο τὸ παιδί et inversement : Ποιός τὸ λέει; — Τὸ λέω γώ (jamais ἐγώ, malgré le sens prégnant de ἐγώ dans cette phrase), en regard de Τὸ λὲς ἐσύ (jamais σύ dans ce contexte) ou de — Ἐγώ, figurant à l'état de mot unique dans la réponse. Nous aboutissons ainsi dans bien des cas au schéma suivant :

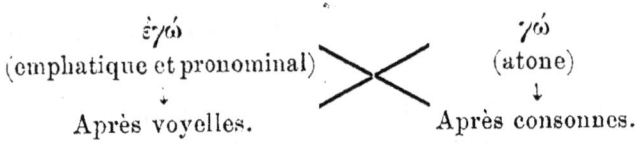

Ce schéma nous représente l'alternance des formes pronominales. Ainsi ἐγώ devrait subsister même après voyelles; γώ devrait rester même après consonnes. Cependant les formes vocaliques, régulières dans le cas de ἐγώ, passent aux fonctions des formes atones après consonnes, et les formes atones passent aux fonctions des premières après voyelles, suivant la direction indiquée par chacune de nos deux lignes croisées. Toutefois, comme il s'agit ici de nuances psychologiques, il peut fort bien se présenter des circonstances où ἐγώ maintient son ε après voyelles; le pronom est alors particulièrement emphatique et veut garder toute sa valeur.

Vos lecteurs vous sauront gré, soyez-en sûr, de bien d'autres passages. Ils liront avec profit tout ce qui concerne ἐμπρός (222 = 53, 19), μπροστά (ibid.) peut-être un peu subtil, μεθαύριον (224 = 53, 37), ὡς (228 = 55, 27), μά (231 = 58, 7), τάχα (231 = 58, 12), ἀπατός (173 = 29, 13), ἐμαυτός μου (173 = 29, 22), κάποτε (175 = 30, 22), le subjonctif (182-183 = 32, 3, p. 195), la perte de l'optatif (183), la disparition de l'infinitif (184-5 = 32, 4), les participes δυστυχισμένος, θυμισμένος, ζωγραφίζω, λούζω (188 = 32, 27), καίνω (190 = 33, 4) où vous vous montrez très ingénieux, ἐφίλεις, πατείσται (202 = 37, 22-204) dont vous rattachez l'explication à celle de ἀγαπάεις (205 = 40, 1 ; 205, note 1) et que vous interprétez d'une façon beaucoup plus simple que M. Chatzidakis. Le parisyllabisme de γόνατο (137 = 18, 37) s'éclaire par votre observation. Il me semble aussi que vous êtes bien près de nous délivrer des trois *cruces etymologorum* ἔτσι (223 = 53, 33), τώρα (224 = 53, 31) dont vous nous donnez la clef, ἐδῶ (225 = 54, 4). Ce sont là d'excellents commentaires. Vous nous avez également rendu un grand service en expliquant paléographiquement (176 = 30, 22) la forme si embarrassante ὀκ' = ἔτι d'Apoc. I, 481. Vous l'attribuez à une simple faute du scribe et il faudra bien toujours, en effet, admettre en principe qu'il n'y a pas le moindre dorisme à découvrir dans ce vers.

Vous avez beaucoup d'autres parties neuves et qui vous appartiennent en propre. Je cite en première ligne la part que vous faites à l'influence de l'aoriste sur tout le système de la conjugaison (185 = 32, 11) : vous mettez cette action de l'aoriste dans son plein relief (186 = 32, 17) et elle vous sert de point de départ dans votre classification des verbes. Elle vous aide à lever bien des difficultés qui nous arrêtaient jusqu'ici : vous expliquez par analogie les formes ψήνω (216 = 47, 4), δένω (189 = 32, 35), χύνω (189 = 32, 35 ; 216 = 47, 2), λύνω (190 = 32, 35), λούνω (190 = 32, 35), σπάνω (214 = 45, 35, par la coïncidence des deux aoristes ἔσπασα, ἔφθασα), ἀφήνω (210 = 43, 24), συστήνω (179). Il est impossible de voir dans le ν des verbes tels que δουλώνω, un ν qui se serait intercalé dans la forme non contracte du verbe, δουλόω. Cette hypothèse, d'ailleurs inadmissible (*Essais de gramm. néo-gr.*, I, pp. 189-204), renverserait tout ce que nous savons jusqu'ici sur le développement du néo-grec (*ibid.* et 163-188). Vous résolvez très simplement le problème par l'analogie des aoristes ἔζωσα, etc. (189 = 32, 25). Vous retrouvez la même action analogique dans les participes passés ριμμένον = πλεμμένον, d'où πλέχτω sur ρίχτω (77 = 8, 34 ; 187 = 32, 27), dans les aoristes passifs ἐβαστάχθην = ἐπετάχθην, d'où ἐπέταξα (202 = 37, 19), dans l'influence réciproque qu'exercent l'une sur l'autre les deux anciennes conjugaisons φιλῶ et τιμῶ, grâce à la coïncidence des aoristes actifs ἐτίμησα, ἐφίλησα (201 suiv. = 36, 35 et 36, 37). Pour la première fois, vous vous êtes occupé aussi de cette partie si intéressante et si négligée aujourd'hui de la grammaire, la syntaxe (232 suiv., datif 236 = 62, 24 ; 236, note 1 ; syntaxe coordonnée 237 = 65, 30). Voilà des pages que l'on est heureux de trouver dans votre Commentaire. Je me souviens que, dans nos conférences, voyant l'intérêt que ces questions provoquaient chez vous, je prenais plaisir à vous signaler les problèmes nombreux qui nous restent encore à résoudre et à bien établir surtout en quoi c'étaient des problèmes. J'attirais votre attention sur les adverbes ἐδῶ, ἔτσι, τώρα, sur les verbes en -ώνω, etc. Vous vous êtes attaqué à ces difficultés et je me réjouis de voir que vous en avez si souvent triomphé.

Vous n'avez pu les surmonter toutes et vous n'avez pas à vous le reprocher. L'insuffisance des informations où nous sommes, en ce qui touche les diverses phonétiques dialectales, ne vous permettait pas de traiter certains chapitres comme vous l'eussiez désiré. Nous ne sommes pas encore fixés sur le sort du ν final ; vous dites, il est vrai, que δέν, ἄν ne s'emploient que devant κ π τ (p. 91), mais le phénomène nous échappe dans sa généralité. Vous en venez même à supposer que la chute du ν final n'est pas un fait accompli chez S. Portius (223 = 53, 25). Toute cette partie ne peut être complète (89 = 9, 41-10, 1), d'autant plus que vous établissez ailleurs l'absence du ν final dans Prodrome (89, in fine, cf. ci-dessus). Vous cherchez de même à retrouver une gradation dans l'abandon de la nasale, en émettant l'avis qu'elle commença par ne se plus faire sentir d'abord dans des formes comme τὸ θεόν et, par conséquent, ἄθος (ibid.). Vous appelez, plus loin, à votre aide la phonétique syntactique dans l'explication de l'aphérèse (p. 102) et dans votre théorie de l'augment (216 = 47, 23). C'est que vous remarquez, dans la langue commune, des formes contradictoires et vous vous demandez à quelle cause on pourrait bien attribuer cette diversité. Vous en venez ainsi à proposer des interprétations différentes pour une catégorie unique de phénomènes. Cette méthode s'applique heureusement à des cas analogues tels que δές, δός, δόστε, πές, θές, etc.

(194 = 32, 1); elle se trouve en défaut dès qu'il s'agit d'évolutions phonétiques. La situation me paraît plus simple : la langue commune représente à elle seule, d'une façon sporadique, des phénomènes qui se retrouvent dans certains patois à l'état de règle sans exception. Parfois vous vous apercevez bien qu'il y a une distinction à faire entre les dialectes et la κοινὴ συνήθεια (85 = 9, 24; 98-91 = 9, 41; 98 = 11, 7); vous y faites allusion à propos de δόσε με et δόστους (79 = 8, 42) et surtout de l'orthographe ψυχήμμου de l'un de vos textes (90-91 = 9, 41). Mais vous n'osez pas aller plus loin, et cette réserve est tout à votre honneur. Elle témoigne d'une extrême prudence. Vous péchez même parfois, si j'ose le dire, par excès de rigueur. Ainsi vous craignez de vous prononcer catégoriquement sur la chute de *i* atone : vous essayez de circonscrire le phénomène; vous n'en admettez pas la généralité dans une région déterminée. Vous rangez à part σμίγω de συμμίγω, σκώνω de σηκώνω (95 = 10, 23), κορφή (97 = 10, 38); vous vous demandez si, dans ces divers cas, il n'y a pas une influence quelconque de la consonne qui précède ou qui suit la voyelle. Vous usez de la même circonspection pour les impératifs φέρτε, βάλτε; vous essayez d'établir des degrés chronologiques dans la production de ces phénomènes; vous descendez de φέρτε, βάλτε, πάρτε, σύρτε, à δῆστε, κρύψτε, γράψτε, ἀνοίξτε, ρίξτε, κόψτε que vous considérez comme plus modernes. Vous parlez des consonnes λ ρ σ que vous rangez sous une même catégorie et vous pensez qu'elles ont pu amener la chute d'un *e* dans φέρτε, ou même qu'il faut voir dans στρώστε une influence de δόστε et que στρώστε aurait ainsi entraîné tous les autres impératifs (79 = 8, 42). Ἀκούστε vous paraît également calqué sur δόστε (194 in fine). Aussi μείντε, qui n'a pas de *s*, nous embarrassera-t-il un peu (194). Il n'y a dans tous ces exemples qu'une simple chute de *i* atone, si nous partons du subjonctif φέρητε, comme M. Foy le suppose (voyez Ἡμερολόγιον τῆς Ἀνατολῆς, 1887, p. 156 suiv.). Fidèle à votre système, vous êtes obligé de dire que ἄξος (111 initio) a été refait sur le pluriel et vous laissez de côté σώπα pour σιώπα, où nous voyons la même chute de *i* après *s*. Nous ne tirons pas de loi générale de faits similaires tels que θρέφω (83 = 9, 20), χαχανίζω (87 = 9, 30);

vous en donnez des interprétations particulières. Vous vous efforcez de tracer les limites de la chute du γ intervocalique sans peut-être y parvenir davantage, bien que votre aperçu historique de la question soit des plus justes et des plus prudents (76 = 8, 34).

Le traitement de l'*o* atone nous cause surtout quelques difficultés. Vous nous dites (98 = 11, 7) qu'il « se change *souvent* en ου sous l'influence d'une consonne labiale... et devant λ... devant ν à la tonique ». Vous attribuez l'ου de ἀξάφνου (222 = 53, 21) à une confusion avec la désinence du génitif qu'on sentait dans ἐξαίφνης. Dans ἀποῦ vous retrouvez l'ου de κάτου (222 = 53, 21) qui lui-même, selon vous, vient de ἀξάφνου (228 = 55, 5). Si vous usez de tant de circonspection, c'est que vous aimez à serrer de près chaque question et certainement nul ne vous en fera un crime. Votre système vous réussit souvent, et entre autres dans l'explication de l'ου de μαϊμοῦ que vous cherchez au génitif μαϊμοῦς (142 = 20, 28)[1] : nous sommes assurément bien loin avec vous du principe phonétique énoncé dans Athen., X, 215 : « πᾶν φωνῆεν κατὰ τὸ μᾶλλον καὶ ἧττον μεταβάλλεται εἰς ου[2] ». La rigueur avec laquelle vous procédez a l'avantage d'épuiser la série des explications possibles, ne fût-ce souvent que pour aboutir à un résultat négatif. Mais je suis porté à croire que, dans les cas précités, la solution de la difficulté doit être cherchée ailleurs (voyez *Phonétique des Patois*, p. 28).

Je vous avouerai sans peine que, durant la publication de votre grammaire, je n'avais pas encore moi-même des idées bien arrêtées au sujet de l'influence des patois sur la langue commune. Sinon, j'aurais essayé de vous convertir, comme j'ai tâché de le faire en d'autres occasions, parfois avec

---

1. Ajoutez, si vous le voulez bien, à ce que vous dites de ου, qu'il devient consonne dans παρακούω, Spaneas I, 280, mais reste voyelle, *ibid.*, 55, 243.

2. Dans ce passage, M. Chatzidakis cite des phénomènes de provenances diverses, sans même s'occuper de déterminer les régions dialectales où ils se produisent (πουλῶ, μουσκάρι et γιούτη sont mis sur la même ligne) : il est donc amené à les embrasser dans une même explication et croit tout naturellement que ce qui est vrai de γιούτη est aussi vrai de πουλῶ.

succès. Il me semble bien maintenant que les formes contradictoires au sein de la langue commune appartiennent à des systèmes également contradictoires, à des zones différentes. Je n'insiste pas, ayant insisté déjà sur ce fait dans ma lettre même.

Cet état particulier de la langue nous échappe parfois. Parfois aussi, dédaignant les explications faciles, vous compliquez à dessein votre commentaire. Il me semble que vous subtilisez par endroits certaines interprétations, comme σάλιακοι qui devient proparoxyton à cause de ἄνθρωποι (127 = 17, 5). La réflexion suivante : « mais ils (ces substantifs) déplacent plus tard l'accent au nominatif pluriel γειτόνοι, etc. » contient même une légère contradiction avec ce qui précède. Le pluriel des noms de la deuxième déclinaison garde toujours l'accent du génitif pluriel, quand ces noms sont d'anciens imparisyllabiques : γερόντοι, etc. Vous voulez aussi qu'on laisse « tomber le parfait, parce qu'il s'éloigne trop, par sa formation avec -κα, du système verbal connu, tandis que l'aoriste en -σα trouvait un appui dans le futur en -σω » (219 = 48, 39). Le parfait s'est tout simplement perdu à cause de cette tendance analytique de la langue à laquelle vous attribuez vous-même, quelques lignes plus loin (219 = 49, 13), la disparition du plus-que-parfait, en nous disant avec justesse que « la forme analytique a évincé la forme synthétique ». La cause de cette disparition est donc toute psychologique. La désinence -κα était restée dans la langue et ne pouvait nuire au parfait ni en rendre la formation étrangère à l'esprit.

Je ne crois pas que vous soyez vous-même très satisfait de l'explication que vous tentez de βγάζω (210 = 43, 26) ou de τώς (167 = 27, 39). Vous supposez là chez les sujets parlants un travail de réflexion qui n'est pas dans les habitudes inconscientes du langage. Vous n'ignorez pas davantage la persistance du génitif pluriel δυῶ, dans δυῶ χρονῶ, etc. Vous dites néanmoins : « comme τριῶν et τεσσάρων possédaient le génitif, on en voulut donner un de même à δυό et l'on forma un type δυονῶν, en intercalant un ν, parce que le ν avait pris le rôle de consonne de liaison » (153 = 23, 9). Est-ce bien exact ? On ne pouvait vouloir donner de génitif à δυό puisqu'il y en avait déjà un; le ν, d'autre part, n'a jamais rempli dans la langue commune les fonctions d'une consonne de liaison. Voici les faits, que je ne fais que vous rappeler. Δυὸ s'emploie toujours devant un substantif : on ne dira jamais δυονῶ χρονῶ; mais il s'emploie *pronominalement* sous cette forme. Πόσῳ χρονῷ; On pourra vous répondre δυὸ aussi bien que δυονῶ. Dans le premier cas, on aura même toujours la tendance à répéter le substantif : δυὸ χρονῶ. D'où vient maintenant ce ν? Sur ἀρτοῦ on a dû dire probablement à une certaine époque ἐκεινοῦ, qui réagit à son tour sur ἀρτοῦ et donne ἀρτουνοῦ. Ἐκεινοῦ et ἀρτουνοῦ ne se disent, eux aussi, que *pronominalement* : de là, -νου, -νῶ, -νούς passent aux rôles de désinences pronominales ou emphatiques, et c'est ainsi que nous retrouvons le génitif -νῶ dans δυονῶ.

Laissez-moi également vous exprimer quelques réserves sur les passages relatifs à ἰσκιά, regardé comme nominatif pluriel d'un singulier ἴσκιον (104 = 11, 32); sur votre théorie des augmentatifs (148 = 21, 31; 122), où vous suivez l'opinion de M. Dossios qui veut voir, dans τράπεζα, un positif passé au sens d'augmentatif, ce qui ne paraît guère probable, puisque le diminutif s'étant intégralement substitué au positif, celui-ci a dû disparaître par cela même et n'a plus pu être *utilisé;* sur le ν de κρίμαν (136 = 18, 37), μέλιν (137 = 18, 37) qu'il vaut mieux attribuer à μέλαν, influençant d'abord μέγαν et de là les autres neutres[1]; sur εἶναι (207 = 41, 11); sur ἀνέθηκα, où vous voulez retrouver βέθηκα moins la réduplication (209 = 43, 15). C'est une pure substitution de désinences qui se fait directement sur ἔθη-ν, et vous donnez vous-même cette explication pour μπῆκα (211 = 44, 6). Il y a peut-être aussi tout au moins quelque hardiesse à considérer ἀλήθεια comme un adjectif féminin (155 = 24, 8) au lieu d'y voir un simple substantif en apposition, ce qui

---

1. Voyez *Futur composé*, p. 11, 3. Rapprochez le neutre ἄλλον, Krumbacher, Byzantinische Sprichtwörter, München, 1887, n° 32, qui complète l'explication et nous donne les degrés de transition. 1° μέλιν entraîne μέγαν; 2° δῶρον entraîne ἄλλον : tous les neutres alors paraissent présenter le ν qui passe à μέλιν et à πρᾶγμαν, par analogie *spéciale* de μέγαν pour ce dernier et par analogie *générale* du genre pour les autres neutres.

certainement semble plus indiqué par le contexte. Dans Spaneas I, εκ ne devient pas non plus *ja*, c.-à-d. déjà *j* (110), mais nous présente un *e* réduit (*Essais*, II, Avert., Chap. I, p. XXII; on lit βασιλεάν, Spaneas I, 12, pas βασιλιάν : εά est ici le degré intermédiaire normal entre *é* et *j*). En revanche, vous doutez à bon droit de l'observation faite par M. Morosi sur une valeur inégale du *p* dans *tombatéra* et *pempo* (86 = 9, 30). Il est bien probable que les deux traitements appartiennent à deux villages distincts de l'Italie méridionale.

Dans un autre endroit, on ne trouve pas une distinction suffisamment nette entre les verbes qui conservent la préposition ἐκ sous la forme ξε (ξεκάμνω, ξεφράζω, etc.) et ceux ùo elle se montre sous la forme d'un simple γ, βγαίνω (= ἐκβαίνω), βγάζω, γδέρνω, γδύνω (217 = 47, 34). Ce γ n'apparaît que devant les spirantes sonores, parce que, devant les sonores, κ s'est d'abord adouci, ce qui a donné γ (Γ ancien ou γ moderne suivant les époques). Ce ne sont pas là des « exceptions ». C'est un traitement différent.

On est plus heureux de vous voir user de votre rigueur scientifique habituelle que de vous entendre parler d'*exceptions*. Le commentaire grammatical n'est pas toujours exempt d'expressions de ce genre. Vous écrivez (p. 82 = 9, 15) que l'*euphonie* s'oppose à la formation de féminins en -*ιη* pour -*ια*. Deux *i* contigus donneraient *i* et cette combinaison est des plus usuelles; vous y avez recours vous-même dans ἄξος, que vous attribuez à ἄξιοι = ἄξοι (111, initio). Ce mot d'*euphonie* nous fait donc involontairement penser à Mavrophrydis, qui trouvait que ἀφεέντης aurait été une forme peu euphonique (voyez Athen., X, 9). A propos des substantifs en -ων, tels que γέρων, vous nous dites qu' « *on se tire d'embarras* en les revêtant de la forme masculine » (129 = 17, 5). Ailleurs, on lit (p. 165, *seconde personne*) : « on se voit *obligé* de chercher une nouvelle forme pour l'un de ces *esi* », on prend alors *esu* du génitif parce que cette forme « était devenue sans emploi ». Si elle était devenue sans emploi, personne ne la connaissait plus ; on ne pouvait donc guère la prendre que dans les livres. Or, nous savons que le langage ne se forme pas dans les livres et qu'il ne peut être ici question d'aucune influence littéraire. Vous êtes bien plus dans le vrai quand vous dites, à propos de γίς (139 = 19, 21) : « la langue n'avait pas la conscience que ce *s* était inorganique. »

La langue, en effet, n'a pas conscience de sa propre formation, et nous aurions souvent aimé retrouver cette inconscience, en plus d'un endroit où elle est bien visible, dans la langue même des auteurs médiévaux. Ἐλέφα, λέου, λέον vous semblent des « formes poétiques qui n'ont jamais existé dans la langue du peuple » (p. 129) ; ne pensez-vous pas que c'est là un simple impression individuelle ? On aurait préféré quelques preuves historiques. Λέος pour λέων n'est pas plus *savant* que γέρος pour γέρων ; les voies ordinaires de l'analogie nous imposent du reste une tout autre manière de voir en ce qui concerne ἐλέφας : ce nominatif, du moment qu'il est en -ας, n'est plus guère un nominatif *imparisyllabique* : il se déclinera naturellement sur πατέρας, πατέρα ; nous ne pouvons donc pas avoir autre chose que ἐλέφα au génitif. Effectivement, les nominatifs en -ος ont suivi le même chemin et nous avons régulièrement ὁ προεστός, ὁ ἴδρος, ὁ ἦρος (Georg. Belis. 472, 549, 757, 777 ; *Essais*, II, p. 67). Le nominatif ἥρωας est dû à la déclinaison ἥρωος, ἥρωα, qui subsistait dans la langue littéraire. Ἴδρωτας et ἐλέφαντας ont ainsi la même origine : on sera donc amené à dire, contrairement à toute idée de purisme, que l'influence *savante* doit être cherchée dans cette dernière flexion et non pas dans les nominatifs ἐλέφας. Ce sont là, à proprement parler, des créations mi-populaires mi-savantes : ἐλέφας serait purement populaire. De même, γυνή, -ῆς est savant à vos yeux (p. 131) ; κανείν est un accusatif macaronique (152 = 23, 1) ; le génitif normal τοῦ θρακῆ (143 = 21, 13 et p. 131) ne trouve pas grâce devant vous ; ποῦν (132) est un accusatif singulier dû à un puriste ignorant. Nous avons là, c'est certain, de pures formations analogiques parfaitement attendues et dont l'absence seule eût eu de quoi nous surprendre : à ne considérer que le nominatif, vous trouverez que la forme où nous apparaît ici le parisyllabisme était commandée par la logique même des faits. Ἰστήκω ne semble pas non plus particulièrement attribuable à un souvenir confus du *bon* grec (179) : on ne saurait où retrouver ce souvenir. D'ailleurs, sur ce terrain, vous éprouvez vous-même quelques hésitations : vous essayez d'abord d'expliquer μέγας par voie littéraire, puis vous ajoutez (p. 132) : « du reste, μέγας, pour subsister, se trouvait dans des conditions meilleures que θυγάτηρ : μέγας coïncide, pour la désinence, avec εὐδαίμονας ». Et, de fait, vous citez *méa[s]* dans le dialecte de Bova. Nous sommes alors obligés d'admettre que μέγας est populaire. Mais, s'il l'est, ἐλέφας l'est tout autant. Il semble donc bien qu'il n'est pas toujours aussi aisé, que nous sommes portés à le croire au premier abord, de retrouver les vestiges d'une langue macaronique au moyen âge.

On ne voit pas davantage pour quelle raison nous attribuerions ὀλιγός moderne à une influence savante (108 = 12, 39). Il n'est pas démontré que ὀλιγός médiéval soit dû à l'accent de μικρός, πολύς; il y aurait bien des explications possibles (*Essais*, II, Avertissement, Chap. III); mais la vôtre fût-elle vraie, ce ne serait jamais là qu'une analogie rentrant dans les cas les plus fréquents de l'analogie populaire. Περιττή de Glykas, 407, qui est resté dans l'usage moderne avec le sens bien particulier de *suffisant*, ne doit pas être rangé non plus parmi les prétendus produits de la langue littéraire : ce mot peut provenir de la κοινή ancienne, qui l'aurait recueilli dans le dialecte attique, et s'être conservé de la sorte par la bouche même du peuple. Je vous avouerai que je ne partage pas votre avis, même en ce qui concerne les nominatifs indéclinables, tels que τῆς θυγάτηρ (132) : ce ne sont pas nécessairement des purismes manqués. Les indéclinables témoignent d'un état de la langue qui me paraît susceptible d'une tout autre explication et qui nous révèle une simple période de formation du grec médiéval (*Essais*, II, Avert., Chap. Ier, 3). On peut remarquer à ce sujet que ces déclinaisons figées ne se manifestent pas indifféremment à toutes les époques, et cette considération n'est pas d'une mince importance dans la question qui nous occupe. Vous montrez aussi dans les féminins en-*o*, -*os* des formations savantes (125 = 16, 14). Cependant vous citez les noms d'îles Χιό, Ρόδο, où il ne peut y avoir rien de savant. Vous donnez même un tour encore plus net à votre pensée : « Il est évident que nos textes ne marchent pas de pair avec le développement de la langue », vous écriez-vous plus loin à propos d'un passage de Lobeck que nous retrouverons tout à l'heure (128 = 17, 5). Cette évidence ne me paraît pas démontrée. Le passage de Lobeck n'infirme pas l'opinion que j'avais émise au sujet du style des auteurs médiévaux. Les numéros 17, 18 et 20 de la *Berliner philol. Wochenschrift* (1888) contiennent le résumé des arguments principaux en faveur de la théorie que vous mentionnez dans cette courte ligne. Le principe que vous émettez aura donc tout son poids quand ces arguments auront été réfutés un à un, dans une démonstration appuyée sur des faits d'ensemble et de détail.

Les discussions que vous engagez, dans votre Commentaire, sur plusieurs points de grammaire historique, prouvent de reste l'intérêt que vous attachez à ces études et la vivacité de votre esprit, toujours porté à chercher des solutions nouvelles. Dans votre chapitre sur l'article, vous ne vous sentez pas satisfait de l'explication qui veut retrouver, dans l'article féminin pluriel οἱ, l'extension analogique du masculin. Devant *a, o, u*, nous dites-vous, αι, c'est-à-dire *e*, devient régulièrement *jod*, et l'on a *j* ἀδελφαί. Mais il y a bien une difficulté qui nous arrête. Comment se fait-il que ce *j* n'existe absolument nulle part pour αι? Vous nous tirez d'embarras par cette simple proposition : « il ne reste qu'un moyen (ce mot, vous le savez, ne paraît pas très heureux quand il s'agit du langage), c'est de généraliser la forme *j*, qui devient forcément *i* devant les consonnes » (114 = 14, 27). D'ailleurs nous ne nous expliquons guère jusqu'ici comment cette évolution, qui nous est ainsi présentée comme *forcée*, peut bien avoir eu lieu dans la réalité. Laissez-moi croire que c'est seulement sur le papier qu'un *e* devient d'abord *j*, puis revient à une forme *i*, qui n'a plus aucune raison d'être.

Cette explication, je le crains, n'est pas définitive, et cela pour bien des motifs. Οἱ apparaît au IIe siècle et il est douteux qu'à cette époque *e* devant *a, o, u* soit déjà devenu *jod* ; toujours eût-il été nécessaire de commencer par l'établir ; mais rien ne le prouve et nous avons plutôt des témoignages contraires : vous admettez vous-même que αι était en train de devenir *é* à cette époque et même, je pense, beaucoup plus tard (98 = 11, 13). D'autre part, un *jod* ne peut guère redevenir *i*. La phonétique syntactique ne nous offre rien de pareil au phénomène que nous supposerions là en néo-grec. La forme *j* ἀδελφαί est inconnue à la langue commune ; vous n'entendrez le *jod* que dans quelques régions, et encore sous la forme *ij* ἀδελφή, ce qui atteste le maintien de l'*i* voyelle. On vous demandera aussi pourquoi le masculin lui-même n'est pas devenu *jod* au pluriel. Nous avons, d'ailleurs, des documents fort nombreux de l'extension analogique du masculin au féminin (p. 115, note 1). La critique que vous en faites ne me convaincra pas. Vous vous étonnez de l'apparition sporadique de οἱ dans les Papyrus du Louvre. Mais cela n'a rien d'extraordinaire en soi et l'explication de ce fait a été tentée ; nous aurions demandé quelques arguments contre ce qui a été dit au sujet du développement graduel de ce nominatif, sur la base d'une statistique fournie par les textes : celle-ci montre justement qu'en matière d'analogie l'extension d'une forme nouvelle est lente à recouvrir tout le domaine de la langue. Mais, en toute hypothèse, un phénomène *sporadique* n'est pas toujours à dédaigner : il acquiert sa pleine valeur quand il est confirmé par la théorie et par les faits. Un *lapsus* qui revient par trois fois est surtout décisif. Vous écrivez vous-même (*ibid.*) que « le scribe inattentif » retient le οἱ qu'il a précédemment employé. Mais cette *inattention*, c'est l'analogie même, puisque l'inattention consiste ici à reporter la forme masculine au féminin. Je m'en tiens donc encore à l'orthographe οἱ qui me paraît aujourd'hui démontrée, non seulement comme orthographe, mais comme fait certain d'analogie.

Vous êtes animé du même scepticisme à l'égard d'autres interprétations. Ce sont assez souvent les explications les plus naturelles qui provoquent chez vous une sorte de réaction. Ne vous montrez-vous pas trop scrupuleux au sujet de l'analogie si nettement visible qui entraîne l'accusatif πατέραν sur νεανίαν, après que les deux α étaient devenus brefs ? Vous revenez souvent sur la question (127 = 17, 5) et vous vous trouvez amené à séparer des accusatifs masculins les accusatifs féminins, γυναῖκαν, que vous ne rangez plus dans

la même catégorie analogique. Nous apprenons ailleurs que
« πόλεις n'a pas joué de rôle dans πατέρες », nominatif reporté à
l'accusatif (128-129). Personne, en effet, ne l'avait soutenu. On
avait seulement rapproché l'extension analogique du nominatif à l'accusatif, dans πόλεις, de l'extension de la même analogie dans πατέρες. Dans les deux cas, il n'y a pas eu autre
chose qu'une tendance à la simplification dans la déclinaison
des substantifs, tendance que la langue moderne accentue de
jour en jour. Vous semblez tenir particulièrement à nous prouver que dans πίστις devenant πίστη, « πίστις ne subit pas une influence extérieure; le thème reste donc inaltéré » (138 = 19,
21). En effet, aucune action phonétique ne trouble ici le
thème; aussi n'y cherchons-nous point d'action phonétique;
si πόλις avait été abandonné à lui-même, il n'aurait jamais eu
aucune raison intrinsèque de varier et votre démonstration ne
nous persuade pas. Vous tâchez, il est vrai, de nous expliquer
que l'*i* était prescrit par l'accusatif et le nominatif singuliers
(138 = 19, 21), que *s* caractérise le génitif et qu'ainsi πόλις
devient πόλι à lui tout seul, sans influence extérieure. Alors il
n'y aurait point passage à une autre déclinaison. Il s'agit de
savoir, en réalité, si πίστη aujourd'hui se décline sur γνώμη, etc.
S'il en est ainsi, γνώμη et πίστη rentrent dans la même catégorie. Le point de départ de l'analogie doit être cherché dans la
coïncidence phonétique des accusatifs singuliers γνώμιν πίστιν.
C'est la même analogie qui s'observe dans πατέραν νεκ ίαν et
vous nous dites vous-même très justement qu'il est plus
méthodique d'attribuer à deux phénomènes semblables une
cause unique (202 = 37, 20-204; 205 = 40, 1; 205, note 1).
Le parisyllabisme moderne retrouve donc ici une fois de plus
ses origines dans l'accusatif singulier.

Nous abandonnons un peu ce principe par endroits. Ce n'est
pas que dans d'autres vous ne le mettiez en plein relief, mais
vous dites que : « l'identité de la voyelle entre πατέρας πατέραν
s'impose avec une telle force qu'on établit la même identité
au pluriel » (p. 129). Nous revenons ainsi dans ces lignes à
cette tendance à la simplification que vous hésitiez tout à
l'heure à reconnaître et que nous ne retrouvons pas non plus
dans l'accusatif pluriel ἡμέρες (123-124), dont la désinence

nouvelle est immédiatement empruntée à μητέρες. Si μητέρες n'existait pas, tant au nominatif qu'à l'accusatif pluriel, le nominatif et l'accusatif ἡμέρες ne se seraient jamais produits. A un certain moment, il y a eu, si je puis dire, deux désinences rivales -αι et -ες (*Essais*, I, 100). La dernière l'a emporté et s'est étendue à toute la première déclinaison ancienne. L'extension est la même de point en point que celle qui s'observe dans μαινά-δες au lieu de μάινες ou que toute autre extension de suffixe : il n'y a pas là le moindre *calque* : il n'y a pas là d'opération réfléchie. La *lettre* nous fait illusion, parce que μητέρες et ἡμέραι, prononcé ἡμέρε, nous présentent les mêmes assonances. Au fond, dans ἡμέρες, il n'y a pas autre chose que la désinence -ες, qui y a passé tout entière. Mais c'est justement là ce qui vous paraît inadmissible ; on dirait presque que les questions d'orthographe vous causent ici quelque préoccupation. Vous défendez la graphie ἡμέραις, et, pour l'établir, vous supposez, ce me semble, chez les sujets parlants un calcul et une réflexion que le langage spontané ne comporte guère. Vous entrez même, à cet effet, dans une analyse intéressante et minutieuse, il est vrai, mais votre argumentation est plus ingénieuse que démonstrative.

Le désir des solutions nouvelles vous entraîne ainsi parfois à poser des règles phonétiques appuyées sur l'exemple même que vous avez à interpréter. Quand vous avez à rendre compte de μέ pour μετά, vous admettez sans difficulté la chute de α entre deux τ (175 = 30, 22). Vous y revenez plus loin : « une voyelle atone, serrée entre deux consonnes identiques, tombe facilement, cf. μὲ τόν = μετὰ τόν » (218 = 48, 39), ou bien : « devant l'article, α tombe » (227 = 55, 1). Laissez-moi tout d'abord condamner sans pitié le méchant adverbe dont vous vous êtes servi : rien ne tombe *facilement*. Quant à la chute de α devant l'article, elle est loin d'être démontrée. Pourtant c'est grâce à l'acquisition de cette nouvelle règle de phonétique que vous ramenez (175 = 30, 22) κάτι à κατατί (en réalité, on ne peut partir que de κατάτι, ce qui déjà infirme cette hypothèse) et vous êtes bien près de rattacher la perte de la réduplication du parfait à cette même chute de la voyelle *serrée* entre deux consonnes (218 = 48, 39). Vous citez cependant (228 = 55, 5) la forme *μεττόν qui nous ramène à une autre explication de μέ par doublets syntactiques. Seulement, dans ce passage, vous préférez recourir à la chute de l'α. Or, ce dernier phénomène est inouï dans la langue commune et je ne crois pas que vous-même l'ayez jamais observé dans quelque dialecte. La perte de α devant voyelle (vous y faites allusion vous-même : « l'α, en dehors de sa construction avec l'article, tombe naturellement devant les voyelles », 227 = 55, 1), et la perte du τ devant le τ de l'article s'expliqueront mieux par des constructions familières à la langue commune, et sans que nous ayons besoin ni de recourir à des phénomènes inconnus à l'usage commun ni de supposer un dialecte où ce traitement de α serait régulier. Les doublets syntactiques nous permettent de restituer la forme intermédiaire entre μετά et μέ, etc. Cette hypothèse se trouve confirmée par un passage de l'auteur même que vous aviez à commenter, de S. Portius (*Observations sur quelques phénomènes phonétiques néo-grecs*, p. 318).

Nous remarquerons peut-être dans votre Commentaire que, lorsque nous rencontrons une explication personnelle, nous ne commençons pas toujours par apprendre quel est le défaut de l'explication rejetée. La discussion, de la sorte, ne précède pas toujours la démonstration. C'est pourquoi votre théorie du futur ne me paraît pas juste. Vous dites que, « à partir du XIIIe siècle, on trouve à côté de θέλεις, θέλει, dans toutes les fonctions, θές, θέ, et plus tard θέμεν, θέτε, θέν » (193 = 33, 30). Mais ces dernières formes apparaissent beaucoup plus tard. Θέλει, ajoutez-vous, est « exposé à une mutilation plus grande que tout autre vocable » (193 = 33, 30), parce qu'il n'a pas d'accent syntaxique. Cela paraît douteux. Θέλει, en grec, n'est ni atone ni proclitique. Pour rendre compte de θὰ γράψω, vous écrivez ces mots : « par confusion entre θὲ γράψω et θὰ νὰ γράψω, on arrive à la forme aujourd'hui courante : θὰ γράψω » (193-194). Cette explication ne résout pas encore le problème ; elle n'est certainement pas supérieure pour le fond à celle de M. Chatzidakis, bien qu'il y ait une nuance dans vos deux interprétations : les *contaminations* que vous admettez ne sont point étrangères aux habitudes du langage, tandis que

M. Chatzidakis acceptait purement et simplement la chute de la syllabe finale, qui constitue le nœud même de la question. Cette explication, qui soutient difficilement l'examen, est certainement abandonnée à l'heure qu'il est par son auteur, car, dans les nombreuses occasions où M. Chatzidakis est revenu sur le débat (*Futur composé*, 11, 3), il s'est bien gardé de réfuter l'impossibilité d'une syncope de -λω (*ibid.*, 22-26 ; 35, 4, etc.) ou de maintenir qu'il y a dans λῶ syncope, non *analogie*[1]. Nous n'avons pas de raisons décisives pour croire à une *confusion* entre θὲ γράψω et θὰ νὰ γράψω, alors que les intermédiaires phonétiques entre les deux formes se laissent clairement établir. La question, vous le savez, demanderait encore à être serrée de près sur deux points que vous trouverez expressément indiqués (*ibid.*, 35 et note 4) ; mais θέ lui-même est peut-être analogique (*ibid.*, p. 35).

Dans la *mutilation* de θέλω, c'est peut-être l'exemple des langues romanes qui vous a entraîné. Elles vous ont, en un autre endroit, suggéré une comparaison. Vous pensez que le nominatif, protégé par le vocatif dans les mots les plus usités, ceux qui servent à désigner des personnes (127 = 17, 5), résiste plus longtemps au parisyllabisme et vous citez *sœur*, *suora*, etc. (128, n. 1). En grec πατήρ et πάτερ sont deux formes grammaticales bien dissemblables et, par conséquent, sans influence réciproque. A dire le vrai, je crains d'avoir été cause de cette

---

1. M. Chatzidakis, à propos de ce passage, a préféré proclamer dans tous les journaux que je l'avais traité de *menteur* (*sic*). De pareilles accusations n'honorent pas celui qui les porte. *Futur composé*, p. 11, note 3, il est dit de la forme λῶ que M. Chatzidakis citait comme un exemple à l'appui de la syncope de λω dans θέλω : « Je crois que cette forme est purement gratuite. Comme aucun texte ne l'appuie, il est difficile de l'admettre. » *Gratuit*, en français, veut dire : sans preuve et pas : mensonger. Ce sens n'aurait pas échappé à M. Chatzidakis, s'il avait réfléchi un moment à l'origine latine de ce mot et particulièrement au proverbe : *Quod gratis asseritur, gratis negatur*. Quand un linguiste cite comme forme courante une forme difficile dont il ne soupçonne pas lui-même la difficulté, on est en droit de se demander si son observation est exacte ou non. Le recueil de formes dialectales est chose trop délicate pour que quelqu'un puisse se prétendre infaillible en la matière, et les débats scientifiques ne comportent pas ces susceptibilités fantastiques. C'est le fond de la question qu'il fallait aborder, c.-à-d. expliquer λῶ.

méprise. J'avais soutenu, en effet, en m'appuyant sur les textes, que les mots les plus usuels avaient été les premiers à quitter leur forme imparisyllabique (*Essais de grammaire*, I, p. 90 et passim). Or, votre esprit est sans cesse en éveil, et vous vous demandez toujours si l'on ne doit pas se tourner de tous les côtés et épuiser toutes les explications possibles, avant de s'arrêter définitivement à une hypothèse : c'est pourquoi vous aimez tant à proposer des explications différentes de celles de vos prédécesseurs : vous espérez qu'en cherchant nous avons quelques chances de trouver mieux. Cette tendance est excellente. Dans ce cas spécial, elle n'est peut-être pas très justifiée. Vous croyez voir, en effet, dans Lobeck (*Paralipomènes*, p. 136), la confirmation de ce nouveau point de vue. Mais Lobeck n'y parle guère que de substantifs *hétéroclites*, et si vous vous reportez à ce passage, vous verrez qu'il donnera plutôt lieu à des conclusions contraires à celles que nous pourrions adopter au premier abord. Il nous prouve que le parisyllabisme n'avait pas encore fait son apparition. Δόρκος, deutéroclite, et δόρξ, imparisyllabique, sont bien loin d'être dans le même rapport que πατέρας et πατήρ. Φύλακος, nominatif (Lobeck, *loc. cit.*, 137) est dû au génitif pluriel φυλάκων = ἀνθρώπων (non au génitif singulier, comme on lit dans Lobeck, ce qui serait une impossibilité); le nominatif devient naturellement proparoxyton, toujours sur le modèle de ἄνθρωπος. Ces faits nous reportent donc à une période de la langue où l'imparisyllabisme était toujours vivant, puisqu'il gardait le génitif pluriel et que d'ailleurs φύλαξ et φύλακος se rencontrent à la même époque (*ibid.*).

Vous nous signalez, en revanche, à propos des pluriels ἔθνητα (130 = 17, 5), une tendance à l'imparisyllabisme dans le grec moderne que celui-ci ne manifeste pas, à ce qu'il semble. Certains phénomènes, sans doute, pourraient nous induire à penser, au premier abord, qu'il y a comme un retour à l'ancien état ; mais il est certain que, depuis bien des siècles déjà, la langue marche au parisyllabisme. Cette tendance se révèle dans les formations telles que κέρατο, γόνατο, d'après les pluriels κέρατα, γόνατα. Mais πρᾶμα résiste encore à l'action du pluriel. Le paradigme normal serait donc, d'une part :

	Singulier	*Pluriel*
	κέρατο	κέρατα
d'autre part :	*Singulier*	*Pluriel*
	*πράματο	πράματα
et enfin :	*Singulier*	*Pluriel*
	πρᾶμα	zéro
ou :	*Singulier*	*Pluriel*
	zéro	πράματα.

En d'autres termes, πράματα et πρᾶμα ne tombent pas sous le même paradigme. Semblablement ἔθνη est le seul pluriel normal de ἔθνος ; ἔθνητα est le pluriel d'un singulier qui ne s'est pas encore produit, ἔθνητο. Le -τα est celui de κέρατα, πράματα, c'est-à-dire le -τα d'imparisyllabiques passés à l'état de parisyllabiques (cf. Phon. leg., 28). Vous avez vous-même fort bien parlé de γόνατο (ci-dessus XXXVII).

Je vous soumettrai une dernière réflexion à ce sujet : dans votre tableau des désinences nominales, vous vous éloignez un peu des classifications tentées à nos conférences. Vous comptez, parmi vos désinences (118 = 14, 38-15, 17), des masculins en -*is*, -*as*, qui font -*ou* au génitif. Quels sont donc ces masculins? Si c'est γιγάντου que vous avez dans l'esprit, vous ne pouvez guère rapporter ce génitif au nominatif γίγαντας, génitif normal γίγαντα ; il serait tout aussi inexact de ramener γιγάντου à γίγας. Permettez-moi la même remarque au sujet de νοικοκύρης, νοικοκυρέου. Les génitifs des noms en -*is* ou -*as* existent sous les diverses formes γίγα, γίγαντα, τοῦ νοικοκύρη. Aussi γιγάντου peut-il remonter à γίγαντας (substantif en -*as*), mais il suppose un nominatif *γίγαντος (substantif en -*os*); en effet, le génitif pluriel de γιγάντων, γερόντων coïncide avec le génitif pluriel ἀνθρώπων, etc.; c'est pourquoi le *pluriel* est déjà refait en entier sur ce paradigme : γερόντοι, tandis que le singulier tarde à se contaminer et ne passe à la déclinaison II qu'au *génitif* : γερόντου devient le pendant de γερόντων; de même ἄντροι est usité, ἄντρος beaucoup moins. Nous voilà donc forcés de nouveau de ranger ces noms parmi les hétéroclites (*Essais de grammaire*, I, 88, note 2, etc.).

Vos tentatives sont toujours intéressantes. L'esprit s'excite à la poursuite du vrai. On voit bien le sentiment qui vous inspire : vous cherchez à multiplier les points de vue, afin d'élargir l'horizon grammatical. Dans les critiques mêmes que je vous adresse, je trouve un éloge à vous faire. Vous avez la principale qualité du savant : vous voulez tout voir par vous-même; vous n'admettez que ce que vous avez une fois éprouvé par votre propre examen, passé au feu d'une critique rigoureuse. Nous n'avons pas à nous plaindre si vous êtes souvent amené par là à rejeter les résultats de recherches entreprises par d'autres que vous, puisque vous arrivez si souvent aux résultats les plus heureux, grâce à ce désir de tout approfondir. Peut-être toutefois attachez-vous trop de prix à cette méthode. Le but principal n'est pas, dans le travail scientifique, de trouver des explications qui nous appartiennent : il suffit que les choses soient expliquées. L'œuvre du savant est éminemment impersonnelle : peu lui importe d'avoir des théories à lui. Il importe avant tout que les théories soient bonnes. Vous le savez mieux que personne : la cloison morale est très mince, mais aussi très nette, entre l'esprit qui crée, parce qu'il est né créateur, et l'esprit qui cherche à se retrouver lui-même dans ce qu'il fait. Vous ne tombez pas dans cet inconvénient, car la science, à ce compte, ne serait plus qu'une forme du moi. Souvent même, en rejetant l'œuvre de nos devanciers, par pur amour de la nouveauté, nous n'avancerions plus la science : nous risquerions fort de la faire tourner sur place.

L'esprit d'initiative n'a jamais rencontré d'entraves à l'École des Hautes Études, et quand je vous voyais à la poursuite d'une idée, je me gardais bien de vous faire rebrousser chemin, convaincu qu'avec le temps vous feriez vous-même l'épreuve la plus sûre et la critique de vos propres opinions. N'avons-nous pas eu chacun, à notre heure, ces ardeurs impatientes qui nous portent à soulever toutes les difficultés et à vouloir en triompher par nos seules forces? Il importe avant tout que ces forces existent ; vous n'en manquez pas et vous les dirigez plus fermement chaque jour. Vous en avez beaucoup employé dans votre commentaire. Mon but, en vous conseillant d'entreprendre ce travail, était de fournir aux élèves un manuel commode, à la fois scientifique et pratique, consacrant les acquisitions déjà faites, traitant d'une façon aussi simple que neuve les points non encore élucidés, et présentant ainsi, dans un ensemble court et précis, le système grammatical moderne. M. Paul, dans la courte Introduction de la seconde édition de ses *Principes,* dit fort justement qu'il s'est surtout occupé de donner les résultats sûrs, sans se demander à chaque instant s'ils étaient inconnus avant lui et sans se soucier qu'ils le fussent à tout prix. On aurait peut-être aimé vous voir rester toujours dans cette voie, quelque profit que nous puissions tirer de l'originalité de vos points de vue. Mais vous avez été entraîné par votre goût de l'investigation à tenter des explorations, le plus souvent heureuses, dans toutes les directions qui s'ouvraient devant vous sur notre domaine linguistique ; cela même vous empêchait de suivre de point en point le programme initial ; le petit *encheiridion* que je vous demandais resterait encore à faire. Qu'importe? Quand on s'adresse à un esprit formé comme le vôtre, on n'a point à le diriger : on n'a qu'à suivre chaque jour ses progrès.

Vous ne m'en voudrez pas de terminer ici cette causerie, cette longue conversation grammaticale. Vous savez d'ailleurs que je ne pouvais partager toutes vos opinions, et quelques personnes auraient pu le croire, à la façon dont ce livre a été entrepris. Tel qu'il est, il nous donne une contribution importante aux études grammaticales néo-grecques et fait le plus grand honneur à la variété de vos connaissances et à vos qualités de savant et de travailleur. Vous rendez aussi à la Grèce un service signalé ; les travaux de ce genre devraient s'y multiplier ; une grammaire moderne aurait dû déjà y être faite. Quelles que soient les divergences des opinions en fait de langue littéraire, le premier souci d'un pays est de s'enquérir des origines de sa langue nationale.

C'est pour moi un pieux devoir de vous rappeler, en finissant, que l'exemplaire rarissime de la Grammaire de S. Portius, reproduit dans votre édition, appartenait à mon vénéré et regretté maître M. Egger, ce guide éclairé et indulgent de mes premiers travaux. A sa mort, Mme Egger a bien voulu me donner ce souvenir. Nous avons reproduit scrupuleusement l'édition. Vous avez tenu vous-même à ce que je revisse après vous toutes les épreuves du texte et du commentaire. Si quelques fautes nous ont échappé, les lecteurs en trouveront le relevé à la fin du volume. L'impression a été bien longue, malgré la complaisance rare que M. Lanier a apportée à ce travail et les soins si intelligents qu'a toujours bien voulu y consacrer M. Labouret. Il y avait tant à faire pour le texte et le commentaire!

Je vous envie de dominer ainsi à la fois le domaine néogrec et le domaine roman et d'être déjà un jeune maître, vous qui avez bien voulu vous dire mon élève. Croyez, mon cher ami, à mon meilleur souvenir.

Jean P<small>SICHARI</small>.

Paris, 25 juin 1888.

Τῷ ἐξοχωτάτῳ ἄρχοντι

ΑΡΜΑΝΔΩ ΤΩ ΚΑΡΔΙΝΑΛΙ

Δούκα τοῦ

ΡΙΧΕΛΙΟΥ

καὶ τῆς Γαλλίας Πάρι

ΕΤΡΑΒΙΞΕΣ, ὡς λογιάζω, (ἐξοχώτατε Ἀρχοντα) εἰς ἔπαινον καὶ θαύμασμα δικόσου ταῖς γλώσσαις ὥριμαις τῶν λαμπρῶν ποιητάδων καὶ τῶν ῥητόρων: ὀλίγαις ἀπαληθινά, ἂν ταῖς συγκρίνωμεν μὲ τὴν ἀξίαν σου, ἀναρίθμηταις πάλιν ἂν στρεφούμεσθεν πρὸς τὸ πλῆθος των. Καὶ ἄγκαλὰ καὶ ἐκεῖνοι μ' ἕνα στόμα τοῦ Ὁμήρου καὶ τοῦ Μάρωνος, ἢ μὲ τὴν εὐρραδίαν τῶν δύο (P. 4) πρώτων ἀρχόντων τῆς εὐγλωττίας δὲν ἐμπόρεσαν νὰ ζωγραφήσουν μὲ ζωντανὰ χρώματα τὴν μεγαλειότητα τῆς ψυχῆς, μήτε ταῖς συμβουλαῖς τῆς καρδιᾶς σου, ἄξιαις ὁλότελα τοῦ Δελφικοῦ Τριπόδου, μήτε τὴν σταθερὴν σου φρονιμάδα εἰς ὅλα τὰ πράγματα, μήτε τὰ ἐπίλοιπα στολίσματα τῶν ἀρετῶν σου καὶ τῶν ἔργων: μὲ ὅλα τοῦτα εἶναι ἄξιοι νὰ τιμηθοῦνε καὶ διὰ πάντα νὰ δοξασθοῦνε ἐπειδὴ καὶ ἀποκατήσανε κατὰ τὴν δύναμίν τους νὰ σὲ μεγαλύνουσιν. Ἀνέθηκες δηλαδὴ τόσο ψηλά, καὶ ἦλθες εἰς τόσην ἀστραπήν, ὁποῦ ξαπερνῶντας ὅλαις ταῖς γλώσσαις τῶν θνητῶν κάμνεις καὶ θαμπώνουνται τὰ μάτια καλὰ καὶ ὀξύθορα ἐκεινῶνε, ὁποῦ τολμοῦσι νὰ σὲ κοιτάξουν. Θαμπώνουνται, ἀλήθεια εἶναι, ἐκεῖνοι οἱ μεγαλώτατοι ἄνδρες, ἀμὴ τὰ μικρὰ καὶ ἀδύναμα παιδιὰ φωτίζονται ἔτσι καλὰ μὲ ταῖς λαμπρότατοις ἀκτίναις τῆς φιλανθρωπίας σου καὶ εὐσεβείας, ὥστε ἀπὸ τζευδαῖς ὁποῦ ἤτανε πρῶτα ἡ γλώσσαις των, γίνονται τώρα εὐγλωττάταις διαλαλῶντας ὁλοῦθεν τοὺς ἐπαίνους τοῦ ΡΙΧΕΛΙΟΥ, καὶ εὐχαριστῶντας τον μὲ (P. 5) εὐχαριστικαῖς φωναῖς. Ἂς μὴ σοῦ εἶναι λοιπὸν παράδοξον ἀνίσως καὶ βλέπῃς σκυμμένην εἰς τὰ ποδάρια σου τὴν Ἑλλάδα, ὄχι τὴν παλαιὰν ἐκείνην καὶ φουμισμένην διὰ τὰ γραψήματα τόσων σοφῶν ἀνθρώπων, μὰ τὴν παροῦσαν καὶ δυστυχισμένην, ἀκόμι χοντρὴν καὶ εἰς κάποιον τρόπον στρουρογυρισμένην στὰ σπάργανά της. Ἐτούτη λέγω, ἡ ὁποία ὄχι μία φορὰ ἐδοκίμασε ταῖς ἐξαίσιαις εὐεργεσίαις τῆς ἐλευθερίας σου, γιὰ τί μὲ τὴν καλοτυχήν σου ὥραν βλέπει ἕνα γλυκύτερον φῶς, καὶ ζῇ μίαν μακαριωτέραν ζωὴν ἐπιθυμᾷ νὰ σὲ στολίσῃ ὄχι μὲ ῥητορικὰ καὶ ὄμορφα λόγια, ἀμὴ μὲ πλούσιον πόθον τῆς καλῆς της καρδιᾶς.

Καὶ χαρούμενη ὅτι εὑρίσκεται ἀποκάτω εἰς τὴν σκέπην τέτοιου μεγάλου ἀρχόντου, ἔρχεται σὰν νὰ ξαναζήσῃ τινάσσοντας τὸ κεφάλι της ὄξω ἀπὸ ταῖς στάκταις εἰς ταῖς ὁποίαις εἶναι θαμμένη διὰ τὴν ὕδριν τῶν βαρδάρων, καὶ νὰ ἀναπνέῃ ἕναν ζωντικώτερον καὶ καθαρώτερον ἀέρα καὶ οὐρανόν.
5 Καυχᾶται μάλιστα γιὰ τὶ φωτισμένη καὶ δεμένη μὲ ταῖς μεγαλοσύναις τοῦ ὀνομάτου σου δὲν ψηφᾷ τὰ μελανὰ δόντια τοῦ φθόνου (P. 6) ἀναγελᾷ τὴν ἀχορταγίαν τοῦ χρόνου, καὶ τολμηρότερη δὲν φοβᾶται νὰ βαλθῇ ἀνάμεσα σταῖς ἀκονισμέναις σαΐτταις τῶν Κριτικῶν. Συμπάθησε, παρακαλῶ σε (Ἐξοχώτατε Ἄρχοντα), τὴν πολλὰ ζεστὴν δούλεψιν καὶ προσκύνησιν τῆς
10 Ἑλλάδας σου: Κάμε μόνον ὅτι ὡς καθὼς τώρα ἐκείνη μὲ τὴν λάμψιν σου δοξασμένη ἀπολαύει τὸ κοινὸν φῶς τοῦ ἡλίου μὲ τὸν τύπον, ἔτσι παραδοσμένη στὰ χέρια σου κάμε νὰ μεταστρέψῃ πάλιν στὴν παλαιὰν της λαμπρότητα καὶ ἐλευθερίαν. Ἄμποτες νὰ σὲ δώσῃ ὁ παντοδύναμος Θεὸς μίαν ζωὴν παρόμοιαν τέτοιας εὐχῆς, φυλάγοντάς την ὁλάκαιρην καὶ μακρὰν ἀπ᾿ ὅλαις
15 ταῖς κακοριζικιαῖς τοῦ κόσμου, διὰ νὰ διαφεντέψῃς τὴν καθολικὴν ἐκκλησίαν καταπονῶντας τοὺς ἐχθρούς της, καὶ διὰ νὰ βοηθήσῃς καὶ νὰ σώσῃς τὴν πατρίδα σου. Ἔτσι παρακαλεῖ

ΤΗΣ ΕΞΟΧΗΣ ΣΟΥ

Ὁ ταπεινότατος καὶ εὐλαβέστατος δοῦλος

20   Σίμων Πόρκιος Ῥωμάνος.

(P.7) *Eminentissimo Principi*

ARMANDO
CARDINALI DUCI
DE RICHELIEU
ET GALLIÆ PARI

ADULTAS, ut arbitror, (EMINENTISSIME PRINCEPS) illustrium Poëtarum ac Rhetorum linguas in Tui simul admirationem ac laudem, pro dignitate quidem non satis, præ multitudine tamen innumeras rapuisti. Quanvis autem illis immensam animi magnitudinem, Tripodéque dignissima Tui pectoris oracula, et constantem omnibus in rebus prudentiam, cœ(P.8)teráque gestorum, ac virtutum ornamenta, vel Homeri grandiloquique Maronis ore, vel utriusque Principis eloquentiae facundia vivis delineare coloribus fas non fuit, at pro viribus tentasse magnum quid ac immortalitati dicandum. Eò nanque splendoris et Majestatis devenisti, ut omnium prorsus Mortalium linguis superior, intuentium præstringas oculos etiam perspicacissimos. Præstringuntur illa sanè clarorum Virorum ingenia, sed imbecillium mentes ac infantium acies adeò speciosissimis Tuæ pietatis ac religionis radiis elucescunt, ut balbutientes prius eorum linguæ disertissimæ factæ, undique RICHELIANA resonent præconia, et in suaves gratiarum actionum voces prorum(P.9)pant. Unde non mirum si Tuis provolutam pedibus Græciam, non vetustam illam, et tot sapientum monumentis conspicuam, sed præsentem tot obrutam calamitatum ruinis, rudem adhuc et infantem respicias. Hæc quippe, non semel amplissima Tuæ largitatis experta beneficia, quòd beatiore luce vitáque Tuis fruatur Auspiciis, si non eloquentes in Tui commendationem laudes, gratas saltem gestit depromere. Atque sub tanti Principis patrocinio læta, felicius velut è suis rediviva cineribus caput extollens benigniore gaudet cœlo, puriores ebibit auras spiráique vitales. Tuis quoque insignita obstrictáque nominibus, lividos invidiæ dentes contemnit, Temporis voracitatem deridet, atque jam audax (P.10) acutissimis sese dare non dubitat Criticorum aculeis. Parcas, precor (EMINENTISSIME PRINCEPS) ar-

dentissimo tuæ Græciæ obsequio : Fácque, ut sicut ipsa Tuis illustrata fulgoribus communem aspicit lucem, sic Tuæ commissa Tutelæ, in pristinum restituatur splendorem ac libertatem. Deus Opt. Max. det Tibi pro meritis tanti voti compotem vitam, incolumémque conservet ad totius Christianæ Reipublicæ solatium, ejúsque hostium interitum, Patriæque subsidium. Sic Numen enixè rogat

EMINENTIÆ TUÆ

addictissimus et obsequentiss. servus

SIMON PORTIUS Romanus.

(P. 11) PRIVILÈGE DU ROY.

LOVIS par la grace de Dieu Roy de France et de Navarre, A nos amez et feaux Conseillers les Gens tenans nos Cours de Parlemens, Baillifs, Seneschaux, Prevosts, leurs Lieutenans, et autres nos Justiciers et Officiers qu'il appartiendra: Salut. Sçavoir faisons, Que nostre sainct Pere le Pape Urbain VIII. à present seant, ayant fait une nouvelle correction et reformation aux Breviaires et autres Usages pour le service Divin, suivant le Concile de Trente: Nous avons jugé necessaire de donner le soin et intendance de l'Impression desdits Bréviaires et Usages à quelque personne Ecclesiastique des plus eminentes en dignité, pour voir s'ils seront bien faits suivant ladite correction et reformation de sa Saincteté, pour le bien et utilité des Ecclesiastiques et autres nos subjects, et pour ce choisi nostre tres-cher et tres-amé Cousin le sieur Cardinal de Richelieu, Duc et Pair de France, Grand-Maistre, Chef et Surintendant General de la Navigation et Commerce de ce Royaume, Gouverneur et nostre Lieutenant Ge(P. 12)neral de nostre Province de Bretagne, sur lequel nous nous en sommes reposez, et luy avons octroyé le pouvoir et faculté de faire choix de tels Libraires et Imprimeurs qu'il jugera capables de faire dignement l'Impression desdits Breviaires et autres Usages, privativement à tous autres, de quelque qualité et condition qu'ils soient, ausquels Libraires et Imprimeurs qui seroient par lui choisis et nommez, nous aurions voulu estre délivré tels Privileges et Lettres pour faire lesdites Impressions, que besoin seroit, et ce pour le temps et espace de trente années: suivant lequel pouvoir nostredit Cousin bien informé de la probité, capacité, experience et fidelité de Claude Chappellet, Michel Sonnius, Robert Foüet, Jean Sonnius, Sebastien Cramoisy, Antoine Vitray, Sebastien Chappellet, Claude Cramoisy, Claude Sonnius, Gabriel Cramoisy, Charles Morel, la vefve Nicolas Buon, Guillaume le Bé, Estienne Richer, Eustache Foucault, la vefve Mejat, Denys de la Nouë, et la vefve de Varennes, les auroit choisis et nommez pour imprimer, ou faire imprimer, à l'exclusion de tous autres, lesdits Breviaires, Missels, Diurnaux, Graduels, Psaultiers, Antiphonaires, Processionnaires, Rituels (P. 13) et tous autres Usages pour le service Divin, reformez et corrigez de nouveau par nostre sainct Pere le Pape, suivant le Concile, en telle forme et caractere qu'ils verront bon estre, et ce pendant ledit temps et espace de trente années, à la charge qu'ils imprimeroient les Nouveaux Testaments, les Catechismes, et les Grammaires és Langues Orientales: et en donneroient gratuitement certain nombre, qui sera envoyé aux Missionnaires d'Orient, pour les distribuer à ceux qu'ils desireroient instruire en la verité de nostre Religion, ainsi que plus au long est porté par l'Acte separé de ladite nomination cy avec la coppie collationnée du pouvoir par nous donné à nostredit Cousin, attaché sous le contre-sceel de nostre Chancellerie. A CES CAUSES, Nous avons permis et par ces presentes signées de nostre main, permettons ausdits C. Chapellet, M. Sonnius, Foüet, I. Sonnius,

S. Cramoisy, Vitray, S. Chapellet, C. Cramoisy, C. Sonnius, G. Cramoisy, Morel, la vefve Buon, le Bé, Richer, Foucault, la vefve Mejat, de la Nouë, et la vefve de Varennes, d'imprimer, ou faire imprimer, privativement à tous autres, aux plus beaux caracteres, sur le meilleur papier, et le plus corre(P. 14)ctement que faire se pourra, lesdits Breviaires et autres Usages pour le service Divin, reformez et corrigez par nostre dit sainct Pere le Pape, suivant ledit Concile, et iceux exposer en vente, et les distribuer pendant ledit temps et espace de trente années : defendant à tous Imprimeurs, Libraires, et autres personnes de quelque qualité et condition qu'elles soient, d'en imprimer, ou faire imprimer en aucuns lieux de cettuy nostre Royaume, pays, terres et seigneuries de nostre obeïssance, ny ailleurs, ny aux Estrangers d'en faire venir ny apporter d'autres impressions que de celles desdits Associez, et d'en exposer en vente sans leur consentement, ou de ceux qui auront charge et pouvoir d'eux, sur peine de confiscation d'iceux, de six mil livres d'amende applicable aux pauvres, et de tous despens, dommages et interests envers lesdits Associez. A la charge de mettre deux exemplaires de chacune desdites impressions en nostre Bibliothecque, avant que de les exposer en vente, à peine d'estre descheus du present Privilege : et outre à condition de faire imprimer lesdits Nouveaux Testaments, Catechismes et Grammaires en Langues Orientales, et en donner certain (P. 15) nombre d'exemplaires gratuitement, pour envoyer par l'ordre de nostredit Cousin ausdits Missionnaires d'Orient, afin de les distribuer au peuple pour les instruire en nostredite Religion Chrestienne, conformement à leurdite promesse. SI VOUS MANDONS, que du contenu en ces presentes vous fassiez joüir lesdits C. Chapellet, M. Sonnius, Fouët, I. Sonnius, S. Cramoisy, Vitray, S. Chapellet, C. Cramoisy, C. Sonnius, G. Cramoisy, Morel, la vefve Buon, le Bé, Richer, Foucault, la vefve Mejat, la Nouë, et la vefve de Varennes, plainement et paisiblement, et à ce faire et obeïr tous ceux qu'il appartiendra, en mettant au commencement ou à la fin desdits Breviaires et autres Usages, ces presentes, ou l'Extraict d'icelles, afin qu'elles soient tenuës pour deuëment signifiées, et qu'à la collation qui en sera faite par l'un de nos amez et feaux Conseillers et Secretaires, foy soit adjoustée comme au present original. CAR TEL EST NOSTRE PLAISIR, nonobstant oppositions ou appellations quelconques, pour lesquelles ne voulons estre differé, et desquelles, si aucunes interviennent, nous avons retenu et reservé la cognoissance à nous et à nostre Conseil, et (P. 16) icelle interdite à tous autres Juges. Donné à Chasteau-Thierry, le neufiesme iour de Decembre, l'an de grace mil six cens trente et un : et de nostre regne le vingt-deuxiesme.

    Signé,   LOVIS,

Et plus bas, Par le Roy, PHILIPPEAUX. Et scellé sur double queuë du grand sceau de cire jaune.

GRAMMATICÆ LINGUÆ GRÆCÆ VULGARIS

PROŒMIUM

Vernaculæ Græcæ linguæ Grammaticam ab omnibus fere dixerim expectatam simul et expetitam, à quamplurimis frustra promissam, à nonnullis vero quibusdam veluti delineamentis duntaxat adumbratam, nec ab aliquo satis adhuc expressam, non tam explicaturus, quam editurus aggredior. Grande quidem ac perarduum opus nostrisque viribus impar; sed non inaccessum : nec enim omnium omnino difficultatum ambages, syrtesque superare contendimus, sed (P. 2) faciliorem quandam ac brevem hujusmodi Græcæ linguæ notitiam methodum instituimus.

CAPUT I.

De Literis, earúmque divisione, ac Pronunciatione.

Quoniam vulgaris hæc Græcorum lingua suam, ut par est, originem non inficitur, ac fœcundam illam linguarum parentem ἑλληνίδα διάλεκτον, matrem agnoscit, non mirum si ad ipsam tanquam ad fontem existimem recurrendum, et plurima ex ipsa deprompta censeam referenda.

Habet igitur hæc quoque suas viginti et quatuor literas, ut illa, paritérque dividit eas in Vocales, et Consonantes. Vocales quidem septem agnoscit, α, ε, η, ι, ο, υ, ω. ex quibus sex proprias diphthongos for (P. 3) mat αι, αυ, ει, ευ, οι, ου: ex impropriis tamen præter η, ῳ, et υι, nullas alias admittit. Jam Consonantes sunt decem et septem, β γ δ ζ θ κ λ μ ν ξ π ρ σ τ φ χ ψ, ex quibus quædam tenues π κ τ; quædam aspiratæ θ φ χ; quædam mediæ β γ δ; quædam duplices ζ ξ ψ; quædam denique immutabiles λ μ ν ρ.

Quod attinet ad pronunciationem, miror quosdam doctos licet et non vulgari præditos eruditionis varietate eò temeritatis devenisse, ut germanam, integram, ac πατροπαράδοτον recentiorum Græcorum pronunciationem, chimericis nescio quibus ducti conjecturis, totis viribus ausi fuerint quam sane temerario judicio, sic irrito conatu pervertere, ac deturpare. Profecto si Græcis maternæ linguæ flexiones, et una cum lacte acceptos haustosque sonos et accentus puros et intactos audes denegare, (P. 4) cur barbaris eos concedas, cur extero cuique qui aliarum Nationum accentus suo nativoque accommodat, toto, ut aiunt, cœlo à recta earumdem Nationum aberrans pronunciatione atque deflectens. Verum hæc obiter tetigisse sat erit, pluribus enim prosequi, et vehementius in eos invehi præsens prohibet institutum, ac brevitatis amor.

Quare ut eo redeat, unde parum aberravit oratio, dicam de literis in particulari, et primo quidem de A, quæ ore debet proferri pleno, numquam depresso. Neutro omnia in plurali hac litera terminantur, quædam etiam in singulari, præcipuéque Verbalia, ut κίνημα *motio* à κινῶ, πάλαιμα *lucta* à παλαίξω. Item omnia fere nomina substantiva, et non verbalia fœminini generis, ut μοῦσα *Musa*, κάψα *calor*, δίψα *sitis*, etc. Est præterea terminativa Aoristi tam activi (P. 5) quam passivi modi Indicativi, ut ἔκαμα *feci*, ἐγράφθηκα *scriptus sum*. Sic etiam desinunt omnia adverbia, ut καλὰ *benè*, σοφὰ *doctè*, ἐξαίσια *egregiè*, et hujusmodi plura.

B, effertur ut V Consonans, nec ponitur nisi in medio vel initio dictionis, numquam in fine. Quod autem β sonet V Consonans ex hoc maxime constat, quod Græci dum B Latinorum pronunciationem volunt exprimere, in nominibus præcipue quibusdam ab ipsis Italis mutuatis, et à græcaliterali quam longe distantibus non utuntur β, sed μπ, quod apud illos sonat *b*, ut videre est in dictione *bombarda* quam nostri Græci sic scribunt μπομπάρδα.

Γ, varie sonat pro varietate vocalium quibuscum alligatur; nam cum α, ο, ω, et ου, eodem prorsus effertur modo, quo, *g* Latinorum in *ga, go*, et *gu*: At cum ι, η, υ, οι, (P. 6) ει, et αι editur ut *ghi*, vel *ghiè* Italorum, et ut *gue* et *gui* Gallorum. Γ ante aliam γ posita, et ante κ, sonat ut ν ut ἄγγελος *angelus*, ἀγκαλιάζω *amplector*.

Δ, densiori quodam spiritu, quam D Latinorum edi debet. Hispani ad hanc pronunciationem maxime omnium accedunt.

E, valet E. In hanc vocalem terminantur præcipue Vocativi singulares Nominum Masculinorum, quorum Nominativus est in ος, ut καλὲ *bone,* ἄτυχε *improbe,* etc. Item secundæ personæ numeri pluralis Verborum cuiuscunque sint modi, sicut etiam secunda persona numeri singularis Imperativi, ut κάμε *fac,* λέγε *dic.* Item tertia persona Aoristi tam activi quam passivi numeri singularis modi Indicativi. Græci nostri carent ε clauso, uno namque sono, eóque aperto, ut reliquas omnes vocales, edunt.

(P. 7) Z, suavius effertur Latinorum Z, æquivaletque simplici s, cum in medio dictionis ponitur, ut in hac voce, *Musa.* Z insuper post τ, sonat σ, ut in hac voce, έτζι constat, et in aliis pluribus.

H, sonat I, et non E, ut quibusdam placet, eruditis quidem alioqui viris, at non Græcis, quibus inauditus est hujusmodi sonus, et omnino peregrinus. Est terminativa nominum tantum generis fœminini, et præcipue adjectivorum, ut καλὴ *bona,* ἄσπρη *alba.* Item tertiæ personæ numeri singularis Verborum modi Subjunctivi, subscripta ι ut διὰ νὰ κάμῃ *ut faciat.*

Θ, funesta litera, et à solis fere Græcis proferenda, characteribus aliarum linguarum, vel vocibus exprimi scriptis minime nequit, videtur tamen accedere ad prolationem *s,* balbutientium.

(P. 8) I, valet I, in quam desinunt omnia fere neutra, quæ derivantur à græcoliterali in ιον, ut ψωμί à ψωμίον: κλαδὶ à κλαδίον. δακτυλίδι à δακτυλίδιον. Item omnia diminutiva in κι, ut ἀνθρωπάκι *homunculus,* et alia innumera.

K, æquivalet C, sed diverso modo; nam cum α, ο, ω, ου, sonat *ca, co,* et *cu:* at cum ι, η, ε, υ, ει, οι, et αι, correspondet *qui* et *que* Gallorum, vel etiam italico *chi* et *chie.* K, post ν et γ, profertur ut *g,* verbi gratia τὸν κόσμον, et ἀγκάλι, *ton gosmon,* et *angáli* dicemus.

Λ, valet L, ac semper eundem retinet sonum ante quascunque vocales, et diphthongos posita, licet quibusdam videatur aliter exprimenda ante ι, volunt enim tunc idem prorsus sonare, quod *gli* Italorum, vel *ll* Hispanorum. Utrumque sonum non improbo.

(P. 9) M, sonat M, quæ si ponatur ante π, variat illius sonum, ita ut proferatur ut *b,* ut constat in voce μπαρμπάκι, *bambáki,* id est *bombyx.*

N, quanvis ante α, ε, ο, ω, αι et ου, sonet *na, ne, no, nu;* attamen ante ι, οι, ει et υ (in nobilioribus saltem præsentis

Graeciae locis) sonum *gni* Italorum, vel duplicis *nn* Hispanorum prae se ferre videtur. N, ante π aequivalet *m*, et π *b*, exempli gratia τὸν πατέρα *patrem* pronunciamus *tom batéra*. Est insuper finalis accusativi singularis primae et secundae declinationis, et omnium genitivorum numeri pluralis, itemque Nominum neutrorum in ον.

Ξ, effertur ut *cs*, non vero (ut perverse quidam) tanquam *gs*.

O, sonat O, ore aperto prolata. In hanc desinunt quamplurima nomina neutrius generis, ut ἄλογο *equus*, etc. quae deberent terminari in ον, (P. 10) si spectetur eorum origo.

Π, valet P, sed post μ vel ν, respondet B Latinorum, ut patet in dictione πέμπω *mitto, pémbo*, et aliis. Vertitur aliquando in φ ut βλάπτω, βλάφτω *noceo*, γλύπτω γλύφτω *scalpo*, et alia non pauca.

P, aequivalet R, initio dictionis semper spiritu aspero notatur, cum vero sunt duo (ut fere contingit in medio alicujus dictionis) primum leni notatur spiritu, secundum autem aspero. Ponitur interdum loco λ, ut στέλνω στέρνω *mitto*; sed hoc nimis corrupte: melius agitur dum ρ vertitur in λ, praecipue in dictionibus externis dicendo σκλίμα pro σκρίμα Italico, id est *gladiatura*, etc.

Σ, sonum s, refert cum sibilo, estque terminativa omnium prorsus nominum ac participiorum generis masculini, ut ἀντώνιος *Antonius*, στέκοντας *stans* : item accusativorum om- (P. 11)nium tam masculini, quam foeminini generis numeri pluralis, ut τοὺς καλοὺς *bonos*, ταῖς ἀτυχίαις *iniquitates* : itemque nominativorum pluralium generis foeminini, ut ἀρεταῖς *virtutes*, μανάδες *matres*, etc. Ponitur etiam in fine secundae personae omnium Verborum activorum numeri singularis, ut δέρνεις *verberas*, κλέφτεις *furaris*, et omnium temporum activae et passivae significationis eiusdem numeri (si imperfectum passivum excipias) ut ἔδερνες *verberabas*, ἔδηρες *verberasti*, ἐδάρθηκες *verberatus es*, et hujusmodi.

T, mystica, ac salutaris litera sonat T, verum posita post ν sonum *d*, assumit, ut ἄντρον *antrum* quasi *andron*, et ἐναντίον *contrarium enandíon*.

Υ, idem munus subit quod, I, estque finalis quorundam gravitonorum generis neutrius, ut γλυκὺ *dulce*, βαρὺ *grave* : item et eorum quae derivantur à graecaliterali lingua in υον, (P. 12) ut δίκτυ à δίκτυον, et reliqua plura.

Φ, sonum habet F, vel *ph*, ut φέρνω *fero*.

Χ, sonus hujus literæ scriptura nequit ostendi, qui tamen Florentinorum C noverit, ejusdem literæ pronunciationem non ignorabit, quanvis non tam aspere sit edenda. Sane si *chi* Gallicum careret sibilo, et Italicum *sci*, non longe distarent à Græco χ.

Ψ, valet *ps*, ut ψαλμός *Psalmus*.

Ω, idem præstat quod O, estque terminativa omnium Verborum activæ significationis tam præsentis quam futuri, ut ἀγαπῶ *amo*, θέλω ἀγαπήσει *amabo*. Mutatur non raro à Græca-literali in hac vernacula lingua in ου, ut ζωμίδιον *jusculum*, ζουμί, à πωλῶ *vendo*, πουλῶ, et à μιμώ *simia*, μαϊμού, etc. Atque hæc de literis, jam nonnulla dicamus de Diphthongis.

Αι, correspondet Latinæ diph(P. 13)thongo, *æ*, in hanc terminantur prima, secunda, et tertia persona singularis præsentis Verborum tam passivorum, quam deponentium. Item et tertia persona pluralis ejusdem temporis, et nominativi pluralis nominum fœmininorum, et masculinorum primæ, et secundæ declinationis.

Αυ, ut plurimum sonat *af*, ut αὐτός *ipse aftos*, interdum vero *αβ*, ut αὐλή *aula*, quasi ἀβλή. Quare quoties post αυ sequitur θ, ξ, σ, τ, φ, χ, edenda erit ut *af*, si vero post ipsam ponantur vocales, vel cæteræ aliæ consonantes, supradictis exceptis pronuncianda erit ut *αβ*.

Ει, facit *i*, estque terminativa secundæ et tertiæ personæ præsentis, et futuri activi Verborum barytonorum, ut γράφεις γράφει, et θέλεις γράψεις, θέλει γράψει.

Ευ, effertur ut *ef*, modò ut *εβ*. (P. 14) quando autem debeat pronunciari ut *ef*, quando vero ut εβ observanda est supradicta regula de αυ.

Οι, æquivalet etiam *i*. Cuius terminationem amant omnes nominativi plurales nominum tertiæ et quartæ declinationis.

Ου, correspondet *ou* Gallorum, ac sonat *u* Italorum. Hanc terminationem habet secunda persona imperfecti modi indicativi passivæ significationis. item omnes fere genitivi singulares nominum masculini generis, et neutrius, si barytona excipias in ἀς et ῆς, et quæ desinunt in ις. Item nonnulla nomina fœminina ut μαϊμού *simia,* etc.

CAPUT II.

De Accentibus et Spiritibus.

Tres habet vernacula hæc Græcorum lingua ut literalis (P. 15) accentus, acutum videlicet ut λόγος, gravem ut τιμή, et tandem circumflexum ut τιμῶ.

Loci accentuum sunt quatuor, ultima, penultima, antepenultima, et præantepenultima. Ultima tres recipit accentus, non quidem omnes simul cum una dictio unius tantum sit capax accentus, sed potest vel acutum, vel gravem, vel circumflexum, prout ratio exigit, suscipere.

Accentum gravem habent omnia monosyllaba ut τὶς, νὰ, δὰ, etc. Item adverbia in α, quæ derivantur ab adverbiis græcoliteralis linguæ in ῶς circumflexe, ut σοφὰ *docte*, à σοφῶς, καλὰ *bene*, à καλῶς, et hujusmodi plura. Nomina etiam neutra dissyllaba in ι, ut κερὶ *cera*, κορμὶ *corpus*, et alia.

Accentum circumflexum suscipiunt genitivi tam singulares, quam plurales, in quorum recti ultima ac (P. 16) centus est vel acutus, vel gravis, vel circumflexus, ut Θεὸς *Deus*, Θεοῦ, τιμὴ *honor*, τιμῆς, ἡ ἀρεταῖς *virtutes*, τῶν ἀρετῶν. Eundem observant accentum accusativi plurales nominum secundæ declinationis, et omnia verba circumflexa.

Penultima etiam duos admittit accentus acutum videlicet et circumflexum : hunc suscipit cum penultima est naturâ longa, et ultima brevis in dictionibus plerunque dissyllabis, ut μοῦσα, θαῦμα, etc. item in iis, quæ terminantur in ωνας, ut αἰῶνας *sæculum*, ἀγῶνας *certamen*, et in participiis verborum circumflexorum, ut κτυπῶντας *verberans*, ἀγαπῶντας *amans*, et sic de reliquis.

Acutum vero requirit cum utraque est vel brevis, vel longa, ut λόγος *verbum*, χώραις *urbes*, vel longa per appositionem, ut θάρρος *fiducia*. Omnia neutra plurisyllaba in ι, habent accentum (P. 17) acutum in penultima, ut παιγνίδι *ludus*, ἀνθρωπάκι *homunculus*. Item omnia plurisyllaba cujuscunque sint generis, dummodo habeant ultimam longam acuuntur in penultima, sicuti et omnia verba quæ non sunt circumflexa, ut δυνατώνω *corroboro*, σταθερώνω *confirmo*, et alia.

Antepenultima duntaxat acuitur, si ultima fuerit brevis, ut ἄνθρωπος *homo*. Cæterum nonnulli et recentioribus Græcis non solent respicere ad ultimam syllabam, sed Latinorum more habita ratione quantitatis penultimæ, antepenultimam acuunt si penultima fuerit brevis, ut ἀγιώτατη *sanctissima* pro ἀγιωτάτη, ἀδίκους *injustos* pro ἀδίκους, etc. Melius tamen videtur et elegantius regulas accentuum observare literalis grammaticæ, ad quam velim confugias.

Præantepenultima vero acutum agnoscit et circumflexum, acutum (P. 18) quidem in iis, quorum penultima est in ια, ut ἀναγκάλλιασις *exultatio*, ἐνύκτιασεν *nox facta est*, quasi ια, unicam efficiat syllabam, et in προπαροξυτόνοις, quibus additur particula νε, ut κάμετε, κάμετενε *facitis* : circumflexum autem in iis quorum penultima circumflectitur, et iis additur articulus cum particula νε, ut εἶδατονε *vidi illud*.

Jam spiritus in hac ipsa lingua iidem penitus sunt qui in græca literali, lenis videlicet, et asper, iisque eodem modo in utraque lingua utendum est. Quare non parum sumet utilitatis, et commodi tam in orthographia, quam in nominum declinatione, inflexionéque verborum is, qui grammaticam græcam apprimè calluerit.

(P. 19) CAPUT III.

De Partibus Orationis.

Cum octo sint Orationis partes, Articulus scilicet, Nomen, Pronomen, Verbum, Participium, Præpositio, et Conjunctio, de iis singillatim habendus erit sermo, si prius dixerimus quot casus ac numeros vernacula Græcorum lingua admittat.

Quatuor igitur in quocúnque numero casus agnoscit, nominativum, genitivum, accusativum, et vocativum. Genitivus ultra propriam significationem retinet etiam Dativi, ut σοῦ δίδω *tibi do*. Accusativus vero non raro ponitur loco genitivi, et præcipue pro articulo τῶν, ut ἡ τιμήτους pro ἡ τιμήτων *honor illorum*, et dicunt ἕνα κομμάτι ψωμί pro ψωμιοῦ, idest, *frustulum panis*.

(20) Duo tantum sunt numeri tam Verborum quam nominum, singularis videlicet, et pluralis : respuit namque dualem numerum hæc lingua, utpote solis Atticis proprium, à quorum melliflua suavitate quanvis longe distet, suas tamen habet et Musas et gratias.

Articuli nominibus præfigi debent; sed quando : hoc opus hic labor est. Cæterum vel usus optimus erit præceptor, vel tua temet materna lingua docebit. Nam si tua lingua articulis utitur, ubi eos ponere in ipsa conaberis, ibidem collocabis in græca. Exempli causa, si Gallice loquens dicas, *la feste de Nostre Dame*, eadem græce vertens enunciabis cum articulo ἡ ἑορτὴ τῆς Θεοτόκου : si vero dicas, *nous avons grande Feste* absque articulo, dices etiam græcè, ἡμεῖς ἔχομεν μεγάλην ἑορτὴν, nullo præposito articulo.

(P. 21) Adverte tamen in nomine, Θεός, semper præponendum esse articulum, quanvis in aliis linguis non præponatur, dicendum enim semper est ὁ Θεός cum articulo, unde cum dicunt *gloria tibi Deus*, addentes articulum aiunt δόξα σοι ὁ Θεός.

Adverte etiam Græcos vulgares carere articulis postpositivis, pro quibus Latinorum more relativis *qui, quæ, quod*, utuntur, postponentes ὁποῖος, ὁποῖα, ὁποῖον, ac præfigentes articulos, ὁ, ἡ, τὸ, ut ὁ Πέτρος ὁ ὁποῖος *Petrus qui*.

Tres sunt articuli præpositivi, à quibus genus nominum dignoscitur, ὁ masculini generis, ἡ fœminini, et τὸ neutrius. Sic autem flectuntur,

	Masc.		*Fœm.*		*Neut.*
Sing. No.	ὁ *hic.*	No.	ἡ *hæc.*	No.	τὸ *hoc.*
Ge.	τοῦ	Ge.	τῆς	Ge.	τοῦ
Acc.	τὸν	Ac.	τὴν	Ac.	τὸ
Voc.	ὦ	Voc.	ὦ	Vo.	ὦ
(P. 22) *Pl.* No.	οἱ *hi*	No.	αἱ vel ἡ *hæ*	No.	τὰ *hæc*
Ge.	τῶν	Ge.	τῶν	Ge.	τῶν
Ac.	τοὺς	Ac.	ταῖς vel τῆς	Ac.	τά
Vo.	ὦ	Vo.	ὦ	Vo.	ὦ

Ex his facile colligi potest quam malè alii notent in plurali articulum fœmininum per οἱ diphthongum, quæ soli masculino generi convenire debet. ἡ vel τῆς videtur Ionica loquutio, cujus est mutare α in η, nec temere usurpari potest pro αἱ et ταῖς.

CAPUT IV.

De Nomine.

Quæ de Nominum divisione inseri hoc loco possent, utpote satis dilucida ex aliorum grammaticis, ne in iis recensendis tempus terere videar prætermittam. Dicam tantum quæ propria censeo in hac lingua.

Variæ igitur multiplicésque sunt (P. 23) nominum terminationes, quæ varias etiam sortiuntur declinationes, quarum numerus licet communiter quaternarius assignetur, à me tamen majoris claritatis ergo sextuplex tradetur. Erunt quippe declinationes quatuor ἰσοσύλλαϐοι, id est *parisyllabæ*, una partim ἰσοσύλλαϐος, et partim περιττοσύλλαϐος, quæ in plurali tantum incrementum suscipit, altera demum omnino περιττοσύλλαϐος, quæ in utroque numero incrementum admittit.

Prima nominum declinatio est tantum masculinorum in ας et ης, quorum genitivus in ου, licet satis barbare, et nimis corrupte apud vulgus exeat in α, vel in η, juxta terminationem nominativi, cum id proprie contingat in accusativo addito ν, quam tamen nonnulli abjiciunt. Pluralis est in αις, genitivus in ῶν, accusativus et vocativus, ut nominativus.

(P. 24) *Exemplum in* ας.

	Sing.		Plur.
No.	ὁ ταμείας *promus*.	No.	οἱ ταμείαις
Ge.	τοῦ ταμείου	Ge.	τῶν ταμειῶν
Acc.	τὸν ταμείαν	Ac.	τοὺς ταμείαις
Voc.	ὦ ταμεία	Vo.	ὦ ταμείαις

Exemplum in ης.

	Sing.		Plur.
Nom.	ὁ κλέφτης *fur*.	Nom.	οἱ κλέφταις
Gen.	τοῦ κλέφτου	Gen.	τῶν κλεφτῶν
Acc.	τὸν κλέφτην	Acc.	τοὺς κλέφταις
Voc.	ὦ κλέφτη	Voc.	ὦ κλέφταις

Adverte quædam nomina propria in ας oxytona posse terminare genitivum singularem et in ου, et in α, ut ὁ Πυθαγόρας, τοῦ Πυθαγόρου, et Πυθαγόρα, quædam vero in ᾶς circumflexa retinere tantum α in genitivo, ut ὁ Λουκᾶς, τοῦ Λουκᾶ, etc.

Secunda declinatio fœmininis duntaxat gaudet nominibus, quorum nominativus est in α vel η, genitivus in ας vel ης juxta recti voca(P. 25)lem. Accusativus autem in αν vel ην prout fuerit ultima vocalis nominativi.

Exemplum in α.

	Sing.		Plur.
No.	ἡ φιλία *amicitia*.	Nom.	ἡ φιλιαῖς
Ge.	τῆς φιλιᾶς [1]	Gen.	τῶν φιλιῶν

1. Dans l'édition originale, le texte porte της φιλιᾶς et ἡ φιλιαῖς.

Ac.	τὴν φιλίαν	Acc.	ταῖς φιλίαις
Vo.	ὦ φιλία	Voc.	ὦ φιλίαις

Exemplum in η.

	Sing.		Plur.
Nom.	ἡ γνώμη *opinio*.	No.	ἡ γνώμαις
Gen.	τῆς γνώμης	Ge.	τῶν γνωμῶν
Acc.	τὴν γνώμην	Ac.	ταῖς γνώμαις
Voc.	ὦ γνώμη	Vo.	ὦ γνώμαις

Nota hîc vocativum singularem et pluralem similem esse utrique nominativo; quod non contingit in prima declinatione, in qua vocativus singularis amittit ς. Item genitivum pluralem notari semper accentu circumflexo, ut fit etiam in prima.

(P. 26) TERTIA declinatio omnia genera nominum complectitur, quorum masculina, muliebria, et communia terminationem habent in ος, neutra vero in ον, vel in ο, genitivus singularis in ου, accusativus in ον, et vocativus in ε.

Exemplum masculinorum in ος.

	Sing.		Plur.
No.	ὁ λογισμὸς *cogitatio*.	No.	οἱ λογισμοί
Ge.	τοῦ λογισμοῦ	Ge.	τῶν λογισμῶν
Acc.	τὸν λογισμόν	Ac.	τοὺς λογισμούς
Voc.	ὦ λογισμέ	Vo.	ὦ λογισμοί

Exemplum fœmininorum in ος.

	Sing.		Plur.
No.	ἡ ἔρημος *solitudo*.	Nom.	ἡ ἔρημοι
Ge.	τῆς ἐρήμου	Gen.	τῶν ἐρήμων
Acc.	τὴν ἔρημον	Acc.	ταῖς ἐρήμους
Voc.	ὦ ἔρημε	Voc.	ὦ ἔρημοι

Hoc eodem modo flectuntur communia additis præpositivis articulis ὁ et ἡ, ut ὁ et ἡ παρθένος *virgo*, τοῦ καὶ τῆς παρθένου, etc.

(P. 27) *Exemplum neutrorum in* ον.

	Sing.		Plur.
No.	τὸ δένδρον *arbor*.	Nom.	τὰ δένδρα
Ge.	τοῦ δένδρου	Gen.	τῶν δένδρων
Ac.	τὸ δένδρον	Acc.	τὰ δένδρα
Voc.	ὦ δένδρον	Voc.	ὦ δένδρα

Sciendum autem hic est nomina neutra tres casus habere similes in quocúnque numero, rectum videlicet, accusativum et vocativum; quod non tam verum est in hac declinatione, quam etiam in caeteris aliis, quae neutra nomina continent.

QUARTA declinatio est masculinorum in ας et ης, quorum flexio partim convenit cum nominibus primae declinationis, partim vero cum nominibus tertiae. Horum igitur genitivus singularis est in ου, accusativus et vocativus in α vel η juxta terminationem nominativi.

(P. 28) *Exemplum in* ας.

	Sing.		Plur.
No.	ὁ σάλιακας *cochlea*.	No.	οἱ σαλιάκοι
Ge.	τοῦ σαλιάκου	Ge.	τῶν σαλιάκων
Acc.	τὸν σάλιακα	Ac.	τοὺς σαλιάκους
Voc.	ὦ σάλιακα	Vo.	ὦ σαλιάκοι

Exemplum in ης.

	Sing.		Plur.
No.	ὁ μάστορης *artifex*.	No.	οἱ μαστόροι
Ge.	τοῦ μαστόρου	Ge.	τῶν μαστόρων
Ac.	τὸν μάστορη	Ac.	τοὺς μαστόρους
Vo.	ὦ μάστορη	Vo.	ὦ μαστόρη

Animadvertas velim in hac declinatione semper nominativum, et vocativum pluralem debere acui in penultima: vocativum vero singularem acui in antepenultima si nomen sit trisyllabum, si vero quadrisyllabum in praeantepenultima, sive quod idem est servare semper accentum sui nominativi, ut ex allatis exemplis licet colligere.

(P. 29) QUINTA declinatio amplectitur tam masculina in ᾶς et ῆς barytona, quam in ις ὀξύτονα, et foeminina in α, quorum obliqui singulares retinent recti vocalem ablata ς in masculinis, et addita in foemininis. Pluralis vero nominativus est plurisyllabus in άδες vel οῦδες, genitivus in ων, accusativus et vocativus similes sunt nominativo.

Exemplum in ᾶς,

	Sing.		Plur.
N.	ὁ μασκαρᾶς *nugator*.	N.	οἱ μασκαράδες
G.	τοῦ μασκαρᾶ	G.	τῶν μασκαράδων
A.	τὸν μασκαρᾶ	A.	τοὺς μασκαράδες
V.	ὦ μασκαρᾶ	V.	ὦ μασκαράδες

Exemplum in ής.

	Sing.		Plur.
No.	ὁ κριτής *judex.*	No.	οἱ κριτάδες
Ge.	τοῦ κριτή	Ge.	τῶν κριτάδων
Acc.	τὸν κριτή	Acc.	τοὺς κριτάδες
Voc.	ὦ κριτή	Voc.	ὦ κριτάδες.

(P. 30) *Exemplum in* ις.

	Sing.		Plur.
No.	ὁ κύρις *dominus.*	No.	οἱ κυροῦδες
Ge.	τοῦ κύρι	Ge.	τῶν κυρούδων
Acc.	τὸν κύρι	Acc.	τοὺς κυροῦδες
Voc.	ὦ κύρι	Voc.	ὦ κυροῦδες

Adverte composita ex isto nomine κύρις ut νοικοκύρις, καραβοκύρις, etc. formare nominativum pluralem in ιδες non in οῦδες, dicimus enim νοικοκύριδες, καραβοκύριδες retinentes ι, in omnibus obliquis.

Exemplum fœminini in α.

	Sing.		Plur.
No.	ἡ μάνα *mater.*	No.	ἡ μανάδες
Ge.	τῆς μάνας	Ge.	τῶν μανάδων
Acc.	τὴν μάνα	Ac.	ταῖς μανάδες
Voc.	ὦ μάνα	Vo.	ὦ μανάδες

Ex quibus colligi potest nomina in ας et ης masculina, et fœminina in α habere nominativum pluralem in άδες, sola vero masculina in ις in οῦδες.

(P. 31) Sexta, et ultima declinatio continet tantum nomina περιττοσύλλαβα neutrius generis, quorum terminatio est α vel ι, genitivus plurisyllabus in ου, ac cæteri casus ut nominativus. His addi possunt nomina neutra in ὐ.

Exemplum in α.

	Sing.		Plur.
No.	τὸ κρίμα *peccatum.*	No.	τὰ κρίματα
Ge.	τοῦ κριμάτου	Ge.	τῶν κριμάτων
Ac.	τὸ κρίμα	Ac.	τὰ κρίματα
Vo.	ὦ κρίμα	Vo.	ὦ κρίματα

Adverte hæc nomina desinentia in α, posse etiam terminare genitivum singularem in ος juxta regulam græcoliteralis grammaticæ, ut si quis pro κριμάτου diceret κρίματος, pro στομάτου στόματος, et sic de reliquis.

Exemplum in ι.

	Sing.		Plur.
Nom.	τὸ παιδὶ *puer*.	No.	τὰ παιδιὰ
Gen.	τοῦ παιδίου	Ge.	τῶν παιδιῶν
(P. 31) Acc.	τὸ παιδὶ	Acc.	τὰ παιδιὰ
Voc.	ὦ παιδί	Voc.	ὦ παιδιὰ

Observandum est hoc loco apud quosdam non circumflecti genitivum singularem, et pluralem nominum desinentium in ι, quum dicunt τοῦ παιδίου, et τῶν παιδίων cum accentu acuto. Verum communis usus utrósque circumflectit, quem etiam sequendum esse censemus, cum ipse hac in re non minimi sit ponderis, ac momenti.

APPENDIX PRIMA

De Heteroclytis, Verbalibus et Numeralibus.

HETEROCLYTA nomina dicuntur, quæ vel novam sortiuntur flexionem in plurali diversam à singulari, vel genus mutant aut accentum, vel peculiarem quendam declinandi modum, irregula(P. 33)rem tamen constituunt. Ad primum genus heteroclytorum revocari possunt omnia nomina fœminina in ις, quorum flexionem unius exemplo satis ediscere poteris.

Exemplum in ις.

	Sing.		Plur.
Nom.	ἡ πίστις *fides*.	No.	ἡ πίσταις
Ge.	τῆς πίστις vel πίστεως	Ge.	τῶν πίστεων
Ac.	τὴν πίστιν	Acc.	ταῖς πίσταις
Vo.	ὦ πίστι	Voc.	ὦ πίσταις

Ex nominibus masculinis in ος, nullum reperio quod sit heteroclytum, præter nomen λόγος, quod in singulari masculini est generis, in plurali verò neutrius, et sic declinatur.

	Sing.		Plur.
No.	ὁ λόγος *verbum*.	No.	τὰ λόγια
Ge.	τοῦ λόγου	Ge.	τῶν λογίων
Acc.	τὸν λόγον	Acc.	τὰ λόγια
Voc.	ὦ λόγε	Voc.	ὦ λόγια

(P. 34) Huic addi potest nomen foemininum ὄξοδος, quod cum sit tertiae declinationis, variat tamen in plurali terminationem accusativi, communiter enim pro ταῖς ὄξοδους, ponitur ταῖς ὄξοδαις, quae est terminatio accusativi pluralis secundae declinationis.

At vero neutra omnia in ος, ut ἄνθος *flos*, κέρδος *lucrum*, etc. et nonnulla in ον, ut δένδρον *arbor*, loco α in nominativo plurali reponunt η; dicimus enim ἄνθη *flores*, κέρδη *lucra*, et δένδρη *arbores*, quorum genitivus est in ῶν circumflexe.

Nomen ῥίγας *Rex*, quanvis quintae declinationis, quia tamen accentum mutat, et terminationem in genitivo singulari, ideo non immerito inter heteroclyta annumeramus. Dicetur igitur in genitivo pro τοῦ ῥίγα juxta regulam τοῦ ῥιγός; caeteri casus tam singulares, quam plurales sequuntur flexionem quintae declinationis.

(P. 35) Nomina propria virorum in οῦς et ως, ac mulierum in οὺ et ὼ, non declinantur nisi in singulari, et retinent ου vel ω in omnibus obliquis. At vero substantiva in οῦς in utroque numero declinantur. Singula propriis exemplis elucescent.

Exemplum virorum in οῦς *et* ως.

	Sing.		Sing.
No.	ὁ Ἰησοῦς *Jesus*.	No.	ὁ Μίνως *Minos*.
Ge.	τοῦ Ἰησοῦ	Ge.	τοῦ Μίνως
Ac.	τὸν Ἰησοῦν	Ac.	τὸν Μίνων
Vo.	ὦ Ἰησοῦ	Vo.	ὦ Μίνως

Exemplum mulierum in οὺ *et* ὼ.

	Sing.		Sing.
No.	ἡ μαϊμοὺ *simia*.	No.	ἡ Λιτὼ *Latona*.
Ge.	τῆς μαϊμοὺ	Ge.	τῆς Λιτὼ
Ac.	τὴν μαϊμοὺ	Ac.	τὴν Λιτὼ
Vo.	ὦ μαϊμοὺ	Vo.	ὦ Λιτὼ

Exemplum substantivorum in οῦς

	Sing.		Plur.
Nom.	ὁ νοῦς *mens*.	Nom.	οἱ νόοι
Gen.	τοῦ νοῦ	Gen.	τῶν νόων
(P. 36) Acc.	τὸν νοῦν	Acc.	τοὺς νόους
Voc.	ὦ νοῦ	Voc.	ὦ νόοι

Nomen item πολὺς et πολὺ heteroclytum est, licet foemininum

πολλή nequaquam sit, cum observet regulas secundae declinationis. Quare sit exemplum masculini πολύς, et neutrius πολύ.

	Sing.		Plur.
Nom.	ὁ πολὺς *multus.*	No.	οἱ πολλοί
Gen.	τοῦ πολλοῦ	Ge.	τῶν πολλῶν
Acc.	τὸν πολὺν	Ac.	τοὺς πολλοὺς
Voc.	ὦ πολύ	Vo.	ὦ πολλοί.

	Sing.		Plur.
No.	τὸ πολὺ *multum.*	No.	τὰ πολλὰ
Ge.	τοῦ πολλοῦ	Ge.	τῶν πολλῶν
Acc.	τὸ πολύ	Acc.	τὰ πολλὰ
Voc.	ὦ πολύ	Vo.	ὦ πολλὰ

His adde omnia nomina in ὺς barytona ut βαρὺς, γλυκὺς, et alia, quae sic flectuntur.

(P. 37)

	Sing.		Plur.
No.	ὁ βαρὺς *gravis.*	No.	οἱ βαρεῖς
Ge.	τοῦ βαρυοῦ	Ge.	τῶν βαρυῶν
Acc.	τὸν βαρὺν	Acc.	τοὺς βαρεῖς
Voc.	ὦ βαρύ	Voc.	ὦ βαρεῖς.

Neutra eorum in ὺ, non sunt irregularia sed pertinent ac reducuntur ad ultimam declinationem, et eodem modo declinantur quo desinentia in ι. atque haec de heteroclytis.

Verbalia quaedam deducuntur à praesente versa ω in η, si aliqua praecedat consonans, vel simplex vocalis, sic à νικῶ formatur νίκη *victoria*, et à βοῶ βοὴ *clamor* : si vero vocalem ω, praecedat diphthongus ευ, tunc ω, mutatur in α, et υ in ι, unde à δουλεύω fit δουλεία *servitus*, et à φτωχεύω φτωχεία *paupertas*. Verum si ante ω, ponatur ου diphthongus, ω quidem vertitur in η at υ abjicitur, ut ἀκούω *audio*, ἀκοὴ *auditus*.

(P. 38) Ex verbis in γω, quorum penultima est ευ, formantur etiam verbalia in η, rejecta υ, ut ex φεύγω φυγή *fuga*. Ea vero quae vel solam ε habent, vel junctam cum ι in penultima, mutant ω in ος, ε in ο, et abjiciunt ι, ut λέγω λόγος *verbum*, σπείρω σπόρος *semen*. Sunt etiam alia verba in γω, quorum penultima est in α, et haec verbale formant in ι, ut φάγω φαγὶ, *cibus*, et additione το, φαγιτό. Verba etiam in δῶ circumflexa verbalia habent in ι, ut τραγουδῶ *cano*, τραγουδὶ *cantus*, et λουλουδῶ *floreo*, λουλοῦδι *flos*. At in νῶ, et θῶ formant verbalia in ος, ut πονῶ *doleo*, πόνος *dolor*, et ποθῶ *desidero*, πόθος *desiderium*. Tandem ex verbis in μνω effingi possunt verbalia in μα rejecta ν, ut à κάμνω *facio*, κάμωμα *factum*.

Quædam autem suam desumunt originem ab aoristo activo, et hæc vel desinunt in μα et μὸς, vel in ις, vel in ια.

(P. 39) Verbalia in μα et μός formantur à prima persona aoristi primi, qui si fuerit in σα verborum barytonorum formabit suum verbale ponendo inter ς et α, μ., ut ἀκούω *audio*, aoristus primus est ἄκουσα, hinc interposita μ, inter ς et α, fit ἄκουσμα *auditio*, et versa μὰ in μὸς ἀκουσμὸς *nominis fama*. Dixi verborum barytonorum, quia aoristi verborum circumflexorum mutant simpliciter σα in μα, et rejiciunt ε, si fuerit augmentum syllabicum, ut κινῶ, ἐκίνησα, σα in μα, et ablato ε, augmento syllabico, κίνημα *motus*.

Verbum δένω *ligo*, quanvis barytonum, et aoristum habeat in σα, ejus tamen verbale exit in μα, et non in σμα, ut ἔδεσα, δέμα *vinculum*, et additione τι, δεμάτι *fasciculus*.

Si ultima aoristi fuerit in λα, vel ρα formanda erunt verbalia in μα, et μὸς, interpositione μ, et ablatione (P. 40) augmenti, quod si ejus penultima fuerit ει, rejicienda est ι, si vero η tantum verti debet in α, ut σπείρω *semino*, ἔσπειρα, σπέρμα *semen*, δαίρνω *verbero*, ἔδηρα, δαρμός *verberatio*.

Tandem verbalia in ις, ια, et μιό deducuntur à secunda persona ejusdem aoristi mutando ε in ι, et abjiciendo ε, si fuerit augmentum syllabicum, ut ab ἐκίνησες, κίνησις *motus*, ab ἐπορπάτησες *ambulasti*, πορπατησιὰ *ambulatio*, et ab ἔκλεψες *furatus es*, κλεψιμιό *furtum*. Adverte tamen caracteristicam ν, vertendam esse in ς, ut ab ἔκρινες *judicasti* fit κρίσις *judicium*, mutata ν in ς, ε in ι, et rejecto augmento.

Atque hæc de derivatione verbalium substantivorum, nam de adjectivis infra suo loco dicendum. Illud tantum addo ex ipsis substantivis derivari alia nomina substantiva in άκι, ίτζα, οῦλα, et ὀπουλον, quæ dimi(P. 41)nutionem significant, ut à μάτι *oculus*, ματάκι *ocellus*, à καρδιὰ *cor*, καρδίτζα *corculum*, à ψυχὴ *anima*, ψυχοῦλα *animula*, et ab εὐαγγέλιον *evangelium*, εὐαγγελιόπουλον *evangeliolum*, etc.

Jam dicamus de numeralibus, quorum aliqua sunt cardinalia, ut loquuntur, alia ordinis.

Cardinalia sunt hæc :

	Masc.	Fœm.	Neut.
Sing. N.	ἕνας *unus*.	μία *una*.	ἕνα *unum*.
G.	ἑνὸς vel ἑνοῦ	μιᾶς	ἑνοῦ
A.	ἕναν vel ἕνανε.	μίαν	ἕνα.

Hinc composita masculini generis καθένας *unusquisque*, κανένας *nullus*, vel κανείς à literali εἷς, et fœminini πασαμία *unaquæque*, et καμία *nulla*, et neutrius καθένα, et per syncopem κάθε *unumquodque*, et κανένα *nullum*, eodem prorsus modo flectuntur, quo primitiva ἕνας, μία, ἕνα paritérque carent numero plurali, et vocativo.

(P. 42) Δύο *duo*, est omnino indeclinabile omnisque generis, cum dicatur οἱ, αἱ καὶ τὰ δύο, in omnibus casibus solos articulos variando; reperitur tamen interdum genitivus τῶν δυονῶν *duorum*.

Τρεῖς *tres*, est commune, cujus genitivus τριῶν, acc. τρεῖς. Neutrum habet τὰ τρία *tria*. ge. τριῶν. acc. τρία.

Τέσσαρες *quatuor*, etiam est masculini ac fœminini generis, ge. τεσσάρων. acc. τέσσαρες. Neutrum est τὰ τέσσαρα. ge. τεσσάρων. acc. τέσσαρα. Atque ab his usque ad ἑκατὸν *centum* sunt indeclinabilia, ut πέντε *quinque*, ἕξη *sex*, ἑφτὰ *septem*, ὀκτὼ *octo*, ἐννειὰ *novem*, δέκα *decem*, ἕνδεκα *undecim*, δώδεκα *duodecim*, (δεκατρία vel δεκατρεῖς *tredecim*, δεκατέσσαρα vel δεκατέσσαρες *quatuordecim*, apud modernos Græcos declinantur,) δεκαπέντε *quindecim*, δεκάξη *sexdecim*, δεκαφτὰ *septemdecim*, δέκα ὀκτὼ *decem et octo*, δέκα ἐννειὰ *decem et novem*, (P. 43[1]) εἴκοσι *viginti*, εἴκοσι ἕνα *viginti unum* etc. τριάντα *triginta*, σαράντα *quadraginta*, πενήντα *quinquaginta*, ἑξήντα *sexaginta*, ἑβδομήντα *septuaginta*, ὀγδοήντα *octoginta*, ἐννενήντα *nonaginta*, ἑκατὸ *centum*. Hinc jam incipiunt declinari οἱ διακόσιοι, ἡ διακόσιαις, τὰ διακόσια *ducenti*, etc. τριακόσιοι *trecenti*, etc. χίλιοι, χίλιαις, χίλια *mille*, hinc δύο χιλιάδες *duo mille*, τρεῖς χιλιάδες *tria millia*, τέσσαρες χιλιάδες *quatuor millia*, etc. usque ad ἕνα μιλιοῦνι *millionem* generis neutrius, unde δύο μιλιούνια *duo milliones* et sic deinceps.

Ordinalia sunt πρῶτος *primus*, δεύτερος *secundus*, τρίτος *tertius*, τέταρτος *quartus*, πέμπτος *quintus*, ἕκτος *sextus*, ἕβδομος *septimus*, ὄγδοος *octavus*, ἔννατος *nonus*, δέκατος *decimus*, ἑνδέκατος *undecimus*, δωδέκατος *duodecimus*, δέκατος τρίτος *tertius decimus*, δέκατος τέταρτος *decimus quartus*, etc. εἰκοστὸς *vigesimus*, εἰκοστὸς πρῶτος *vigesimus primus*, etc. (P. 44) τριακοστὸς *trigesimus*, τεσσαρακοστὸς *quadrigesimus*, πεντηκοστὸς *quinquagesimus*, ἑξηκοστὸς *sexagesimus*, ἑβδομηκοστὸς *septuagesimus*,

---

1. P. 43, ligne 12 de l'édition originale, le texte porte μιλιῦνι, puis μιλιούνια. — P. 44, l. 6, il a διακοσιστὸς. Dans un cas comme dans l'autre ce sont de simples fautes d'impression.

ὀγδοηκοστός *octuagesimus,* ἐννενηκοστός *nonagesimus,* ἑκατοστός *centesimus,* διακοσιοστός *ducentesimus,* τριακοσιοστός *trecentesimus,* τετρακοσιοστός *quadringentesimus,* etc. χιλιοστός *millesimus,* χιλιοστός πρῶτος *millesimus primus,* et quæ sequuntur.

APPENDIX SECUNDA.

De Adjectivis, Comparativis et Superlativis.

ADJECTIVA sunt quæ propriis ac substantivis nominibus præfiguntur: horum autem quædam sunt in ος, quædam in ης; alia in άς, alia in ις, alia denique in υς. De uniuscujusque terminatione singillatim agendum hoc loco.

Et primo quidem adjectiva in ος (P. 45) pertinent ad tertiam declinationem, quorum si terminatio fuerit in ος purum, quod scilicet non subsequitur consonans, sed vocalis, aut diphthongus, fœminina desinent in α, ut ἄγριος *ferus,* ἀγρία *fera,* ἄγριον *ferum.* Unum excipe ὄγδοος *octavus,* ὀγδόη *octava.* Si vero sint in ος non purum, habebunt fœminina in η, ut καλός, καλή, καλόν *bonus, bona, bonum,* quæ ad secundam declinationem revocari debent, neutra vero in ον tertiæ declinationis.

Adjectiva in ης quædam sunt primæ, quædam quintæ declinationis, utraque fœmininum formant vel in ρια secundæ declinationis, ut κλέφτης *fur,* κλέφτρια. ἀκαμάτης *negligens,* ἀκαμάτρια: vel in σα illud addendo, ut χωριάτης *rusticus,* χωριάτισσα *rustica,* etc., quæ semper retinent accentum penultimæ sui masculini, ut patet in exemplis allatis, exceptis duntaxat (P. 46) adjectivis in ρης, quorum fœminina non observant accentum penultimæ, ut διακονάρης *mendicus,* διακοναριά *mendica* et ψωματάρης *mendax,* ψωματαριά, etc. atque hæc omnia neutris carent.

At vero in ας sunt quintæ declinationis, et formant fœminina aliquando in αινα ut φαγάς *vorax,* φάγαινα *vorax;* sæpissime in ισσα, ut βασιλιάς *Imperator,* βασίλισσα *Imperatrix,* ρίγας *Rex,* ρίγισσα *Regina,* et alia plura quæ neutrum penitus ignorant.

Quæ desinunt in ις ad sextam declinationem referuntur, et habent fœminina in ιά secundæ declinationis, neutra vero in ι, sextæ declinationis, ut μακρίς, μακριά, μακρί *longus, longa, longum.* Nomen κύρις *Dominus,* fœmininum habet κυρά, non vero κυρία, nec format neutrum in ι.

Tandem adjectiva in υς sunt etiam sextæ declinationis, ex

quibus for(P. 47)mantur fœminina in εῖα secundæ declinationis, et neutra in ὐ sextæ, ut γλυκὺς, γλυκεῖα, γλυκὺ *dulcis*, et *dulce*. Βαρὺς, βαρεῖα, βαρὺ *gravis*, et *grave*, et hujusmodi plura.

Jam Comparativa in τερος, et Superlativa in τατος ex iis præcipue deducuntur adjectivis, quorum terminatio est in ος, ις, et υς; alia enim explicant sua comparativa, vel per πλέα vel per μεγαλήτερος, η, ον, superlativa vero per μεγαλώτατος, η, ον, ut cum dicimus πλέα ἀκαμάτης *negligentior*, μεγαλώτατος φαγὰς *edacissimus*, et ὁ μεγαλήτερος ἄρχοντας τῆς χώρας *tota urbe nobilior*.

Quâ tamen ratione Comparativa, et Superlativa formentur ab adjectivis in ος, ις, et υς, quæve litera dematur, mutetúrque vocalis sequentibus clarum fiet exemplis.

(P.48)
ος { ἄγριος ἀγριώτερος ἀγριώτατος *sylvestris*
     ἔνδοξος ἐνδοξότερος ἐνδοξότατος *gloriosus*
     σοφὸς, σοφώτερος, σοφώτατος, *sapiens*.

ις { μακρὶς, μακρίτερος, μακρίτατος, *longus*.

υς { βαρὺς, βαρύτερος, βαρύτατος, *gravis*.

Ex his facile colligere potes, adjectiva in ος, quorum penultima est longa, servare ο, in comparativis ac superlativis; mutare vero in ω, cum sit brevis.

Adverte etiam in hac lingua, ex adjectivis in ος non purum, formari quidem comparativa in τερος, et superlativa in τατος, sed mutari ο in η, in solis comparativis: sic à καλὸς *bonus* fit καλήτερος *melior*, à χοντρὸς *crassus*, χοντρήτερος *crassior*, à μεγάλος *magnus*, μεγαλήτερος *major*, etc. Posset aliquis dicere hujusmodi comparativa desumi à fœmininis καλὴ, χοντρὴ, et μεγάλη addito τερος, sed tunc cave ne dicas superlativa καλήτατος, χοντρήτατος, et μεγαλήτατος, hæc enim semper respi(P.49)ciunt masculina; quare dicendum erit καλώτατος *optimus*, χοντρότατος *crassissimus*, et μεγαλώτατος *maximus*.

Adverte item adjectivum φίλος non habere comparativum in τερος, et superlativum in τατος, sed illa exprimere per μεγαλήτερος, et μεγαλώτατος, ut μοῦ εἶναι τοῦτος μεγαλήτερος φίλος *est hic mihi magis amicus*, et μεγαλώτατος φίλος *amicissimus*.

Ex adjectivis in υς, πολὺς tantum est irregulare, hujus enim comparativum est vel πολλότερος à πολλὸς inusitato, vel περισσότερος à περισσὸς, unde in plurali περισσότεροι *major pars*, vel *plerique*: superlativum vero πολλότατος *quam multus* à πολλὸς. Atque hæc de gradibus comparativis et superlativis, superest ut nonnulla dicamus de adjectivorum derivatione, ut completam de illis habeamus doctrinam.

Adjectiva quædam sunt primitiva (P. 50) ut καλὸς *bonus*, quædam derivata ut Τουρκόπουλος *parvus Turca*. A primitivis deducuntur alia, quæ diminutiva dicuntur, quorum terminationes sunt in ούτζικος, η, ον, et in όπουλος, α, ον, ut καλὸς *bonus*, καλούτζικος, η, ον, *subbonus, a, um*. et ρωμηὸς *græcus*, ρωμηόπουλος, α, ον, *græculus, a, um*, et similia.

A substantivis fœminini generis in α, modo exeunt adjectiva in ἀς, ut ἀ γλῶσσα *lingua*, γλωσσὰς *loquax*: modo in κὸς ut ἀ καρδιὰ *cor*, καρδιακὸς *cordialis*: modo in ρης ut ἀ βάρκα *cymba*, βαρκάρης *portitor*: modo in ούλης, ut ἀ γυναῖκα *mulier*, γυναικούλης *muliebris*: modo in τερὸς, ut a ζημιὰ *damnum*, ζημιατερὸς *damnificus*; et tandem in νος, ut ἀ καπέλα *sacellum*, καπελάνος *sacrarii custos*.

Item præstandum est si à neutris deducenda sunt adjectiva, cum hac tamen differentia, quod nominativo (P. 51) plurali addenda sint ς, ρης, τος, ινὸς et ρικος, ubi in fœmininis soli nominativo singulari imponebantur, sic à κέρατα *cornua*, additione σ, fit κερατὰς *cornutus*, à παραμύθια *fabulæ*, additione ρης, παραμυθιάρης *fabulosus*, à γένεια *barba*, γενειάτος *barbutus*, à ψώματα *mendacia*, ψωματινὸς, et ψωματάρικος *mendax*, et hujusmodi plura.

Substantiva fœminina in η, modo sua formant adjectiva in ηρὸς, ut τόλμη *audacia*, τολμηρὸς *audax*; modo in ερὸς, ut βλάβη *noxia*, βλαβερὸς *noxius*; modo in τερὸς, ut λύπη *tristitia*, λυπητερὸς *tristis*: modo in τικὸς, et ιος, ut τιμὴ *honor*, τιμητικὸς et τίμιος *honorificus*, et denique in ρὰς verso η in α, ut μύτη *nasus*, μηταρὰς *nasutus*.

Sic etiam à substantivis in ος deduci possunt adjectiva in ερὸς, ut à δόλος *dolus*, δολερὸς *dolosus*, à φόβος *timor*, φοβερὸς *timendus* etc. in ικὸς, ut à τέλος *finis*, τελικὸς *finalis*, τόπος *locus*, (P. 52) τοπικὸς *localis*, et alia: in ιος, ut ab οὐρανὸς *cælum*, οὐράνιος *cælestis*: in εινος, ut ab ἀετὸς *aquila*, ἀετεινὸς *aquilinus*: in ινὸς, ut ab ἄνθρωπος *homo*, ἀνθρωπινὸς *humanus*; et tandem in ιάρικος, ut à ρόζος *nodus*, ροζιάρικος *nodosus*, κόμπος κομπιάρικος, et similia.

A neutris in ον fiunt adjectiva in ένιος et ινος, ut à ξύλον *lignum*, ξυλένιος, et ξύλινος *ligneus*: item in ικὸς, ut à πρόσωπον *persona*, προσωπικὸς *personalis*. At neutrorum in ι, adjectiva exeunt vel in άρης, ut γεράκι *accipiter*, γερακάρης *accipitrarius*: vel in άτος, ut μουστάκι *mystax*, μουστακάτος *mystacem habens magnum*: vel in τικος, ut σκυλὶ *canis*, σκυλίτικος *caninus*: vel sæpissime in ὰς, ut ψάρι *piscis*, ψαρὰς *piscator*, μουλάρι *mulus*, μουλαρὰς *mulio*, et hujusmodi plura.

Foeminina in ις, quæ non sunt verbalia habent adjectiva simpliciter in τικὸς, ut πόλις *urbs*, πολιτικὸς *urbanus*, (P.53) verbalia vero si sint in σις mutant ς in τ, ut κίνησις *motus*, κινητικὸς *motivus;* si vero in ψις, vel ξις. ψ vertetur in φ, et ξ in κ, ut βλάψις (quod tamen non est in usu) βλαπτικὸς *damnificus*, et φύλαξις *conservatio*, φυλακτικὸς *conservativus*.

Sunt etiam non exigui numeri adjectiva, quæ suam desumunt originem à verbis, quorum alia sunt in ἄτος, alia in μος, alia in ηρὸς, quædam in τὴς, et τικὸς, alia demum in τὸς; horum autem formationem is omnium optime tenebit, qui græcoliteralem grammaticam in primis calluerit: Verum ne rudis et Tyro, et τῶν ἑλληνικῶν μαθημάτων penitus ἄγευστος ab hac nostra Græco-vulgari lingua longe videatur arceri, has sibi regulas observandas proponat.

Primum adjectiva in ἄτος derivari à præsenti mutato ω in α, et addita τος, ut à φεύγω *fugio*, φευγάτος *fugitivus:* (P.54) item in ηρὸς mutato ω in η, ut a πνίγω *suffoco*, πνιγηρὸς *suffocatorius:* item in μος, et præcipue a verbis in ίζω versa ζω in μος, ut à γνωρίζω *cognosco*, γνώριμος *cognitus:* item in κὸς mutatione ω in ι, ut à γράφω *scribo*, γραφικὸς, *qui pertinet ad scripturam*.

Secundo adjectiva in τικὸς, τὴς et τὸς deduci à prima persona aoristi activi versa ultima syllaba in τικὸς, τὴς et τὸς, rejectóque augmento, ut ab ἐκίνησα *movi*, fiunt κινητικὸς *motivus*, κινητὴς *movens*, et κινητὸς *mobilis*, ἀγάπησα *amavi*, ἀγαπητὸς *amabilis*, ἀγαπητὴς *amans*, ἀγαπητικὸς *amatorius*, unde ἀγαπητικὴ *amasia*, et similia. Quod si ultima aoristi exierit in ξα, vel ψα, tunc in formandis adjectivis ξ verti debet in κ et ψ, in π vel φ et α, in τικὸς, τὴς et τος, ut ab ἔσμιξα *miscui*, fit σμικτὸς *mixtus*, σμικτικὸς *admixtivus*, et σμίκτης *miscens;* sic ab ἔγραψα deduci possunt γραπτὸς *scriptus*, γρά(P.55)φτης *scriptor*, et γραφτικὸς *qui scribi potest*, et ita de reliquis.

CAPUT V.

De Pronomine.

Pronomina dividi solent in primitiva, possessiva, demonstrativa, relativa, composita, interrogativa, et infinita.

Primitiva sunt tria, ἐγὼ primæ personæ : ἐσὺ *tu*, secundæ personæ; τοῦ *sui*, tertiæ personæ. Hæc autem sic flectuntur.

Sing.	Nom.	ἐγὼ *ego.*
	Gen.	μοῦ *mei,* et *mihi.*
	Acc.	ἐμένα vel μὲ *me.*
Plur.	Nom.	ἐμεῖς *nos.*
	Gen.	ἐμῶν et ἐμᾶς *nostrum* vel *nobis.*
	Acc.	ἐμᾶς vel μᾶς *nos.*
Sing.	Nom.	ἐσὺ *tu.*
	Gen.	σοῦ *tui* et *tibi.*
	Acc.	ἐσένα vel σέ *te.*
(P.56) *Plur.*	No.	ἐσεῖς *vos.*
	Gen.	ἐσᾶς vel σᾶς *vestrum* et *vobis.*
	Acc.	ἐσᾶς vel σᾶς *vos.*
Sing.	Gen.	τοῦ *sui* vel *sibi.*
	Acc.	τὸν *se.*
Plur.	Gen.	τῶν *suorum* vel *sibi ipsis.*
	Acc.	τοὺς *suos.*

Ubi adverte duo priora primitiva habere genitivum pluralem similem accusativo; posterius vero carere utroque nominativo, atque hæc omnia tria privari vocativo. Item accusativum τὸν, quum postponitur alicui verbo assumere ε, ut εἴδατον *vidi illum,* εἴδατονε.

Possessiva sunt sex, ἐδικόσμου, ἐδικήμου, ἐδικόμου, *meus, mea, meum:* ἐδικόσσου, ἐδικήσου, ἐδικόσου *tuus, tua, tuum:* ἐδικόστου, ἐδικήτου, ἐδικότου *suus, sua, suum:* ἐδικόστου quum ad fœminina tantum refertur assumit non ineleganter pro του, της, videlicet ἐδικόστης, ἐδικήτης, ἐδικότης, non solum in singulari, sed (P. 57) etiam in plurali ἐδικόσμας, ἐδικήμας, ἐδικόμας *noster, nostra, nostrum:* ἐδικόσσας, ἐδικήσας, ἐδικόσας *vester, vestra, vestrum:* ἐδικόστων, ἐδικήτων, ἐδικότων vel ἐδικόστους, ἐδικήτους, ἐδικότους *eorum, earum, eorum.* Horum masculina, et neutra ad tertiam pertinent declinationem, fœminina vero ad secundam, et μου, σου, του, μας, σας, των et τους, remanent immutata in omnibus obliquis, ut ἐδικόσμου, ἐδικοῦμου, ἐδικόνμου, etc. Dicitur etiam δικόσμου, δικήμου, δικόμου, ablata ε, si præcipue præcedat vocalis, vel diphthongus, ut εἶναι δικόμου τὸ χαρτὶ, *liber est meus.*

Demonstrativa sunt duo, τοῦτος vel ἐτοῦτος *hic,* ἐκεῖνος vel κεῖνος *ille,* tertiæ declinationis, quarum fœminina τούτη *hæc,* et ἐκείνη *illa,* secundæ; et neutra τοῦτο, et ἐκεῖνο *hoc,* et *illud* tertiæ. Animadvertas rogo, genitivum singularem et pluralem juxta regulam non debere circumflecti, circumfle (P.58)cti tamen apud quosdam vel additione alicujus syllabæ, ut fit in genitivo singulari τούτου *hujus*, τουτουνοῦ, τούτης, τουτηνῆς, et in plurali τούτων *horum*, τουτονῶν; vel sine ulla additione, ut quum dicunt ἐκεινοῦ pro ἐκείνου, ἐκεινῆς pro ἐκείνης, et ἐκεινῶν pro ἐκείνων.

Relativa quatuor enumerari possunt αὐτός, αὐτή, αὐτὸ *ipse, ipsa, ipsum*, quod interdum sumitur pro ἐγώ, ἐσὺ et ἐκεῖνος: ὅποιος, ὅποια, ὅποιον, vel ὅγοιος, ὅγοια, ὅγοιον *quicunque, quæcunque, quodcunque*: ὁποῖος, ὁποῖα, ὁποῖον *qui, quæ, quod*, et correspondet articulo literali ὅς, ἥ, ὅ et ὅστις *quisquis*, cujus genitivus ὅτινος, accusat. ὅτινα, et non plus ultrà.

Ex relativo αὐτός, αὐτή, αὐτὸ deducuntur composita tria. Primæ personæ ἀπατόσμου vel ἀτόσμου *ego ipse*, ἀτήμου vel ἀπατήμου, *ego ipsa*. Secundæ personæ ἀπατόσσου vel ἀτόσσου *tu ipse*, ἀπατήσου *tu ipsa*: et tertiæ personæ (P. 59) ἀπατόστου vel ἀτόστου *se ipse*, ἀπατήτου vel ἀπατήτης *se ipsa*.

Hæc pronomina solum habent utriusque numeri rectum, obliquis carent, et genere neutro, verum id tantum admittit tertia persona, cum reperiatur ἀπατότου et ἀπατάτα. Cæteri casus desumi debent à sequentibus. Et quidem primæ personæ.

Sing. Gen. ἐμαυτοῦμου *mei ipsius*.
      Acc. ἐμαμτόνμου *me ipsum*.
Plur. Gen. ἐμαυτοῦμας *nostrum ipsorum*.
      Acc. ἐμαυτόνμας *nos ipsos*.

Secundæ personæ.

Sing. Gen. ἐμαυτοῦσου *tui ipsius*.
      Acc. ἐμαυτόνσου *te ipsum*.
Plur. Gen. ἐμαυτοῦσας *vestrum ipsorum*.
      Acc. ἐμαυτόνσας *vos ipsos*.

Tertiæ verò personæ.

Sing. Gen. ἐμαυτοῦτου *sui ipsius*.
      Acc. ἐμαυτόντου *se ipsum*.
Plur. Gen. ἐμαυτοῦτους vel ἐμαυτοῦτων.
      Acc. ἐμαυτόντους vel ἐμαυτόντων.

(P. 60) Nota hujusmodi pronomina primæ, et secundæ personæ communia esse maribus ac fœminis immutato pronomine μου et σου: tertiæ vero non item, cum pro του fœminina sibi adsciscant της, ut τοῦ ἐμαυτοῦτης, et τὸν ἐμαυτόντης, atque id tantum fieri debet in singulari, nam in plurali utriusque generis nomina omnino conveniunt.

Interrogativa pronomina sunt hæc τίς *quis* et *quæ*, communis generis : τί *quid?* neutrius ποῖος vel ποιός *quis* aut *qualis?* omnis generis ita ut fœmininum exeat in α, ut ποία *quæ?* et neutrum in ον, ut ποῖον, *quale?* de flexione ποῖος, nulla potest esse difficultas, ideo ponemus tantummodo declinationem τίς et τί.

	Masc. et Fœm.		
Sing.	N. τίς *quis* et *quæ?*	Plur.	N. τίνες *qui?*
	G. τίνος		G. τίνων
	A. τίνα		A τίνας.

(P. 61)

Neut.

Sing. Nom. τί *quid?*
Gen. τίνος
Acc. τί.

Neutrum plurali caret, pro quo usurpatur ποῖα, ut ποῖα πράγματα *quæ res?* Differt τις à τινάς non tantum syllabis in recto, et in obliquis accentu, cum τινάς habeat genitivum τινός, et accusativum τινά, verum etiam significatione, nam τινάς significat *aliquem*, vel *nullum*, nec est interrogativum, ut τίς.

A pronomine ποῖος derivatur κάποιος, κάποια, κάποιον *aliquis* : ὅποιος vel ὄγοιος *quisquis*, et à τις ὅστις *quicunque*, quæ retinent suorum, ut ita dicam, parentum declinationem.

Demum tria sunt pronomina quæ dicuntur infinita, δεῖνα *talis* et *tale*, omnis generis. gen. δεῖνος. acc. δεῖνα, cæteris caret. τέτοιος, τέτοια, τέτοιον *talis*, et ταδεποιός, ταδεποιά, ταδεποιό *talis* (P. 62) et *tale*, atque hæc declinantur integrè per omnes casus et numeros, masculina quidem et neutra juxta tertiae, fœminina vero juxta secundæ declinationis modos, ac formam.

Illud observatione dignum hoc loco censui μοῦ, σοῦ, τοῦ, μὲ, σὲ, τὸν, τῶν, τῆς et τοὺς : encliticas appellari voces, quod vel proprium amittant accentum, vel illum ad præeuntem, ac præcedentem syllabam remittant. Hoc autem tribus modis, ut plurimum potest contingere.

Primo si antepenultima præcedentis dictionis acuatur, vel penultima accentum habeat circumflexum, ut τὰ κρίματά μου *peccata mea*, ἡ Μοῦσα σου *Musa tua*, τὰ λόγια του *verba sua*, etc.

Secundo si vox antecedens encliticam accentum habeat acutum in penultima, vel gravem in ultima, pronomina illa penitus quidem (P. 63) suum deponunt accentum, at gravis transit in acutum, ut ὁ λόγος του *verbum suum*, τὸ πουλίμου *avis mea*: circumflexus tamen remanet immutatus, ut κινῶ σε *moveo te*: idem præstatur si ultima prioris vocis acuatur.

Tertio et ultimo usus obtinuit in enclyticis pronominibus suum ipsorum accentum retinere, quando præpositionibus conjunguntur, vel conjunctionibus disjunctivis, ut διὰ σὲ *propter te*, non διά σε, et ἢ μὲ σκοτώνω ἢ σέ ἐλευθερώνω vel *me occido*, vel *te libero*, et similia.

CAPUT VI.

De Verbis.

Uт facile est hodiernæ Græcæ linguæ Verborum conjugationes exponere, cum multiplicem illam tot temporum, modorúmque respuerit distinctionem, ita quoque (P. 64) perarduum esse constat eadem in certas distribuere classes, certísque sedibus collocare, tam ob defectum futuri, quam propter diversam finalium characteristicarum varietatem, ne dicam corruptionem. Cæterum antequam ad istam terminationum farraginem deveniamus, non abs re videbitur nonnulla præmittere, quæ ad faciliorem Verborum notitiam requiruntur.

Verba igitur omnia vel sunt activa, quorum nota est ω, et formant passiva in μαι, vel passiva ab activis deducta, vel neutra quæ desinunt in ω, sed nullum efficiunt passivum in μαι, vel demum deponentia, quæ vocem ac sonum habent passivum, at significationem activam; rejiciantur ergo ab hac lingua verba communia, seu, ut Grammatici loquuntur, media. Sunt etiam alia verba quæ dicuntur impersonalia, non (P. 65) quod nullius sint personæ, cum efferantur in tertia persona; sed quod ad nullam certam, et determinatam personam referantur, ut quum dicimus πρέπει νὰ ἀκολουθήσωμεν τὴν ἀρετὴν, καὶ νὰ ἀφήσωμεν τὴν κακίαν *oportet ut virtutem sequamur, vitiúmque relinquamus*, illud πρέπει nullam habet personam, quam certo et definite respiciat.

Dividuntur supradicta verba duas in partes, quarum una nuncupatur barytonorum, altera circumflexorum, verba nanque in μι, nec per somnium quidem vidit unquam præsens Græcia. Utraque verba duos habent, ut nomina, numeros singularem et pluralem, tres personas, quinque tempora, quorum tria sunt simplicia Præsens, Imperfectum, et Perfectum, duo vero composita, Plusquam-perfectum, et Futurum, modos item quinque Indicativum, (P. 66) Imperativum, Optativum, Subjunctivum, et Participium. Carent Infinitivo pro quo utuntur Subjunctivo. Verba quæ vulgo appellantur auxiliaria, quibus supradicta illa tempora composita exprimuntur duo præcipue sunt θέλω *volo*, et ἔχω *habeo*, hoc quidem utimur ad exprimendum Plusquam-perfectum, illo vero Futurum et præsens Optativi, per suum Imperfectum ἤθελα *vellem*.

Jam barytonorum Conjugationes tradamus, quarum numerus à varia Perfecti, seu aoristi terminatione colligi debet. Cum igitur Perfectum modo exeat in ψα, modo in ξα, et σα, modo in quatuor liquidas λ, μ, ν, ρ, pro hujusmodi quadripartita Perfecti desitione, quatuor etiam nos barytonorum conjugationes instituemus.

Prima est in βω, βγω, πω, φω, et φτω, ut ἀλείφω *ungo*, νίβω *lavo*, λάμπω (P. 67) *fulgeo*, γράφω *scribo*, ἀνάφτω *accendo*, perfectum habet in ψα, ut ἄλειψα *unxi*, ἔνιψα *lavavi*, ἔλαμψα *affulsi*, ἔγραψα *scripsi*, ἄναψα *accendi*. Ad hanc conjugationem revocari possunt verba in ευω vel ευγω et πύγω, ut βασιλεύω vel βασιλεύγω *regno*, et σκνύγω *inclino*, quorum perfectum apud quosdam Græcos exit in ψα, ut ἐβασίλεψα pro ἐβασίλευσα *regnavi*, et ἔσκυψα *inclinavi*, fortassis similitudo soni ευσα et εψα, eos in hujusmodi mutationem, vel potius errorem induxit.

Secunda in γω, κω, κνω, κτω, χω, χνω, σσω et ζω præcipue trisyllabum et dissyllabum, et quod ante ζ assumit α, ut πνίγω *suffoco*, πλέκω *necto*, δείκνω *ostendo*, τρέχω *curro*, ῥίκτω *jacio*, σπρώχνω *impello*, διώχτω *persequor*, τάσσω *promitto*, κράζω et φωνάζω *voco* seu *clamo*, perfectum habet in ξα, ut ἔπνιξα *suffocavi*, ἔπλεξα *nexi*, ἔδειξα *ostendi*, ἔτρεξα *cucurri*, ἔρριξα *jeci*, ἔσπρω(P. 68)ξα *impuli*, ἐδίωξα *persequutus sum*, ἔταξα *promisi*, ἔκραξα et ἐφώναξα *vocavi*, seu *clamavi*.

Tertia in δω, θω, ω purum, et in ζω quadrisyllabum, et præcipue quod habet ι ante ζ, ut προδίδω *prodo*, ἀλέθω *molo*, ἀκούω *audio*, σκοτεινιάζω *adumbro*, et γνωρίζω *cognosco*, perfectum efficit in σα, ut ἐπρόδωσα *prodidi*, ἄλεσα *molui*, ἄκουσα *audivi*, ἐσκοτείνιασα *adumbravi*, et ἐγνώρισα *cognovi*. Ad hanc conjugationem spectant omnia verba in ώνω à græcoliterali deducta in όω, et omnia illa quæ in Græco-vulgari assumunt ν ante ω, ubi prius desinebant in ω purum, ut τελειώνω *perficio*, ἐτελείωσα *perfeci*, δένω *ligo*, ἔδεσα *ligavi*, ἐνδύνω *vestio*, ἔνδυσα *vestivi*, et alia quæ per ω purum scribebantur, ut τελειό ω, δέω, et ἐνδύω.

Quarta denique continet verba in λω, μω, νω, ρω, ut ψάλλω *canto*, κάμνω *facio*, κρίνω *judico*, φθείρω *corrum*(P. 69)*po*, perfectum vero in λα, μα, να, ρα, ut ἔψαλα *cantavi*, ἔκαμα *feci*, ἔκρινα *judicavi*, ἔφθαρα *corrupi*. Ubi adverte quum duplex est ἀμετάβολον in præsente, perfectum primum tantum servare, ut δέρνω *verbero*, ἔδηρα *verberavi*, etc.

MODUS CONJUGANDI

Verba Barytona.

Verbi Activi Indicativi.

Præs. *Sing.* γράφω, γράφεις, γράφει *scribo*.
Plur. γράφομεν, γράφετε, γράφουσι, vel γράφουνε.
Tertiæ personæ pluralis numeri, quod in ι desinit, additur more Attico ν, si præcipue subsequatur vocalis.

Imp. *Sing.* ἔγραφα, ἔγραφες, ἔγραφε *scribebam*.
Plur. ἐγράφομεν, ἐγράφετε, ἐγράφασι vel ἐγράφανε.

(P. 70) Perf. *Sing.* ἔγραψα, ἔγραψες, ἔγραψε, *scripsi*.
Plur. ἐγράψαμεν, ἐγράψετε, ἐγράψασι vel ἐγράψανε.

Plusq. *Sing.* εἶχα γράψει, εἶχες γράψει, εἶχε γράψει *scripseram*.
Plur. εἴχαμεν γράψει, εἴχετε γράψει, εἶχασι vel εἴχανε γράψει.

Vel alio modo.

Sing. εἶχα γραμμένα, εἶχες γραμμένα, εἶχε γραμμένα *scripseram*.
Plur. εἴχαμεν γραμμένα, εἴχετε γραμμένα, εἶχασι vel εἴχανε γραμμένα.

Fut. *Sing.* θέλω γράψει, θέλεις γράψει, θέλει γράψει *scribam*.
Plur. θέλομεν γράψει, θέλετε γράψει, θέλουσι γράψει.

Vel aliàs magis corruptè.

Sing. θὲ γράψω, θὲ γράψεις, θὲ γράψει *scribam*.
Plur. θὲ γράψομεν, θὲ γράψετε, θὲ γράψουσι.

(P. 71) *Imperativi.*

Præs. *Sing.* γράψε *scribe.* ἂς γράφει *scribat.*
Plur. ἂς γράφομεν, γράψετε, ἂς γράψουσι.

Formatur à tertia persona perfecti Indicativi ablato ε augmento syllabico: caret propriè prima persona, eam tamen mutuatur ab optativo addita particula ἂς, ut ἂς γράψω *scribam*, et significationem habet indeterminatam, et indifferentem.

Optativi.

Præs. *Sing.* ἄμποτες νὰ vel ἂς γράψω, ἄμποτες νὰ γράψῃς, νὰ γράψῃ *utinam scribam.*
Plur. ἄμποτες νὰ γράψωμεν, νὰ γράψετε, νὰ γράψουσι.
Imper. *Sing.* ἤθελα γράψει, ἤθελες γράψει, ἤθελε γράψει *scriberem.*
(P. 72). *Plur.* ἠθέλαμεν γράψει, ἠθέλετε γράψει, ἠθέλασι γράψει.
Dicitur etiam ἄμποτες νὰ ἔγραφα, vel ἂς ἔγραφα, et tunc idem est cum imperfecto indicativi. Sic etiam reliqua tempora eadem sunt cum supradictis indicativi apposita tantum particula ἂς vel ἄμποτες νὰ.

Subjunctivi.

Præs. *Sing.* νὰ γράφω, νὰ γράφῃς, νὰ γράφῃ *ut scribam.*
Plur. νὰ γράφωμεν, νὰ γράφετε, νὰ γράφουσι.

Est etiam aliud præsens ab aoristo, seu perfecto indicativi formatum, cujus significatio non est adeò præsens ac determinata ut prior, sed indifferens maximéque in usu apud recentiores Græcos, hoc modo.
Sing. νὰ γράψω, νὰ γράψῃς, νὰ γράψῃ *ut scribam.*
(P. 73) *Plur.* νὰ γράψωμεν, νὰ γράψετε, νὰ γράψουσι.

Reliqua tempora sunt eadem, quæ in indicativo additis tantùm particulis νὰ, et διὰ νὰ, *ut ἂν si*, ἀγκαλὰ καὶ *licet*, ὅταν *cum*, et ἀνισωσκαὶ *si*.

Nota tamen plusquam-perfectum, præter illum modum quo exprimitur in indicativo posse etiam sic efferri, scilicet ἂν ἤθελα γράψει *si scripsissem*, et tunc idem est cum imperfecto optativi.

Futurum etiam diversis modis, præter illum decantatum indicativi, pro varietate sermonis usurpatur. Nam cum Latine dicimus, *cum scripsero*, Græcè vertetur ὅταν θέλω γράψει vel σὰν γράψω, καλὰ καὶ θέλω ἔχει γραμμένα *licet scripsero*, et reliqua.

(P. 74) *Infinitivi.*

Præsens, et alia tempora eadem omnino sunt cum temporibus subjunctivi, retenta sola particula να, ut νὰ γράψω *scribere,* νὰ ἔγραφα, etc.

Participii.

Præsens, et alia tempora duobus modis exprimuntur vel simpliciter, et indeclinabiliter mutando ω præsentis indicativi in ο, et addita syllaba ντας, ut γράφω *scribo,* γράφοντας *scribens,* et hoc participium est omnis generis, vel mutuando participium ἔστοντας, et præsens subjunctivi, ut ἔστοντας καὶ νὰ γράψω *scribens,* vel *cum scriberem,* ita ut verbum νὰ γράψω varietur quod numerum, et personam cum opus fuerit. Reperitur etiam apud nonnullos Græcos quoddam participium in μενος, quod li(P. 75)cet vocem habere videatur passivam, revera tamen activam sibi vindicat significationem, formatur ab imperfecto activo indicativi ablato augmento, et addita syllaba μενος, ut à πηγαίνω *eo,* ἐπήγαινα *ibam,* fit participium πηγαινάμενος *iens.*

Verbi Passivi Indicativi.

Præs. *Sing.* γράφομαι, γράφεσαι, γράφεται *scribor.*
Plur. γραφούμεσθεν vel γραφόμεθα, γραφοῦσθε vel γράφεσθε, γράφονται.

Imp. *Sing.* ἐγράφουμουν, ἐγράφουσου, ἐγράφουντο vel ἐγράφετον *scribebar.*
Plur. ἐγραφούμεσθεν, ἐγραφοῦσθε vel ἐγράφεσθε, ἐγράφουντον vel ἐγραφονούντασι [1].

Perf. *Sing.* ἐγράφθηκα, ἐγράφθηκες, ἐγράφθηκε *scriptus fui.*
Plur. ἐγραφθήκαμεν, ἐγραφθήκατε, ἐγραφθήκασι vel ἐγραφθήκανε.

(P. 76[2]) Vel alio modo elegantiore.
Sing. ἐγράφθην, ἐγράφθης, ἐγράφη.
Plur. ἐγράφθημεν, ἐγράφθητε, ἐγράφθησαν.

---

1. P. 75, l. 18, l'édition originale porte ἐγραφονύντασι.
2. P. 76 de l'édition originale, le texte porte εἶχε γραφθῆ, εἴχαμεν γραφθῆ, θέλεις γραφθῆ, θέλει γραφθῆ, θέλουσι γραφθῆ, ἤθελε γραφθῆ. L'iota souscrit est tombé dans l'impression. Cf. p. 25 de l'éd. princeps, plus haut p. 15, qui correspond à la p. 25 de l'éd. pr.

Plusq. *Sing.* εἴχα γραφθῆ, εἴχες γραφθῆ, εἴχε γραφθῆ *scriptus eram* vel *fueram.*
Plur. εἴχαμεν γραφθῆ, εἴχετε γραφθῆ, εἴχασι γραφθῆ.
Fut. *Sing.* θέλω γραφθῆ, θέλεις γραφθῆ, θέλει γραφθῆ *scribar.*
Plur. θέλομεν γραφθῆ, θέλετε γραφθῆ, θέλουσι γραφθῆ.

Imperativi.

Præs. *Sing.* γράψου *scribare,* ἄς γραφθῆ *scribatur.*
Plur. ἄς γραφθοῦμεν (γραφθῆτε) ἄς γραφθοῦνε vel ἄς γραφθοῦσι.

Optativi.

Præs. et Imp. *Sing.* ἤθελα γραφθῆ, ἤθελες γραφθῆ, ἤθελε γραφθῆ *utinam scriberer.*
Plur. ἠθέλαμεν γραφθῆ, ἠθέλετε γραφθῆ, ἠθέλασι γραφθῆ.

(P. 77) Reliqua tempora sunt eadem cum indicativo appositis tantum particulis ἄμποτες νά vel ἄς. Adde tamen plusquam-perfectum posse etiam exprimi hoc modo.

Plusq. *Sing.* ἄς ἤμουν γραμμένος, η, ον, ἄς ἤσουν γραμμένος, ἄς ἤτον γραμμένος, *utinam scriptus essem.*
Plur. ἄς ἤμεσθεν γραμμένοι, αις, α. ἄς ἤσθενε γραμμένοι, ἄς ἤτονε γραμμένοι.

Subjunctivi.

Præs. *Sing.* νά γραφθῶ, νά γραφθῆς, νά γραφθῆ *ut scribar.*
Plur. νά γραφθοῦμεν, νά γραφθῆτε, νά γραφθοῦσιν.
Reliqua ut in indicativo cum particulis illis νά, διανά, ἄν, σάν, etc. Infinitivus convenit cum subjunctivo.

Participii.

Præs. *Sing.* γραμμένος, γραμμένη, γραμμένον *scriptus, a, um.*
(P. 78) *Plur.* γραμμένοι, γραμμέναις, γραμμένα *scripti, tæ, ta.*
Desumitur hujusmodi participium à perfecto passivo participii græcoliteralis ablato augmento syllabico, ut à γεγραμμένος ablato γε, remanet γραμμένος, sic à νενικημένος *victus* ablato νε fit νικημένος, et sic de omnibus passivæ vocis.

De Verbis Circumflexis.

Duæ sunt verborum circumflexorum conjugationes, quarum prima est in εις et ει, secunda vero in ᾶς et ᾶ. Utraque habet perfectum in σα, sed penultima modo est ε, modo η, modo denique α. Pro quo
Adverte in prima Conjugatione penultimam perfecti tunc

assumere η, quando penultima præsentis est longa, ut τραγουδῶ *cano*, ἐτραγούδησα *cecini*, πατῶ *calco*, ἐπάτησα *calcavi*. Ex-(P. 79 [1])cipe χωρῶ *capio*, ἐχώρεσα *cepi*. Quando vero est brevis, penultimam perfecti exire in ε, saltem ut plurimum, ut πονῶ *doleo*, ἐπόνεσα *dolui*, καλῶ *voco*, ἐκάλεσα *vocavi*, βαρῶ *percutio*, ἐβάρεσα *percussi*, etc.

In secunda conjugatione penultima perfecti sæpissime est in η, ut ἀγαπῶ *amo*, ἀγάπησα *amavi*, νικῶ *vinco*, ἐνίκησα *vici*, et alia innumera; excipe γελῶ *rideo*, ἐγέλασα *risi*, διψῶ *sitio*, ἐδίψασα *sitivi*, πεινῶ *esurio*, ἐπείνασα *esurivi*, χαλῶ *destruo*, ἐχάλασα *destruxi*, σχολῶ *vaco*, ἐσχόλασα *vacavi*, ῥιγῶ *frigeo*, ἐρίγασα *frigui*, φυρῶ *consumo*, ἐφύρασα *consumpsi*: et quædam verba in ερνῶ, ut ξερνῶ *vomo*, ἐξέρασα *vomui*, κερνῶ *infundo*, ἐκέρασα *infudi*, περνῶ *supero*, ἐπέρασα *superavi*: item monosyllaba ut σκῶ *disrumpor*, ἔσκασα *disruptus sum*, σπῶ *vello*, ἔσπασα *velli*, quorum composita retinent eandem penultimam. ἐπαινῶ vero, et καταφρονῶ ha(P. 80)bent ε, in penultima præteriti ut ἐπαίνεσα *laudavi*, ἐκαταφρόνεσα *contempsi*. Hæc autem sunt penitus anomala βαστῶ *duro* vel *tolero*, ἐβάσταξα *duravi* vel *toleravi*, πετῶ *volo*, ἐπέταξα *volavi*, et ejus composita.

Exemplum Verbi Circumflexi in εῖς.

Verbi Activi Indicativi.

Præs. *Sing.* πατῶ, πατεῖς, πατεῖ *calço*.
Plur. πατοῦμεν, πατεῖτε, πατοῦσι vel πατοῦνε.
Imp. *Sing.* ἐπάτουν, ἐπάτειες, ἐπάτειε *calcabam*.
Plur. ἐπατούσαμεν, ἐπατεῖτε, ἐπατοῦσαν.
Perf. *Sing.* ἐπάτησα, ἐπάτησες, ἐπάτησε, *calcavi*.
Plur. ἐπατήσαμεν, ἐπατήσατε, ἐπάτησαν vel ἐπατήσασι.
Plusq. *Sing.* εἶχα πατήσει, εἶχες πατήσει, εἶχε πατήσει *calcaveram*.
(P. 81) *Plur.* εἴχαμεν πατήσει, εἴχετε πατήσει, εἴχασι πατήσει.
Fut. *Sing.* θέλω πατήσει, θέλεις πατήσει, θέλει πατήσει *calcabo*.
Plur. θέλομεν πατήσει, θέλετε πατήσει, θέλουσι πατήσει.

Imperativi.

Præs. *Sing.* πάτησε *calca tu*. ἂς πατήσῃ *calcet ille*.
Plur. ἂς πατήσωμεν, πατήσετε, ἂς πατήσουνε.

---

1. P. 78, l. 15, l'édition originale porte ᾶς et ᾷ. — P. 79, l. 7, penulti. à la fin de la ligne, avec un point.

Cæteri modi et tempora conveniunt cum Indicativo, additis de more particulis illis διακριτικαῖς νά, διανά, ἄμποτες, etc. ut constat ex Barytonis.

Participii.

Præs. πατῶντας, omnis generis et indeclinabile formatur à præsenti indicativi addita tantum syllaba ντας, ut πατῶ, πατῶντας *calcans*.

(P. 82)   *Verbi circumflexi Passivi Indicativi.*

Præs. *Sing.* πατοῦμαι, πατειέσαι, πατεῖται vel πατειέται *calcor*.
   Plur. πατειούμεσθεν, πατειοῦσθε vel πατειέσθε, πατειοῦνται.
Imp. *Sing.* ἐπατειούμουν, ἐπατειούσου, ἐπατειοῦντο vel ἐπατειέτον *calcabar*.
   Plur. ἐπατειούμεσθεν, ἐπατειοῦσθε vel ἐπατειέσθε, ἐπατειοῦνταν.
Perf. *Sing.* ἐπατήθηκα vel ἐπατήθην, ἐπατήθηκες vel ἐπατήθης, ἐπατήθηκε vel ἐπατήθη *calcatus fui*.
   Plur. ἐπατηθήκαμεν vel ἐπατήθημεν, ἐπατηθήκατε vel ἐπατήθητε, ἐπατηθήκασι vel ἐπατήθησαν.
Plusq. *Sing.* εἶχα πατηθῆ, εἶχες πατηθῆ, εἶχε πατηθῆ *calcatus fueram*.
   Plur. εἴχαμεν πατηθῆ, εἴχετε πατηθῆ, εἴχασι πατηθῆ.
Fut. *Sing.* θέλω πατηθῆ, θέλεις πατηθῆ, θέλει πατηθῆ *calcabor*.
(P. 83) *Plur.* θέλομεν πατηθῆ, θέλετε πατηθῆ, θέλουσι πατηθῆ.

Imperativi.

Præs. *Sing.* πατήσου *calcare tu.* ἂς πατηθῆ, *calcetur ille.*
   Plur. ἂς πατηθοῦμεν, πατηθῆτε, ἂς πατηθοῦνε vel πατηθοῦσι. et reliqua ut in γράφομαι.

Participii.

Præs. πατημένος, πατημένη, πατημένον, *calcatus, a, um.* à Græco-literali πεπατημένος priore syllaba recisa: vel (ut morem geram iis qui Græco-literalem grammaticam non legerunt,) ab ἐπάτησα perfecto activo indicativi, mutata σα in μενος, quia penultima est longa, nam quum est brevis remanet ς, et vertitur tantum α in μενος, ut patet in ἐκάλεσα *vocavi*, καλεσμένος *vocatus*. quod etiam verum est in Verbis barytonis, quorum præte(P. 84)ritum est in σα, ut ὁμόνοιασα *conveni*, ὁμονοιασμένος *qui cum alio convenit* : quorum autem præteritum est in ψα, ψ vertunt in μ et α in μενος, ut ἔγραψα *scripsi*, γραμμένος *scriptus* : quorum in ξα (dummodo non veniant ab aliquo præsente in ζω) mutant ξ in γ, et α in μενος, ut ἐδιάλεξα *selegi*, διαλεγμένος *selectus*; dixi dummodo non veniant ab aliquo præsente in ζω, quia tunc ξ transit in ς, ut à κράζω *voco*, ἔκραξα, κρασμένος, φωνάζω *clamo*, ἐφώναξα, φωνασμένος *clamatus*, etc. imo in iis, quæ derivantur à verbis in σσω mutant ξ præteriti in μ, ut τάσσω *promitto*, ἔταξα, ταμμένος *promissus*. Tandem ubi sunt immutabilia λ et ρ, observantur mutatione α in μένος, et ablatione augmenti syllabici si fuerit, ut ἔψαλα (P. 85) *cecini*, ψαλμένος *cantatus*, ἔσπειρα *seminavi*, σπαρμένος *seminatus*. Ubi duo adverte primum penultimam perfecti in ρα, verti semper in α in participio passivo, ut patet in exemplo posito, et in aliis infinitis. Secundum verbum χαίρομαι *lætor*, excipi ab hac regula, utpote anomalum, cujus perfectum est ἐχάρηκα *lætatus sum*, participium autem passivum χαρούμενος *lætus*.

Sola præterita in μα formant participia passiva in μενος mutando α in ω, ut ἔκαμα *feci*, καμωμένος *factus*. Sed in να vertunt ν in μ., et α in μένος, ut ἔκρινα *judicavi*, κριμένος *judicatus*.

Hic modus formandi participia passiva à perfecto activo facilior sine controversia, aptiórque ad instruendum tyronum animos videtur illo, quem tradidit P. Hieronymus Germanus Societatis Jesu in Dictionario (P. 86) suo Italo-Græco animadversione 4. de formatione participiorum, nam cum dicat participium passivum formandum esse à præsente passivo mutando αι in ε, et addendo νος, ut à γράφομαι inquit, fieri debet γραφόμενος. Deinde vertendo φο in μ., γραμμένος *scriptus*, non unum nobis effingit participium, sed plura, præterquam quod etiam non tradit regulam generalem pro omnibus aliis verbis, ut patet in φθείρομαι *corrumpor*, cujus participium est φθαρμένος *corruptus*, et in χαλοῦμαι *destruor*, cujus participium χαλασμένος *destructus*, nec potest dici quomodo formari possint à præsente. Hæc autem obiter dixi non ut talis tantíque Viri auctoritati derogarem, qui optime omnium nostris hisce seculis arcana hujus Græcæ linguæ penetravit, multósque nobis Gordianos nexus mira dilucidáque brevitate dissolvit, sed ut faciliorem (P. 87) meo judicio, incipientibus viam aperirem ad participiorum passivæ vocis efformationem.

Circumflexorum in ᾱς Exemplum.

Verbi Activi Indicativi.

Præs. *Sing.* ἀγαπῶ, ἀγαπᾷς, ἀγαπᾷ *amo.*
     Plur. ἀγαποῦμεν, ἀγαπᾶτε, ἀγαποῦσι vel ἀγαποῦνε.
Imper. *Sing.* ἀγάπουν, ἀγάπας, ἀγάπα *amabam.*
     Plur. ἀγαπούσαμεν, ἀγαπᾶτε, ἀγαποῦσαν.
Perf. *Sing.* ἀγάπησα, ἀγάπησες, ἀγάπησε *amavi.*
     Plur. ἀγαπήσαμεν, ἀγαπήσατε, ἀγαπήσασι vel ἀγαπήσανε.
Plusq. *Sing.* εἶχα ἀγαπήσει, εἶχες ἀγαπήσει, εἶχε ἀγαπήσει *amaveram.*
     Plur. εἴχαμεν ἀγαπήσει, εἴχετε ἀγαπήσει, εἴχασι ἀγαπήσει.
Fut. *Sing.* θέλω ἀγαπήσει, θέλεις ἀγαπήσει, (P. 88) θέλει ἀγαπήσει *amabo.*
     Plur. θέλομεν ἀγαπήσει, θέλετε ἀγαπήσει, θέλουσιν ἀγαπήσει.

Imperativi.

Præs. *Sing.* ἀγάπησε vel ἀγάπα *ama tu.* ἄς ἀγαπήσῃ *amet ille.*
     Plur. ἄς ἀγαπήσωμεν, ἀγαπήσετε vel ἀγαπᾶτε, ἄς ἀγαπήσουν. Cætera vide ut in barytonis.

Participii.

Præs. *Sing.* ἀγαπῶντας *amans.* ab ἀγαπῶ accentu immutato, et addito tantum ντας, est omnis generis, et numeri.

Verbi Passivi Indicativi.

Præs. *Sing.* ἀγαποῦμαι, ἀγαπᾶσαι, ἀγαπᾶται *amor.*
     Plur. ἀγαπούμεσθεν, ἀγαπᾶσθε, ἀγαποῦνται.
Imp. *Sing.* ἀγαπούμουν, ἀγαπούσου, ἀγαποῦτο, vel ἀγαπᾶτον *amabor.*
(P. 89¹) *Plur.* ἀγαπούμεσθεν, ἀγαπᾶσθε, ἀγαποῦνταν.
Perf. *Sing.* ἀγαπήθηκα, ἀγαπήθηκες, ἀγαπήθηκε *amatus fui.*
     Plur. ἀγαπηθήκαμεν, ἀγαπηθήκατε, ἀγαπηθήκασι.
Plusq. *Sing.* εἶχα ἀγαπηθῆ, εἶχες ἀγαπηθῆ, εἶχε ἀγαπηθῆ *amatus fueram.*
     Plur. εἴχαμεν ἀγαπηθῆ, εἴχετε ἀγαπηθῆ, εἴχασιν ἀγαπηθῆ.

---

1. P. 89, lignes 7-8 de l'édition originale, le texte porte εἶχες ἀγαπηθῇ, εἶχε ἀγαπηθῇ. De même ἀγαπηθῇ, sans iota souscrit, à tout le paradigme du plur. du plusq., du futur et de l'impér. prés., où le texte donne aussi *fac ut amaris.* —P. 90 et 91, on lit σταθῇ dans le texte, à tout le paradigme.

Fut. *Sing.* θέλω ἀγαπηθῆ, θέλεις ἀγαπηθῆ, θέλει ἀγαπηθῆ *amabor.*
Plur. Θέλομεν ἀγαπηθῆ, θέλετε ἀγαπηθῆ, θέλουσιν ἀγαπηθῆ.

Imperativi.

Præs. *Sing.* ἀγαπήσου *fac ut ameris.* ἃς ἀγαπηθῆ *ametur ille.*
Plur. ἃς ἀγαπηθοῦμεν, ἀγαπηθῆτε, ἃς ἀγαπηθοῦνε. Reliqua ut in Barytonis.

Participii.

Præs. ἀγαπημένος, ἀγαπημένη, ἀγαπημένον *amatus, a, um.* vide quæ (P. 90) diximus in participio verbi πατοῦμαι. Atque hæc de circumflexis.

DE VERBO SUBSTANTIVO εἶμαι. DE AUXILIARIBUS θέλω ET ἔχω, ALIÍSQUE VERBIS ANOMALIS.

Verbi Substantivi Indicativi.

Præs. *Sing.* εἶμαι, εἶσαι, εἶναι *sum.*
Plur. εἴμεσθεν, εἶσθε, εἶναι.
Imp. *Sing.* ἤμουν, ἤσουν, ἦτον *eram.*
Plur. ἤμεσθεν, ἦσθε, ἦταν vel ἦσαν.
Perf. *Sing.* ἐστάθηκα, ἐστάθηκες, ἐστάθηκε *fui.*
Plur. ἐσταθήκαμεν, ἐσταθήκατε, ἐσταθήκασι vel ἐσταθήκανε.
Plusq. *Sing.* εἶχα σταθῆ, εἶχες σταθῆ, εἶχε σταθῆ *fueram.*
Plur. εἴχαμεν σταθῆ, εἴχετε σταθῆ, ἔχανε σταθῆ.
Fut. *Sing.* θέλω σταθῆ, θέλεις σταθῆ, θέλει σταθῆ *ero.*
(P. 91) *Plur.* θέλομεν σταθῆ, θέλετε σταθῆ, θέλουσι σταθῆ.

Dicitur etiam non incongruè:

Sing. θέλω εἶμαι, θέλεις εἶσαι, θέλει εἶναι.
Plur. θέλομεν εἶσθαι, θέλετε εἶσθαι, θέλουσιν εἶσθαι.

Imperativi.

Præs. *Sing.* ἃς εἶσαι *sis tu.* ἃς εἶναι *sit ille.*
Plur. ἃς εἴμεσθεν, ἃς εἶσθε, ἃς εἶναι, et cætera ut in Indicativo.

Participii.

Præs. ὄντας *cum sim,* omnis generis, numeri, et personæ. Dicitur etiam ἔστοντας vel ἔσσοντας, sed unâ cum particula καὶ, et aliquo verbo.

Verbi θέλω *Indicativi.*

Præs. *Sing.* θέλω, θέλεις vel θές, θέλει vel θέ *volo.*
   Plur. θέλομεν vel θέμεν, θέλετε vel (P. 92) θέτε, θέλουσιν vel θέσι, et θέλουνε vel θένε.
Imper. *Sing.* έθελα vel ήθελα, έθελες, έθελε *volebam.*
   Plur. έθέλαμεν, έθέλετε, έθέλανε vel έθέλασι.
Perf. *Sing.* έθέλησα vel ήθέλησα, έθέλησας, έθέλησε *volui.*
   Plur. έθελήσαμεν, έθελήσατε, έθελήσανε vel έθέλησαν, vel έθελήσασι.
Plusq. *Sing.* είχα θελήσει, είχες θελήσει, είχε θελήσει *volueram,* etc.
Fut. *Sing.* θέλω θελήσει, θέλεις θελήσει, θέλει θελήσει *volem,* etc.

Imperativi.

Præs. *Sing.* κάμε νὰ θέλης *fac ut velis.* ἀς κάμη νὰ θέλη *velit ille.*
   Plur. ἀς κάμωμεν νὰ θέλωμεν, κάμε νὰ θέλετε, ἀς κάμουν νὰ θέλουνε, vel ἀς κάμουσι νὰ θέλουσι.

Dicitur etiam in secunda persona singulari κάμε νὰ θελήσης, etc.

(P. 93)   *Participii.*

Præs. θέλοντας, *volens.* omnis generis, numeri, ac personæ.

Verbi έχω *Indicativi.*

Præs. *Sing.* έχω, έχεις, έχει *habeo.*
   Plur. έχομεν, έχετε, έχουσι vel έχουνε.
Imp. *Sing.* είχα, είχες, είχε *habebam.*
   Plur. είχαμεν, είχετε, είχανε vel είχασι.
Perfecto proprio, et plusquam-perfecto caret, pro quibus utitur perfecto, et plusquam-perfecto verbi κρατῶ *teneo,* ut έκράτησα *habui* vel *tenui,* είχα κρατήσει *habueram,* vel *tenueram.*
Fut. *Sing.* θέλω έχει, θέλεις έχει, θέλει έχει *habebo.*
   Plur. θέλομεν έχει, θέλετε έχει, θέλουσιν έχει.

(P. 94)   *Imperativi.*

Præs. *Sing.* έχε *habe.* ἀς έχη *habeat ille.*
   Plur. ἀς έχωμεν, έχετε, ἀς έχουσι vel έχουνε.

Participii.

Præs. έχοντας *habens.* omnis generis, numeri, ac personæ.

Age jam anomalorum aliorum præcipuas flexiones in medium afferamus.

Anomala, quæ potui in hac lingua notare, quanvis ordine alphabetico ad majorem eorundem cognitionem, ac distinctionem collegerim, ac distribuerim, generatim tamen reduci possunt ad illa, quæ desinunt in άνω, quorum perfectum in ησα, ut ἁμαρτάνω *pecco*, ἁμάρτησα *peccavi*. Item in αίνω quorum perfectum modo est in ηκα, modo in ησα ut inferius patebit. item in ένω, quorum perfectum in εσα, et denique omnia composita verbi ἔχω, quæ eandem cum illo sor(P. 95)-tiuntur conjugationem. Jam singula ordine literarum exponamus.

A

Ἀμαρτάνω *pecco*. perf. ἁμάρτησα *peccavi*.

Ἀνηβαίνω *ascendo*. perf. ἀνέβηκα *ascendi*. imperativi præsens ἀνέβα *ascende*. Nota βαίνω simplex non reperiri, sed ejus composita frequenter apud nostros Græcos usurpari; quæ tamen omnia sunt anomala.

Ἀναστένω *resuscito alios*. perf. ἀνάστησα *resuscitavi*. At ἀναστένομαι *surgo*. perf. habet ἀναστάθηκα *surrexi*, et imperativum ἀναστάσου *surge*.

Ἀποβγαίνω *finem sortior*. perf. ἀπόβγα vel ἀποβγῆκα, vel ἀπόβγηκα *finem sortitus sum*.

Αὐξάνω *augeo*. perf. αὔξησα et αὐξαίνω, ηὔξησα.

Ἀφήνω, *relinquo*. perf. ἄφησα, *reliqui*.

B

Βάζω, βάλλω vel βάνω *pono*. perf. ἔβαλα *posui*. et imperat. βάλε *pone*.

(P. 96¹) Βιζάνω *sugo*. perf. ἐβίζασα *suxi*.

Βλέπω *video*. perf. εἶδα *vidi*. unde fut. θέλω εἰδῇ *videbo*.

Βόσκω *pasco*. perf. ἐβόσκησα *pascui*. βόσκομαι vero *pascor*. perfectum habet ἐβοσκήθηκα *pastus sum*.

Γ

Γδήνω *spolio*. perf. ἔγδησα *spoliavi*.

Δ

Δένω *ligo*. perf. ἔδεσα *ligavi*.

Δίδω vel δίνω *do*. perf. ἔδωκα vel ἔδοσα *dedi*. imperat.

---

1. P. 96, l. 3 de l'éd. orig., le texte porte εἰδῇ. — P. 97, l. 10 de l'éd. orig., le texte porte εὐτύχησα.

δὸς *da*. et in plurali δότε *date*. passivum δίδομαι habet ἐδώθηκα *datus sum*. imper. δόσου *tradaris*.

Διαβαίνω *transeo*. perf. ἐδιάβηκα *transii*. cujus secunda persona ἐδιάβηκες et ἐδιάβης, et tertia ἐδιάβηκε vel ἐδιάβη. atque hoc observandum est in omnibus compositis verbi βαίνω.

E

Ἐμπαίνω *ingredior*. perf. ἤμπα vel ἐμπῆκα *ingressus sum*. imperativus ἔμπα *ingredere*.

(P. 97) Ἐπιτυχαίνω *acquiro*. perf. ἐπίτυχα *acquisivi*.

Εὐγαίνω *exeo*. perf. ηὖγα vel εὐγῆκα *exivi*. fut. θέλω εὔγει. imperat. εὔγα *exi*.

Εὑρίσκω *invenio*. perf. ηὖρα vel ηὕρηκα *inveni*. fut. θέλω εὕρει *inveniam*. imperat. εὗρε. Eodem modo conjunguntur ejus composita, ut ξαναυρίσκω *reperio*. perf. ἐξαναῦρα *reperi*, etc.

Εὐτυχαίνω *feliciter ago*. perf. εὐτύχησα *feliciter egi*.

Z

Ζεσταίνω *calefacio*. imperfectum habet ἐζέσταινα et ἐζέστανα *calefaciebam*. perf. ἐζέστασα *calefeci*. et participium passivum ζεσταμένος *calefactus*.

H

Ἠξεύρω *scio*. perf. ἔμαθα *scivi*. fut. θέλω μάθει *sciam*. imper. ἤξευρε vel μάθε *scias*, vel κάμε νὰ μάθῃς *fac ut scias*. subjunct. νὰ μάθω, vel νὰ ἠξεύρω, *ut sciam*. participium passivum μαθημένος *solitus* vel *assuefactus*.

K

(P. 98[1]) Καίω *uro*. imperfectum ἔκαια *urebam* et καύγω. *uro*. imperf. ἔκαυγα. perfectum habent ἔκαψα *ussi*. passivum καίομαι *uror*. habet imperf. ἐκαίουμουν *urebar*. et καύγομαι, ἐκαύγουμουν, at perfectum utriusque est ἐκάηκα *ustus sum*. imperat. κάψου *urere*, ἂς καῇ *uratur ille*. subjunct. νὰ καγῶ *ut urar*. partic. καμμένος *ustus*.

Καταβαίνω vel κατηβαίνω *descendo*. perf. ἐκατήβηκα *descendi*. vide quæ diximus in διαβαίνω.

Καταλαμβάνω *comprehendo*. perf. ἐκατάλαβα *comprehendi*. imper. κατάλαβε *comprehende*.

Κερδαίνω *lucror*. perfect. ἐκέρδησα vel ἐκέρδαισα *lucratus sum*.

---

1. P. 98 de l'éd. or., κατά finit la l. 14, et λαβε commence la ligne 15, mais au lieu de trait d'union, il y a écrit κατά. avec un point.

Λ

Λαθαίνω *lateo.* perf. ἔλαθα *latui.*

Λαχαίνω *sortior.* per. ἔλαχα *sortitus sum.*

Λέγω *dico.* perf. εἶπα *dixi.* fut. θέλω εἰπεῖ *dicam.*

Μ

(P. 99) Μαζώνω *colligo.* perfect. ἐμάζωξα *collegi.*

Μαθαίνω *disco.* perfect. ἔμαθα *didici.* imperat. μάθε *disce.* subjunct. νὰ μάθω *ut discam.*

Μεταλάβω *communico et communicor.* perf. ἐμετάλαβα *communionem dedi* vel *accepi.*

Ξ

Ξαναβλαστάνω vel ξαναβλασταίνω *germino.* perf. ἐξαναβλάστησα *germinavi.*

Ξαναβλέπω *iterum video.* perf. ἐξαναξὰ *iterum vidi.* imperat. ξανάειδε *iterum vide.*

Ξαναλέγω *repeto.* perf. ἐξανᾶπα *repetii.*

Ξαναψυχαίνω *hilaresco.* perf. ἐξαναψύχησα *exhilaratus sum.*

Ξαπερνῶ *excello.* perf. ἐξαπέρασα *excellui.* imperat. ξαπέρασε *excelle.*

Ξεθυμαίνω *animo deficio.* perf. ἐξεθύμησα *animo defeci.*

Ξεπέφτω *præterlabor.* perf. ἐξέπεσα *præterlapsus sum.*

(P. 100) Ξερνῶ *evomo.* perf. ἐξέρασα *evomui.*

Ξεχάνω *obliviscor.* perf. ἐξέχασα *oblitus sum.*

Π

Πάγω, παγαίνω vel πηγαίνω *eo.* imperf. ἐπήγαινα *ibam.* perf. ἐπῆγα *ivi.* imperat. ἄμε, i. subjunct. νὰ πάγω *ut eam.* πάγω autem fit per syncopen à παγαίνω, unde retinet syncopen in omnibus personis, et numeris, ut πάγω, πᾶς, πᾶ. plur. πᾶμεν, πᾶτε, πᾶσι vel πᾶνε.

Παθαίνω *patior.* perfect. ἔπαθα *passus sum.* imperat. πάθε vel πάθαινε *patiare.* Hanc eandem flexionem sequuntur ejus composita κακοπαθαίνω *mala tolero,* etc.

Πέφτω *cado.* perf. ἔπεσα *cecidi.* Sic omnia ejus composita.

Πιάνω *accipio.* perf. ἔπιασα *accepi.* imperat. πιάσε et ἔπαρε, *accipe.* item et ejus composita.

Πίνω *bibo.* perf. ἤπια vel ἔπια *bibi* (P. 101). imperat. πιὲ *bibe.* subjunct. νὰ πιῶ *ut bibam.*

Πνέω *spiro.* perf. ἔπνευσα *spiravi.*

Ποδαίνω vel ποδήνω *ocreas induo.* perfect. ἐπόδησα *ocreas indui.*

P

Ριγάρω *ad regulam dirigo*. perf. ἐριγάρησα *ad regulam direxi*. Est verbum Italicum à Græcorum vulgari lingua usurpatum; sicut et sequens.

Ριζικάρω *discrimini expono*. perfect. ἐρῥιζικάρησα *discrimini exposui*.

Σ

Σβειῶ *extinguo* et *extinguor*. perf. ἔσεησα *extinxi* et *extinctus sum*. at σεῖνω, ἔσεισα idem significat.

Σιάνω *accomodo*. perf. ἔσιασα *accommodavi*.

Σκύγω *incurvor*. perf. ἔσκυψα *incurvatus sum*, tanquam à σκύπτω.

Σταννιάρω *stanno illino*. imperfect. ἐσταννιάριζα. perf. ἐσταννιάρισα *stanno illinivi*.

(P. 102[1]) Στέκομαι *sto*. perf. ἐστάθηκα *steti*. imperat. στέκου vel στάσου *sta*. subjunct. νὰ σταθῶ *ut stem*.

Σωπαίνω *taceo*. perf. ἐσώπασα *tacui*. imperat. σῶπα *tace*. subjunct. νὰ σωπάσω *ut taceam*.

T

Τασσάρω *taxo*. imper. ἐτασσάριζα *taxabam*. perf. ἐτασσάρισα *taxavi*. est verbum mutuatum ab Italis.

Τρώγω *manduco* præter propriam, germanámque flexionem, hanc quoque sibi communiter usurpat. τρώγω, τρῶς, τρῶ. plur. τρῶμεν, τρῶτε, τρῶσι vel τρῶνε. imperf. ἔτρωγα *manducabam*, ἔτρως, ἔτρω. plur. ἐτρώγαμεν, ἐτρῶτε, ἐτρώγασι vel ἐτρώγανε. perf. ἔφαγα *manducavi*, ἔφας, ἔφα. plur. ἐφάγαμεν, ἐφάτε, ἐφάγανε vel ἐφᾶσι. fut. θέλω φάγει *manducabo*. imperat. φάγε *manduca*, ἂς φᾶ *manducet ille*. subjunct. νὰ φάγω, *ut manducem*.

(P. 103)

Υ

Ὑπάγω *eo*, dicitur per syncopen πάγω. imperf. ἐπήγαινα *ibam*, à πηγαίνω. perf. ἐπῆγα *ivi*, etc. vide supra in πάγω.

Φ

Φεύγω *fugio*. perf. ἔφυγα *fugi*. imperat. φῦγε *fuge*.

Φθάνω vel φτάνω *assequor*. perf. ἔφθασα *assequutus sum*.

X

Χάνω *perdo*. perf. ἔχασα *perdidi*.

Χάσκω *ore aperto conjicio*. imperfectum ἔχασκα, et non plus ultra.

---

1. P. 102, l. 15 de l'éd. orig., le texte porte ἐτρώγισι.

Χορταίνω *saturo*. perf. ἐχόρτασα *saturavi*.
Χύνω *effundo*. perf. ἔχυσα *effudi*.

Ψ

Ψήνω *concoquo*. perf. ἔψησα *concoxi*.

Ω

Ωφελαίνω *adjuvo*. perf. ὠφέλησα *adjuvi* ab ὠφελῶ. Atque hæc omnia sunt fere anomala verba, quorum (P. 104) præterita, vel alia tempora propriæ conjugationis præcepta non observant, vel aliquo alio modo à communi cæterorum regula, et forma deficiunt.

CAPUT VIII

De Temporum Græcæ linguæ vulgaris efformatione.

Post rudem, simplicémque temporum cognitionem, recta instituti postulat ratio, ut ampliorem clariorémque de illis methodum tradamus, ac non solum de generali eorum formatione, sed etiam de speciali doctrinam proponamus.

Ut autem ab iis, quæ omnibus veluti propria sunt et communia, suum sibi sumat initium præsens tractatus, illud tanquam certum, immotúmque constituere placet, omnia præterita tempora, quorum nomine (P. 105) proprie appellanda censeo imperfectum, et perfectum, nullum aliud præter syllabicum, quod vocant augmentum admittere.

Hoc autem augmentum iis tantum præteritis addi consuevit, quorum præsens incipit à consonante, ut λέγω *dico*, ἔλεγα *dicebam*. Hoc ipsum augmentum è syllabico fieri interdum solet temporale, quum videlicet vertitur ε in η, dicendo ἤλεγα pro ἔλεγα. Verum id Græcos est imitari literales ac veteres, non autem recentiorum Græcorum linguâ loqui vernaculâ.

Illud etiam non te lateat, Verba, quæ initio præsentis scribuntur ρ, illam reduplicare post ε, augmentum syllabicum, in omnibus præteritis, ut ραντίζω *aspergo*, ἐρράντιζα *aspergebam*, et ἐρράντισα *aspersi*.

Animadverte tandem in verbis compositis ex aliqua præpositione, (P. 106) quæ incipiat à consonante, semper in præteritis illis augmentum syllabicum fieri ante ipsam præpositionem, nullâ penitus præpositionis elisâ vocali, ut καταδέχομαι *dignor*, ἐκαταδέχουμουν *dignabar*, et ἐκαταδέχθηκα *dignatus sum.* Hæc quidem in communi, jam singula in particulari examinemus, et in primis activa.

De præsente.

Præsens, quod potissima est totius verbi radix, et cardo, ad cujus characteristicam reliqua tempora, tanquam ad immotum axem, amussímque suspiciunt, quum activum est exit in ω, quod deinde mutatum in ο, format passivum in μαι. Ab illius finali consonante dependet characteristica præteriti, ut vidimus in Conjugationibus, et ab ejusdem inchoativa præteritorum nascitur augmentum syllabicum.

(P. 107)   ## De Imperfecto.

Imperfectum à præsente deducitur mutando ω in α, et addendo cum ratio postulaverit, augmentum syllabicum, ut γράφω *scribo*, ἔγραφα *scribebam.* Cæterum id tantum verum est in verbis barytonis, nam in circumflexis aliter prorsus dicendum, cum ω, præsentis transeat in ουν in imperfecto, ut τιμῶ *honoro*, ἐτίμουν *honorabam.* id vero commune est quibuslibet imperfectis, propriam sui præsentis characteristicam observare et penultimam, excipe ἔχω, εἶχα in cujus penultima additur ι.

De Perfecto, seu Aoristo.

Perfectum, quod vicem gerit Aoristi, cujus olim apud illa Græciæ vetusta lumina, ac sapientiæ decora non infrequens usus fuit, augmentum habet idem cum imperfecto, si (P. 108) præsens incipiat à consonante, ut γράφω *scribo*, ἔγραψα *scripsi :* observat item eandem penultimam, utpote ab eodem præsente deductum, mutatione ω in α, et characteristicæ præsentis in characteristicam præteriti quæ septuplex est ψ, ξ, σ, λ, μ, ν, ρ, ut supra diximus in conjugationibus barytonorum, pro quibus tantum hæc regula traditur. Nota tamen perfectum in quarta Conjugatione, cum duplex fuerit finalis consonans præsentis, postremam abjicere, sic ψάλλω *cano*, habet ἔψαλα *cecini : κάμνω facio*, ἔκαμα *feci : φέρω fero*, ἔφερα *tuli.* et alia hujusmodi. Rursus quum penultima præsentis ejusdem Conjugationis est per αι diphthongum, quam deinde sequatur duplex liquida ρν, vertitur in η in perfecto, ut δαίρνω *verbero*, ἔδηρα *verberavi :* hoc ipsum observat πέρνω *accipio*, licet penultima sit per ε, habet enim perfectum ἐπῆρα (P. 109), *accepi.* Cæterum αι ante unicam ν, vel amittit ι in perfecto, ut χλιαίνω *tepesco*, ἐχλίανα *tepui*, vel vertitur sæpissime in η, ut ὀμορφαίνω *orno*, ὀμόρφηνα *ornavi*, χοντραίνω *crassum facio* vel *crassus fio*, ἐχόντρηνα, etc. Verbum γένω *sano*, habet perfectum ἔγιανα *sanavi*, ne coincideret cum ἔγενα *sanabam* imperfecto. Reliqua præterita irregularia vide in anomalis. In dissyllabis quartæ conjugationis ε præsentis, si præcipuè deriventur à Græco-literalibus, observatur quidem in perfecto sed assumitur ulterius ι, ut μένω *sto*, ἔμεινα *steti*, στέλνω *mitto*, ἔστειλα *misi*, σπέρνω *semino*, ἔσπειρα *seminavi*, etc. De præteritis circumflexorum fusius egimus supra exponentes eorum Conjugationes.

De Plusquam-perfecto.

Plusquam-perfectum conflatur ex imperfecto εἶχα verbi ἔχω, et par(P. 110)ticipio passivo neutro, quod remanet sine flexione, ut εἶχα γραμμένα *scripseram*, Gallice *j'avois escrit*. εἶχα sicut *avois* variatur quidem in omnibus numeris, et personis, at γραμμένα et *escrit* manent penitus immutata. Vel etiam eidem imperfecto εἶχα addendo γράψει item invariatum, aliud effinges plusquam-perfectum, frequens et ipsum apud recentiores Græcos.

De Futuro.

Futurum (proh temporum vicissitudinem) ubi quondam apud veteres Græcos parens quodammodo reliquorum erat, et ἀρκτικόν Aoristi, cujus vicem in hac lingua præteritum gerere superius insinuavimus; modo emendicatam aliunde tenet significationem, atque ab eodem Aoristo derivationem.

Duplici autem modo potest à (P. 111) præterito futurum effingi. Primo ablato augmento syllabico, et versa α in ω, ac addendo particulam θὲ, ut ab ἔγραψα *scripsi*, facies θὲ γράψω *scribam*, ita ut γράψω varietur per singulos numeros et personas, invariata particula θὲ. Vel

Secundo sumendo verbum θέλω, et addendo tertiam personam supradicti futuri, ita ut θέλω flectatur per omnes numeros, et personas; minime vero quod additur, ut θέλω γράψει *scribam*, γράψει remanet immutatum ubique.

Penultima futuri est semper eadem cum penultima perfecti, excipe πάγω et πέρνω, quorum perfectum penultimam habet in η, sed futurum in α, ut ἐπῆγα *ivi*, θέλω πάγει vel θὲν πάγω *ibo*, et ἐπῆρα *accepi*, θέλω πάρει vel θὲν πάρω *accipiam*.

(P. 112)　　*Appendix de particula* θὲ *vel* θὲν.

Quanvis frequentior sit apud hodiernos Græcos usus futuri secundo modo explicati, et particula θὲ vel θὲλ aut θὲν per syncopen ita dicatur, sicut et ἤθε pro ἤθελα *volebam*, quia tamen non raro reperies futurum primo modo traditum, quod affinitatem quandam cum Græcoliterali futuro præseferre videtur, iccirco pauca de dictarum particularum usu censeo disserendum.

Est igitur particula θὲ, sicut et verbum θέλω, quando absolute ponitur, nulláque particula superaddita, specialis nota futuri. Dixi, absolutè, nam si cum particula νὰ conjungatur, ut θέλω νὰ γράψω, non denotat futurum, sed definitam quandam animi constitutionem ad scribendum.

Dicitur autem θὲ, quum verbum incipit à consonante, π, duntaxat ex(P. 113)cepta, ante quam ponitur θὲν, ut θὲν πάρω *accipiam*. Quod si verbum inchoet à vocali, vel diphthongo, tunc utendum erit particula θὲλ', ut θὲλ' ἀγαπήσω *amabo*.

Observes obiter rogo, hujusmodi particulam θὲ, vel verbum θέλω, quum construuntur, reponi ante pronomina, et articula, ut *id tibi faciam*, si juxta Græcorum vulgus loqui velimus, dicemus θέλω σου τὸ κάμει vel θὲ σου τὸ κάμω.

De Passivis, ac primùm de Præsente.

Activorum sic exposita figuratione, par est, ut etiam ad passiva gressum faciamus, et in primis de primario eorum tempore, videlicet de præsente quam paucissimis agere aggrediamur.

Præsens ergo passivum desinit semper in μαι ab activo deductum, cujus ω si sit verbi barytoni mutatur (P. 114) in ο, si vero circumflexi in οῦ diphthongum, et additur μαι, ut δέρνω *verbero*, δέρνομαι *verberor*, κινῶ *moveo*, κινοῦμαι *moveor*.

Secunda persona est in σαι, quomodo imitatur flexionem verborum in μι passivæ vocis Græcoliteralis grammaticæ: Formatur in barytonis à prima præsentis passivi, mutando ο in ε, et μαι in σαι, ut γράφομαι *scribor*, γράφεσαι *scriberis*. Dixi in barytonis, quia in circumflexis secunda persona præsentis passivi formari debet à secunda præsentis activi, cum hoc tamen discrimine, quod in prima conjugatione circumflexorum post ει, addenda sit ε cum accentu acuto, et post ς, αι, ut πουλεῖς *vendis*, πουλειέσαι *venderis*: in secunda vero facile fiat addendo tantum αι, ut ἀγαπᾷς *amas*, ἀγαπᾷσαι *amaris*.

Tertia fit à secunda, mutata σαι in ται, ut δέρνεσαι *verberaris*, δέρνεται *verbe*(P.115)*ratur*, πουλειέσαι *venderis*, πουλειέται *venditur*, etc.

Prima pluralis est semper in ούμεσθεν, mutato ubi fuerit ο in ου, et μαι in μεσθεν, ut γράφομαι, γραφούμεσθεν, vel retento ο, ut γράφομαι, γραφόμεσθεν, his enim duobus modis exprimitur prima persona pluralis.

Secunda fit à prima pluralis ablata με et ν, ac retenta σθε, ut γραφούμεσθεν, γραφούσθε : vel à secunda singularis, mutando σαι in σθε, ut γράφεσαι, γράφεσθε, possumus namque uti utraque ad libitum.

Tertia deducitur à secunda pluralis vertendo σθε in νται, ut γραφούσθε, γραφούνται : vel à prima singularis mutatione μαι in νται, ut γράφομαι, γράφονται.

De Imperfecto passivo.

Imperfectum passivum est semper in ουμουν, à prima pluralis præsentis (P.116) passivi mutando μεσθεν in μουν, et addendo augmentum syllabicum, si verbum incipiat à consonante, ut γραφούμεσθεν, ἐγράφουμουν *scribebar*. Secunda est in σου à prima ejusdem mutata μουν in σου, ut ἐγράφουμουν, ἐγράφουσου. Tertia vero à secunda mutando σου in ντο, ut ἐγράφουσου, ἐγράφουντο. Vel alias à tertia singularis præsentis, vertendo ται in τον, addendóque syllabicum augmentum, ut γράφεται, ἐγράφετον.

Prima pluralis fit à prima singularis, addito σθεν, et mutato ουν in ε, ut ἐγράφουμουν, ἐγραφούμεσθεν. Secunda à prima pluralis ablata με et ν, ut ἐγραφούμεσθεν, ἐγραφούσθε. Vel à secunda singularis mutando ουσου in εσθε, ut ἐγράφουσου, ἐγράφεσθε. Tertia denique à tertia singularis vertendo ον in ανε, vel ασι, ut ἐγράφουντον, ἐγραφούντανε, vel ἐγραφούντασι.

(P.117)   De Perfecto Passivo.

Perfectum passivæ vocis, quod Aoristo penitus passivo veterum Græcorum non tam significatione respondet, quam flexione ab activo formatur hoc modo. Debet prius verti α in θηκα vel θην, quæ est propria terminatio omnium penitus præteritorum passivæ vocis, tum si fuerit ψ verti in φ, si ξ in χ, si ς debet tolli, præterquam in verbis tertiæ conjugationis, si ν etiam ejicienda, si vero λ et ρ retinendæ, quantum ad μ, raro reperiuntur perfecta activa in μα, sed si fuerint, ut ἔκαμα *feci*, carebunt tamen perfecto passivo quare ut dicamus, *factus sum* non utimur verbo κάμνομαι, sed γεννοῦμαι, cujus perfectum est ἐγεννήθηκα. Jam penultima perfecti passivi eadem est cum penultima activi, ut ἔγραψα *scripsi*, ἐγράφθηκα vel ἐγράφθην *scriptus* (P. 118) *sum* : ἐφύλαξα *custodivi*, ἐφυλάχθηκα vel ἐφυλάχθην *custoditus fui*, ἐκίνησα *movi*, ἐκινήθηκα vel ἐκινήθην *motus sum*, ὀνομάτισα *nominavi*, ὀνοματίσθηκα vel ὀνοματίσθην *nominatus fui*, ἔψαλα *cantavi*, ἐψάλθηκα *cantatus fui*, etc. Id quidem ita fere contingit; sed quia nonnulla sunt perfecta passiva quæ penultimam activi non retinent, ideò hic singillatim referam verba, quorum perfecti activi et passivi eadem est cum præsente penultina.

Verba activa in απω, αβω, αφω : επω, εβω, εφω : οπω, οβω, οφω, retinent in utroque perfecto vocalem, quæ in præsente præcedit β, π, φ. idem faciunt in ακω, αγω, αχω : εκω, εγω, εχω : ατω, αδω, αθω : ετω, εδω, et εθω.

Verba autem in αζω, εζω, ιζω, οζω, υζω, et ηζω, vel in duo σσ, quorum perfectum activum est in σα, observant quidem ubique eandem penultimam, sed assumunt ς ante θηκα, ut (P. 119) κολάζω *punio*, ἐκόλασα *punivi*, ἐκολάσθηκα *punitus sum*, etc. quorum vero perfectum activum est in ξα, eandem etiam habent in utroque penultimam, sed assumunt χ ante θηκα, ut κράζω *voco*, ἔκραξα *vocavi*, ἐκράχθηκα *vocatus fui*.

Verba in ερνω vel ελνω barytona diversam habent in utroque perfecto penultimam, nam in activo ε præsentis, ut plurimum additur ι, vel rariùs mutatur in η, in passivo vero semper vertitur in α, ut σπέρνω *semino*, ἔσπειρα *seminavi*, ἐσπάρθηκα *seminatus fui*, στέλνω *mitto*, ἔστειλα *misi*, ἐστάλθηκα *missus sum* : et πέρνω *accipio*, ἐπῆρα *accepi*, ἐπάρθηκα *acceptus fui*. φέρνω autem *porto*, et ejus composita habent ἔφερα *portavi*, et ἐφέρθηκα *portatus fui*.

Verba in αλλω faciunt perfectum passivum in άλθηκα, in ανω, in άθηκα; et verba in ωνω habent ώθηκα, praeter (P. 120[1]) χώνω *abscondo*, quod habet ἐχώσθηκα assumpta ς ante θηκα : in αίνω vero perfectum formant in άσθηκα, ut λαθαίνω, ἐλαθάσθηκα.

Tandem circumflexa, quorum activum perfectum est in ησα, passivum est in ήθηκα : quorum in εσα, modo in έθηκα, modo in έσθηκα, si præcipue penultima præsentis sit brevis : quorum autem activum est in ασα, passivum est in άσθηκα, ut γελῶ *de-*

---

1. P. 120, l. 4 de l'éd. orig., le texte porte ἐλαθασθηκα.

cipio, ἐγέλασα *decepi*, ἐγελάσθηκα *deceptus fui*. Cæterum hujus temporis flexio, cum sit facilis et eadem omnino cum illa perfecti activi et Aoristi primi passivi Græcoliteralis, reticebitur, et lectores ad illa remittentur. Anomala vide supra suo loco.

Superest fortassis aliquid dicendum de plusquam perfecto, et futuro passivo : Verùm quia hæc conveniunt cum activis, mutata tantum vòce activa Verbi in passivam scilicet (P. 121) γράψει in γραφθῆ [*sic*], lectorem admonemus, ut adeat illa, sicque finem imponimus temporum formationi.

CAPUT IX

De Adverbiis.

Post tractatum de Verbis adverbiorum sequitur expositio, ita quippe se habere videntur adverbia ad ipsamet verba, ut epitheta vel adjectiva ad substantiva; quare sicut hæc sine substantivis, sic illa sine verbis consistere nequeunt.

Adverbia igitur. ut plurimùm desinunt in α, à nominibus neutrius generis desumpta, ut ἐξαίσια *egregiè*, καλά *bene*, etc. pauca in ως, ut ὡσκαθὼς *quemadmodum* ὡς *ut*, ὀμπρῶς *ante*, vel *coram*. quam exigua in ω, ut ἐπάνω *sursum*, κάτω *infrà* : rarissima vero in ου, ut ἀξάφνου *derepentè*, πιτακτοῦ *data opera*, etc.

(P. 122) Est quidem ex adverbiis aliud quantitatis interrogativum, ut πόσον, *quantum?* cui respondet τόσον *tantum*, πολύ *multum*, ὀλίγο *parum*, καμπόσον vel καμποσάκι *aliquantulum*. Sunt etiam quædam *Ordinis*, seu *Ordinalia*, ut πρῶτον vel πρῶτα *primò*, δεύτερον *secundò*, τρίτον, *tertiò*, etc.

Est item aliud quantitatis adverbium compositum ex φορὰ vel βολὰ, et aliquo numerali nomine, vel adjectivo, ut μία φορὰ *semel*, δύο φοραῖς *bis*, τρὶς βολαῖς *ter*, συχναῖς φοραῖς *frequenter*, πολλαῖς βολαῖς *multoties*, et alia plura.

Aliud dicitur qualitatis interrogativum, ut πῶς *quomodo?* cujus redditivum est, ἔτζι *sic*. aliud veluti signum, et nota, ut καλὰ *benè*, ὀρθὰ *rectè*, κακὰ *malè*, ἄτυχα *prave*, et his similia.

Jam cætera adverbia vel sunt *Temporis*, ut σήμερον *hodie*, αὔριο *cras*, μεθαύ(P. 123)ριο *post crastinum*, χθὲς *heri*, προχθὲς *nudiustertius*, τώρα *nunc*, ἀργὰ *sero*, ἀπέκει *postea*, πέρυσι *anno superiore,* παρευθὺς *statim,* et quæ sequuntur. vel *Loci,* ut ἐκεῖ vel αὐτοῦ *ibi,* ἀπεκεῖ vel ἀπαυτοῦ *inde,* ποῦ *ubi,* πούπετας *alicubi,* ἀπάνω *sursum,* κάτω *deorsum,* ὀμπροστά vel ὀμπρῶς *ante,* ἀποπίσω *retrorsum,* ἐδῶ *hic,* et alia. vel *Hortandi,* ut ἐλάτε *venite,* ἆς *eia,* γειάσου *euge.* vel *Similitudinis,* ut ὡσκαθὼς *quemadmodum,* ὡς *sicut,* ὡσὰν vel σὰν, ὡσκαθὼς *tanquam :* vel *Intensionis* [sic], ut πολλὰ *multum,* δυνατὰ *vehementer,* ὑπερπερίσσα *superabundanter :* vel *Remissionis,* ut ἀχαμνὰ *remisse,* ἀγάλια *sensim,* μετὰ βίας *vix :* vel *Dubitandi,* ut ἂν *an,* τάχα *forte,* τὸ λοιπὸν *igitur.* vel *Affirmandi,* ut ναὶ vel ναίσκε *certe :* vel *Asseverandi,* ut ὁλότελα *penitus,* ἀπαληθηνὰ *vere :* vel *Negandi,* ut ὄχι vel ὄσκε, et ὄγεσκε *non,* δέν vel δὲ *non,* μὴ vel μὴν *ne,* μήτε vel μηδὲ *neque,* οὔτε *neque,* ἀκόμη vel ἀκόμα *nondum.*

(P. 124) Reperies quædam adjectiva neutra in υ, quæ transeunt in adverbia, ut τὸ ταχὺ *mane,* τὸ βράδυ *vespere,* et nonnullos etiam accusativos singulares, ut τὴν νύκτα *noctu,* τὴν ἡμέραν *die,* etc. His adde interjectiones ὄχου, et ὀιμένα *hei mihi,* et alia.

CAPUT X

De Præpositionibus.

ILLIUS est expers recens hæc Græcorum lingua gravissimæ difficultatis, quam antiqua literalis suis in præpositionibus experitur ob innumeras fere variásque illarum significationes, ac casus, quibus cum alligantur. Nostræ siquidem præpositiones, quæ octo præcipue recensentur, eundem semper casum, accusativum videlicet optant, unicámque vel ad plürimum duplicem sibi significationem asciscunt. Sunt autem hæ, (P. 125[1]) εἰς, πρὸς, μετὰ vel μὲ, ἀπὸ, διὰ vel γιὰ, κατὰ, δίχως vel χωρὶς, ὡς.

Εἰς regit accusativum, et significat *in,* motum scilicet in locum, ac statum in loco, ut εἰς τὸν οὐρανον idem valet ac *in cælum,* et *in cælo,* εἰς ἔπαινόν του *in suam laudem,* εἰς τὴν Ῥώμην, *Romæ.*

Πρὸς quanvis literalis, non construitur tamen in hac lingua nisi cum accusativo, significátque *ad, erga,* vel *adversus,* ut πρὸς ἐμένα *ad me, erga me, adversus me,* etc.

---

1. P. 125, l. 5 de l'éd. originale, le texte porte οὐρανον.

Μετὰ, et per syncopen μὲ correspondet præpositione *cum*, ut μετὰ κείνους *cum illis*, μὲ πολλοὺς *cum multis*. Adverte tamen ut plurimum tunc uti μετὰ, quum ponitur ante nomina, quæ incipiunt à vocali, μὲ vero quum incipiunt à consonante.

Ἀπὸ idem valet quod *a* vel *ab*, *e* vel *ex*, et quanvis Græco-literalis, non observat tamen eundem casum, sed accusativo gaudet, eliditúrque (P. 126) ipsius *o*, si nomina præeat quorum principium est vocalis, secus autem si sit consonans, ut ἀπ' ἐκείνους *ab illis*, ἀπὸ τὸν Θεὸν ἔρχονται ὅλα τὰ καλὰ, *à Deo omnia bona procedunt*.

Διὰ, et corrupte γιὰ significat *per*, *ob*, vel *propter*, ut διὰ vel γιὰ τὰ τορνέσια γίνεται κάθε πρᾶγμα *per*, vel *propter pecuniam omnia fiunt*. Solet autem interdum addi particula τα, præpositioni διὰ vel γιὰ, quum præcipue præcedit pronomina, ut διὰ τὰ μᾶς *propter nos*, διά τ' ἐκείνους *ob illos*; vel etiam λόγου, cum pronominibus tantum, et genitivis μοῦ, σοῦ, τοῦ, τῆς, τῶν, σᾶς, μᾶς, etc. ut διὰ τοῦ λόγουμου *propter me*, διὰ τοῦ λόγουσας *propter vos*, et sic de reliquis, quo in casu tantum genitivum gubernat.

Κατὰ nunquam significat *contra*, sed *secundùm*, vel *juxta*, semperque postulat accusativum, ut κατὰ τὸν τρόπον *secundum modum*, ἔκαμες κατὰ τὴν γνώμην μου *fecisti juxta meam opinionem*.

(P. 127). Δίχως vel χωρὶς æquivalet *absque*, vel *sine*, ut δίχως ἄσπρα *sine pecunia*, χωρὶς ἐλπίδα *absque spe*, χωρὶς ἄλλο *absque dubio*.

Ὡς denique valet *usque*, ut ἡ φωνή σου ἔσωσεν ὡς τὸν οὐρανὸν *clamor tuus usque ad cœlum pervenit*. videtur desumpta à Græca literali, ἕως.

Hæ quidem sunt præpositiones, quibus maxime vulgaris Græcorum lingua in simplici oratione uti consuevit; sunt tamen aliæ à Græca literali mutuatæ, quæ in composita duntaxat oratione reperiuntur, in primis ἀντὶ, ut ἀντιστέκομαι *resisto*, πρὸ ut προφέρνω *offero* : παρὰ, ut παρακούω *non obedio*: σὺν, ut σύντροφος *socius*, et συντρέχω *concurro* : ἀνὰ, ut ἀναπείθω *persuadeo* : ἐν, ut ἐγκαρδιώνω *animum confirmo*, et ἐγκαρδιακὸς *intimus*, seu *ex corde*: περὶ, ut περικυκλώνω *obsideo* : et ὑπὲρ, ut ὑπερπερίσσα *satis supérque*, et alia.

Cæterum ut Latinas possis præpo(P. 128)sitiones Græcovulgares efficere, non abs re erit illas in medium proferre *a* vel *ab* et *abs*. *e* vel *ex* ἀπὸ, ut supra. *Absque* δίχως vel χωρὶς, ut supra. *Ad* πρὸς vel εἰς. *Apud* κοντὰ vel σιμὰ adverbia loci, quæ conjuncta cum pronominibus primæ, secundæ, et tertiæ personæ regunt genitivum, ut κοντά σου *apud te*, κοντά του *apud illum* σιμάμου *apud me :* cum aliis vero exigunt accusativum addita præpositione εἰς, ut κοντά εἰς τοὺς παλαιοὺς *apud antiquos*. Hæc tamen præpositio εἰς amittit ει diphthongum, et σ conjuncta cum articulo subsequente, ut κοντά στὴν πόρταν *apud portam*, σιμά στὸν κάμπον *prope campum. Ante* ὀμπροστά vel ὀμπρῶς adverbia, quæ juncta cum supradictis pronominibus amant genitivum, ut ὀμπροστάμου *ante me,* ὀμπρῶς σου *ante te*, etc. cum aliis autem, accusativum apposita item præpositione εἰς, ut ὀμπροστά (P. 129) εἰς τὸν κόσμον *ante mundum*, ὀμπρῶς εἰς τὰ μάτιαμου *ante meos oculos. Antequam,* πρὶν νὰ cum subjunctivo, ut πρὶν νὰ κάμω, *antequam faciam.*

Clam, κρυφά vel χωστά adverbia, quæ cum pronominibus illis regunt genitivum, ut χωστάμου *clam à me;* cum reliquis vero accusativum adjuncta præpositione ἀπὸ, ut ἐπῆρατο κρυφά ἀπὸ τοὺς ἄλλους *accepi illud clam ab aliis. Contra,* ἐναντίον adverbium, quod optat genitivum cum dictis pronominibus, ut ἐναντίον σου *contra te*, accusativum vero cum reliquis addita item præpositione εἰς, ut ἐναντίον εἰς τὸν οὐρανὸν *contra cœlum. Coram,* ὀμπροστά vel ὀμπρῶς, vide *ante. Circa, circiter,* et *circum,* τριγύρου adverbium, quod postulat genitivum cum supra recensitis pronominibus, ut τριγύρου μου *circa me;* accusativum autem cum reliquis apposita item præpositione εἰς, ut τριγύρου εἰς τὴν χώραν *circa,* vel *circum* (P. 130) *regionem. Cis,* vel *citra,* ἀπεδώ ἀπὸ cum accusativo, ut ἀπεδώ ἀπὸ ταῖς Ἄλπαις *cis,* vel *citra Alpes. Cùm,* μετά vel μὲ, ut supra. μαζι vel ἀντάμα adverbia, quæ cum pronominibus illis volunt genitivum ; cum reliquis vero accusativum adjuncta præpositione μὲ vel μετά, ut μαζι μὲ τοὺς ἄλλους *una cum aliis.* ἀντάμα μὲ τὸν ἄνδρα της *simul cum viro suo.*

De, τριγύρου, vide quæ diximus supra in *circum,* et *circa.*

E vel *ex*, vide, *a* vel *ab. Erga* πρὸς vide *ad. Extra,* ὄξω vel ἔξω adverbium, quod dupliciter construitur vel absolute cum accusativo, ut ὄξω τὰ μάτια σου *extra sint tui oculi* quod fit quum imprecamur alteri, vel cum præpositione ἀπὸ, ut ὄξω ἀπὸ τοῦτο ἔχω κάθε πρᾶγμα, *extra id omnia habeo,* et hic modus loquendi frequentior est, et æquivalet, *præter.*

In εἰς, ut suprà. *Inter,* ἀνάμεσα adverbium, quod positum cum dictis (P. 131) pronominibus genitivum gubernat, ut ἀνάμεσά του *inter illum,* cum aliis vero accusativum, interposita præpositione εἰς, ut ἀνάμεσα εἰς τὸν λαὸν *inter populum,* ἀνάμεσα εἰς τοῦτο *inter hoc*, id est *interim*. *Infrà*, ἀπὸ κάτω adverbium loci ponitur cum genitivo ante pronomina μοῦ, σοῦ, τοῦ, τῶν, τοὺς, etc. cum accusativo vero ante reliqua nomina apposita præpositione ἀπὸ, ut ἀποκάτω ἀπὸ τὸν ρῆγα *infra Regem*, etc. *Intra*, μέσα genitivo gaudet cum relatis pronominibus; cum cæteris accusativo addita præpositione εἰς, ut μέσα εἰς τὴν καρδίαν μου *intra cor meum. Ob* διὰ vel γιὰ, vide in διὰ.

Per, et *propter*, διὰ vel γιὰ. vide διὰ, ut suprà. *Post* vel *pone*, ὕστερα adverbium, quod cum illis sæpius repetitis pronominibus genitivum adoptat, ut ὕστερά σου *post te;* cum aliis vero, accusativum, apposita item præpositione ἀπὸ, ut ἦλθα ὕστερα ἀπ' ὅλους (P. 132) *post omnes veni. Præter*, vide *extra. Palam*, vide *coram. Præ*, vide *supra*, vel *super. Pro*, quum significat *defensionem*, dicitur διὰ vel γιὰ cum accusativo, ut διὰ σένα πολεμῶ *propter te pugno*: quum vero idem sonat quod *vice*, vel *loco alterius*, utimur his vocibus, εἰς τὸ ποδάρι, vel εἰς τὸν τόπον cum genitivo, ut ὁ πάπας εἶναι εἰς τὸ ποδάρι, vel εἰς τὸν τόπον τοῦ Θεοῦ εἰς τὴν γῆν *Papa vicem Dei gerit in terris*. utimur interdum etiam præpositione ἀντὶ, sed hoc modo, exempli causa, *pro pisce dedit mihi carnem*, ἀντὶ νὰ μοῦ δώσῃ ψάρι, μ' ἔδωκε κρέας. *Procul*, μακρὰ cum genitivo, si præcedat toties enumerata pronomina, ut μακρά μου *procul à me*, cum accusativo vero, si cætera antecedat, interposita præpositione ἀπὸ, ut μακρὰ ἀπὸ τὰ μάτιαμου *procul ab oculis meis*.

Sub, vel *subter*, vide *infrà. super*, et *suprà* ἐπάνω vel ἀπάνω adverbium. construitur cum genitivo, si præfigatur (P. 133) pronominibus primæ, secundæ, et tertiæ personæ, ut ἀπάνωμου *supra me*, ἐπάνω σου *supra te*, etc. cum accusativo vero, si aliis præponatur, interposita præpositione εἰς, ut εἶχεν ἀπάνω εἰς τὸ κεφάλι του ἕνα στεφάνι, *habebat supra caput suum coronam*.

Tenus, vel *usque*, ὡς vide suprà in ὡς.

Versus πρὸς cum accusativo. *Ultra*, vel *trans* ἀπέκει ἀπὸ cum accusativo, ut ἀπεκεῖ ἀπὸ τὸ ποτάμι *ultra*, vel *trans fluvium*. Dicitur etiam ἀπόπερα, vel πέρα cum genitivo, ut ἀπόπερα, vel πέρα τοῦ ποταμοῦ *trans flumen*.

CAPUT XI.

De Conjunctionibus.

Post exactam præpositionum inquisitionem, superest jam ut extremam omnium Orationis partem, ac minimam quæ Conjunctio dicitur, ob illius præcipuum munus, (P. 134) connectendi scilicet reliquas Orationis partes, absolvamus. Sunt autem ex Conjunctionibus quædam copulativæ, ut καὶ et ἀμὴ vel μὰ *sed*, ἀκόμι *etiam*. aliæ vero Disjunctivæ, ut ἢ *vel*: aliæ Continuativæ ἀνισωσκαὶ *si*, ἂν vel ἂ *an*: quædam subcontinuativæ ut ἐπειδὴ vel ἐπειδὴ καὶ *quoniam* seu *quandoquidem*, σὰν *postquam*: nonnullæ Causales, ut διὰ νὰ vel νὰ *ut*, διὰ τί vel γιὰ τί *enim* aut *quia*: aliæ Dubitativæ, ut τάχα *forte*, τάχα νὰ μὴ *numquid*, τὸ λοιπὸν *igitur*. aliæ Collectivæ, ut τὸ λοιπὸν *ergo*, διὰ vel γιὰ τοῦτο *propterea*: quædam denique Expletivæ, quæ tantum ad ornatum orationis spectant ac numerum, non ad significationem, ut δὰ νε, etc. Atque hæc de omnibus orationis partibus singillatim sumptis.

(P. 135) CAP. XII ET ULTIMUM.

De Syntaxi Linguæ Græcæ Vulgaris.

Vidimus jam singulas orationis partes examinantes, quomodo dividantur, flectantur, ac conjungantur, quásve in partes secentur, ac quibus in classibus collocentur; nunc qua ratione cum aliis jungi, ac inter se connecti debeant, quâ polliciti sumus brevitate sermonem instituemus.

De Concordantiis.

Tres etiam assignamus in hac lingua Concordantias, ut apud Latinos. Prima est nominativi cum Verbo in numero, et persona, ut ἐγὼ γράφω *ego scribo*, ἐκεῖνος παίζει *ille ludit*, ἐσεῖς μιλεῖτε *vos loquimini*.

Secunda est Adjectivi cum substantivo, ut σοφὸς ἄνθρωπος *homo doctus*, (P. 136) καλὰ παιδία *boni adolescentes*, καλῆς συντροφιᾶς *bonæ conversationis*, etc. Substantiva quæ materiam significant solent sæpissime accusativo efferri cum præpositione ἀπὸ, loco adjectivorum, ut ζώνη ἀπὸ πετζὶ pro πετζίτικη *cingulus ex pelle*, ροῦχον ἀπὸ τρίχαις pro τρίχινον *vestis ex pilis;* quod fit per ecclipsin participii subintelligendo καμωμένη vel καμωμένον *facta* vel *factum*. Adjectiva semper præponi debent substantivis unà cum articulo, ut τὸ μικρὸ παιδὶ *parvus puer*, ὁ πρῶτος ἄνθρωπος *primus homo :* Quod si aliquando postponatur, duplicandus est articulus, et apponendus tam substantivo, quam adjectivo, ut φέρεμου τὸ ροῦχο τὸ κόκκινον *affer mihi vestem purpuream*.

Tertia Relativi cum antecedente, in genere, et numero, ut εἶδα τὸν Πέτρον, τοῦ ὁποίου ἐμίλησα, *vidi Petrum quem alloquutus fui*. et aliquando in casu, ut τὰ λόγια, τὰ ὁποῖα *verba quæ*. Si ponatur (P. 137) relativum inter dua nomina substantiva diversorum generum potest his duobus modis construi, exempli causa, *sydus quod*, vel *quam vocant Capream*, communi Græcorum lingua dices τὸ ἄστρον, τὸ ὁποῖον vel ὁποῦ (quod est relativum indeclinabile, omnis generis, et numeri) κράζουν αἶγα vel τὸ ἄστρον ὁποῦ τὸ κράζουν vel τὴν κράζουν αἶγα.

E duobus substantivis ad diversa pertinentibus, si in oratione ponantur aliud est nominativi casus, alterum vero genitivi, ut τὸ κορμὶ τοῦ Πέτρου, *corpus Petri*, τὸ πετζὶ τοῦ βουδιοῦ *bovis pellis*. Interdum tamen iste genitivus transit in accusativum, ut ἡ τιμήτους pro ἡ τιμήτων *honor eorum*, ἕνα ποτήρι νερὸ pro νεροῦ *poculum aquæ*, et similia.

De Pronominibus μοῦ, σοῦ, τοῦ, ἐμένα vel μὲ, ἐσένα vel σὲ, ἐμᾶς vel μᾶς, ἐσᾶς vel σᾶς, τὸν, τὴν, τὸ, τῶν, τοὺς, ταῖς, τά.

Horum pronominum unâ cum (P. 138) Verbis constructio, quoniam aliquantulum difficilis esse videtur, cum certa quædam regula tradi non possit, quando præponenda sint vel postponenda, seu quando ἐμένα potius dicendum quam μὲ, vel ἐσενα quam σὲ, ut ἐσᾶς quam σᾶς, idcirco de his nonnulla observatione digna exponere merito judicavi.

Certum itaque in primis, monosyllaba illa pronomina sive primæ sint, sive secundæ, sive tertiæ personæ nunquam ipso orationis initio collocari, sed elegantiùs semper post ipsum verbum poni, vel post aliquod nomen, vel post particulam δὲν vel δὲ *non*, ut ἀγαπῶτα, ἀγαπῶτους, etc. *amo illa* vel *illos*, etc. ἐγὼ σᾶς εἶπα *ego dixi vobis*, δὲν μοῦ κάμνει χρεία, *non est mihi opus*, βλέπει με *videt me*, et hujusmodi plura.

Certum secundò primos illos accusativos primæ, et secundæ personæ ἐμένα videlicet et ἐμᾶς, ἐσένα et ἐσᾶς, (P. 139) poni semper in ipso orationis, periodíque principio unâ cum μὲ et μᾶς, σὲ et σᾶς, ut ἐμένα μὲ ἀγητᾷ ὁ πατέρας μου *me amat pater meus*, ἐσένα σὲ μισᾷ *te odio habet*, ἐμᾶς μᾶς κράζει παιδιά του *nos vocat filios suos*, ἐσᾶς σᾶς κράζει ἐχθρούς του *vos appellat inimicos suos*. quæ loquutiones correspondent Italicæ phrasi vel Gallicæ, cum quibus habet maximam affinitatem, quum dicunt, *a noi ci chiama sui figliuoli*, *il nous appelle ses enfans*, et similia. Vides igitur hujusmodi accusativos cum ε, conjungi cum monosyllabis μὲ, σὲ, μᾶς et σᾶς, qui statim illos subsequuntur. Nominativi tamen ἐμεῖς et ἐσεῖς, ponuntur absolute initio periodi, ut ἐμεῖς ψωμί δὲν ἔχομεν καὶ ἡ κάτα πίτα σύρνει *nos panem non habemus, et felis trahit placentam*, est adverbium[1] Græco-vulgare in filios, qui bona patris pauperis lautius quam par sit profundunt, et opipare vivunt.

Certum insuper μονοσύλλαβα illa (P. 140) pronomina μοῦ, σοῦ, τοῦ, μᾶς, σᾶς, τῶν, et τούς, etc. Si simul esse contingant cum aliquo adjectivo, poni inter adjectivum, et substantivum, ut ὁ πρῶτος μας φίλος *primus noster amicus*, ἀγαπημένε μου υἱὲ *fili mi dilecte*, ἡ κακαῖς τους γλώσσαις *malæ illorum linguæ*, etc. Item sumi pro pronominibus possessivis ἐδικόσμου, ἐδικόσσου, ἐδικόστου *meus, tuus, suus*, etc. Verum tunc non ponuntur absolute, ut possessiva, sed unâ cum alio nomine, ut quum dicimus, *liber meus*, τὸ βιβλίον μου, at cum dicimus, *hic liber est meus*, quia *meus* est solus et non cum alio nomine, nos dicemus, ἐτοῦτο τὸ βιβλίον εἶναι δικόμου, et non τοῦτο τὸ βιβλίον μοῦ εἶναι.

Certum quarto monosyllabos illos accusativos μὲ et μᾶς, σὲ et σᾶς, ταῖς et τούς, tam ante verbum collocari posse, quam post, ut ἐγὼ σᾶς τὸ ἐδιάβασα τὸ γράμμα, et ἐγὼ ἐδιάβασά σας τὸ γράμμα, *ego vobis legi epistolam*. Quod si hujusmodi accusativi particulæ isti δὲν vel δὲ (P. 141) *non*, ὡσὰν vel σὰν *sicut*, vel adverbiis καθὼς *quemadmodum*, ἔτζι *sic*, σήμερον *hodie*, αὔριον *cras*, τώρα *nunc*, et aliis adverbiis loci jungantur, tunc verbo postponi minimè

---

1. *(Sic)*. Lisez *proverbium*. — De même plus haut, ligne 6, il faut lire probablement ἀγαπᾷ pour ἀγητᾷ que porte le texte. Une ligne plus bas, l'original donne μισᾶ. — Enfin, l. 11, le texte porte, au lieu de *il nous appelle, nous nous appelle*.

possunt, sed tantum præponi, ut δὲν μᾶς τὸ ἔστειλες τὸ βιβλίον *non misisti nobis librum*, σήμερον σᾶς εἶπα νὰ μὴν εὐγαίνετε *hodie vobis dixi ne exeatis*, nec enim bene dicemus, δὲν τὸ ἔστειλές μας, nec σήμερον εἶπα σας.

De quibusdam Nominibus quæ (sic) *genitivum regunt*, vel *accusativum, ubi etiam de ablativo absoluto*.

Omnia nomina Comparativa, si præcipue cum pronominibus primitivis construantur, verbalia item in τικὸς una cum nominibus, quæ dignitatis habent significationem, ignorarationis, participationis, similitudinis, ac communicationis, et utilitatis genitivum adoptant, ut ἐκεῖνος εἶναι σοφώτερός μου *ille est sapientior me;* ἐτοῦτο εἶναι φανε(P. 142)ρωτικὸν τῆς ἀγάπης [1], *id est significativum amoris:* ὁ ἱερέας εἶναι ἄξιος τιμῆς *Sacerdos est dignus honore;* ἀμαθὴς τῶν ἑλληνικῶν γραμμάτων *ignarus Græcarum literarum,* σύντροφος καλῶν ἀνθρώπων *bonorum hominum socius,* ὅμοιος τοῦ λεονταρίου *Leoni similis,* τὰ καλὰ εἶναι κοινὰ τῶν φίλων *bona sunt amicis communia,* et similia.

Ea item quæ dicuntur numeralia ordinis genitivum requirunt, ut δεύτερός μου *mihi secundus,* πρῶτος των *primus inter illos,* etc. Quæ tamen construi etiam possunt cum accusativo positâ præpositione ἀπὸ, ut ὕστερος ἀπ' ὅλους *postremus omnium,* πρῶτος ἀπ' ὅλους *primus omnium,* et sic de reliquis.

Profecto, ut uno verbo dicam, omnia sive Comparativa sint, sive superlativa, sive plenitudinem significent, vacuitatem, utilitatem, et similia, si cum pronominibus jungantur, utplurimum postulant genitivum, si cum aliis nominibus accusativum (P. 143) cum præpositione ἀπὸ, ut ἀπ' ὅλους τοὺς Ἕλληνας, ὁποῦ ἦσαν εἰς τὴν Τροίαν, δυνατώτερος, vel δυνατώτατος ἦτον ὁ Ἀχιλλεύς, *omnibus Græcis qui extiterunt in expeditione Troiana fortior fuit,* vel *omnium Græcorum fortissimus fuit Achilles.* Nomen γεμάτος, ut plurimum habet post se accusativum sine ulla præpositione, ut γεμάτος ἔννοιαις *curarum plenus*: At ἐναντίος *contrarius* genitivum amat cum primitivis pronominibus, cum aliis vero accusativum unâ cum præpositione εἰς, ut εἶναι ἐναντίος μου *est mihi contrarius*. et ἐναντίος εἰς ὅλους *contrarius omnibus*. φίλος denique semper reperitur cum genitivo, ut φίλος τοῦ θεοῦ *amicus Dei*.

Instrumentum, causa, modus, et excessus debent in hac

---

1. Le texte ici porte ἀγάπης. Cf. p. 60, note 1.

lingua exprimi accusativo, cum præpositione, μὲ, vel μετὰ, vel etiam interdum cum διὰ, vel γιὰ, si præsertim causam significare velimus, ut ἐκτύπησά του¹ μὲ τὸ ῥαβδὶ *baculo illum percussi*, τὸν εἶδα μὲ καλὸ μάτι (P. 144) *oculo illum vidi benigno*, ἐσκότωσε τὸν ἐχθρόν του μὲ τὸ σπαθὶ *hostem suum gladio interemit*; νικᾶ ὅλους μὲ τὴν φωνήν του *sua voce reliquos superat*; διὰ τὴν δειλιάν, vel γιὰ τὸν φόβον ἔχασε τ' ἅρματά του *præ pavore perdidit arma*.

Tempus item, et mensura tam loci, quam ponderis simpliciter accusandi casu efferuntur, ut τὴν ἡμέραν καὶ τὴν νύκτα δὲν κάμνει ἄλλο παρὰ νὰ διαβάσῃ *die, ac nocte nil aliud facit quam legere*, ἡ Ῥώμη εἶναι μακρὰ ἀπὸ τὴν Φράντζαν ἑκατὸ λέγαις *Roma distat à Gallia centum leucis*, βαρεῖ τριάντα λίτραις *est ponderis triginta librarum*.

Jam ablativum absolutum, pro quo Græci literales utuntur genitivo, nostri Græco-vulgares penitus ignorantes, nec genitivum usurpant, nec alium casum, sed vel ipso nudo nominativo utuntur, ut μισεύοντας ἐγὼ ἀπὸ τὴν ἐκκλησίαν ἔπεσεν ἡ στέγη τοῦ σπιτιοῦ σου *discedente me ab Ecclesia cecidit tectum tuæ domus*, vel loquutionem resolvunt per ὅταν vel σὰν, ponentes verbum in im(P. 145)perfecto, ut ὅταν vel σὰν ἐμίσευα ἀπὸ τὴν ἐκκλησιὰν ἔπεσεν, etc. *cum discederem ab Ecclesia cecidit*, etc.

De Constructione Verbi Activi.

Non nimis laborandum erit in tradendis regulis verborum activorum. Omnia siquidem verba activæ significationis postulant ante se nominativum agentem, et post se accusativum, vel genitivum patientem. Genitivum quidem utuntur hujusmodi Græciæ regiones Peloponesus, Creta, Chius, Zacynthus, et omnes penitus Græciæ insulæ. Accusativo vero gaudent Attica, Thessalia, Macedonia, Thracia, et omnes prorsus Continentis provinciæ, atque incolæ. Quum igitur verseris in Insulis, utere post verbum genitivo, accusativo vero quum fueris in Continente.

Adverte tamen, quanvis iis² qui in Insulis sunt post verbum activum (P. 146) genitivum, quem personæ vocant, admittant (res enim apud omnes, ac semper ubique ponitur in

---

1. Il faut évidemment lire τόν.
2. Leçon de l'original pour *ii*. Toute cette phrase est d'une construction pénible et confuse. *Postverba* doit être lu en deux mots.

accusativo, ut ἀκούω τὰ λόγια σου, non τῶν λόγιων σου, *audio tua verba*) id verum esse præcipue, quum postverba sequuntur pronomina illa primitiva μοῦ, σοῦ, τοῦ, et tantum in numero singulari, ut δὲν μοῦ ἀκούει *non me audit*; nam in plurali dicunt cum accusativo, δὲν μᾶς εἶπε τίποτες, *nihil nobis dixit*, licet in singulari dicerent, δὲν μοῦ εἶπε τίποτες[1]. Quod si alia subsequantur pronomina, vel nomina, modo genitivum ponunt, modo accusativum, ut ἀκούω τὸν Πέτρον non τοῦ Πέτρου *audio Petrum*, et μιλῶ τοῦ Μάρκου, et non τὸν Μάρκον, nisi dicas μὲ τὸν Μάρκον, *alloquor Marcum*, vel *loquor cum Marco*.

Quando autem statuendus sit post verbum activum genitivus, vel accusativus optima regula est, si animadvertamus ad linguam Gallicam, vel Italicam. nam si post verbum activum ponatur particula *à*, tunc sem(P. 147)per in Græco vulgari reponi debet post verbum genitivus, ut *j'ay dit à François*, ἐγὼ εἶπα τοῦ Φραγκίσκου, non τὸν Φραγκίσκον. Si vero talis particula non ponatur, utendum tunc erit accusativo, vel genitivo juxta distinctionem Græciæ locorum superius insinuatam, ut *je vous ay fait la grace, ego vobis gratiam feci*, secundum Insularum habitatores dices, ἐγὼ σοῦ τὴν ἔκαμα τὴν χάριν, et secundum Continentis incolas, ἐγὼ σὲ τὴν ἔκαμα τὴν χάριν, quæ loquutio correspondet huic Italicæ, *la gratia ve l'hò fatta*.

Præstereà sciendum, verba, quæ apud Latinos, vel Græcos literales exigunt post accusativum rei dativum personæ, apud Græcos vulgares usurpare pro dativo personæ, vel genitivum ut loquuntur Insularum cultores, vel accusativum ut Continentis incolæ, exempli causa, *ego dedi tibi librum* dices, vel ἐγὼ σοῦ τὸ ἔδωκα τὸ βιβλίον, (P. 148) vel ἐγὼ σὲ τὸ ἔδωκα τὸ βιβλίον.

Rursus verba, quæ duos sibi accusativos adsciscunt apud Latinos, et ἕλληνας, apud vulgares Græcos, vel ambos retinent, ut loquitur omnis Continens, aut mutant accusativum personæ in genitivum, ut phrasis est omnium Insularum, verbi gratia, *ego te doceo grammaticam*, dicetur ἐγὼ σὲ, vel σοῦ μαθαίνω τὴν γραμματικήν.

Idem fit aliquando, si verba apud Latinos regant ablativum cum præpositione *a* vel *ab*, et accusativum, ut *aufero à te vestem*, ἐγὼ σὲ, vel σοῦ πέρνω τὸ ροῦχον. dixi aliquando, quia ut

---

1. Voyez au commentaire pour l'établissement du texte.

plurimùm pro ablativo ponitur accusativus cum præpositione ἀπό, ut *accepi à Petro tuas literas,* ἐγὼ ἔλαβα ταῖς γραφαῖς σου ἀπὸ τὸν Πέτρον, *id habeo à te,* ἔχω το ἀπ' ἐσένα, et alia.

Idem etiam præstari debet, si verbum apud Latinos accusativum regat et genitivum, vel ablativum sine ulla præpositione, ut *impleo ollam denariorum,* γεμίζω τὸ τζουκάλι ἀπὸ τορνέσια, et (P. 149) *impleo vas aquâ,* γεμίζω τὸ ἀγγεῖον ἀπὸ νερό. in quibus tamen sæpe sæpius reticetur ἀπό, dicendo simpliciter τορνέσια et νερό.

De Constructione Verbi passivi, neutri, ac Deponentis.

Quemadmodum activæ vocis verbum exigit ante se nominativum agentem, et post se accusativum patientem, ita è contra passivæ vocis verbum postulat ante se nominativum patientem, post se vero accusativum agentem unâ cum præpositione ἀπό, ut τὸ ἁμάξι τραβιέται ἀπὸ τὰ ἄλογα *currus trahitur ab equis.* Semper igitur in passivis casus personæ verbi activi, quum videlicet duplicem requirit casum post se, vertendus est in nominativum, manente altero immutato, ut ἐγὼ σὲ μαθαίνω τὴν γραμματικήν, passive redditur, ἐσὺ μαθαίνεσαι ἀπ' ἐμένα τὴν γραμματικήν, *tu doceris à me grammaticam,* etc. ut apud Latinos.

(P. 150) Ex verbis neutris, vel Deponentibus, quædam absolute ponuntur sine ullo casu, ut ζῶ *vivo,* πορπατῶ *ambulo,* στέκομαι *sto,* κοιμοῦμαι *dormio :* quædam vero requirunt post se aliquem casum, ut ἀρέσκει μου *placet mihi,* τί φαίνεταίσας, *quid vobis videtur,* et alia, quæ genitivum, aut accusativum postulant pro diversitate præsentis Græciæ regionum, si eosdem casus, vel alios requirant Latinorum verba vel neutra, vel deponentia; et tunc Constructio erit eadem quam jam recensuimus in verbis activis.

De Verbis εἶμαι, φαίνομαι, et aliis, tum de Verbo Impersonali, de Modis, Gerundiis, ac quibusdam loquutionibus.

Verbum εἶμαι sum duos habet nominativos ante, et post se, ut ὁ Ἀριστοτέλης ἦτονε μεγάλος φιλόσοφος, *Aristoteles erat magnus Philosophus.* eodem modo construitur verbum φαίνομαι *videor,* λέγομαι *dicor,* κράζομαι *vocor,* λογοῦμαι *nun*(P. 151)*cupor,* et similia, quæ præter illos duos nominativos admittunt etiam genitivum, vel accusativum juxta supradictam locorum Græciæ distinctionem, sicut Latina dativum, ut αὐτὸς μοῦ εἶναι, vel φαίνεταί μου καλοπίχερος ἄνθρωπος *ipse mihi est*, vel *videtur vir idoneus*. Vel etiam accusativum cum præpositione ἀπὸ, si Latina regant ablativum cum præpositione à vel *ab*, ut *justus ab omnibus vocatur*, vel *reputatur beatus*, ὁ δίκαιος κράζεται, ἢ κρατειέται μακάριος ἀπ' ὅλους.

Verbum impersonale duplicis est speciei activæ nimirum et passivæ. Utrunque impersonalis verbi genus, vel ponitur absolute sine ullo casu, ut βρέχει *pluit*, λέγουνε *fertur;* vel cum aliquo casu ut apud Latinos, verbi gratia, *pertinet ad me*, ἐγγίζει μου, *non licet vobis*, δὲν σᾶς πρέπει, *non curatur de anima*, δὲν ἐννοιάζεται διὰ τὴν ψυχήν. Ubi adverte verba impersonalia utpluri(P. 152)mum sumi à tertia persona plurali præsentis indicativi activi, ut pro *scribitur* dicunt γράφουνε *scribunt*, pro *vivitur*, ζοῦνε *vivunt*, et alia. Dixi ut plurimùm quia reperitur interdum, et quidem raro aliquod impersonale desumptum à tertia persona plurali præsentis indicativi passivi, ut κοιμοῦνται *dormitur*.

Modorum usus pervius est unicuique ut apud Latinos. In usum tamen hi præcipue veniunt indicativus, imperativus, et subjunctivus, qui vicem gerit infinitivi, et exprimitur per particulam νὰ, ut θέλω νὰ τὸ κάμω *volo illud facere*: cui interdum præponitur articulus τὸ, et ponitur loco nominis, ut τὸ νὰ κάμεις pro τὸ κάμωμά σου *tuum factum*. Similem loquutionem habent Græci literales, ut τὸ ποιεῖν pro ποίημα, et Itali, *il fare*, pro *il fatto*. Hujusmodi modus semper ponitur post aliud verbum, sicut infinitivus apud Latinos; vel alias resolvitur per ὅτι vel πῶς, (P. 153) ut *scio te fecisse hoc*, vulgo possumus dicere, ἠξεύρω πῶς, vel ὅτι τὸ ἔκαμες, quod ὅτι et πῶς videtur correspondere Italico *che* vel Gallico *que*. Ponitur etiam καὶ pro ὅτι, ut λογιάζω καὶ τὸ ἔμαθες, pro ὅτι τὸ ἔμαθες, *puto te illud didicisse*. Jam quænam particula, vel Conjunctio unicuique modorum tribuatur, et quomodo inter se discrepent, vide supra in Conjugationibus barytonorum.

Gerundiis caret utraque Græca lingua, fruitur vero Latina. Ea autem sic in vernaculam Græcorum dialectum vertenda censemus. Gerundia in *do*, resolvuntur in participia, ut *amando* ἀγαπῶντας, *dicendo* λέγοντας, etc. Gerundia in *dum* exprimuntur aliquando per διὰ νὰ, si illa præcedat præpositio *ad*, ut *ad habendum* διὰ νὰ ἔχῃ: aliquando per σὰν, vel ἀνάμεσα ὁποῦ, si præcedat præpositio *inter*, ut *inter ambulandum*, σὰν ἐπορπάτουνα, id est *dum ambularem: inter dicendum* ἀνάμεσα ὁποῦ ἐμίλιε *cum loqueretur*, et similia. et ali(P. 154)quando per πρέπει, si à Latinis efferantur absolute sine ulla præpositione, ut *faciendum mihi est*, πρέπει νὰ κάμω, *vobis agendum*, πρέπει νὰ κάμετε, etc. Hic modus loquendi non aberrat à modo loquendi Italorum, vel Gallorum, dum dicunt, *mi bisogna fare, il me faut faire*, cum hoc tamen discrimine, quod in dictis linguis verbum consequens est infinitivi modi, et nunquam mutatur, at in Græca vulgari verbum quod subsequitur πρέπει est subjunctivi modo, variatúrque ac construitur cum personis, quæ comitantur gerundia in *dum*, ita ut si persona sit singularis, et prima, verbum etiam erit primæ personæ numeri singularis, et sic de reliquis. Tandem gerundia in *di*, simpliciter efferuntur per νὰ cum subjunctivo, ut *tempus est eundi*, καιρὸς εἶναι νὰ πάμεπ[1] *sciendi sum cupidus*, ἐπιθυμῶ νὰ μέθω, etc.

Veniamus jam ad peculiares, quasdam loquutiones. Quum Latine dici(P. 155)mus, *quod tibi scripserim*, vernaculo Græcorum sermone sic efferemus, διὰ τί σοῦ ἔγραψα, vel ὅτι σοῦ ἔγραψα, vel τὸ νὰ σοῦ ἔγραψα, vel ἔστοντας καὶ νὰ σοῦ ἔγραψα, prior et secundus loquendi modus conformior Latinæ loquutioni videtur.

De nonnullis adverbiis, ac particulis, quæ vel nominibus, vel Verbis præfiguntur.

Ut totum communis Græcæ linguæ syntaxeos absolvamus tractatum, brevibus precurremus nonnullas voces, quarum notitia non parum juvatur is, qui aditum sibi fieri vult ad hujusmodi linguæ Græcæ syntaxim. Dicamus ergo prius de ἄμποτες *utinam*, quod adverbium est optandi, ponitúrque unâ cum νὰ, et constituit in verbis peculiarem modum, qui dicitur optativus, reperitur cum perfecto, et imperfecto, ut ἄμποτες νὰ τὸν ἔκραξες, *utinam illum vocasses*, ἄμποτες νὰ τὸν ἔβλεπα, *utinam illum viderem*.

(P. 156) Ἄν, vel ἂ fit à Græcoliterali ἐὰν, *si*, ac pariter regit subjunctivum, tempus amat id, quod nos in verbis barytonis diximus habere indifferentem quandam, ac indeterminatam significationem, ut ἂν σὲ πιάσω *si te capiam*, non ἂν σὲ πιάνω : ἂν σὲ εὑρήσω *si te reperiam*, non ἂν σὲ εὑρίσκω. Conjungitur præ-

---

1. Certainement pour πάμενε; voyez page 159 de l'original, plus loin p. 68, l. 7 sqq.

terea cum omnibus præteritis, ut ἂν ἔκαμα *si feci,* ἂν ἔγραφε, *si scribebat,* ἂν θέλει δώσει *si dabit,* et reliqua.

Ἀπό, quanvis præpositio significans *a* vel *ab,* in compositione tamen alicujus verbi, vel nominis non semper eandem retinet significationem; nam interdum denotat perfectionem, ut ἀποτελειώνω *perficio,* τελειώνω quippe simplex *finire* tantum significat, sed cum ἀπό *perfecte finire,* utque Latini dicunt, *rem reddere omnibus numeris absolutam.* interdum vero *finem* quodammodo præ se ferre videtur, ut ἀποτρώγω *finem comedendi facio,* unde adverbia ἀπόφαγα *post pran*(P. 157)*dium,* et ἀπόδειπνα *post cœnam.* et tandem *penitus,* seu *de,* ut ἀποκόβγω *penitus amputo,* et ἀποκεφαλίζω *decollo,* et alia.

Ἄς adverbium hortandi, si ponatur cum imperfecto efficit modum optandi, ut ἂς ἔβλεπα *utinam viderem;* cæterum ἂς nota est imperativi, seu potius subjunctivi, ut ἂς κάμῃ *faciat.* Videtur autem derivari à Græcoliterali ἄφες, unde per syncopen ἂς. quare quum dicimus ἂς ἰδῶ idem valet ac *sine me, ut videam,* qui quidem loquendi modus frequens est in sacris paginis, præcipue in Evangelio, ἄφες ἴδωμεν, εἰ ἔρχεται Ἡλίας σώσων αὐτόν, quem imitati Græci-vulgares dicunt, ἂς ἰδοῦμεν ἂν ἔρχεται ὁ Ἡλίας διὰ νὰ τὸν ἐλευθερώσῃ.

Adverte tamen hujusmodi ἂς, non poni in secunda persona imperativi, sed tantum in prima, et tertia. Quia videlicet, aptior imperandi persona videtur secunda, non prima, et tertia, unde et Itali quum magnates alloquuntur solent obsequii, et reveren(P. 158)tiæ causa uti tertia persona, ne loquentes secundâ persona, videantur aliquomodo illis imperare. Est igitur ἂς subjunctivi potius nota, quam imperativi.

Δέν, vel δέ, deductum fortasse fuit ab οὐδέν ablata diphthongo ου. Dicitur autem δέν, quum ponitur ante vocales et diphthongos, imo et ante aliquas consonantes, videlicet ante β, γ, δ, θ, κ, π, τ, φ, χ : δέ vero ante reliquas consonantes. Regit indicativum tantum, quia in reliquis modis non utimur δέν, sed μήν, vel μή, ut μὴν κάμῃς *ne facias.*

Νά aliquando est adverbium demonstrandi, et regit genitivum si præcedat pronomina primitiva numeri singularis, ut νά σου *ecce tibi,* accusativum vero si sint numeri pluralis, et ante alia nomina, ut νά σας *ecce vobis,* νὰ τὸν Πέτρον *ecce Petrum.* Aliquando est conjunctio causalis, ab ἵνα deducta, unde ut illa subjunctivum expostulat, qui, ut diximus, vicem etiam gerit (P. 159) infinitivi. Atque hinc fit, ut aliqui dicant conjunctionem νὰ signum esse, ac notam infinitivi. Verum quo firmo, stabilíque nitantur fundamento non video. Interdum denique νὰ solet esse particula repletiva, et ornatus causa maxime apud Chios, qui dicunt ἐκεινὰ pro ἐκεῖ, τουτονὰ pro τοῦτον, quam etiam replicantes satis molliter sonant ἐκεινανὰ, et τουτονανὰ.

Νὲ item particula est quæ nihil significat, et tantum ad ornatum ponitur orationis, idque duntaxat à Chiis, non in quibuslibet nominibus, sed tantum in articulis et pronominibus masculinis et fœmininis, ubi reperiatur finalis litera ν, ac in prima, secunda, et tertia persona verborum numeri pluralis, ut pro εἴδατην, εἴδατηνε pro τοῦτον, τοῦτονε, pro τούτων, τουτωνῶνε, pro γράφομεν, γράφομενε, pro λέγετε, λέγετενε, et sic de reliquis.

Ωσὰν demum vel σὰν, aut σὰ, idem significat quod Latine *cum*, vel *post*(P. 160)*quam*, ac postulat subjunctivum, ut σὰν γράψῃς *cum scripseris*, σὰν ἔλθω *postquam venero*, et similia.

Interjectio ὄχου, vel ὄιμένα *hei mihi* regit accusativum, ut ὄιμένα τὸν κακόμοιρον *heu me infelicem*. At ὦ modo requirit nominativum, vel vocativum, ut ὦ μεγάλη δυστυχία *ô magnam calamitatem*, ὦ καλὲ ἄνθρωπε *ô bone vir*, modo vero genitivum, et tunc vim habet admirationis, ut ὦ τοῦ θαύματος *ô rem admirandam*, idest *Papæ*.

Atque hæc de Syntaxi linguæ Græcæ communis, methodicáque ejusdem institutione, majore qua potui dilucidáque brevitate, ac studio ad Dei omnipotentis gloriam, Fidei Catholicæ propagationem, Proximorum utilitatem, nec non ad φιλογλώσσων περιεργείαν.

FINIS.

COMMENTAIRE

DE LA

GRAMMAIRE DE SIMON PORTIUS

ET NOTES

Épître au Cardinal de Richelieu.

P. 1, l. 3. Δούκα. Le texte ne porte pas d'iota souscrit. Il faut certainement le rétablir. Δούκᾳ est ici le datif d'un nominatif δούκας et ne se décline plus d'après δοῦξ, δουκός.

P. 1, l. 6. On écrirait aujourd'hui ἐτράβηξες.

P. 1, l. 16. Ἀποκατήσανε, *se sont empressés à* ou *ont montré du zèle à t'exalter selon leur pouvoir*. La forme de ce mot nous est inconnue. Nous ne possédons guère que ἀποκοτῶ, avec le sens d'oser, dans le passage suivant : δὲ θέλ' ἀποκοτίσει Λόγο μηδένα σὲ κακὸ γιὰ σένα νὰ μιλήσῃ, Érophile (Sathas), acte I, v. 469-470. Le simple κοτέω, κοτῶ, *irasci, invidere*, est celui que l'on rencontre chez Hésiode, *Op.* 25, κεραμεὺς κεραμεῖ κοτέει, etc.

P. 1, l. 17. Ψιλά. Nous écririons ψηλά (ὑψηλός).

P. 1, l. 18. Κάμνεις καὶ θαμπώνουνται. Θαμπώνουνται est ici à l'indicatif; on dira, en effet, ἔκαμες κ' ἔφυγα. Cette tournure se traduit littéralement par : *tu as fait et je suis parti*, c.-à-d. *tu m'as fait partir*; c'est la syntaxe coordonnée au lieu de la syntaxe subordonnée. Elle équivaut à la tournure latine : *fecisti ut, facis ut*. S. Portius dira bien, dans l'Épître latine (p. 3, l. 15) : *Eò... splendoris... devenisti, ut præstringas*, etc. Cf. plus loin la note à la p. 65, l. 30.

P. 1, l. 29. Στρουφογυρισμένην, *enveloppée, emmaillotée*.

P. 1, l. 30. Ἐδοκίμασε ταῖς... εὐεργεσίαις. On ne voit pas à quel fait historique S. Portius peut faire ici allusion.

P. 2, l. 3. Διὰ τὴν ὕβριν, non *pour* l'insulte, sens de διὰ en grec moderne, mais *par* l'insulte, comme en grec ancien. Dans le sens moderne, S. Portius emploie plutôt γιά.

P. 2, l. 4. Ζωντικώτερον, *plus vivifiant,* pour ζωτικώτερος. C'est le ν de ζωντανός qui a influé sur la forme du mot. Pour ζωντανός lui-même, voyez Du Cange, s. v., p. 471. Ζωντανός est formé sur le participe présent actif τὸν ζῶντα, τοὺς ζῶντας, ὁ ζῶντας, toutes expressions très fréquentes dans le style ecclésiastique, dès l'avènement du christianisme.

P. 2, l. 13. Ἐλευθερίαν. Voyez *Essais de grammaire néogrecque,* I, p. 186, note 1.

P. 2, l. 15. Καθολικὴν ἐκκλησίαν. Les vœux exprimés dans ces lignes ainsi que le patriotisme du reste de l'Épître nous montrent à la fois que S. Portius était grec et catholique. Les Grecs catholiques, comme on sait, ne sont pas une rareté encore aujourd'hui en Orient et surtout dans les îles (Paros, Chio, Tinos, Iles Ioniennes, etc., etc.). Voyez la Préface.

P. 2, l. 18. ΕΞΟΧΗΣ. On dirait aujourd'hui dans ce sens τῆς Ἐξοχότης, génitif moderne régulier de Ἐξοχότη, Excellence.

P. 2, l. 20. Ῥωμάνος. Sur ce terme et son emploi, voyez E. Legrand, *Monuments néo-helléniques,* n° 17, Paris, Maisonneuve, 1871, p. 6-9, à propos de Léonard Phortios. Voyez aussi *Bibliographie hellénique,* Paris, E. Leroux, 1885, tome I, p. cxcix et suiv. Ce titre ne prouve en rien que le personnage qui le porte soit romain ou latin, et non grec d'origine.

Privilège du Roy.

P. 6, l. 17. *A la charge de mettre deux exemplaires,* etc. Le dépôt est la conséquence du privilège accordé. Voyez : *Le dépôt légal, historique de la question. Projets de réforme,* par Émile Raunié, Tours, 1884. Voyez aussi : *Le dépôt légal et nos collections nationales,* par G. Picot, Paris, Alphonse Picard, 1883, et le curieux privilège de François Ier, p. 5, note 1. Notre privilège a quelque importance au point de vue de la législation en la matière, sous Louis XIII, cf. É. Raunié, *op. cit.,* p. 9. La législation actuelle découle, avec des modifications successives, de la loi du 19 juillet 1793, voyez *ibid.,* p. 17 suiv.

CHAPITRE PREMIER

Des lettres et de leur prononciation.

P. 7, l. 18. *Habet igitur hæc quoque suas viginti et quatuor literas.* Comme presque tous les grammairiens[1], même les plus modernes, Simon Portius, en parlant des voyelles, se laisse guider par l'orthographe traditionnelle, au lieu de présenter les choses telles qu'elles étaient dans la langue parlée de son temps. En réalité, le grec possède cinq voyelles : *a, e, i, o, u*[2] et sept diphtongues : *ai, ei, oi, ui, ao, uo, ue*. Celles-ci correspondent toujours à deux voyelles contiguës et ne représentent jamais une diphtongue de l'ancien grec ; l'orthographe moderne les marque par αϊ ou αη, αη, αει, αοι, αϋ ; εϊ, εη, εει ou εη; οη, οει, ωει, ωη, οϊ, οϋ ; ουι ou ουει ou ουη ; αο ou αω ; ουο ou ουω ; ουε, ουαι, etc. ; ex. : καϊμός ou καημός, λέει, λεημοσύνη, βοϊδάκι, ροΐδο (Vilaras), ἀκούει, ἀκούη, ἀγαπάω, ἀκούω, ἄκουε. Le système des consonnes est plus compliqué ; ce qui est tout à fait erroné dans les indications de notre auteur, c'est la place donnée au ζ parmi les consonnes doubles. Voici le tableau des consonnes néo-grecques :

	Sourdes.	Sonores.	
1. *Gutturales*	k	g	
2. *Labiales*	p	b	explosives.
3. *Dentales*	t	d	
1. *Gutturales*	χ	γ	
2. *Palatales*	—	j	
3. *Labiales*	f	v	spirantes.
4. *Dentales*	θ	δ	
5. *Sifflantes*	s	z	

Les nasales *m, n*, les liquides *r, l*.

---

1. Le seul qui fasse exception, à ma connaissance, c'est *Vilaras* : Μηκρη ορμηνια για τα γραματα κε ορθογραφια της ρομεικης γλοσας. Voyez ce passage remarquable dans les Ἅπαντα Ἰ. Βηλαρᾶ, Ἐν Ζακύνθῳ, ἐκ τοῦ τυπ. ὁ Παρνασσός, 1871, p. 23-24. L'édition originale est de 1817. Cf. Legrand, *Poèmes historiques*, p. XVI.

2. *U*, dans nos transcriptions, a toujours la valeur de l'*u* italien, *ou* français.

Devant *e* et *i*, les gutturales deviennent palatales; ainsi *k* dans *ke* ou *ki* ne se prononcera pas de la même façon que dans *ka, ko, ku*; de même pour χα, χε; c'est là un changement qui se fait de lui-même et qu'il est inutile d'indiquer par des signes particuliers. De même, *n* devant les gutturales n'est plus une dentale, mais une gutturale; néanmoins, comme il n'a jamais cette valeur dans d'autres combinaisons, ici non plus il n'est pas nécessaire d'avoir recours à un *n* modifié d'une façon quelconque par l'écriture. Ces indications sommaires pourront suffire pour le moment; pour tous les détails, voyez plus loin à chacune des vingt-quatre lettres de l'alphabet. Je me servirai des caractères ci-dessus dans tous les cas où je transcrirai phonétiquement un mot grec.

P. 8, l. 1. *Quod attinet ad pronunciationem*, etc. On voit que S. Portius n'est pas *érasmien*. Il faut remarquer d'ailleurs que les arguments contre la prononciation dite *érasmienne* n'ont guère changé depuis et ce sont presque toujours les mêmes que l'on réédite; on en fait une question de sentiment ou d'amour-propre national, parce qu'on refuse de se placer sur le terrain historique. De ce que l'on parle grec encore aujourd'hui, il ne s'ensuit nullement qu'on le parle et qu'on le prononce de la même façon qu'il y a deux mille ans. C'est soutenir que l'italien et le français n'ont rien changé à la prononciation du latin.

P. 8, l. 16. *A, quæ ore debet proferri pleno, nunquam depresso*. Voici les traits caractéristiques du vocalisme néogrec: 1° Toutes les voyelles ont à peu près la même durée, l'ancienne quantité ayant tout à fait disparu. Tel est sûrement le cas dans la langue commune. 2° La différence entre l'accent aigu et l'accent circonflexe n'existe plus; l'accent tonique est plus fort qu'en français, mais moins fort qu'en italien ou en allemand. 3° Les voyelles brèves, qui étaient fermées en grec ancien, sont devenues ouvertes: pg. ᾰ = *á*, ng. α = *à*; pg. ε = *é*, ng. ε = *è*, pg. ο = *ó*, ng. ο = *ò*. 4° Les anciennes longues au contraire, η et ω, étaient ouvertes; l'ω reste ouvert et se confond avec ο à partir du moment où celui-ci change de timbre; mais η est devenu *é*, puis *í* et *i*. Le pg. ᾱ provient, dans presque tous les cas, de ᾰ par compensation (cf. πᾶσα = πᾰνσα); il a donc le même timbre que ᾰ (voyez G. Meyer, *Gr. Gramm.*², p. 76; Brugmann, *Grundriss*, p. 98) et aujourd'hui il est ouvert. Il n'y a pas de différence de qualité entre ῐ et ῑ, ῠ et ῡ.

L'α moderne correspond presque toujours à l'ancien α; α, dans le néo-grec, ne représente jamais ᾱ dorien pour η ionien attique; tous les exemples qu'on a cités d'un ᾱ dorien s'expliquent autrement (cf. Chatzidakis, Ἀθήναιον, X, pp. 90 et surtout 220 suiv.). A l'atone, α ng. = ε pg., si la syllabe suivante contient α : ἀλαφρός = ἐλαφρός, ἀλάφι = ἐλάφιον, ἀξαδέρφη = ἐξαδελφή, ἀξάφνου (forme commune ἄξαφνα) = ἐξ ἄφνω (qui n'a rien à faire avec ἐξαίφνης), ἀντάμα = ἐν τῷ ἅμα, δραπάν᾽ (Eroph., prol., 2) = δρεπάνιον, ματα- = μετα- (Schmidt, 60, 4, ματατραγουδήσῃ; 15, 12, ματαγυρίσῃς, etc.), ἀθάλη = αἰθάλη, ἄλαψ᾽ = ἔλαμψε (Schmidt, 53, 21, est pour ἀλάψ᾽); α = ο dans ἀλάκαιρος = ὁλόκαιρος, ἀρφανός, etc. Sur α initial, tonique et atone, voyez p. 103.

D'autre part α-α est dissimilé en α-ε ou ε-α : κρεββάτι, κρεββάτιον, κρέββατον = κράββατον. Il est probable que ce n'est que l'α atone qui s'est ainsi modifié, et que les formes avec ε tonique sont dues à l'influence des autres formes; on trouve κραββάτιν (Apoll., 242, 244), mais κρεββάτι (Apoc. II, I, 4). Autres exemples : βελανίδι = βελανίδιον, ῥεπάνι = ῥαπάνιον. On pourrait encore citer ἀλέτρι = *ἀράτριον, en partant de *ἄλατρον, qui viendrait de ἄροτρον par assimilation, puis *ἄλατρον serait dissimilé en ἄλετρον. Mais il me paraît plus vraisemblable d'expliquer ἄλετρον pour ἄροτρον par une substitution de suffixe : des formes comme φέρετρον peuvent n'avoir pas été sans influence. J'hésite à admettre le changement de α en ε suivi ou précédé de ρ ou de λ; aucun des exemples de M. Chatzidakis (Μελέτη, p. 47) n'est probant : ἔντελμα à côté de ἔνταλμα est refait sur ἐντέλλω, ἱλερός est assimilé aux adjectifs en -ερος, p. e. θλιβερός, βλαβερός, κρατερός, etc.; ἀρρεβώνας nous montre la même dissimilation que κρεββάτι, παρεθύρι, voyez plus loin à ces mots.

O pour α est dû à une labiale précédente; cf. βοθράκοι (Missa, 25) = vruθako Bova, pg. βάτραχος.

P. 8, l. 17. *Neutra omnia.* Cela n'est pas exact aujourd'hui et l'était moins encore à l'époque de Portius. Il est vrai de dire que la plupart des neutres plur. se terminent en α; mais il y a la classe assez nombreuse des ntr. sg. ος plur. η : πάθος, πάθη, qui de nos jours seulement commencent à prendre la désinence des autres neutres, en faisant soit χρέητα, soit λάθια. Voyez à la déclinaison.

P. 8, l. 19. Πάλαιμα *lucta* à παλαίβω. De παλαίω on tire directement πάλαιμα (au lieu de πάλαισμα, ancien), sur le modèle de παίδεμα en regard de παίδευμα (voyez p. 99). D'autre part, à côté de παίδευμα nous avons παιδεύω (*pedévo*) : à côté de παλαιμα, nous aurons παλαίξω (*palévo*). Voyez p. 146 et aussi aux Verbes.

P. 8, l. 20. *Omnia fere nomina.* C'est trop dire ; voyez chap. III.

P. 8, l. 21. Κάψα. L'ancien καῦσις, subst. verbal de καίω, devient régulièrement κάψι, qui existe toujours. Mais, comme l'ancienne loi de la répartition entre α et η dans les subst. fém. n'est plus observée, κάψι est changé en κάψα sous l'influence de son contraire ψύχρα. Il se peut d'ailleurs que κάψα soit un augmentatif de κάψι ; cf. plus loin, p. 121.

P. 8, l. 22. *Est praeterea terminativa Aoristi.* Il serait plus exact de dire : « la désinence des temps prétérits », car la première personne de l'imparfait de l'actif se termine de même en α.

P. 8, l. 24. *Omnia adverbia.* Les adverbes en α se sont substitués à ceux en ως pg. ; ce sont en partie des pluriels neutres, καλά, etc. ; voyez chap. X. Mais cette assertion, tout atténuée qu'elle se trouve, est loin d'être exacte. On n'a qu'à se rappeler les nombreux adverbes comme πάντοτες, πούπετις, etc.

P. 8, l. 26. B *effertur ut V sonans.* Le β grec n'était pas une explosive sonore comme le *b* français, mais une aspirée *bh* (cf. Blass, *Ueber die Aussprache des Griechischen*, Berlin, 1882, p. 82 suiv. et p. 90 suiv.), qui devint spirante vers l'époque de l'empereur Constantin (ive siècle) ; car, c'est alors qu'on trouve fréquemment le *v* latin rendu par β grec ; cf. Dittenberger, *Hermes*, VI, 303 et suiv. Du restes les dialectes éléen, locrien et laconien avaient précédé de quelques siècles l'attique et l'ionien dans ce développement[1], cf. Blass, *Ueber die Aussprache, loc. cit.* Le β, en grec moderne, a la valeur d'un *v* au commencement et à l'intérieur des mots, excepté après μ. ; on dit donc : *vázo* (= βάλλω), *vrécho* = βρέχω, *stravós* = στραβός, *ravdì* = ῥαβδί, *zvíno* = σβύνω (σβέννυμι), *Arvanítis* = Ἀρβανίτης. Mais après μ, le β a perdu son aspiration et est devenu explosive : *beno* = ἐ]μβαίνω (la nasale est abandonnée en même temps que la syllabe initiale, voyez à la p. 75, *kómbos* = κόμβος, *thambóno* = θαμβώνω (écrit aussi θαμπώνω), de θαμβῶ, pg., *Imbro* = Ἴμβρος, *kolimbó* = κολυμβῶ, etc.

---

1. En parlant du pg., j'ai toujours en vue la κοινή, laquelle, à peu d'exceptions près, a pour base le dialecte attique.

P. 8, l. 31. *Non utuntur β sed μπ*. Cette manière d'orthographier les explosives sonores s'explique par trois raisons. Les sourdes après μ, ν se sont changées en sonores : μπ se prononce *mb*, ντ se prononce *nd*; or la combinaison *mb* est plus rapprochée du *b* italien que le β, et c'est une règle générale que, pour rendre des sons étrangers, un pays emploie les signes des sons les plus voisins de son propre alphabet. De plus, au commencement des mots, la nasale était tombée, ἐ]μπορῶ devient *boró*, ἐ]μβαίνω = *béno*, ἐ]νδύνω = *díno*, etc. Enfin, les gens qui ne connaissent pas les explosives sonores, mais seulement les sourdes (dures ou douces), croient entendre leur sourde précédée d'une résonance nasale, quand on prononce devant eux une sonore ; voyez Brücke, *Grundzüge*, p. 74 ; Hasdeu, *Calumnă lui Trajanŭ*, III, p. 134 ; W. Meyer, *Zeitschrift für rom. Phil.*, VIII, 144. On trouve des exemples de cette orthographe déjà dans Anne Comnène, p. 327, Φλάντρα ; p. 407 et *passim* Ῥομπέρτος Γισκάρδος, mais avec un δ Βαϊμοῦνδος, 320 dans Miller, *Hist. des Crois.;* Cinnamus écrit souvent μπάνος *ban*; je note encore la phrase italienne de Sachlikis, II, 359 : βαίνη μπέβρε οὖν τράτον, c'est-à-dire *veni bevere un tratto*. Le Grec Kavalliotis qui, au xviiie siècle, écrivait en lettres grecques un texte roumain (dialecte de Macédoine), emploie de même μπ, ντ, γκ pour *b*, *d*, *g* roumains. Miklosich, *Rumunische Untersuchungen*, I, 1881 : μπαρπάς = *barbáts* (hommes), ντριαπτα = *dreapta* (droite), γκιαλλίν = *gallin* (poulets).

Les formes σύββασι, σύββουλος (Legrand, *Poèmes historiques*, p. xxxiv), de même que συδδέω pour συνδέω, συδδαυλίζω, ἀσύδδοτος (*ibid.*, xxxv), συββιβασμός, σύφφωνος, κίδδυνος, etc. ne sont point dues à une réduplication de la spirante résultant de l'assimilation du ν. Ces mots ne proviennent pas par transmission directe du grec ancien : si c'était le cas, nous devrions avoir *símbasi*, *sindeo*, etc., cf. ἕντεκα, κόμπος. Ce sont des mots de la langue savante, qui ont été introduits dans la langue à une époque où β, δ, φ étaient devenues spirantes et, par conséquent, ne souffraient plus de *n*. Les savants lisaient et prononçaient naturellement *simvulí*, *sindéo*, ne faisant pas la différence entre β intervocalique et β après ν. La langue vivante a donc traité ces formes comme elle a traité *to vasilea*, τὸν βασιλέα. Dans ce dernier cas, l'article et le substantif n'étaient pas assez étroitement soudés l'un à l'autre, pour que la phonétique syntactique pût agir. En effet, βασιλεύς se déclinaît indépendamment de τόν, et c'est devant βασιλεύς ainsi décliné et avec β spirante, que le ν de l'article ne s'est plus fait sentir : il ne se faisait pas sentir davantage devant les spirantes anciennes, cf. σύζυγος; voyez J. Psichari, Ταξίδι, chap. ΚΑ' (à paraître) et *Revue crit.*, 1887, 266, note 2.

Βλ se change en γλ : γλέπω, γλέφαρον, σούγλα (σούβλα). Cf. γλήχων et βλήχων, pg., *fleur de menthe*.

P. 8, l. 34. Γ, *varie sonat*. Il faut ajouter ε à la liste des voyelles devant lesquelles le γ devient palatal. La distinction entre *g* vélaire et *g* palatal est exacte. Pour comprendre le rapprochement avec l'italien *ga* et *ghie*, il faut se rappeler qu'en ancien toscan et même encore aujourd'hui dans le sud, *ghie* était « schiacciato », c'est-à-dire palatal. Comme β (voyez ci-dessus), γ était une aspirée sonore *gh*, mais elle s'est changée en spirante de très bonne heure ; des orthographes comme κλαίγω pour κλαίω (Pap. Lup., 63, 51), ὁμογήσιος (20, 13), ne s'expliquent que par une prononciation *kléyo* (non *klégho*, pg.), *omojísios*. Entre deux voyelles, dont la première ou la seconde est *i* ou *e*, le γ tombe à une certaine époque : ὀλίας Pap. Lup., 26, 14; ὀλίω, 26, 9 (de l'an 162 av. J.-C.); mais la langue commune conserve aujourd'hui le γ dans ce mot ; les formes πάει, λέει sans γ, au contraire, sont devenues communes : ὑπάει, Italograeca, I, p. 100, a. 1118 ; ὑπάουσα, 126, a. 1217 ; cf. λές = λέεις, λέγεις ; λέει = λέγει ; πᾶς, πάει = ὑπάγεις, ὑπάγει ; τρώς, τρώει = τρώγεις, τρώγει, etc.; cf. chap. VI.

Dans les dialectes, la chute a lieu aussi devant les autres voyelles : λόου = λόγου, Pio Syr., 215, etc.; ἐώ = ἐγώ déjà dans Migne, Patrol., 122, 1237. A Otrante, il ne subsiste qu'entre deux *a*. Le traitement du γ entre deux voyelles reste encore à étudier sur place et dans les dialectes ; les documents écrits du moyen âge n'en laissent guère entrevoir davantage que ce que je viens de dire ; la tendance des dialectes est évidemment de supprimer cette consonne, ou, au contraire, de la développer d'une façon inorganique comme dans κλαίγω ci-dessus. Voyez aux additions. Je note encore σαίττα = *sagitta*, où la chute du *g* peut appartenir au grec aussi bien qu'au latin vulgaire.

Entre deux consonnes, γ, ainsi que κ, tombent. Ζεύλα (c'est-à-dire *zévla*) = ζεύγλα (*zévgla*), ζέψιμο = ζεύξιμον, ζευτό = ζευκτόν, ξέζευσε (plus tard ξέζεψε) = ἐξέζευξε, Georg. Rhod. I, 28 ; ζέμμα = ζεύγμα, ἐδνωμοσύνη (forme mi-populaire, mi-savante) = εὐγνωμοσύνη, etc. Cette loi est d'une grande importance pour la conjugaison ; l'aor. de ζεύγω, ἔζεψα (*ἔζευγσα, ἔζευκσα, ἔζευσα, ἔζεψα) coïncide avec l'aor. des verbes en -εύω, εψα (δουλεύω, ἐδούλευσα, δούλεψα), ce qui amène des prés. en -εύγω pour εύω, δουλεύγω pour δουλεύω. Voyez aux additions.

Γμ s'assimile en μμ, on lit σφάμμα dans Abraham, 844 ; d'autre part, πρᾶγμα rime avec κάμμα (καῦμα), Georg. Rhod. I et II, 366 ; de même, *ibid.*, 214, avec γράμμα ; des formes comme πρᾶγμα sont savantes. Par suite de cette assimilation, les participes passés des verbes en κ, γ, χ et des verbes en π, β, χ sont devenus identiques : ριμμένον de ρίπτω = πλεμμένον de πλέκω ; alors on calque πλέχτω sur ρίχτω, etc. ; voyez le chap. VIII, sur la Conjugaison.

Ὄρτυξ, ὄρτυγος, ὀρτύγιον de l'ancienne langue sont devenus aujourd'hui ὀρτύκι ; cf. ὀρτύκιο, Pulol., 458 ; *ortici*, Bova, 15. Mais il n'y a pas de changement phonétique de γ en κ ; c'est l'influence des désinences -αξ, -ακος, ἄνθραξ, ακος, etc., -υξ, -υκος, βόμβυξ, cf. βομβύκιον, etc., qui fait dire ὄρτυκος. Par un hasard singulier, la forme moderne avec κ se rapproche de la forme sanscrite *vartika ;* ὄρτυκος est déjà dans Chœroboskus et Hérodien (éd. Lenz, II, 743, 90) et dans Philem. Bekk. An., p. 82, 25. Il semble y avoir une influence contraire dans ψεγάδι (ψεγάδι βροχή, un *brin* de pluie) de ψεκάς, ψεκάδιον ; cf. ψέγω et ψεγάδι dans le sens de *défaut*.

P. 8, l. 38. Γ *ante aliam γ posita.* Ajoutons que, de même que μβ fait *mb*, γγ fait *ng* avec *g* explosive : ἀγγίζω = *angízo*. Dans συγυρίζω, *arranger*, nous avons une forme mi-populaire mi-savante, comme dans συβουλή, cf. plus haut, p. 75.

P. 8, l. 40. Δ *densiori quodam spiritu.* Le δ grec est une spirante sonore interdentale, comme le *d* final espagnol, le *d* de certains dialectes de l'Italie méridionale, le *d* savoyard résultant de *ndj* latin, le *th* doux des Anglais, etc. Dans le dialecte d'Otrante, il a la valeur de *d* explosive dentale. En ancien grec, c'était une aspirée *dh*, de la même façon que β (= *bh*) et γ (= *gh*). On verra tout à l'heure que le θ grec est aussi représenté par *t* à Otrante. Les travaux de M. Morosi ont établi que les Grecs d'Otrante ont émigré de Grèce entre le VIIe et le Xe siècle ; jusqu'à cette époque, leur langue était identique à celle des autres Grecs. Mais, depuis qu'ils se trouvaient ainsi transportés sur un autre terrain et qu'ils n'étaient plus en contact avec leurs compatriotes, leur langue ne pouvait plus suivre le même développement : elle fut plus conservatrice sur certains points, sur d'autres elle devança la langue commune ; elle subissait peut-être aussi l'influence des autres parlers italiens. Dans le premier cas, elle nous montre un état plus archaïque que les plus anciens textes néo-grecs, et elle nous fournit ainsi des dates très importantes pour l'histoire des phénomènes de phonologie et de morphologie ; dans le second cas, elle peut indirectement nous donner quelques indications chronologiques. Or, Morosi a déjà remarqué qu'en général ce dialecte est resté plutôt stationnaire. Malheureusement, cela ne nous apprend pas grand'chose sur la question du *δ* et du *θ*. Il y a un retour de l'aspirée ou de la spirante à l'explosive, mais ce retour est tout aussi possible en partant de *dh* que de *δ*. Il est vrai qu'il est plus facile en partant de *dh*. Nous voyons de plus que les Grecs de Bova, qui sont arrivés quelques siècles plus tard, possèdent et conservent le *δ*; si donc ceux d'Otrante l'avaient possédé, ils l'auraient conservé de même. Ils ont perdu l'aspiration et ont substitué le *d* pur à *dh*, par suite de leur contact avec les Italiens qui, eux-mêmes, avaient le *d* et non le *dh*; la distance plus grande qu'il y a entre *d* et *δ*, au contraire, fait qu'à Bova le phonème italien ne peut pas se substituer au phonème grec.

Δ reste explosive après ν, où l'on écrit souvent ντ : ἐντυμένος, Sachl. I, 222; Abr. 403, 405, etc.; κίντυνο, Eroph. II, 331; ἄντρα, etc.

Les mots qui commencent par ι + voyelle ont souvent un *δ* prothétique, qui est dû à une confusion avec la préposition διά : δοιάκι = *djáki* pour οἰάκι = *jaki* (timon); διατρός = *djatrós* pour ἰατρός = *jatrós*; διοφύρι pour γεφύρι, c.-à-d. *djofíri* pour *jofíri*, Chatzidakis, Ἀθήν. X, 221.

P. 8, l. 42. E *valet* E. Comme l'auteur le dit quelques lignes plus bas, l'ε est ouvert. Il faut pourtant dire que l'ε final, après des consonnes palatales, a un timbre plus fermé : ἔλεγε équivaut à *elèjé*, ἔλυνε à *eliné*. Le timbre ouvert ne remonte guère au-delà du IVe siècle. Ulfilas reproduit ε par *ai : aiklesia*; mais, dans les papyrus anciens, une confusion entre αι et ε est très rare, excepté à l'αι final, qui s'est affaibli le premier en ε, Blass, p. 56. Πάρκιδρα, Pap. Berl. II, 92, puis ἀσέβιος, Gloss. Laed. 25; αἴδεσμα = ἔδ. 34; ἀκαίρεος = ἀκέριος, 37, etc., montrent l'identité de αι et ε, c'est-à-dire la prononciation *è*.

A la place de ε tonique, nous trouvons ο, quoique rarement, dans : ξόμπλι, Mich. Stren. 92, lat. *exemplum* ; ψῶμα = ψέμα, ψεῦμα, rimant avec χῶμα, Apok. I, 163 ; ce phénomène est dû probablement à l'influence de la labiale qui suit ; de même dans γιόμα = γεῦμα, où il n'y a peut-être qu'étymologie populaire : on aurait rapproché γιόμα de γιομάτος, etc.; ὤμορφος, Imb., III, 593, 703 (ἔμμορφον, ib. 592 = εὔμ.) ; à l'atone on a ὀμπρός = ἐμπρός, Abr. 344, 346, etc. ; γιομάτο, Pio, 19, d'où γιόμισε, ibid. ; γιομίζω, γεμάτος, γεμίζω ; *jomónno*, Bova, 8 ; γιοφύρια, Belth. 700, Schmidt, 18, 21. Par assimilation à un *o* suivant ou précédent : ὄξω, ὀτότες, Pio Syra, 212 ; ὄξοδαις, ib. 215 ; τὸν ὀξοδόν μου, Cypr. 2, 8 ; πολομοῦν, ABC, 92, 11. Le pendant de ὄξω, ὄσω existe à Bova : *ossu* ; ὄροξι, Pio Syra, 214 = ὄρεξι ; ὀχθρός, Bov. *ostró*, du nom. ὁ 'χθρός ; ὄχθρητα, Imb. III, 456 ; ὀρμηνεύω, Schmidt, 58, 6 ; ὀρμηνία, Carm. 57, 15, sont dus à une contamination entre ὀρμ.-ῶ et ἑρμ-ηνεύω ; ὄξυπνα, Cypr. 13, 1, est dû à une confusion avec les composés très nombreux qui commencent par ὀξυ-. Je note encore ὀχιά, qui est une contamination entre ἔχις et ὄφις, comme ὄχεντρα est une contamination entre ὄφις et ἔξεδρα.

Pour α au lieu de ε, voyez p. 73. Ajoutez : ἀξάφτει, Cypr. 6, 6 ; ἀξαναβίγλοον, Cypr. 23, 1 ; μαγαλώνω, Pio, 217.

E devient ι par assimilation : χιλιδονάκι, Carm. 41, 1 ; ου = ε aussi par assimilation : λουλούδια = λελούδια ; λεχώνα ('Αθήν. X, 206) devient d'abord λοχώνα, puis λουχώνα, avec changement de ο atone en ου par dissimilation.

Pour ε initial, voyez page 103.

E atone, entre deux voyelles, peut-il tomber ? Comment expliquer les formes φέρτε, βάλτε (qui se retrouvent à Otrante sous les formes *ferte, vante*), ἀκούστε et tous les impératifs du même genre ? Nous examinerons ces phénomènes à la Conjugaison. Beaucoup plus modernes sont : πάρτε, Carm. 67, 21 ; σύρτε, Schmidt, 65, 3 ; δῆστε, Carm. 87, 21 (= *liez*) ; κρύψτε, Schmidt, 19, 2 ; γράψτε, Apoll. 298 ; ἀνοίξτε, Schmidt, 59, 67 ; ρίξτε, Schmidt, 59, 67, Carm. 66, 6 ; κόψτε, στρώστε, Carm. 142, 14. On voit que la consonne précédant le ε de φέρετε, etc., est λ, ρ, σ. Peut-être même faut-il écarter le σ de στρώστε, qui est calqué sur δόστε, Schmidt, 54, 20, lequel lui-même doit son σ à la 2ᵉ pers. du sing. δός ; cf. (εἰ)πές, As. Lup. 347 ; (εἰ)πέστε, Carm. 146, 15 ; de la sorte στρώστε, à côté de στρώσετε, aurait entraîné d'autres exemples. D'autre part, nous verrons plus loin que ι (= η, υ, etc.) entre ρ et consonne est tombé de bonne heure, cf. ἔρμος = ἔρημος; φέρτε = φέρητε ne serait donc, de cette façon, qu'un subjonctif dans le sens de l'impératif. Voyez à la Conjugaison, et, sur l'influence réciproque du subjonctif et de l'impératif, Foy, Ἡμερ. τ. Ἀνατολῆς, 1886, p. 162, et Ἡμερ. τ. Ἀνατ. de 1886, publié en 1885, p. 211 suiv.

Devant les voyelles, ε (qui est alors toujours atone, p. 109) se change en ι, ou plutôt j : δυ ὀρθῆ, Pap. Lup. 20 b, 9 (en 600 de notre ère); δὴ ὀρθῆ, ib. 20 b, 17, a. 616; ἀνοίωκται = ἀνέωκται, 21 b, 16 ; ἡμεῖς ἡ ἀποδώμεναι, 21, 35. Πλεόν devient ainsi πλιόν, πιόν = pljón, pjón. Cf. πγειόν, Cypr. 10, 3 et passim; aujourd'hui πιό (pjó).

Le dialecte d'Otrante ne connaît pas encore ce changement. D'autre part, il est très ancien dans la Grèce : en béotien, ε devant les voyelles devient toujours ι; cf. chap. II.

P. 8, l. 42. *In hanc vocalem terminantur* et ce qui suit p. 9, ll. 1-5. Le vocatif des thèmes en -o de la Décl. II pg. et ng. n'est plus toujours en ε; dans certains cas on a ο pour ε, cf. καπετάνιο, Χάρο, Πέτρο, etc. Χάρο existait avant Simon Portius, voyez Picat. 119, 190, etc. C'est un phénomène de persistance de la voyelle du nominatif aux autres cas, cf. *Essais de gramm. hist. néo-gr.*, I, 88, note 2, et, pour l'extension analogique de la voyelle du nominatif au vocatif et au génitif, *Essais de Gram.*, II, Avertissement au Tableau général (à paraître).

En ce qui concerne la seconde personne du singulier de l'impératif, la règle de Simon Portius n'est pas absolue. Elle n'est vraie que pour le *présent* de l'impératif; pour l'aoriste, on vient de voir plus haut la forme πές qui s'emploie absolument et qui ne prend jamais de ε, à l'inverse de δός qui, employé isolément, fait toujours δόσε. Mais le ε de l'impératif aoriste lui-même ne se dit jamais devant le τ de τόν, τήν, τό, etc., article ou pronom, à tous les cas du singulier comme du pluriel : ainsi donc on dira δόσε, δόσε με κρασί, mais δόστους, γράψτο et non γράψε. Tels sont les faits pour la langue commune. Quant aux formes δόμμου, πέμμου (avec double μ), ce sont là des phénomènes dialectaux qui appartiennent à un tout autre ordre de faits.

P. 9, l. 9. Z *aequivalet simplici* s. La valeur de ζ dans l'ancien grec n'est pas bien établie : il y avait des nuances de lieu et de temps qu'on n'est pas encore parvenu à préciser. Mais ζ avait déjà la prononciation moderne à l'époque de Trajan, où le grammairien Vélius Longus dit expressément que ζ est une consonne simple, Keil, VII, 51 : *duplicem non esse*. C'est aujourd'hui une sonore et le *suavius effertur* de notre auteur ne paraît pas avoir grand sens. Ce qu'il entend par un *s* dans *Musa* est un *z* pour la phonétique.

P. 9, l. 10. Z *insuper post* τ *sonat* σ. La combinaison τζ répond au *z* italien ou allemand. Elle se trouve rarement dans des mots grecs et, dans ce cas, elle provient de -τισ- ou -τιζ-; ainsi, dans les formes crétoises de l'article : τσί = τίς, dans ἔτζι = ἤτοι-σ-ι (ancien ἤτοι, certes); dans κάτζε = κάθιζε, Prodr. III, 431; ἔκατζα, Prodr. I, 131; ἔκατζεν, 199; κάτζωμεν, 243, etc. Dans toutes ces formes et dans celles qui suivent, le ζ ne représente d'ailleurs qu'une orthographe de convention, car on prononce en réalité τσ. Il n'a sa raison d'être que dans les combinaisons comme τὴν τζέπη ou les mots turcs comme καφετζῆς où l'on dit *dz*. Dans les mots étrangers, τζ remplace l'italien *ci* et *zz*, par exemple μάτζα = *mazza*, ματζαδοῦρα *ammazzatura*, πέτζα et πετζί *pezza*, μετζάνα *mezzana*, μπότζα *boccia*, τζελάδα *celada*, τζέρκουλο *cercolo*, et dans le suffixe οὔτζικο = *úccio*; τζ représente rarement *s* : τζεκούρι = *secure*, ou bien le slave *c* : νέμτζος, vieux slave *nêmici*. On prononce toujours τσεκούρι et νέμτσος, avec la sourde.

Le mot ρετζίνη ne peut pas être l'ancien ῥητίνη : le changement de η (plus tard *i*) en ε et de τ en τζ s'y opposent; c'est le latin *resina* qui, emprunté au grec, y est retourné plus tard sous sa forme latine. Resterait toujours à se demander pourquoi et comment *s* latin se trouve ici représenté par τσ grec. Κληματζίδα est une forme contaminée de *κληματζί, diminutif de κλῆμα, et de κληματίδα.

P. 9, l. 13. H *sonat* i. Cette prononciation, qui appartient au béotien déjà dès le second siècle avant J.-C., n'est devenue générale qu'après le ive siècle de notre ère; Ulfilas rend η le plus souvent par *e*, non par *i*, cf. Blass, p. 32. Aujourd'hui, η est toujours *i* à la tonique; à l'atone, suivi de ρ, il devient ε; suivi d'une labiale, ου, etc. Jamais η tonique n'est resté *e*, jamais l'*a* dorien n'a subsisté dans la langue moderne. Nous avons donc ερ atone : σίδερο, λυγερός, νερό, ξερός, χερί, Abr., 912; γεράζω, πλερώνω, d'où πλέρωμα pour πλήρωμα; ἐν τῇ χερεὶ déjà Pap. Lup., 50, l. 6, an 160 avant J.-C.; χερός, *ib.*, 18, mais χῖραν, *ib.*, 20, à côté de χέρας, 7. La déclinaison primitive était donc χείρ, χερός, χερί, χεῖρα. Je cite ce mot parce que tous les *i* atones, qu'ils viennent de η, ι, οι, ει, υ, se changent en ε devant ρ : ce qui est vrai de η est vrai de tout son i devant ρ. Cf. ἄχερρ = ἄχυρον, Bova *ahjero*; μερμήκια (d'où μέρμηγκας augmentatif, μερμήγκα), Bova *fermika*; πίτερα (πίτυρα), Bova *pitera*; μερσίνη. De même, on a d'abord σύρω = σύρνω, σύρνεις, σύρνει, mais ἔσερνα, ἔσερνες, ἔσερνε; σύρνουμαι, σερνούμαστε, d'où, par analogie, d'une part σέρνω, de l'autre ἔσυρνα; et γύρω = γύρνω, ἔγερνα, d'où γέρνω, *incliner, pencher*, mais γύρνω et γυρνῶ, γυρίζω, revenir. Voyez *Revue critique*, 1887, p. 266. Dans la langue commune, ὄνειρο, πονηρός et σκληρός gardent toujours l'i (η); mais on lit σκλερός Cypr. 22, 5, σκλεροσύνην, 37, 1.

H est représenté par ου dans : φουμίζω = φημίζω, φουμιστός, σουπιά = σηπία; μουδίς = μηδέ, Carm. 61, 56. Devant λ nous avons de même : ζουλεύω, ζουλευτός, et par influence de ces mots, ζούλεια, Bova *zulia*; φασούλι est plutôt l'italien *fagiuoli*, néap. *fagiuli* que l'ancien grec φασήλιον; cf. φασίουλος, Sklav., 100.

Κουνῶ pour κινέω-ῶ est une parétymologie populaire; le verbe est rattaché à κούνια (*cunœ*), Chatzidakis, Ἀθήν. X, 86.

Il me reste encore à citer, pour ε au lieu de η dans la tonique, γνέθω *filer*, γνέμα *fil* (à Bova, *néθo*), qu'on ne peut guère séparer de νήθω, νῆμα.

P. 9, l. 15. *Et præcipue adjectivorum*. Les adjectifs en α pur comme μικρός, μικρά, ont suivi l'analogie de καλός et ont fait μικρή au féminin. Le type ος, η, ον était le plus répandu et il entraînait aussi, dans la même déclinaison, les adjectifs comme βάρβαρος et les composés comme ἀθάνατος qui n'ont point de féminin en pg. et qui font aujourd'hui βάρβαρη, ἀθάνατη, etc. Le seul féminin en -ρα qui soit resté, c'est δευτέρα pour dire *lundi*; toutefois on dira δεύτερος, δεύτερη, pour dire *deuxième*. Mais les adjectifs en ιός font ιά; ils ont été renforcés par les anciens adjectifs en -ύς, -εῖα, -ύ; des raisons d'euphonie s'opposaient d'autre part à la formation d'un féminin en ιή.

P. 9, l. 18. *Subscripta ι.* Ceci, bien entendu, n'est vrai que pour l'écriture; dans la réalité, on prononce un *i*, *kami*.

P. 9, l. 20. Θ... *à solis fere Græcis proferenda*. Le son θ, bien connu des langues germaniques du nord, de l'anglais, du suédois, etc., se trouve aussi dans des pays romans, par exemple dans la Savoie, la Suisse française, etc., et, du moins aujourd'hui, en espagnol. Est-ce qu'à l'époque de Portius, qui connaît cette langue, comme nous l'avons vu à propos de δ, le *c* espagnol était encore *ts* et non θ? Le changement de l'aspirée grecque *th* en spirante θ est postérieur à la séparation des Grecs d'Otrante : ceux-ci changent *th* en *t*, comme je l'ai dit plus haut, p. 78. Mais le changement s'était opéré à l'époque du grammairien Melampous; celui-ci, on ne sait au juste à quelle date, mais en tout cas postérieurement à 600, commentait la grammaire de Denys de Thrace. Il décrit la prononciation du θ de la manière suivante : ἀποχωρούσης τῆς γλώσσης τῶν ὀδόντων καὶ παρεχούσης ἔξοδον τῷ πολλῷ πνεύματι. Cf. Blass, p. 89, note 399. Précédé d'une spirante (φ, χ, σ), θ devient explosive : φθ = *ft*, χθ = χ*t*, σθ = *st*. L'orthographe phonétique est assez fréquente dans les textes du moyen âge. Je relève dans Abraham, 1091, la graphie δέκτηκες; 1100, ἀποδεκτοῦν, pour δέχθηκες, ἀποδεχθοῦν. Il ne faut pas y voir une forme ionienne δέκομαι. Pour le scribe, les groupes κτ et χθ avaient la valeur de χ*t*; il écrivait donc soit κτ soit χθ, à la place de χ*t*, sans souci de l'orthographe classique.

L'ancien grec ne pouvait pas commencer et terminer une même syllabe par des aspirées; ainsi, au lieu de dire θρέφω, on disait τρέφω, mais au futur l'aspirée reparaissait : θρέψω, de même τρέχω et θρέξομαι. La langue moderne n'a pas la même aversion pour les spirantes : θρέφω, Carm. 1, 57; ἐθράφηκε, Dig. III, 144; θαφῇ, Apoc. II, 162; d'autre part, l'explosive persiste même quand la spirante suivante a disparu; ainsi le τ du présent reste dans ἔτρεξαν. — Il y a d'autres cas où θ remplace τ : μεθαύριον (le surlendemain) = μετ' αὔριον, qu'on peut comparer à l'ancien grec καθ' ἔτος, G. Meyer[2], § 243; il y a peut-être là une influence de μεθ' ἡμέραν, où le θ est régulier. A Bova, on dit *methemu*, *methesu*, qu'il ne faut pas séparer en μεταί μου, comme fait Morosi, p. 36, mais en μεθ' ἐμοῦ; le θ vient de μεθ' ἡμῶν, μεθ' ὑμῶν. Dans βάθρακος, Missa, 25, Prodr. IV, 99, à côté de βάτραχος, Prodr. IV, 409, dans δεχατέρα = θυγατέρα, Athen. (Δελτίον, I), 289, l'aspiration s'est déplacée. Il n'y a pas de changement de θ en τ, abstraction faite des cas de σθ, etc. (voyez pour ρθ *Revue critique*, 1887, p. 409 et ib., note 1). Βουτῶ ne saurait être l'ancien βυθάω, qui est, du reste, de la langue poétique; c'est plutôt l'italien *buttare*; mais β pour *b* fait toujours difficulté. Il est vrai aussi que d'ordinaire les verbes empruntés à l'italien font soit -εύω, soit -άρω. Le θ pour φ de στάφνη = στάθμη (Chatzidakis, Περὶ φθογγολογικῶν νόμων, p. 10) est douteux, mais cf. ἀρίφνητος, Imb. III, 988; ἄχλιος = ἄθλιος, σαγλός = σαθλός = σαθρός; παχνί =

παθνίον de πάθνη, άχρωπος de άνθρ. — Le nom de *funesta litera* vient au θ du nom θάνατος, qui commence par cette lettre.

P. 9, l. 24. I *in qua desinunt omnia fere neutra*. C'est probablement un changement phonétique que celui de -ιον et -ίον en ι. Il est très ancien, car il précède le déplacement de l'accent dans ι voyelle devenant consonne, μία — μιά (p. 109). On trouve du reste des exemples dans des inscriptions anciennes, à partir du Iᵉʳ siècle de notre ère : μαρτύριν, C. I., IV, 8841, ψυχάριν, 9606, παλουμβάριν, 8854, etc.; cf. Benseler, dans *Curtius Studien*, III, 147 sqq., et surtout Wagner, *Quæstiones de epigrammatis græcis*, pp. 96-100.

Si la contraction de ιο(ν) en ι est hors de doute, *ios-is* est moins sûr. Il est vrai que le latin *-arius* fait en grec -αρης, par exemple καβαλλάρης = *caballarius*, mais il peut y avoir une substitution de suffixe : *-aris* pour *-arius*, ce qui arrive assez souvent dans le latin vulgaire. Κύριος devient κύρις (κύρης sur πολίτης), accusatif et vocatif κύρι (κύρη sur πολίτη, ng.), d'où, avec chute régulière de l'ι atone, κύρ devant les noms propres qui ne forment ainsi avec κυρ qu'un seul mot; κύριος, qui subsiste, est la forme ecclésiastique (pour dire *le Seigneur*) ou savante (pour dire *Monsieur*) : κύρης est dialectal et a le sens de *père*. Comme, du reste, il n'y a jamais contraction au génitif singulier (le génitif κύρη est formé sur κύρης, d'après πολίτης), une restitution de l'ο au nominatif est toujours plus facile. Dans les inscriptions, ce sont presque exclusivement des noms propres qui ont -ις pour -ιος. Tout bien considéré, je crois qu'on peut admettre pour le grec que : -ιο(ν), -ιο(ς) final devient -ι(ν), -ις. Il resterait encore à examiner les neutres en -ιον qui font -ιό au lieu de -ι, comme χωρίον, χωριό; σκολεῖον, σκολειό; μαγεριό, etc.; ces formes seraient entrées postérieurement dans la langue. Les formes telles que βιβλίο sont mi-savantes mi-populaires, populaires à cause de la chute du ν final, savantes par le maintien de ι voyelle. On dit aussi néanmoins τὸ βιβλιό (Zen. Prol. 1) et τὸ ψηφί, *la lettre*. Ce sont alors des mots savants refaits sur l'analogie des mots populaires. Voyez, pour ce neutre, *Essais de gramm.*, II, p. 80, à Prodrome dans le Tableau général et au mot Neutres dans l'*Index verborum* final.

L'*i* tonique reste; dans πέφτω = πίπτω, dans κρένω = κρίνω, dans ἐδικός = ἰδικός, nous avons toujours des phénomènes analogiques; ainsi πέφτω doit son ε à ἔπεσον; κρένω est un présent de l'aoriste ἔκρινα calqué sur φαίνω, ἔφηνα (phonétiquement : *krèno, ékrina; fèno, éfina*) ; l'ε de ἐδικός est hystérogène et vient de δικός, sur ἐκεῖνος, ἐτοῦτος, etc.; cf. p. 103. D'autre part, on ne peut méconnaître une tendance à dissimiler deux ι, quand ils ne sont séparés que par une seule consonne : ῥεπίδι de ῥιπίς, πεθυμιά, Imb. III, 942, etc., qu'on pourrait à la rigueur expliquer autrement (voir ces mots) ; pour ι=η, cf. μελίγγι, pg. μήλιγξ, μήλιγγας, dans Lex. 35. De même, en effet, qu'à l'origine ι et ι se dissimilent en ε et ι, de même, plus tard, η dans une syllabe et ι dans l'autre donnent ε-ι. Dans ὀξόβεργον pour ἰξό-βεργον, il faut voir une analogie populaire d'après ὄξω plutôt qu'un phénomène d'assimilation : dans la langue commune, on dit ξόβεργο. Ὀξόβεργο ne peut provenir que des régions où l'aphérèse n'est pas pratiquée. Sur la chute de ι, cf. p. 79 Ainsi les verbes composés avec περί perdent l'ι : περπατεῖ, Prodr. III, 395 ; Glyk., 155 ; περβαζεῖν, θαλασσνός, χθεσνός, ἀλλοτεσνός, σημερνός, καλοκαιρνός, τωρνός, ἐσπερνός, sont des formes populaires d'après Dossios, *Beitr. z. griechischen Wortbildungslehre*, p. 21. Voyez ὑστερνός, Const., 244 ; καθημερνός, Abr., 356 ; περστέρα, περσσότερος souvent dans Pio. Entre σ et κ : σκώνω = σηκώνω, qui doit être très ancien, vu la concordance avec *scono*, Otr., 98 ; d'autre part, on a σήκω, ἐσήκωνα, etc., qui conservent le η et font revivre σηκώνω. On dit de même, avec chute de ι atone médial, εἴκος παράδες, *vingt paras*. Le phénomène de la chute de ι atone est beaucoup plus étendu qu'il n'est possible de l'indiquer pour le moment ; il doit être général et sans exception dans quelque dialecte. Cf. aussi *Revue critique*, 1887, p. 408, n° 21 et n° 14, p. 264, note 3.

P. 9, l. 29. *Correspondet* qui *et* que *Gallorum*. La différence entre *k* vélaire et *k* palatal est, dans une grande partie de la Grèce, plus marquée qu'elle ne l'est en français pour *ca* et *qui*, ou même en italien pour *ca* et *chie*; dans beaucoup de pays grecs, le κε, κι se palatalise en *ce*, *ci*. Mais des renseignements précis nous manquent malheureusement sur cette matière.

P. 9, l. 30. K, *post* ν *et* γ, *profertur ut g*. Le changement des explosives sourdes en sonores est le phénomène le plus intéressant du consonantisme néo-grec, parce que nous le retrouvons dans l'albanais et dans des patois du sud-est et du sud de l'Italie qui ont encore d'autres traits communs avec l'albanais. Pour le moment, on ne peut pas hasarder une explication de ce fait; il faudrait d'abord savoir s'il est commun à tous les pays où l'on parle grec. Les plus anciens exemples de γγ = γκ, ντ = νd, μπ = μɓ ont été recueillis par M. Psichari, *Mémoires Soc. linguist.*, VI, 6, n. 1 (dans le tirage à part, p. 6; voyez p. 11 l'explication physiologique qui est donnée de l'association des deux sonores), ce sont : κονδός dans des textes talmudiques; ΔΙΑ ΠΑΝΔΩΝ dans une inscription (non datée), Orelli, 2160; γουνδοπίστις, transcrit *gundopistis*, Pertz, *Monumenta*, V, 295, 8; latin vulgaire *indiba* = ἔντυδος. Les mots latins, ou plutôt italiens, qui pénètrent dans le grec au moyen âge, conservent la valeur de *nt*, etc. : κόντες prononcé *contes*, et non *condes*; de même καντάδα, ποῦντα, etc. D'autre part, les Grecs d'Otrante ne connaissent pas encore ce traitement des explosives sourdes, excepté dans le cas où un mot commençant par π est précédé de l'accusatif de l'article : *tom batera*, mais *pempo*, etc. Cette observation est-elle exacte?

On cite d'autres exemples de γ pour κ, mais tous sont douteux ou s'expliquent par des influences extérieures. Γαρόφαλλον n'est pas le pg. καρυόφυλλον, mais, comme le prouvent de reste l'α pour υ et l'ο pour υο, l'italien *garofano*; le λ témoigne peut-être en faveur d'une contamination de la forme grecque et de la forme latine; de même γάτος = ital. *gatto*; ἀγγινάρα = κινάρα, mais le mot se retrouve aussi en turc : *enghinar*; il est possible que le changement de κ en γ doive être attribué à la phonétique turque. Dans γυρτός = κυρτός, il y a certainement une confusion avec γύρω, etc.; la forme régulière serait κερτός; dans γαγκέλα[1] = καγκέλα, je vois une assimilation avec γκ suivant, etc. Voyez aussi plus haut la forme ψεγάδι de ψεκάδιον; l'influence de ψεγάδι (provenant de ψέγω) est d'autant plus certaine que la forme ψεκάδι existe. — Mais si κ précède une liquide, il devient toujours γ, quoique l'orthographe moderne ne reproduise pas souvent cette dernière prononciation : γλυτός = ἐκλυτός, γλίστρα, γλιστρῶ = ἐκλιστρῶ (voyez H. Estienne), γλακῶ (cf. ἐκλακτίζω), ἐγλείπειν, Pap. Lup., 27, 14, et déjà en pg. ἐγλογή, où toutefois γ devait être explosive. Il est possible que, dans tous ces exemples, il y ait à l'origine une forme ἐγ qui serait ainsi plus ancienne que ἐκ, voyez G. Meyer, § 278 et n. 2. De la sorte ἐγλείπειν, etc. ne serait pas un retour

---

1. La forme se trouve dans Kapp, *Die Gutturl. im Griech. und Latein.*, p. 17 (forme usitée à Théra).

à cette forme εγ; mais le γ de εγ serait tout simplement devenu spirante. L'orthographe ἐκλ. aurait été, dans cette hypothèse, purement conventionnelle dès l'antiquité. Autres exemples : γλυστήρι, γλαμπρίζω, Cypr., 5, 2. De même devant δ et β : γδέρνω = ἐκδείρω, γδίνω = ἐκδύω, βγαίνω = γβαίνω = ἐκβαίνω, βγάλλω = γβάλλω (Bova, guaddo) = ἐκβάλλω, cf. le pg. πλέγδην, de πλεκ-, ἐγβάλλῃ, Cauer, Delectus Inscript. Græc.², 527, 4, etc. Les inscriptions montrent bien que l'orthographe de nos manuscrits et de nos éditions d'auteurs anciens est purement étymologique, cf. G. Meyer, § 275. — Devant γ, le κ se change en nasale gutturale; ἀγγόνι, ἐγγόνι de ἔγγονος est prononcé comme ἄγγελος, etc. Enfin, devant ν et τ, l'explosive κ se change en spirante : ὀκτώ devient ὀχτώ; δείκνω, δείχνω (δείχνει, Solom., 116), partout, même à Otrante. Quelquefois, au commencement d'une syllabe et devant une voyelle, κ se change en χ, mais seulement, si la syllabe se termine soit par χ, soit par φ : χαχανίζω, Sachl., II, 580, Cypr., 49, 6; χοχλάζω, Cypr., 19, 9 ; χοχλιός, etc. = κοχλιός, χοχλαδάκι, etc., χάφτω = κάπτω, etc.

P. 9. l. 34. *Licet quibusdam videatur aliter exprimenda ante ι*. Dans les poésies érotiques chypriotes (Legrand, Bibl., II, 58 sqq.), on rencontre souvent l'orthographe italienne γλι dans ce cas : καταγλυσῦν, 6, 13 ; τεγλειόνει, 14, 14; τεγλειώσουν, 15, 4, etc., et, après une consonne : βιβιγλίον, 2, 9 ; 26, où l'*l* mouillé est rendu par ιγλ. Le scribe vénitien qui, au xviiᵉ siècle, transcrivait le drame de l'*Érophile* en caractères latins avec une orthographe plus ou moins vénitienne, écrit toujours *gli* pour λι; *thegli*, 379, 384; *gligiegni* (λυγαίνει), 391; *emiglia*, 392; *pogli* (πολύ), 394; *aglithia* (ἀλήθεια), 395; *dhactiglidhiu*, 396, etc. — J'ai déjà dit que le λ entre une consonne et *j* tombe dans πιό (*pjó*) = πλέον (*pljón*). — Pour le changement de λ en ρ, voyez à cette lettre.

P. 9, l. 38. M *sonat m*. Devant *j*, μ devient μν : σουσουμνιάζω, Imb., I, 435; ποταμνιοῦ, Pio, 216; ὅμνοιο, 221; καμνιά, μνιά dans la langue commune; mais ce phénomène n'est pas général dans toute la Grèce; c'est un trait dialectal, dont le domaine reste à délimiter. Il est pourtant possible qu'à une certaine époque, ce phénomène ait existé dans toute la Grèce; de même que λ est devenu *l* mouillé devant *i*, non seulement devant *j*, de même *mi* serait devenu *mni*, avec *n* mouillé; plus tard le *ñ* aurait disparu. Ce qui me le fait croire, ce sont les deux mots πρύμη = πρύμνη et γκρεμίζω = γκρεμνίζω (Legrand, *Poèmes histor.*, p. xxxv). Jamais μν n'est assimilé en grec : γυμνός, σεμνός, etc., si ce n'est dans ces exemples où *mn* est suivi de *i*. Il faut, en tout cas, admettre que le *n* s'est palatalisé sous l'influence du ι (voyez plus bas) et qu'alors le groupe *mñi* s'est simplifié en *mi*. — Κάνω, de κάμνω, est dû à l'analogie : le part. parf. *καμένος = κριμένος fait créer un présent κάνω comme κρίνω. Voyez à la Conjugaison. — M précédé d'une spirante se change en ν : στάφνη = στάθμη, λιχνῶ = λιχμάω, ἀχνίζω = ἀτμίζω, ἄκναιος = ἀκμαῖος, Chatzidakis, Φθογγολογ., p. 10. Je trouve quelque difficulté à expliquer ce changement physiologiquement, et je me demande si c'est par pur hasard que, dans tous ces exemples, le μ est suivi d'un ι (λιχνῶ se dit aussi λιχνίζω; l'aoriste ἐλίχνησα, etc., a influencé le présent). Les mêmes conditions, avec cette différence qu'il y a là un ρ au lieu d'une spirante, se retrouvent dans κορνιάζω, que je fais dériver de κορμός, κορμί.

Cela semble confirmer l'hypothèse que *mi* a été prononcé *mñi*; alors, dans les cas où ce groupe était précédé d'une voyelle, l'*m* l'emportait, et l'*ñ* disparaissait; mais, précédé d'une consonne, c'est-à-dire dans les cas où l'*m* se trouvait pressé entre deux consonnes, c'était *m* qui devait céder. Devant φ et ψ, μ tombe : νύφη, C. I. G., πέφτη = πέμπτη, κοψός = κομψός, πέμψης rimant avec στρέψης, Abr., 793; μέψεται, Prodr. III, 274; ἄλαψε = ἔλαμψε, Schmidt, 53, 19, 21; ὀφαλός, Apoc. II, 24; Belth., 406. Mais il reste devant β ancien, prononcé *b*, voyez ci-dessus, p. 75.

La remarque de notre auteur sur π devenant *b* après *m* est juste : la sonore *m* ou *n* change en sonore la sourde suivante, comme dans πάνda, τουgόπο, τουbατέρα, etc. Voyez p. 85. L'exemple μπαρμπάκι n'est pas très heureux, car le mot n'est pas grec. Dans certaines régions, on prononce d'ailleurs *babaki*, de sorte que μπ serait une simple notation orthographique pour *b*.

P. 9, l. 41; p. 10, l. 1. *N... ante ι... sonum gni Italorum præ se ferre videtur*. Même remarque que pour *l*, cf. Erophile, I, 387; *egigni* (ἐγίνη); 388, *echigni* (ἐκείνη); 391, *gligiegni*; 392, *uiegni* (βγαίνει); 397, *echigni*, etc. Dans les poésies chypriotes, je relève ἐγνοιάζομαι, 10, 14 = ἐννοιάζομαι, c'est-à-dire *enjazome*; de même ἐγνοιασμένη, Puell. juv. II, 38.

Devant les spirantes : χ, θ, et devant ξ (comparez à *m*, ci-dessus), le ν tombe : ἀθράκι, πεθερός, ἄθος, ἀθίζω, ἄθρωπος, No-

tices et extraits, XXIX, 2, 175, 1, 7 (du IXᵉ s.); ἐστάθη, rimant avec ἄθη, Apok. II, 23; à l'aoriste passif des verbes en αν: ἐφράθηκα, voyez *Mém. Soc. de ling.*, VI, 1, 45, et Κόριθος, *Rev. crit.*, 1887, 408; ἀχέλι = ἐγχελύς, βραχνός = βραγχνός, ρουχαλίζω, μελαχολικός, σφίξη. Le ν devant σ ne subsiste pas plus aujourd'hui qu'il n'était toléré en grec ancien dans la même combinaison. Le ν final de l'article ne se prononce jamais devant σ initial du mot suivant. On peut aussi comparer Κωσταντῖνος, Κωσταντινούπολις. Il n'est pas nécessaire de penser ici à une influence latine (on sait que, dès l'époque de Cicéron, les Romains disaient *cosul*, etc.) : Κωνστ. ainsi écrit dès l'origine, n'avait, pour perdre son ν, qu'à se conformer à la phonétique grecque elle-même, ancienne ou moderne. Κόσουλας, κόσολος, *consul* (agent diplomatique), est un emprunt à l'italien. — N final tombe. La chute a probablement commencé dans des mots proclitiques, lorsque le mot suivant, avec lequel ils formaient une unité syntactique, commençait par une consonne devant laquelle le ν ne se prononçait pas; τὸν θεόν est devenu τὸ θεόν à la même époque que ἄνθος est devenu ἄθος; de même τὸν νόμον = τὸ νόμον; τὴν μητέραν = τὴ μητέραν; τὸν βασιλέα était ou bien *ton basilea* ou *to vasilea*; τὴν δόσιν se disait *tin dósin* ou *ti dósin*. Puis la forme sans ν gagne du terrain et devient la seule employée, même à la fin de la phrase; le ν ne reste que dans des mots proclitiques devant les voyelles et devant κ, π, τ, qui, de leur côté, se changent alors en *g, b, d*.

Quoique les manuscrits du moyen âge conservent le ν avec un grand soin, il y a pourtant pas mal de traces qui nous montrent à l'évidence que l'orthographe était bien loin de représenter exactement la langue parlée.

En lisant, par exemple, les poèmes de Prodrome, on dirait que ν persiste encore. Mais, III, 512, on trouve μὴν ἀνασχοινίζῃ; 527, μὴν τὸν δόσῃς; 533, μὴν παραψάλλῃ, et cette forme μήν pour μή, suppose un état phonétique où le même mot se terminait tantôt par une voyelle tantôt par une consonne, suivant les combinaisons dans lesquelles il se trouvait. On disait τὴ νῆσον, τὴ θεωρίαν, et, de même, μὴ νὰ πλήξῃ, III, 532; μὴ θεωρῇς, IV, 99; mais τὴν ἐλπίδα, τὴν τέφραν, et ce doublet τή—τήν amène μήν à côté de μή dans les conditions où l'on se servait de τήν. Et si l'on écrivait μάνθανε, quoiqu'on prononçât μάθανε, Prodr. III, 512, on pouvait de même écrire μὴν θωρῇς, III, 99, où le ν n'a jamais été prononcé

Dans les poésies rimées, c'est la rime qui nous montre très souvent que, soit l'auteur, soit le scribe, rapprochaient leur orthographe de la langue classique. Dans la *Peste de Rhodes*, par exemple, on trouve : αἰτία (accusatif), rimant avec ἀθλία (nominatif), 32 ; βαπτισμένοι et παιδεμμένη (accusatif), 34 ; θρηνήθη (première personne du singulier), et πείθει, 50 ; ἄλλοι et πάλι, 74 ; παραδείσου, κληρονομήσουν (sic!), 76. A l'intérieur des vers, ou bien lorsque les deux mots formant rime se terminent par ν (ἐκτιστῆκαν, ἐπουτιστῆκαν, 66), le ν est écrit presque toujours. Comparez encore Abraham, etc. Il y a d'autres textes dont la graphie est dans un accord presque total, ou peut-être même total, avec la langue parlée ; c'est le cas, par exemple, pour la *Séduction de la Jouvencelle*, Legrand, Bibl., II, p. 51 sqq. Nous y trouvons ν devant des voyelles : πὄδωσεν αὐγῆς, 2 ; δοσμένον ἕν', 50 ; τὸν ἄνθρωπον ἐσέν, 50 ; ὄνταν ὁ σκύλος, 7, 9, 10-13, 17, etc. ; mais ὄντε βρεθῇ, 20 ; ὄντε γενοῦν, 24 ; γνῶσιν ἐγροικήθη, 15 ; τὸν ἔρωτα, 39 ; τὴν ἐδική σου, 57 ; θέλημαν ἔχεις, 62 ; τὴν ὑπόθεσιν, 48 ; τὴν ἐπιθυμία, 66 ; μάχην οὐδέν, 67, etc. Devant κ, τ, π : δακτυλίδιν του, 4 ; δὲν τό, 4 ; τρόπον τό, 6 ; σὰν περιστέρι, 9 ; ἀπὴν τὴν εἶδε, 45 ; ἐμὲν καὶ σὲν κυρά, 14 ; αὐτὸν τὸν νεότερον ἤτις, 16 ; τὴν κορασίδα, 31 ; τὴν πίκραν τὴν πολλὴ ἐπαρηγόρησέ την, 46 ; le vers demande l'hiatus après πολλή, qui tombe sur la césure du premier hémistiche, la rime veut la forme régulière ἐπαρηγόρησέν την ; dans le vers précédent, on lit, en effet, ἐχαιρέτησέν την ; μάχην οὐδὲν κρατοῦσι, 67 ; στὸν πόθον εἶσ', 66 ; μάχην τάχουσι, 68 ; ἔσφαξε τὴν καρδιά μου, 70. Mais ici les exceptions sont un peu plus nombreuses : cf. παρηγόρημα | τῆς, 61 ; il est vrai que παρηγόρημα finit le premier hémistiche ; toutefois on a, malgré la césure, κακόν | κ' ἔχεις, 55 ; pourtant, on peut fort bien admettre que l'arrêt est nécessairement plus long au v. 61, devant le complément τῆς, qu'au v. 55, devant la copule καί. On a aussi εἶπε της, 47 ; ὄντε τό, 25 (mais comparez Psichari, *Mém. Soc. ling.*, IV, 1, 40) ; τὸν ἔρωτα | τοῦ πόθου, 39 ; τὸ πνεῦμα της, 64 ; στράτα του, 22. Le ν manque devant les spirantes et devant ν et μ : τὴ φιλιά, 43 ; τὴ φλόγα μὲ, 54 ; τὴ στράτα του, 22 ; κ' ἔλαμψε σὰν τὸ χιόνι, 44 ; καμμιὰ συνήθασιν | δὲν ἥλθασιν, ὡς εἶδα, 32 ; τὴν καρδιά σου, 52. Mais τὴν χάρι, 34 ; τὴν φιλιά, 40 ; τὴν ψυχήν μου, 64. Le ν serait-il ici une trace de réduplication disparue et doit-il faire penser à une prononciation ψυχήμμου, etc. ? Il est possible que l'auteur ou le scribe suivent dans un cas la langue commune, qui n'a plus de réduplication, et que dans des cas comme ceux-ci, les prononciations *dialectales* leur reviennent de temps en temps. A la fin du vers : τὴν ὑπόθεσιν τὴν ψευτικὴν ἐκείνη, 48. A la fin de la phrase, le ν manque quelquefois; quelquefois il s'y trouve. Je note encore deux exemples très curieux : 55, 'χθρό σου, accusatif, le ν est tombé régulièrement devant σ, mais au v. 57, on lit 'χθρὸν στὴν ἐδική σου κρίσι. Dans le premier cas, le mot qui commence par σ est lié très étroitement avec ἐχθρόν; dans le second, au contraire, il n'y a pas de rapport entre ἐχθρόν et στήν; il y a même là un petit repos qui empêche le ν de tomber. Aujourd'hui l'usage du ν final se trouve à peu près restreint aux proclitiques δέν, ἄν devant κ, π, τ. Voici encore quelques exemples intéressants : ἄχριν ὅπου est déjà Italograeca, I, 101, a. 1112; ἔρχετεν ἀπό, *ib*., et p. 100, à côté de ἐνέρχεται εἰς. Eroph. I, 418, ἀφέντραν ἀξωμένη, au nominatif; de même ἀνώγια-ν-ἔχουμε, Schmidt, 58, 12. M. Schmidt donne, en note, des exemples de ce ν qui sert à faire cesser l'hiatus, et qui s'explique comme celui de μήν. Il faut mettre à part στόμα-ν, Prodr. I, 33; χῶμαν, Apoc. II, 495, etc., qui sont dus à l'analogie des neutres en ον (cf. Psichari, *Futur composé*, 11, note 3) ou bien de οὐδέναν, πατέραν. Du reste, voyez à la Déclinaison.

Mais νά σε κάμων ἤθελα est bien expliqué par M. Chatzidakis : « Πρὸς ἀποφυγὴν τῆς χασμωδίας », Δελτίον, 1, 240, etc.; cf. encore : G. Meyer, *Rivista di filol. classica*, IV, 284 suiv.; Morosi, Bova, 174; Krumbacher, *Beitr*., 13; et Ἀθήν., X, 227, où toutefois M. Chatzidakis donne du ν paragogique de τσοίγονοιντου, etc., une explication toute différente de celle qui se lit Δελτίον, *loc. cit.* Le ν y est attribué, non pas à l'affectation savante (il s'agit là de formes populaires), ni à la dissimulation de l'hiatus, mais tout simplement à l'analogie.

Si la combinaison *tonomon* nous paraît claire en elle-même, et si nous voyons bien qu'elle ne peut contenir autre chose que l'accusatif de l'article suivi du substantif, nous pouvons néanmoins hésiter pour l'explication de cette forme : devons-nous y voir *to nomon* = τὸν νόμον ou *ton omon* = τὸν ὦμον? Est-ce le ν de l'article ou celui du substantif que nous avons là? En d'autres termes, des substantifs qui commencent par ν peuvent perdre ce ν; le ν est alors absorbé par l'article; au contraire, des substantifs qui commencent par une voyelle peuvent s'attacher le ν de l'article à l'accusatif singulier et au génitif pluriel et le garder tout d'abord. Nous n'avons pas d'exemples du premier cas; mais on explique par le ν de l'article les formes νῶμος = ὦμος, Schmidt, 67, 11; νύπνος = ὕπνος, νοικοκύρης = οἰκοκύρης, Korais, Ἄτακτα, I, 183. Dans ce dernier exemple, il est fort possible que νοίκι (ἐνοίκιον, *loyer*) ne soit pas étranger à la présence du ν. D'autres exemples sont ἡ Ναῖνο (τὴν Αἶνον), ἡ Νιό (τὴν Ἴον), ἡ Ντῆνο (τὴν Τῆνον), ἡ Νύδρα (τὴν Ὕδραν), ὁ νύπνος (τὸν ὕπνον). Inversement Ἔπαχτος (Ναύπακτος), Ἀξιά (Νάξος).

Au temps de Simon Portius, la chute du ν final n'était pas encore un fait accompli; le ν résistait et persistait probablement à la fin de la phrase; c'est pourquoi l'auteur nous dit que le ν est la terminaison de certains cas. Il est vrai que, quelques lignes plus bas (p. 10, l. 9), il nous apprend que la plupart des neutres ont pour terminaison *o*; le ν était donc sur le point de se perdre. L'origine de ce phénomène, les premiers symptômes de cette chute remontent, au contraire, jusqu'aux premiers siècles de notre ère. Dans les inscriptions métriques, ν ne fait souvent pas position; cf., de plus, κεν, εκ, pour και, Kaibel, 674, 3; Wagner, *Quæstiones de Epigrammatis Græcis*, p. 63-67. Sur cette question du ν final, voyez Ταξίδι, *loc. cit.*, et *Revue crit.*, 1887, p. 264, note 4. — On ne voit pas ce que S. Portius (p. 9, l. 42) peut bien vouloir dire par *nobilioribus locis*.

P. 10, l. 7. Ξ, *effertur ut* cs, *non vero (ut perverse quidam) tanquam* gs. Il est juste de dire que ξ ne se prononce pas *gs*; mais cela n'est ni tout à fait exact ni tout à fait inexact. Après ν, on entend toujours *gz*; ainsi *o ksénos* (ὁ ξένος), mais *tongzéno*. La nasale sonore se répercute ici, même sur la consonne *postséquente*; l'*n* change d'abord *k* en *g* et, sous l'influence de ce *g*, *s* devient *z*. Il en est de même pour le ψ : *o psomás* (ψωμᾶς) mais *tonbzomá*. Dans toutes les autres combinaisons, ξ et ψ se prononcent *ks* et *ps*.

P. 10, l. 9. O *sonat ut o, ore aperto prolata*. Le changement de l'ŏ fermé en ŏ ouvert appartient probablement à la même époque que celui de ĕ fermé en ĕ ouvert. Comme l'ω n'a pas changé de timbre, les deux sons se confondent dans un seul, cf. ὀκτό, Pap. Lup., 17, 18 (an 155 après J.-C.); βεθλίοσιν, *ib.*; mais déjà Pap. Lup., 1, 3, μείζων au neutre; ὠκταπτηρίδα, 14, qui date de l'an 165 avant J.-C., voyez Blass, 32, note 86 et sqq., tandis que ου et ο restent distincts; le grec vulgaire de l'Égypte peut, du reste, avoir en ceci devancé la κοινή.

O final, s'il n'est pas suivi d'une consonne, conserve un timbre plus fermé. Pour ο tonique, il n'y a rien à relever de bien remarquable; ο atone, suivi ou précédé d'une labiale, se change souvent en ου : ῥουφῶ, Const., 600; Pio Syr., 216; μουδιαϊμένα = αἱμοδασμένα, 217; ῥουκανίζω, Prodr. V, 103; σφουγγάρι, σφουγγίζω; mais σφόγγος, λουβί (λοβός, cosse, gousse), μουσκεύω; le type de cette règle est donné par les deux formes κόμπος, à côté de κουμπί, qui ne sont autres que l'ancien κόμβος et le dérivé κομβίον. Plus tard le phénomène s'est étendu et ο atone devient ου, cf. *Essais de gramm. n.-gr.*, I, p. 292, rem. à la p. 194; Koumanoudis, Συλλογή, s. v. ὑ; *Athen.*, X, 25, note 2, et 26, note 2 (τούν pour τόν, et οὐ pour ὁ). Devant λ nous avons σκουλί (σκόλλυς, pg.); cf. Chatzidakis, Γλωσσ. ἀτοπ. Y faut-il ajouter οὖλα, Schmidt, 39, 7, etc.; κουττῶ, de κόττος (Foy, p. 13)?

Pour ἄλετρον = ἄροτρον, voyez p. 73 ; ορ + consonne se change en αρ sous l'influence du ρ : ἀρφανός, ἀρχίδι, ἀρμαθιά, ζαρκάδι. — Κρεμμίδι, pour κρομμύδι, est rapproché de κρεμεζύς par étymologie populaire. Enfin, dans ἐξύπτερος, pour ὀξύπτερος, Phys., 650, 676, nous avons la substitution du préfixe ἐξ- à la syllabe ὀξ-.

L'ο tombe (par dissimilation?) dans ἀκλουθῶ, Abr., 1029, Belth., 197, etc., pour ἀκολουθῶ. — De même que ε, devant voyelle, devient *j*, ο devrait devenir *w;* le seul exemple que je connaisse est ἀκροῶμαι, troisième personne ἀκροᾶται, qui donne d'abord *akrváte*, d'où résulte *avkráte* avec transposition du *v*, qui s'explique par l'attraction du *k* et la fréquence de la combinaison φκ; cf. αὐκροῦμαι, αὐκρᾶσαι, ABC, 15, 3, αὐκριστῆς, 83, 23; ἀφκράσου, Belth., 913; puis, par confusion de ἀφ- avec le préfixe ἀπό, ἀφ : ἀφοκράσου, Abr., 2; ἀφουκραστῆς, Ἐροφ., II, 375. Cf. Chatzidakis, Περὶ φθογγ. νόμ., 4-6, où le phénomène est expliqué tout autrement. — Sur la terminaison des neutres (p. 10, l. 9 sqq.), voyez ce qui en a été dit plus haut, p. 73.

P. 10, l. 13. *Vertitur aliquando in* φ. Toujours devant τ : φτωχός (πτωχός), Abr., 446; φτερνιστήρας, Prodr. III, 69 (πτερνιστήρας dans le passage correspondant, IV, 69), etc. Il y a encore d'autres exemples qui témoignent d'une certaine indécision entre π et φ, indécision qui doit remonter à l'époque où φ était une aspirée; σπόγγος-σφουγγάρι sont anciens; ἐφέτος, Glykas, 263, pour ἐπέτος, peut se comparer à μεθαύριον pour μεταύριον : l'explication sera la même; ἐφέτος n'est pas pour ἐπὶ ἔτος, mais serait calqué sur ἐφήμερος. Voyez plus haut, p. 83 et, dans un autre sens, G. Meyer, § 243, et les renvois, *ibid.*, à Mavrophrydis, Φιλίστ., 2, 180, et Chatzidakis, Κλειώ, 7/19 nov. 1881. — Pour $p = b$, voyez plus haut, p. 75.

P. 10, l. 16. *Initio spiritu aspero notatur*. Règle orthographique sans aucune valeur phonétique. La typographie tend aujourd'hui à supprimer l'esprit rude en Grèce pour les ouvrages modernes.

P. 10, l. 19. *Ponitur interdum loco* λ. Ἡρθες, Imb. III, 153; ἀδερφός, κόρφος, τορμῶ, Phys., 255. On dit de même aujourd'hui δερφίνι, ἄρφα, ἀρφαδητάρι, etc., etc. Dans la langue commune, on a aussi dans ces cas λφ, etc., pour ρφ, etc., ἀλφάδι, δέλφινας, στέλνω, etc. A Bova, le changement de λ en ρ devant φ, β, τ, a toujours lieu, Morosi, p. 28.

P. 10, l. 20. P *vertitur in* λ. Il faut ajouter que c'est surtout le cas pour les mots grecs qui contiennent deux ρ : γλήγορα, pour γρήγορα (ἐγρήγορα, Const., 682), κλιθάρι, μάλαθρο, πλάτρα, etc.

Σαπίζω = pg. σαπρίζω, Bova, *sapeno* = σαπρίνω, ont la même racine que les verbes anciens dont ils dérivent, mais ce sont des formations nouvelles, qui ont pour point de départ le futur passé σαπήσομαι. — La métathèse, qui est très fréquente à Bova (p. 35) ne se rencontre que rarement dans la κοινή moderne : φλεβάρης = *februarius*; πικρός, πρικαίνω, Bova *pricio*, qui se rattache à πρικός (voir ce mot), à côté de *prikeno*; la métathèse dans l'adjectif est donc antérieure à la métathèse dans le verbe (cf. au contraire *glicio-gliceno* = γλυκός-γλυκαίνω). — Πουρνός = πρωινός, σερνικός = ἀρσενικός dans Pio et fréquemment. — Les mots « *melius agitur* », p. 10, l. 20, comme plus haut, p. 9, l. 42 « *in nobilioribus... Græciæ locis* », doivent certainement contenir des allusions qui nous échappent à quelques dialectes grecs, et peut-être des renseignements sur le lieu d'origine de notre auteur. Le mot σκλίμα, dans ce cas, serait un indice de plus.

P. 10, l. 23. Σ *sonum* s *refert*. Le σ ancien et moderne est toujours sourd, au commencement des mots et entre deux voyelles; dans la rédaction en caractères italiens de l'*Érophile*, il est représenté par *ss* au milieu du mot et un seul à la fin :

ghásso = χάσω, I, 381; *smixussi*, 384; *cabosso* (καμπόσο), 389; *anamessa mas*, 395, etc. Devant λ, μ, ν, ρ, β, γ, δ, c'est-à-dire devant les sonores, il devient sonore[1]; on écrit quelquefois ἀζμένος, Kaibel, 491 (iie siècle avant J.-C.). Σ final reste : ἐφέτο, Glykas, 263, l'a perdu, mais c'est là une pure analogie, les adverbes se terminant tantôt par des voyelles, tantôt par ς, voir aux adverbes. — Σμίγω, Belth., 413, est pour συμμίγω (Morosi, Bova, 32), plutôt que pour μίσγω : la métathèse ne s'expliquerait guère; la chute de l'*i* atone serait au contraire la même que dans σκώνω = σηκώνω. Entre deux consonnes, σ tombe : ψεύτης = ψεύστης, ψεύτικος, ἐγεύτηκα, etc. Chatzidakis, Φθογγολ. Νόμ., p. 10.

P. 10, l. 35 : T *mystica ac salutaris litera*. Cette qualification vient de la ressemblance de cette lettre avec la croix. La croix primitive n'avait pas l'appendice supérieur.

P. 10, l. 35. *Post ν sonum d*. L'orthographe ἐντύνω, Abr., 403, δεντροῦ, 379, etc., est assez fréquente au moyen âge; du reste, voyez p. 85 sqq.

De même que δια se change en για, τια devient κια, mais seulement après des consonnes : nous avons ainsi φκιάνω pour φτιάνω (εὐθειάνω), φκιάρι = φτιάρι (*πτυάριον). Comme le latin classique et le latin vulgaire, le néo-grec éprouve de l'aversion pour la combinaison τλ et préfère la combinaison κλ : σκλιβώνω pour στιλβόω, σέκλο, σέφουκλο (Foy, p. 7) pour σεῦτλον, κλιγάδι = τυλιγ., ἀγλειέται = ἀτλεῖται, Chatzidakis, Ἀθήναιον, X, 458[2].

Le ττ attique (pour σσ des quatre dialectes et de la κοινή) n'appartient pas à la langue moderne; les exemples qu'on en trouve, dans les lexiques et dans les textes du moyen âge (φυλάττει, Glyk., 359; περιττή, 407; μέλιττα, Nikol., 67; κηρύττει Salom., 74, et beaucoup d'autres; cf. Psichari, *Essais*, I, p. 197), sont, sans aucune exception, d'origine savante. Εἶναι περιττό, pour dire : *Il n'est pas besoin de..., il est superflu de...*, a passé dans la langue populaire commune.

Pourquoi τοξάριον devient-il δοξάρι? Est-ce par influence de δόρυ? C'est plutôt l'influence de δόξα. Δόξα et δοξάρι sont aujourd'hui deux noms de l'*arc-en-ciel*.

---

1. C'est aussi le cas, syntactiquement, devant *d*, *azdrapí* (ἀς ντραπῇ), *b*, *pjozbéni* (ποιὸς μπαίνει?), *g*, *filozgardiakós* (φίλος (ἐ)γκαρδιακός).
2. Σίκλα, cité par M. Foy, p. 7, est déjà latin. Cf. *situla non sitla*, App. Probi.

P. 10, l. 38. Υ *idem munus subit quod* I. L'υ a conservé sa valeur de *ii* (*u* franç.) jusque vers le ιv^e siècle ; ἥμυσυ pour ἥμισυ, très fréquent dans les papyrus (Blass, 36, n. 104) ne prouve pas l'identité de υ et ι, le premier υ est dû à une assimilation ; dans βυβλίον on a le changement de ι atone en υ après une labiale. Voyez aux Additions. Mais au ιx^e siècle, les Gloss. Laod. écrivent ἄζηγος, ἄζημον, 32, ἀποκηρίσσω, 60, et ἀβαρής, ntr. ἀβαρές, 25, = ἀβαρύς, εἶα, ύ ; cette flexion hétéroclite ne s'explique que par la coïncidence phonétique des nomin. ης = υς.

On a cité beaucoup d'exemples de υ, qui aurait conservé la valeur de *u* (ου), voyez surtout Deffner dans les *Studien* de Curtius, IV, p. 278 sqq. ; mais on n'a jamais songé à justifier ni à démontrer cette conservation par des raisons sérieuses. En effet, tous ces exemples s'expliquent aussi bien en admettant la prononciation *i* que la prononciation *ii* ; ce sont en partie des mots latins : στουπί, κοῦπα dont la désinence est latine ; de même τοῦννος, avec un τ, ne peut répondre à θῦννος. Chaque mot demande un examen spécial.

Nous avons vu que η (c'est-à-dire *i*) atone, suivi ou précédé d'une labiale, se change en *u* ; si nous trouvons *u* = pg. υ dans les mêmes conditions, nous sommes autorisés à considérer cet *u* comme hystérogène : ainsi nous avons τούμπανο, θρούβαλο, à cause de τουμπανίζω, θρουβαλίζω, mais τύμπανο, θρύμμα, θρύβω restent ; de la même façon nous avons κουρφά = κρυφά, Eroph., IV, 38, 56, etc. ; car, ce qui est vrai des labiales π, β, φ, μ, est également vrai des gutturales κ, γ, χ, cf. Ἀθήν., X, 215 ; devant λ : κουλλός = κυλλός, μουλλώνω, παχουλός. Dans τουλούπη, Ap. II, 218, = τολύπη, l'*o* de la première syllabe s'est changé en ου sous l'influence du λ qui suit (p. 82), puis il s'est assimilé le υ de la tonique ; πτερούγα, Belth., 775 (mais *asteriga*, Bova), s'écarte aussi par son accent du pg. πτέρυξ : c'est peut-être un substantif post-verbal de πτερουγίζω, où le changement de υ en ου à l'atone s'explique mieux [1]. La forme φτέρυγα existe. Κρυστάλλα, κρύσταλλος deviennent κρούσταλλα, κρουστάλλι, sous l'influence de κρούστα. Considérez aussi κρουστάλλι, κρουσταλλένιος, etc. Une forme très difficile est ἐσοῦ = σύ, Cypr., 2, 16 sqq. ; Bova, etc. Voyez chap. V.

---

1. Voyez aussi Chatzidakis, Ἀθήναιον, X, 427 suiv. ; 215 suiv. ; 473. Le diminutif est φτερύγι.

Devant ρ, à l'atone, υ devient ε, voyez pg. 81, cf. κεράδες, Prodr. VI, 204 ; κερά, Pulol., 101 ; ἀνασέρνω, Imb. III, 749, doit son ε aux formes atones ἀνάσερνα, etc. Mais ξυρόν fait ξουρόν, ξουράφι (cf. ξυράφιον, Schol. ad Aristoph., Ach., 849), etc. Enfin, entre ρ et une autre consonne, υ tombe : κορφή = κορυφή, Abr., 17 ; Apok. II, 32, etc. ; πέρσι, πρόπερσι, Glyk., 263 ; Prodr. III, 238 ; φλακή, etc. Υ, dans tous ces exemples, a valeur d'*i*.

P. 10, l. 42. Φ *sonum habet* f. Cette prononciation date du IIᵉ siècle ; en grec ancien, le φ équivalait à p+h (cf. shepherd, ou plutôt *k*, *t*, *p* de l'Allemagne du Nord) ; c'était une sourde aspirée ; Ulfilas la représente par *f* ; dans les inscriptions latines, la confusion entre *f* et *ph* devient fréquente vers cette époque ; de plus, on a des passages des grammairiens qui montrent bien que le φ grec et l'*f* latin avaient le même son : Diomède (IVᵉ siècle) ne voit qu'une différence orthographique entre *ph* et *f* (p. 423 sqq. éd. Keil), cf. Blass, p. 89 sqq. Le φ a cette valeur partout, même à Otrante. — Pas d'exemples de π ng. représentant φ pg. (voyez ci-dessous) ; avec ῥάπανον (= pg. ὁ ῥάφανος), ῥαπάνι on peut comparer ῥάπυς et *rapa* (Foy, 11). Πάπλωμα pour ἐφάπλωμα est dû peut-être à une assimilation (Foy, 11) ou à une confusion avec πέπλωμα. Mais on trouve également *apis* crét. (ἀπ' ἧς, Foy, 11), ce qui donne à penser que ἐπάπλωμα, comme ἐπ' ἑξῆς, sont des mots refaits à une époque où l'aspiration avait disparu. — Dans certains dialectes, σφ devient normalement σπ (σπακόμηλο = σφακόμηλο, Chypre, Foy, 11), de même que σθ, σχ de la langue commune deviennent στ, σκ.

P. 11, l. 1. X, *sonus hujus literæ scriptura nequit ostendi*. Le χ, en ancien grec, était une gutturale sourde aspirée ; c'est la dernière aspirée à devenir spirante ; non seulement à Otrante, mais même à Bova, le χ est une « *vera aspirata gutturale* » devant *a*, *o*, *u*, tandis que, devant *e*, *i*, c'est une spirante. D'autre part, le scholiaste de Denys le Thrace, que j'ai déjà cité en parlant du θ, prononce le χ comme une spirante : τῆς γλώττης μὴ προσπιλουμένης μηδ' ὅλως συναπτομένης τῷ οὐρανίσκῳ. Du reste Simon Portius oublie de dire qu'entre χα et χι, il y a la même différence qu'entre κα et κι, γα et γι.

Après σ et φ (représenté dans l'écriture par φ, ou par υ dans les diphtongues αυ, ευ), χ perd l'aspiration et devient *k*, comme, dans les mêmes conditions, le θ devient *t* et le φ, *p* (voir ci-dessus) : ἀπευκή, *abhominatio*, Gloss. Laod., 59 ; le groupe σχ, quoique scrupuleusement conservé par l'orthographe actuelle, se prononce toujours σκ. L'identité de σχ et σκ est démontrée par κανίσχιν = κανίσκιον, Belis., I, 500.

P. 11, l. 7. Ω *idem præstat quod* O. Voyez p. 92. De même que ο, il se change souvent en ου, sous l'influence d'une consonne labiale : ζουμί, φουλιά, Physiol., 701, 811 ; κουφός, κλουβί, et devant λ: πουλῶ, πουλί, σκουλήκι ; à la tonique, nous avons, devant ν : ψούνι (mais cf. ψουνίζω, ψουνίσματα), κουνούπι (mais κώνωπας), σαπούνι (mais cf. σαπουνάδα, σαπουναρειό, σαπουνᾶς, σαπουνόνερο, σαπουνόριζα, σαπουνόχωμα, σαπουνίζω d'où σαπούνισμα), ρουθούνι (cf. ρουθουνίζω), ἀρθούνι (de ῥώθων ? on pourrait toujours penser à ῥώθωνες = ῥώθουνες, car le mot est surtout usité au pluriel). Dans πουρί, μουρλός, c'est plutôt encore la labiale que le ρ (cf. θωρῶ, et non θουρῶ, dans la langue commune) qui a changé l'ω en ου. Ἀλώπηξ a différentes formes : à côté de ἀλώπηξ on trouve ἀλωπού, d'où, par assimilation, ἀλουπού, et, par dissimilation, ἀλεπού. (Voyez Psichari, *Essais*, II, *Index verborum*.)

P. 11, l. 11. A μιμώ *simia* μαϊμοῦ. Le ng. μαϊμοῦ (Quadrup., 930, 970, 976) ne vient pas directement de l'ancien μιμώ, la diphtongue αι ne pouvant provenir de ι. Μαϊμοῦ n'est autre que le turc *majmun*, qui lui-même peut-être est emprunté au pg. μιμώ (cf. Miklosich, *Die türkischen Elemente in den südost- und osteuropäischen Sprachen*, II, p. 20).

P. 11, l. 13. Αι *correspondet Latinæ diphthongo* æ. La réduction de la diphtongue αι à une monophtongue è a commencé par la fin des mots et dans l'intérieur des mots devant des voyelles, où αι est devenu e et puis j; en effet, les exemples de ε pour αι, dans les papyrus et dans les inscriptions, se bornent longtemps à αι dans cette position. Mais entre des consonnes, surtout quand αι portait l'accent, la diphtongue résiste plus longtemps. Le grec παιδίον qui est entré dans le latin vulgaire de l'Italie à l'époque impériale, se prononçait alors *páidion*, ital. *paggio*, *page*, et l'αι n'était pas encore devenu è, comme le latin ae. Sur une inscription de Pompéi, qui date de la deuxième moitié du premier siècle, on lit : ἐνθάδαι κατοικεῖ μηδὲν εἰσείαιτω κακόν (Kaibel, *Epigrammata græca*, nº 1138). Mais cela ne prouverait rien pour la κοινή. Au IIIe siècle, nous trouvons αἰσθλός pour ἐσθλός, *ib.*, nº 367, etc. Vers cette époque αι était devenu è.

Il y a une vraie diphtongue ai dans le grec moderne, qu'on écrit αι ou αϊ. Elle est rare dans des mots d'origine grecque :

κλάϊμα, καϊμένος, καϊμός pour κλᾶμα, καμένος, καμός. Il va sans dire qu'il ne s'agit pas d'un changement de αυ en αι, comme l'orthographe καϋμένος pourrait le faire croire. Au moyen âge, cet αι formait quelquefois deux syllabes : νὰ θρήνεται μὲ κλάϊμα καὶ τὸ κορμὶ νὰ δέρνῃ, Imb. III, 242, et cette scansion nous donne l'explication du phénomène. Le futur de κλαίω, κλαιήσω à côté de κλαύσομαι, donne naissance à un part. parf. κλαημένος à côté de κλαυμένος, et à un substantif κλάημα à côté de κλαῦμα ; ces formes, à leur tour, créent les types καημός, καημένος par analogie. — Je ne sais comment expliquer κελαϊδῶ (κελαγδῶ, Dig. V, 4) et γαΐδαρος à côté de κελαδῶ, γάδαρος. Dans ἀϊτός (Schmidt, III, 4, etc.), l'ι vient de ε : ἀετός ; une autre forme est ἀτός, ainsi orthographiée. Presque tous les autres mots qui contiennent la diphtongue αϊ sont d'origine turque ou italienne : μαϊμού, que j'ai cité tout à l'heure ; ταίνι, ταίζω, τάϊσμα (à côté de ταγίζω, τάγισμα, etc.), du turc *tâyim*, portion de vivres, ration ; γαϊτάνι, *cordon*, turc *ghaïthân* ; τζάϊ, pers. *tchäy*, etc. μαϊναρω, ital. *ammainare*. — L'αι désinentiel dont parle S. Portius (ll. 13-18) est orthographique et n'a bien entendu, phonétiquement, que la valeur d'un *e*.

P. 11, l. 19. Αυ *ut plurimum sonat* af, etc. Voici la règle pour *af* ou *av* : devant les consonnes sourdes, αυ se prononce *af* ; devant les sonores et devant les voyelles, *av* ; devant une labiale et devant ν, le υ s'assimile ; avec σ il forme ψ. Nous avons donc : αὐτός = *aftos* ; αὐχένας = *afkenas*, αὐγό = *avyo*, αὐλή = *avli*, αὔριο = *avrio*, παύω = *pavo* ; θαῦμα = *θamma* (prononcé *θama*), κλαῦμα = *klama* (Const., 218), ἐλαύνω = *lamno* (As. Lup., 159), χαυνός, ἀχαμνός, παύσω = *papso*. Il est difficile de dire à quelle époque l'υ de αυ est devenu spirante. Ulfilas écrit *av* et non *af* ou *ab*, ce qui montre qu'il prononçait *au* ; d'autre part, le latin *av* est transcrit par αυ à partir du IIe siècle (Blass, p. 70). On trouve κατεσκεβασε, C. I., 3693, ἀπελέφτερος, 5922, sur des inscriptions qui ne sont pas datées. Mais en Égypte, ῥαύδους pour ῥάβδους se lit Pap. Lup., 305, 33, IIe siècle avant J.-C. ; ἐμβλεύσαντες pour ἐμβλέψαντες, Pap. Lond. (*Wiener Studien zur klassischen Philologie*, IV, 197), 159 avant J.-C. ; cf. G. Meyer, § 121. Dans un seul cas, αυ devient α : ἀτός, plus tard ἐτός = αὐτός, mais seulement si le mot est pron. pers. de la 3e personne, c'est-à-dire quand il est proclitique.

Les exemples de ἀτοῦ, ἀτόν, etc. pour ἑαυτοῦ, etc. remontent à l'époque de l'empereur Auguste, où cette forme ἀτοῦ « est caractéristique ». Dittenberger, *Archäologische Zeitung*, vol. XXXV, p. 36.

On peut joindre à ce dernier exemple la particule ἄς = ἄφες (voyez chap. VI). Comme les deux mots sont tout à fait dans les mêmes conditions, on a le droit de supposer que la perte de l'élément labial a eu lieu à une époque où l'υ de αὐτός et le φ de ἄφς avaient la même valeur. Cette valeur ne peut pas être celle d'un *f*, car de *aftos* on serait arrivé à *ftos*, et non à τός. C'était une spirante bi-labiale avec articulation des lèvres et avec aspiration bien faible, de telle façon que, dans des mots atones de peu de valeur syntaxique, elle pouvait se perdre tout à fait.

P. 11, l. 24. Eι *facit* i. La diphtongue ει avait une double valeur en ancien grec : celle de *ei*, εἶμι, et celle de *e* fermé, εἰμί pour ἐσμί. De très bonne heure, et dans le dialecte béotien plus tôt que dans l'attique, la diphtongue ει devient *e*, et puis, dès le IIᵉ siècle avant notre ère, *i*. Cf. ἐνκλίνι, Pap. Lup., I, 255 (avant 111); Εἰφισπάδης, C. I. A., 465, 105 et Ἰφισπάδης, 106 (fin du IIᵉ siècle); γεινομέναις, 471, 17, c. 2. Cette prononciation est restée jusqu'à nos jours. — Eι désinentiel (ll. 24-26) est purement orthographique, pour *i*.

P. 11, l. 27-29. Eυ *effertur ut* ef. Le sort de ευ est le même que celui de αυ; je note : ρέμμα = ρεῦμα, *Formul.*, II, 46, περισωρεμένην, Prodr. VI, 93; ἐμορφοπροσωπάτος, 70; γέματος, 127, etc. ; ευν = (ε)μν : μουνουχίζω = εὐνουχίζω, comme M. Morosi l'a vu pour Bova, p. 7, par les intermédiaires φνουχίζω, μνουχίζω. A côté de ξεύρω (ἐξεύρω de ἐξεῦρον) on a ξέρω, Carm., 126, 47, 57 et ailleurs. Cette forme, constante dans la κοινή moderne, reste obscure.

P. 11, l. 30. Oι *æquivalet etiam* i. L'ο grec était fermé et équivalait presque à *u*; la combinaison avec ι produisait donc une diphtongue *oi* ou *ui*, et, par assimilation à l'*i*, l'*u* devient encore plus fermé, de même que ει devient *éi*, avec *e* très fermé, et enfin *ii*, *i*. Si *u* fermé et *i* se soudent l'un à l'autre, le son qui en résulte est *ü*, cf. ἀνύγω, Pap. Lup., 50 (160 av. J.-C.), ἀνύξας, *Bull. corr. hell.*, IV, 514, etc. ; en Béotie, υ pour οι apparaît déjà vers la fin du IIIᵉ siècle avant J.-C. ; en Attique, Ποιανεψιῶνα, C. I. A., III, 1197, II, 17, a. 44 ap. J.-C. Plus tard, l'υ qui provient de l'ancien οι s'est développé comme l'ancien υ et aboutit à *i*. Cf. Blass, 60 ; G.

Meyer, § 126. La combinaison ο-ι est devenue ου : βοΐδιον, βούδι ; φλοίδιον, φλούδι, d'où φλούδα ; ροΐδιον, ρούδο et ρούδα.

On peut se demander si, dans τραγούδια, παρατραγουδούσιν, Apok. II, 97, l'ου est dû de même à quelque influence du ι de τραγωιδώ. Il est vrai que, déjà au IIe siècle avant notre ère, le ι προσγεγραμμένον avait cessé d'être prononcé, mais il aurait pu laisser une trace dans le timbre de l'ω. Ce qui me fait rejeter cette hypothèse, c'est que σώνω = σώζω a toujours ω, jamais ου. Nous avons donc dans τραγουδώ un nouvel exemple de la tendance à changer ω protonique en ου.

Dans la langue moderne, la diphtongue οί n'est pas rare ; je note : βοηθός (νοιθός), qu'on trouve aussi sous la forme βουθώ = βοηθώ, cf. βούδι, plus haut ; βοΐζω, βόϊσμα, νόημα, ρολόϊ, τρώει, υποϊ, etc. Οι désinentiel (ll. 30-31) est purement orthographique.

P. 11, l. 32. Ου, *correspondet* ou *Gallorum*. De même que ει, ου avait à l'origine une double valeur : celle de *o* long fermé, p. ex., dans τούς = τόνς, et celle d'une diphtongue *ou* : ούτος. Mais, déjà au IVe siècle avant J.-C., les deux sons s'étaient confondus dans le son d'un $\bar{u}$ fermé, et cet *u* s'est maintenu jusqu'à nos jours.

Il me reste à faire encore quelques remarques générales à propos des voyelles. Nous avons vu que la différence de quantité, qui était si importante dans l'ancien grec, n'existe plus aujourd'hui ; il est très curieux d'observer que les langues romanes et, jusqu'à un certain point, les langues germaniques, sont d'accord avec le néo-grec sur ce point. On voit partout une tendance à abréger les voyelles entravées, c'est-à-dire suivies d'un groupe de consonnes, et d'allonger les voyelles libres, c'est-à-dire celles qui ne sont suivies que d'une seule consonne. En grec, l'état moderne date du Ier siècle après J.-C. ; c'est alors qu'on trouve ει pour $\bar{i}$, Wagner, *Quæst. de epigram. græcis*, p. 38 sqq. ; au IIe ou IIIe siècle, on lit des vers comme ceux-ci : όκτω (ω bref) μόνοις έτεσιν, Kaibel, *Epigrammata*, 692 ; στρώτηρας (avec η et α brefs) τούδε δομού, 1058 ; δουλίδα καὶ σύμπλουν πολλής αλός· ἣν καὶ παράσχοις, *ib.*, 329, Ier ou IIe siècle ; πρὸς πέντε φθίμενος τήνδ' ἐπίκειμαι κόνιν, 612, époque de Trajan ; καὶ μετὰ τὸν θάνατον Μούσαί μου τὸ σώμα κρατούσιν, 613, IIe siècle. D'autre part les brèves sont allongées ; dans αγήρατος (avec le second α long), *ib.*, 527, Sardaigne, Ier siècle, et au n° 1084, Rome, IIe siècle, on peut voir, il est vrai, le suffixe latin *atus*, voyez chap. IV, plus loin; mais on a aussi Καίσαρι παντομεδόντι καὶ ἀπείρων κρατέοντι, 978 (époque d'Auguste) ; ὃν ποιεῖ πατήρ Πρόκλος Συρίης ἀπὸ γαίης, 703, IIᵉ ou IIIᵉ siècle ; πεντήκοντα γάμων δ' ἔτεα πλησαμένη, 681, Iᵉʳ ou IIᵉ siècle, etc. Voyez Wagner, p. 46-67, qui termine par ces mots : *dilucidissime apparet ut itacismi, sic etiam quantitatis minus regularis pleraque exempla non tam ipsorum Græcorum in titulis, quam aliarum gentium ut Syrorum Bithynorum Phrygum ipsorumque Romanorum in inscriptionibus reperiri.*

L'ancien grec ne tolère que ν, ρ, ς à la fin des mots ; toutes les autres consonnes tombent, ce qui rend les désinences vocaliques tellement nombreuses. Dans le néo-grec, où le ν final lui-même ne subsiste plus, les désinences consonantiques sont dans une grande minorité. D'autre part, la faiblesse de l'accent tonique fait que les différents mots d'une phrase ne sont pas bien distincts l'un de l'autre et ne se présentent pas par tranches isolées. Il y a de la sorte beaucoup d'hiatus ; pour y remédier, la voyelle initiale atone tombe souvent ou presque toujours, si le mot précédent se termine par une voyelle; puis ces formes sans voyelle sont généralisées. C'est là ce qui explique pourquoi le néo-grec offre un très grand nombre de cas d'aphérèse. On peut le comparer à l'italien qui termine aussi tous ses mots par une voyelle, et qui pour cela perd très souvent les initiales vocaliques. Il n'est pas nécessaire de donner beaucoup d'exemples de ce fait. Au lieu de τὸ ὀμμάτι, τὰ ὀμμάτια on a dit à un certain moment τὸ μάτι, τὰ μάτια ; au lieu de σὺ καὶ ἐγώ: σὺ καὶ 'γώ ; au lieu de εἶδα ἐκείνους : εἶδα 'κείνους, etc. ; mais en même temps on avait ὀμμάτι, ἐγώ au commencement de la phrase ; de même εἶδες ἐκείνους, etc. Mais de bonne heure les formes postvocaliques se rencontrent après des consonnes et inversement. Ainsi, Abr., 611, καὶ 'μπορεῖ, et δὲν ἠμπορεῖ, 619, sont également réguliers ; mais τίς μπορεῖ, *ibid.*, 701, est déjà analogique. De même, ἂν ἐσεῖς, Const., 889 ; εἰς ἐσᾶς, 896 ; καὶ σεῖς, 926 ; νὰ σᾶς, 921 ; τοῦτο σας, 964, etc., mais θεός σας, 911. Ἐκεῖνοι se trouve au commencement de la phrase, Pio, 10, mais on a καὶ κεῖνοι, ὅξου κεῖνοι, νὰ κεῖνοι et πῆρ' ἐκείνη, etc. Il va sans dire que, dans les cas où l'initiale porte l'accent, elle ne peut pas tomber à moins que le mot ne devienne atone, par exemple νὰ, ποῦ, cf. chap. II. Dans τὰ 'πῆρ', par exemple, pour τὰ ἔπηρ', Pio, 10, le verbe est enclitique, il ne forme qu'un seul mot à un seul accent avec le pronom, c'est pourquoi l'ε peut tomber. Mais il y a pourtant un petit accent secondaire sur l'η, τάπηρ', qui fait que la forme postvocalique peut se généraliser : μέρος πῆραν, 2. Voyez au verbes irréguliers ἐμβαίνω.

Ces doublets amènent une grande confusion. On a successivement : ὀμμάτι, avec l'article, τὀμμάτι, pl. τὰμμάτια, qu'on tranchait en τ' ἀμμάτια, cf. le gén. τῶν ἀμματιῶν, Eroph., I, 74 ; sg. ἀμμάτι, crét. Dans cette même catégorie on peut ranger: ἄντερα = τά 'ντερα ; ἀγγόνι, du pluriel τά 'γγόνια ; ἀχέλι, τά 'χέλια ; ἀχνάρι, τά 'χνάρια ; ἀνύχι, τά 'νύχια ; ἀστρίδι, τά 'στρίδια. Dans tous ces exemples, l'α supplante une autre voyelle. Les mots qui suivent commençaient originairement par des consonnes : ἀδονάκι, τά δονάκια ; ἀστάχι, τά στάχια ; ἀστήθι, τά στήθη ; c'est un cas particulièrement intéressant, parce qu'il nous montre le pluriel non seulement dans l'article, mais dans la désinence du substantif ; τὰ στήθη est ainsi devenu un singulier (τ' ἀστήθι), comme dans le latin vulgaire *folia*, et est entré dans la classe des neutres en ι ; de même ἀχείλι, cf. lat. vulg. *labra* fém. = lat. class. *labrum*, frç. *la lèvre*. — De là résultent à leur tour les plur. τἀχείλια, τἀστήθια, qui font retour au singulier sous la forme τὸ στήθι, τὸ χείλι, parce qu'on sépare τἀχείλια, etc. en τὰ χείλια, etc. Voyez aux Additions.

O de l'article masc. ou neutre se confond avec o suivant : ὀχθρός (Bova *ostró*) = ὁ 'χθρός ; τῶν ὀμμαλλιῶν, Belth., 690, suppose ὀμμάλλι. L'o prothétique des pronoms a une autre origine : suivant la finale du mot précédent, on disait ποῦ et ὁποῦ, ποῖος et ὁποῖος, πόσος et ὁπόσος, etc. ; cela amène la forme ὀτόσος, Cypr., 70, 15 ; 71, 7, ὅγιος à côté de γιός (= οἷος, voyez plus bas) ; ὀδιά = διά, ὀκάτι, etc. = κάτι, etc. ; voyez aux pronoms. (Voyez une autre explication, Ἀθήν., X, 471.) — J'ai déjà parlé de κεῖνος et ἐκεῖνος ; sur ce patron, on fait ἐτοῦτος de τοῦτος ; sur ἐκεῖ, ἐδοῦ = ἰδοῦ, par l'intermédiaire de 'δοῦ ; ἐδικός = ἰδικός, 'δικός ; ἐτότες = τότες, et même ἐσήμερα, ἐπέρσι. Quant à ὀτότες, on peut voir dans l'o une assimilation (cf. p. 79) ou bien le même élément que dans ὀδιά, etc. La préposition ὑπό n'existe plus ; comme préfixe, elle a été très souvent changée en ἀπο-, après avoir été d'abord πο-, comme M. Foy l'a déjà remarqué, *Lautsystem*, p. 98. Il cite ἀποφέρω et ἀψηλός = ὑψηλός, où nous n'avons pas, à vrai dire, le préfixe ὑπο-, mais, ce qui revient au même, la combinaison ὑπ-. D'autres exemples se présenteront dans les chapitres sur le verbe, sur les pronoms, sur les adverbes. Ἡ σκιά devient ἰσκιά, ABC, 102, 6, et est regardé comme nominatif pl. d'un singulier ἴσκιον. ABC, 102, 2.

Il y a un cas où la voyelle finale et la voyelle initiale du mot suivant se soudent en une seule voyelle ; c'est le cas où ου et ε se rencontrent ; le résultat est ω ; cf. ὁπῶγλυσες, Belis. I, 127 ; μώκαψες, Schmidt, 44, 2 ; ἀπώχεν, Carm., 61, 1 ; ὁπῶ 'μίλειε, Pio, 41 ; ὁπῶ 'ν, Pic., 39, cf. Asin. Lup., 197, 208, 295 ; μῶ 'φάνη, Pic., 38 ; πῶ ποῖκες, Carm., 44, 1[1] ; ὁπῶ 'χει, Belth., 819 ; ὁπώφα, Pulol., 382 ; μώτασε, Eroph., III, 33, etc. Je me borne à constater ce fait sans vouloir l'expliquer.

Deux voyelles identiques en hiatus se contractent en une seule : ζῶ = ζῶον ; διηγηθῶ = διηγηθῶ, Imb. III, 2, etc. ; ἐγγύτης = ἐγγυητής, ἀρτεῖς = ἀρτύεις, λεῖς = λύεις, ξαπολεῖς, etc. ; ἔποικεν, Belis., I, 123, ποίσῃς, etc. sont très fréquents dans la littérature médiévale ; Chatzidakis, Φθογγολογ., 4 sqq. J'ajoute σεῖς = σείεις, Quadr., 680 ; οἱ ἀγοί, ABC, 32, 1 ; χρεῖ = χρίει, Carm., 91, 45.

Ει atone (= i), qui suit immédiatement la tonique, tombe : φά(γ)εις devient φᾶς ; ἀκούεις, ἀκοῦς ; τρώ(γ)εις, τρῶς ; λέ(γ)εις, λές ; κλαίεις, κλαῖς, et de même à la 3ᵉ personne : φᾶ, ἀκοῦ, τρῶ, λέ, etc. Dans la langue commune, les types courants ont i : φάῃ, ἀκούει, τρώει, λέει, mais ἀκοῦς, τρῶς, λές, νὰ φᾶς comme νὰ πᾶς, etc. Les types sans i sont dus probablement à une action analogique ; voyez aux verbes contractes.

Pour les consonnes, il me reste à dire que le grec moderne ne connaît plus les consonnes doubles (si ce n'est en syntaxe, dans des combinaisons comme ὁ καλὸς Σταῦρος, etc.), mais que les dialectes de l'Italie les possèdent. La réduplication subsiste également dans plusieurs autres dialectes grecs, dont la région resterait à circonscrire. Il n'est pas possible de déterminer l'époque de la réduction de deux consonnes en un son simple. Les plus anciennes inscriptions se contentent d'un seul signe, plus tard on en met deux, mais même les documents de la meilleure époque ne sont pas toujours exacts sur ce point. Dans les papyrus on trouve assez souvent une consonne simple au lieu d'une consonne double, sans que j'ose en conclure quelque chose pour la prononciation. Dans les Gloss. Laod., on lit ἀντιπράττω, 55, ἀντιτάσομαι, ib., à côté de θαλάσση, ἀντιπλήσσω ; ἀποπράτω, 61, et ἀπορήσσω, 62. Les textes du moyen âge ne suivent pas non plus un système bien uniforme. Nous voyons dans le latin, dans l'allemand, dans

---

1. Je me sers de l'orthographe des éditeurs sans l'approuver.

l'ancien français, dans l'italien moderne, que très souvent le redoublement d'une consonne dans l'écriture ne prouve rien pour la prononciation, et que, d'autre part, des consonnes redoublées ou allongées sont marquées comme les consonnes simples ; c'est là un point où presque partout l'orthographe est aussi arbitraire que possible.

CHAPITRE II

Des accents et des esprits.

P. 12, l. 3. *Tres habet vernacula... lingua accentus.* La distinction des trois accents repose sur une simple tradition orthographique ; elle n'a pas de raison d'être, et n'en avait plus dès le moment où la distinction de la quantité avait disparu, cf. p. 101. La différence entre la tonique et l'atone est la même dans les mots qui portaient le circonflexe et dans ceux qui portaient l'aigu ; le traitement des voyelles longues surmontées de l'aigu est identique à celui des voyelles surmontées du circonflexe ; de plus, à peu d'exceptions près, l'accent n'est pour rien dans l'histoire des voyelles en grec. Les trois exemples de Simon Portius s'écriraient phonétiquement : *lógos, timí, timó.*

P. 12, l. 6-7. *Loci accentuum... prœantepenultima.* C'est une erreur. S. Portius fait sans doute allusion à des mots comme σάλιακας (voyez p. 17, l. 25), mais ce mot est un trisyllabe : prononcez *saljakas* ; l'ι a valeur phonétique de *j*.

P. 12, l. 11. *Accentum gravem habent omnia monosyllaba,* c'est-à-dire : toutes les conjonctions, les prépositions, une partie des pronoms indéfinis, bref, des mots qui en réalité n'ont pas d'accent, qui forment une unité syntactique avec le mot qui les suit ou qui les précède, les mots proclitiques ou enclitiques. L'ancienne orthographe les traitait comme atones : ὡς, ἐξ, τις, με, mais sans être conséquente, cf. σύν. Si ces mots avaient deux syllabes, c'était la seconde qui portait l'accent : on a ἄπο, à l'état indépendant, mais ἀπὸ πατρός ; ποῖος, pron. interrogatif, mais οὐκοῦν καὶ ποιόν τινα αὐτὸν τὸν λόγον εἶναι δεῖ (Platon, *Soph.*, 262), indéfini ; ἄλλος, pronom, mais ἀλλά, conjonction, etc. Voyez J. Wackernagel, *Zeitschr. f. vergl. Sprachforschung*, XXVIII, 136, où la différence purement orthographique entre ἐξ et σύν est expliquée. Le néogrec fournit d'autres exemples qui existaient en partie probablement déjà dans l'ancienne langue et en partie sont modernes : ι dans ἵνα, aujourd'hui νά, Italograeca I, 92, a. 1005, étant une voyelle accentuée ne peut pas tomber ; il faut donc admettre ἱνά, ou plutôt ἱνα sans accent : ἵνα φιλῶ = *inafiló*, d'où να φιλῶ. Sur ἵνα voyez Psichari, *Futur composé*, p. 42, notes 1 et 2. Il en va de même pour ποῦ, pron. rel. = ὅπου ; ἄντρας ὅπου βγαίνει devient *andras opuvjéni* ; au moyen âge et aujourd'hui, on écrit ὁποῦ, ποῦ.

P. 12, l. 12. *Item adverbia in α*, etc. Il serait plus juste de dire que les adverbes en α ont le même accent que les adjectifs. Ἐμπιστά, Const., 356, n'est pas une exception, car on disait ἐμπιστός au moyen âge, Belth., *passim*, d'après πιστός, et non d'après ἔμπιστος, comme en ancien grec.

P. 12, l. 15. *Nomina etiam neutra dissyllaba*. La règle est juste, pourtant elle souffre des exceptions, en partie apparentes, en partie réelles. Μάτι est originairement trisyllabique : ὀμμάτι ; de même νύχι = ὀνύχι, ξείδι = ὀξείδι, φρύδι = ὀφρύδι, δόντι = ὀδόντι, etc. ; mais χέρι et πόδι n'ont jamais eu plus de deux syllabes ; néanmoins on n'a pas χερί, ni ποδί. — Il est aujourd'hui convenu de mettre un aigu et non pas un circonflexe sur des formes comme ξείδι. En pareil cas, on accentue, comme si le mot se présentait sous sa forme pleine. C'est pourquoi on écrit souvent et suivant la même règle ἀκούτε (ἀκούετε), non ἀκοῦτε.

P. 12, l. 16. *Accentum circumflexum suscipiunt*, etc. L'emploi de l'accent circonflexe est un des embarras de l'orthographe moderne, qui conserve les règles de l'accentuation ancienne. On peut souvent se demander s'il faut mettre le circonflexe ou l'aigu. Les exemples donnés par S. Portius : θεοῦ, τιμῆς, ne font pas difficulté, et il nous reste seulement à observer qu'on écrira ἀρετές et non ἀρεταῖς. Mais comment faut-il accentuer, par exemple, μουσας, gén., γυναικας, gén., φαγει, πας (ὑπάγεις) ? L'application des règles de l'accentuation ancienne ne répond à aucune réalité. Si l'on suit l'analogie de τιμᾶς, on mettra évidemment un circonflexe sur πᾶς. Mais doit-on suivre cette analogie ? L'α de πας est bref; de plus, il n'y a pas ici de contraction comme dans τιμᾷς et l'ι souscrit n'a pas sa raison d'être. C'est donc, en quelque sorte, aller contre les règles mêmes de l'accentuation ancienne que d'écrire πᾶς ou même πᾶς, puisqu'on met le circonflexe sur une brève. L'usage a néanmoins admis le compromis irrationnel πᾶς. — L'accentuation φαγεῖ n'est guère plus raisonnable : ce neutre se décline sur παιδί, παιδιοῦ. Pour se conformer à la règle ordinaire, il vaut donc mieux écrire φαγί et supprimer même ει, comme on écrit ἡ πόλη, et non ἡ πόλι, du moment que ce nom se décline sur κεφαλή et qu'il est entendu qu'on veut écrire suivant l'orthographe ancienne. Par une série de raisonnements analogues, on en vient à accentuer μούσας et γυναίκας. Ici nous n'avons pas de précédents en pg. Mais on se dit que α de ἡμέρας est long ; μούσας, calqué et décliné sur ἡμέρα, est supposé de même, ainsi que γυναίκας, avoir l'α final long. C'est une matière où les contradictions abondent.

P. 12, l. 19. *Eundem observant*, etc. L'auteur veut parler sans doute de la Décl. II pg. et non de la Décl. II ng. (d'après sa classification), car, p. 16, l. 2, il écrit lui-même φιλιαῖς (voir plus haut ἀρετές).

P. 12, ll. 22-28. *Penultima etiam*. On rencontre ici les mêmes contradictions et les mêmes embarras que plus haut. La principale difficulté sur ce terrain, c'est qu'il faut toujours se guider d'après une quantité qui n'existe plus et dont on ne peut même pas souvent retrouver les analogies dans la langue ancienne. En accentuant αἰῶνας, ἀγῶνας, on part en réalité de l'α bref de l'acc. αἰῶνα, ἀγῶνα, ce qui ne manque pas de sens. Mais l'orthographe ancienne ne partait pas de l'acc. pour accentuer le nomin. et c'est là ce qui devient en pareil cas l'irrationnel.

P. 12, l. 31. *Omnia neutra plurisyllaba*. Γυαλί ne fait pas exception, puisqu'il n'a que deux syllabes dans la prononciation : *jalí*. — L. 32 et 33, *ib.*, lisez ἀθρωπάκι. — L. 36, δυνατώνω ; comme quoi c'est là la vraie orthographe et non δυνατόνω, voyez plus loin aux verbes en -ώνω.

P. 12, l. 39. *Ceterum nonnulli... non solent respicere ad ultimam syllabam*, etc. Ce n'est pas la règle de l'accentuation latine, mais c'est l'analogie qui fait déplacer l'accent. En ancien grec, il y avait beaucoup d'adjectifs (surtout les composés) qui avaient ος pour le masc. et pour le fém.; la langue moderne, au contraire, distingue toujours les deux genres, elle ne se contente plus de ἀθάνατος, pour le masc. et le fém., mais elle dit ἀθάνατος, masc., ἀθάνατη, fém., εὔμορφος, εὔμορφη (Georg. Rhod., 49), et garde l'accent à la même place. Or l'analogie de ces adjectifs, la stabilité de l'accent dans les trois genres, est si forte que les autres adjectifs, qui étaient proparoxytons au masculin, paroxytons au féminin, font reculer l'accent au féminin; on dit δεύτερος, féminin δεύτερη, δίκαιος, δίκαια, etc., et au superlatif ἁγιώτατη. — Ainsi on substitue à μέγας un nominatif, qui est conforme au féminin et au pluriel et au génitif sg. du masculin; μεγάλος, a l'accent sur l'avant-dernière, parce que μεγάλου et μεγάλη étaient de même paroxytons. En étudiant la déclinaison, nous verrons beaucoup d'exemples de cette tendance à ne pas déplacer l'accent dans les différentes formes d'un mot; ici, je me borne à dire quelques mots du déplacement de l'accent en dehors de la conjugaison et de la déclinaison. Cf. Krumbacher, *Beiträge zu einer Geschichte der neugriechischen Sprache*, p. 41 sqq. (*Zeitschr. f. vergl. Sprachforschung*, vol. XXVII). Les adjectifs oxytons reculent l'accent sur la pénultième, quand ils deviennent substantifs; c'est une règle du grec ancien et même de la langue mère indoeuropéenne, et qui est en vigueur jusqu'à nos jours: τρομερός, τρομάρα; ξερός, ξέρα; λερός, λέρα; θερμός, θέρμη; βραδύς, βράδυ (βραδύ, Prodr. V, 118); σκολιός, σκόλη (qui n'a rien à faire avec σχολή, comme M. Krumbacher l'a bien fait observer, p. 67), etc. Μαῦρος = ἀμαυρός, à cause de ἄσπρος, parce que deux mots, qui expriment des idées contraires, s'influencent souvent dans leur forme, cf. πικρύς à cause de γλυκύς, voir *Index*; ἡ παράδεισος sur ἡ κόλασις (Chatz., *Zeitschr. f. vergl. Sprachforschung*, XXVII, p. 83); ὀλιγός (fréquent au moyen âge, Krumbacher, p. 43 cf. par exemple, ὀλιγόν, Spaneas I, 215, aujourd'hui ὀλίγος, par influence savante) sur πολύς ou peut-être même sur son semblable μικρός, μικρόν; Spaneas I, 136-137, μικρόν et ὀλίγον sont traités comme synonymes, cf. aussi 257; d'où ὀλιγόν, 215; ἀλλοῦ, Prodr. IV, 118 *a*, Puell. Juv. II, 50, etc., *ailleurs*, pg. ἄλλου, sur αὐτοῦ. Ἀθός, Cypr., 66, 2; Eroph., I, 345, pour ἄνθος, sur καρπός, le mot change en même temps de genre, parce que les oxytons en ος sont toujours masculins et jamais neutres, et parce que καρπός est masc.; δενδρόν, Sen. Puell., 38; Schmidt, 56, 16 et note, Krumbacher, 43 (aujourd'hui δέντρο) sur φυτό; αὖτος (Glyk., 369), au moyen âge, et encore aujourd'hui en Italie, sur ἐκεῖνος (Krumbacher, 42 et 47). Les adjectifs en -ικος, qui sont dérivés des noms de peuples, sont proparoxytons : Τούρκικος, Φράγκικος, de même κλέφτικος, Dossios, *Beiträge z. griechischen Wortbildung*, p. 24. C'est plutôt ici l'italien -*ico* que le grec -ικός : Βενέτικος = *venético*. Βαθρακός, Missa, 118 (mais βοθράκοι, 25) est attiré par les adj. en -ακός ; d'autre part *lucanicó* à Bova (ng. λουκάνικο, encore un mot latin en -ικος, et pour cela proparoxyton) subit l'attraction des mots en -ικός. Δίγως (mais διχῶς, Soph., 82 ; Const., 658 ; Georg. Rhod., 44) se dit d'après δίχα, etc. Sur le déplacement de l'accent par analogie, voyez aussi Psichari, *Revue crit.*, 1884, p. 455. Dans tous ces exemples, le déplacement de l'accent a une raison psychologique ; dans la série qui suit, il s'agit d'un accident physiologique. C'est une loi générale que, dans la combinaison de deux voyelles, celle-là prend l'accent, qui a une plus grande valeur vocalique ; l'autre, qui en a une moindre et qui se rapproche davantage des spirantes, perd l'accent et se trouve presque toujours réduite à une semi-voyelle ou à une spirante. Ainsi *ía* devient *já* ; *ío*, *jó* ; *éa* donne d'abord *eá* avec une semi-voyelle qui a le timbre de l'*e*, mais qui nécessairement aboutit à *j* ; *íe*, *jé* ; *úa*, *vá* ; *óa* comme *éa*, devient *oá*, puis *vá*, etc. — Cette loi qui, comme toutes les lois de nature physiologique, ne souffre pas d'exceptions, existe dans plusieurs langues. Le lat. classique *paríetem* devient *pariétem* en lat. vulg. ; de même *avíolus*, *aviólus* ; l'esp. dit *Diós*, *yó* pour *díos*, *ío* (ego) ; le roum. *steá* pour *stéa* (stella), etc. De même en grec chaque *i*, qu'il provienne de ι, ει, υ, οι ou η, chaque *e*, qu'il représente αι ou ε, suivi immédiatement d'une autre voyelle, perd l'accent et se change en *j*. La différence qu'il y a à l'origine entre *i* et *e* a disparu. Il est possible que, dès le moment où l'*e* a perdu l'accent, le changement en *i* ait eu lieu. Il paraît que l'ancien béotien, ici comme ailleurs, nous montre déjà l'état moderne : chaque ε devient ι devant ο, ω, α ; cf. Meister, I, 243 ; G. Meyer, § 60. Malheureusement nous ne savons rien au sujet de l'accent dans ce dialecte. Mais voici ce qui peut confirmer cette hypothèse. Apollonius cite comme forme béotienne ἰών (= ἐγών) avec esprit rude ; si la prononciation était *jón* avec la spirante *j*, on comprend bien que le grammairien, qui ne connaissait pas ce son dialectal, l'ait rapproché de l'esprit rude de la κοινή. La même loi, mais avec plus d'exceptions (c'est-à-dire qu'ici l'influence de la langue littéraire sur les scribes est plus grande), se laisse constater dans les inscriptions doriennes, chypriotes, etc.; ὅστιον (Théocrite, 2, 21, etc.) pour ὀστέον montre de nouveau que cet *i* ne pouvait plus être accentué. On ne sait pas au juste à quelle époque le changement s'est accompli dans toute la Grèce ; le dialecte d'Otrante ne le connaît pas encore, et il en est ainsi dans plusieurs régions de la Grèce, voyez entre autres, à Zante, Solomos, éd. de 1859, p. οα', ματία et non ματιά.

Je cite encore ἕως, Pap. Lup., 55, *b* (a. 157) ; τὸν βασιλεία, Pap. Lup., 31 (a. 162); ἐννιά = *enjá*, sur une inscription chrétienne d'Alexandrie, Ἀθήν., X, 77, 5. Dans Spaneas I, εα devient *ja*, voyez vers 12, βασιλεᾶν; θεοῦ, monosyllabique, 16 ; καὶ ὡς, de même, 15 ; τοιοῦτος, deux syllabes, 28, etc. Les poètes du moyen âge se servent tantôt de la forme ancienne, tantôt de la forme moderne, suivant le besoin du vers. Il ne faut pas en conclure que les deux formes, avec et sans *j*, aient existé dans la langue parlée, que la même personne ait prononcé βασιλέα et βασιλεά et qu'un tel état de choses ait duré pendant des siècles ; c'est tout simplement une influence classique, littéraire ou même tout simplement orthographique sur les lettrés. Pour les exemples, je renvoie à Krumbacher, p. 44 ; je cite seulement quelques mots, parce qu'ils offrent un intérêt spécial. Οἷος devient *jós*, comparez Glykas, 303, οἷος ἐὰν ἔνι ὁ πειρασμός, θαρρῶ τὸν ἀπαντήσειν; M. Legrand « aime mieux écrire ὤν que de compter οἷος pour une seule syllabe », à tort comme je crois. Mais *jós* ne reste pas longtemps, on en fait ὀγιός avec le même *o* qu'on avait dans ὁποιος (*ópjos*). Au commencement des mots, on écrit aujourd'hui souvent γ, mais sans être conséquent : γερός = ὑγιηρός, γιατρός, c'est-à-dire *jatrós* = ἰατρός ; γεράκι, Anne Comnène, I, 98 ; Apok. II, 248 ; mais ἑορτή, aussi bien que γιορτή (voyez notre auteur lui-même, 14, 4), quoiqu'on dise *jortí*; ὑγίεια devient *já*, etc. Dans l'intérieur des mots, on évite, pour des raisons typographiques, la notation de *i* cons. par γι qui deviendrait fastidieuse par sa multiplicité : πεδγιάδες. Il est entendu qu'en écrivant πεδι., on prononcera le ι comme un *j*. De même on écrira παλιός au lieu de παλγιός. Quelquefois on se sert d'un ῐ renversé : ⁻ι ou de l'hyphen.

Dans les adjectifs en ιος, ια, le fém. et le gén. sg., gén., acc. pl. du mascul. devraient être oxytons : ἅγιος, mais ἁγιά, ἁγιοῦ, etc. En effet, nous avons ἅγιοι, Const., 328, ἅγιον, 418, ἁγιά, 373, ἁγιᾶς, 390; Ἁγιὰ Σοφιά, à Constantinople; une commune dans l'intérieur de la Corne-d'Or s'appelle également Ἁγιά. Cf. aussi Ἀθήν., X, 229, ligne 2. Mais le nivellement dans l'accentuation des adjectifs, que nous avons déjà constaté, amène aussi le doublet ἅγια, etc. Si les deux voyelles sont protoniques, le *j* disparaît; si elles sont posttoniques, il reste: θωρῶ, Apok. II, 482; θωριά, χρωστῶ, d'où χρώστης, Sklav., 100 (χρῶστες); σωπῶ, d'où σώπασε, Prodr. VI, 253; mais ἄγνοια, ἔνοια = *ágnia, énja*, etc.; ἄξος = ἄξιος est refait sur le pluriel ἄξοι, c'est-à-dire *áxi = axji*, où la contraction des deux *i* est de règle. Θώρι, θώριασμα sont refaits sur θωριά. Θόδωρος fait exception (voyez Psichari, *Futur composé*, p. 15, note 2 sqq.), mais c'est un nom propre, c'est-à-dire un mot qui se soustrait aux lois phonétiques. Des formes comme μοναξά = μοναξιά, κορασᾶς, Eroph., II, 270, δροσές, 501, ἴσα, 112, en regard de ἴσια d'autres régions, etc., resteraient encore à expliquer.

Ἀγραίνω, à côté de ἀγριαίνω et ἀγριώνω, vient de l'aor. ἄγρησα (voyez à la conjugaison), où ι se fond avec η. — Dans la combinaison -τρια l'ι tombe de même: *trja* était trop difficile à prononcer: ψάλτρα = ψάλτρια, ψυχοσώστρα, etc., Imb. III, 468; les formes avec ι existent à côté des autres, mais elles paraissent être savantes. Il faut remarquer, en effet, que τριά, *trois*, appartient à la langue commune. — Les substantifs abstraits en ια, εια doivent aboutir à *já*; on trouve, en effet, φτωχειά, etc., en Crète, mais dans le reste de la Grèce les substantifs en -εια, comme ἀλήθεια, etc., les ont attirés, ce qui donne: ἀρφάνια, νήστεια, κάκια, φτώχεια, ἀρρώστια, φιλοξένια, etc., voyez Chatzidakis, Μελέτη, p. 51.

Il y a peu d'exemples de ο, ου dans l'hiatus. Sur ἀκροᾶται, v. p. 93; ἀκούω devient ἀκουῶ, Spaneas I, 280; παρακουῶ, *ib.*, ἄκουε, 55, 243; mais on a ἀκούεις, ἀκοῦς, p. 104; κρουῶ, Prodr. V, 86, καὶ κρουῶ σουγλεὰν τὸ χέριν μου. Ου + voy. ne devient donc pas régulièrement consonne, dans la langue commune, comme *i(e)* devant voyelle.

P. 13, l. 6. *Prœantepenultima vero acutum agnoscit et circumflexum*. Voy. plus haut, p. 105. Simon Portius donne ici lui-même la bonne explication de ἀναγκάλλιασις: les substantifs fém. en -σις, qui sont dérivés des verbes, sont proparoxytons; ια ne formant qu'une syllabe, c'est forcément la syllabe précédente qui prend l'accent. Il ne s'agit donc pas ici d'un accent portant sur la préantépénultième. Κάμετενε, εἴδατονε sont des orthographes pour l'œil. Dans le premier cas, on prononce κάμετε νέ, dans le second, εἶδα τόνε.

P. 13, l. 13. *Jam spiritus... iidem sunt qui in græcaliterali.* C'est encore une affaire d'orthographe que la distinction des deux esprits ; des siècles avant Simon Portius, l'aspiration avait disparu, même dans le dialecte attique, qui était pourtant « δασυντικός » ; cf. οἱ, ὁ, ἡμερ[ῶ]ν, ἁπάσῃσι, *Bull. corr. hell.*, IV, 226, inscription d'Eleusis du Ve siècle av. J.-C. ; d'autre part, les grammairiens d'Alexandrie savaient plus ou moins bien distinguer l'esprit rude de l'esprit doux. Cf. G. Meyer, 2, § 242. Aujourd'hui il n'existe certainement même pas de dialecte qui ait gardé une aspiration quelconque, du moins dans les conditions et à la place de l'aspiration ancienne. Mais le maintien de l'ancienne orthographe ne crée pas moins d'embarras pour les esprits que pour les accents. On hésite entre ἁψηλός et ἀψηλός (c'est ce dernier qui est le vrai); on peut hésiter de même entre ἥβρα et ἤβρα (le β à cause de βρίσκω où ὑρίσκω est impossible à garder). Le η ici étant le même que celui de ἤθελα devrait en réalité prendre l'esprit doux. La fixation de l'orthographe n'a pas encore eu lieu sur ce chapitre d'une façon définitive. Voyez aussi des opinions de toutes sortes à ce sujet *apud* Psichari, *Revue critique*, 1887, 263, note 2.

CHAPITRE III

Des parties du discours.

P. 13, l. 21. *Articulus scilicet.* S. Portius ne voit pas dans l'article de pronom démonstratif ; il lui fait une catégorie à part et, pour plus de commodité, nous l'y maintiendrons avec lui.

P. 13, l. 25. *Quatuor igitur in quocunque numero casus agnoscit.* Comme la perte du datif s'explique par la syntaxe et non par la morphologie, c'est au chap. XII qu'il faudra en parler, et il sera alors plus à propos d'examiner ce que Simon Portius dit ici sur le remplacement du génitif par l'accusatif. Des quatre cas qui restent, le vocatif n'a une forme spéciale qu'au singulier des masculins de la Décl. II ; au pluriel des masculins et au singulier et pluriel des féminins comme aussi des neutres, dans les deux autres déclinaisons, il est identique au nominatif. Il est vrai que S. Portius, 16, l. 17, et Legrand, *Grammaire néo-hellénique*, p. 16, donnent le vocatif en ε pour les fém. en ος ; mais c'est là une forme classique ; Sophianos, plus conforme à la langue populaire, ici comme ailleurs, dit ὦ ῥόδο, p. 7; cf. Puell. Juv. II, 60, ὦ δρόσος τῆς ἀγάπης μου. Le nom. plur. des féminins et d'une partie des masculins est semblable à l'acc.; le nom. sing. de tous les féminins est semblable à l'acc. sing. Le néo-grec est donc assez près de l'état des langues romanes, et il y arrivera probablement, car déjà le génitif pluriel est d'un emploi rare dans la langue vulgaire ; cf. Psichari, *Essais*, I, p. 203. Dans le dialecte de Bova, où le ς final tombe, le génitif singulier féminin est identique au nominatif et à l'accusatif, le nominatif singulier masculin à l'accusatif singulier masculin ; la conséquence en est que, même au pluriel et au singulier masculin, on n'emploie presque plus le génitif.

P. 13, l. 33. *Respuit... dualem numerum hæc lingua.* Cf. Keck, *Ueber den dual bei den griechischen Rednern*, Würtzburg, 1882. Déjà, dans l'ancien grec, le duel est très rare ; il se trouve dans Homère et dans les dialectes attique, béotien et dorien, tandis qu'Hérodote ne l'emploie pas. Vers l'époque d'Alexandre, il est complètement hors d'usage. C'est le résultat de la statistique de M. Keck.

P. 13, l. 37 — p. 14, l. 6. La différence signalée par S. Portius dans l'emploi de l'article revient à dire qu'on n'emploie l'article que comme démonstratif, ce qui est toujours vrai, l'article conservant partout cette nuance.

P. 14, l. 7 *Adverte...* θεός, etc. Il y a, pour le grec, entre ὁ θεός et θεός, la différence de la conception païenne et de la conception chrétienne. C'est à la première qu'appartient la locution savante θεὸς οἶδε qui donne, en langue populaire, θεὸς ξέρει, etc.

P. 14, l. 11. *Adverte... Græcos... carere articulis postpositivis.* Sur les pronoms relatifs, voyez au chapitre V. Cf. Ἀθήν., X, 463 sqq. C'est ce que les grammairiens anciens appelaient ἄρθρον ὑποτακτικόν, c'est-à-dire le pronom relatif ὅς, ἥ, ὅ.

P. 14, l. 15-16. *Genus nominum dignoscitur*. C'est la fausse théorie, courante à cette époque, de l'article conçu comme distinctif des genres. Voyez, sur cette question et l'article prépositif en général, E. Egger, *Apollonius Dyscole*, Paris, 1854, 115-141 et 135, note 1 ; Priscien, *Instit.*, XVII, 4, t. II, p. 21 ; Mavrophrydis, Δοκίμιον, 603 ; Winer, *Gramm. des neut. Sprachi.*, VII, 1867, 99-133. Pour le grec ancien, cf. G. Curtius, *Griech. Schulgr.*, XII, 1878, 213-220, §§ 368-392 ; Egger, *Gramm. comp.*, VIII, 206, 68-69 ; Bopp (trad. de M. Bréal, III, XXXI ; II, p. 297 ; G. Meyer, p. 341 ; Brugmann, *Gramm. grecque*, p. 64.

P. 14, l. 27. *Ex his facile colligi potest*, etc. Cf. J. Psichari, *Essais de grammaire historique néo-grecque*, Paris, 1886 ; nominatif pluriel féminin de l'article, p. 1-85 ; accusatif féminin pluriel τές, 119-136 ; autre forme de l'accusatif pluriel féminin de l'article, p. 136-151. W. Meyer, *Revue critique*, 1887, p. 125 sqq.

Devant les mots qui commencent par α, ο, ου, l'article αἱ se change nécessairement en *j* : αἱ ἀδελφαί devient *j* ἀδελφαί, comme ὡραία devient ὡρjά, αἱ ὄρνιθες, *j* ὄρνιθες, αἱ οὐλαί, *j* οὐλαί. Devant les consonnes, au contraire, et devant ε, ι, υ, οι, ει, αι, αἱ reste. Au masculin on a de même *j* ἄνθρωπος, *j* ὅρκοι, mais οἱ πατέρες [1]. La forme prévocalique du nominatif pluriel de l'article est donc la même pour les deux genres. Mais la langue ne tolère pas longtemps la différence entre *e* et *j*, elle ne veut pas avoir deux formes dans la même fonction et, l'aversion contre *e* devant voyelle persistant toujours, il ne reste qu'un moyen, c'est de généraliser la forme *j*, qui devient forcément *i* devant les consonnes. L'exemple du masculin a facilité ce développement analogique. Dans nos textes, οἱ au féminin n'apparaît qu'au xiiie siècle, puis il se répand très rapidement ; *e* a le dessus au xve siècle ; au xvie, αἱ est rare. Sophianos ne le donne plus. Il est vrai qu'on ne trouve plus, avec l'explication que je viens de donner, la répartition demandée entre οἱ devant voyelles et αἱ devant consonnes ; mais on ne peut plus s'attendre à un emploi régulier de ces formes ; car, dans les combinaisons αἱό, etc., il y a de même une hésitation constante et sans aucune règle entre

---

1. Cf. les formes γη Ἀγραφώτισσαις καὶ γη Ἀγραφιωτοπούλαις, Schmidt, 66, 2.

l'orthographe historique et phonétique. Il ne faut pas non plus s'étonner que οἱ n'apparaisse pas plus tôt[1]; c'est en partie la faute des textes; les mots féminins qui commencent par α, ο, ου sont relativement rares. Mais ce qui confirme ma manière de voir, c'est qu'à Otrante, αι devant voyelle reste : *areo* = ἀραῖος, et par conséquent on dit *e* au nominatif pluriel de l'article féminin; αἱ, comme article, était protégé, pendant un certain temps, par le nominatif pluriel des féminins de la première déclinaison : αἱ τιμαί; à mesure que τιμαί est remplacé par τιμαίς (p. 123), αἱ perd cet appui. En effet, on voit que dans la période de la lutte entre οἱ et αἱ, αἱ est surtout employé quand le substantif suivant se termine par αί; cf. Psichari, *Essais*, p. 72, n. 2.

L'orthographe ἡ apparaît peu de temps avant Simon Portius; on trouve τῆς déjà en 1624, dans la Ἱστορία τοῦ Ρὲ τῆς Σκοτίας μὲ τὴν ρήγισσα τῆς Ἐγγλητέρας, de J. Trivoli (nouvelle édition de M. Legrand, *Monuments*, 13). Elle n'a pas de valeur étymologique; l'οἱ que M. Psichari propose, et qui, du reste, est la seule forme connue par les manuscrits avant le XVIIe siècle, serait préférable.

A l'accusatif pluriel féminin, Simon Portius donne deux formes : ταῖς et τῆς, dont aucune n'est ancienne. Sophianos ne connaît que ταῖς, la langue moderne, au contraire, a conservé τῆς. Ταῖς, qui n'a rien à faire avec le datif ταῖς, est une forme analogique qui n'est pas bien orthographiée. A l'accusatif pluriel des substantifs, on avait χώρας et μητέρας. Vers le commencement du XIVe siècle, χώρας cède la place à χῶρες, en suivant l'exemple de μητέρας, qui longtemps auparavant a été remplacé par le nominatif μητέρες. Or, si on disait χῶρες à côté de χώρας, τάς ne pouvait guère rester sans une forme parallèle, τές, et à mesure que χῶρες gagne du terrain, τές devient plus fréquent. Il résulte des recherches de M. Psichari qu'on

---

1. M. Psichari cite trois exemples tirés des papyrus du Louvre, 67, 250, οἱ δὲ σκιαί. Quelques lignes plus bas, le même scribe écrit plusieurs fois αἱ σκιαί. Pourquoi aurait-il employé une seule fois une forme vulgaire? L'exemple est trop isolé pour prouver quelque chose. Quant à l'autre exemple des papyrus de Leyde, οἱ ανδρες και οι γυναικες, le second οι peut avoir été entraîné par le premier, seulement dans l'écriture; c'est donc tout simplement un *lapsus calami*. Quant à οἱ προκείμενοι, Pap. Lup., 244, 54, cela ne prouve rien non plus : c'est une formule juridique qui d'ordinaire se rapporte à des hommes; le scribe inattentif la retient, quoiqu'il s'agisse de femmes dans ce cas spécial.

rencontre τές toujours avec les substantifs en -ες, jamais τές ne précède l'accusatif en -ας; au XVIᵉ siècle, τάς disparaît. Mais déjà un concurrent s'était élevé : τίς, qu'on trouve pour la première fois dans la *Complainte de Constantinople* (éd. Legrand, *Monuments*, 5), 58, τὶς ἀκτῖνας; 75, τὶς ἔδιδε, et qui, au courant du XVIIIᵉ siècle, l'emporte sur τές. M. Psichari ne se prononce pas sur cette forme ; il hésite entre l'explication phonétique ou analogique. Or le fait que τές disparaît lentement, que τίς ne gagne du terrain que peu à peu, nous montre bien que nous avons affaire à un phénomène d'analogie. De plus, un changement de ε en ι est inouï dans le néo-grec ; les quelques exemples que M. Psichari allègue, du reste avec une juste réserve, s'expliquent tous autrement. Voici comment je me figure la naissance de τίς. Au moment où τές remplaça τάς, le nominatif était encore αἱ (c'est-à-dire *e*) et οἱ ; l'accusatif *tes* avait donc la même voyelle que le nominatif *e*, comme au singulier, l'accusatif *tin* et le nominatif *i* ; mais *e* n'était pas seul au nominatif, il y avait une autre forme *i*, qui était même plus usitée. Alors le même fait que nous avons constaté tout à l'heure se répète : τάς χώρας à côté de τὰς χῶρες fait naître τές ; de même l'*i* du nominatif, οἱ χῶρες, se répercute à l'accusatif et crée τίς, faisant ainsi cesser l'anomalie qu'il y avait entre *i* χῶρες par rapport à *tes* χῶρες ; ainsi que ι (οἱ), τίς gagne en vigueur de plus en plus. Il est né plus tard que ι, c'est pourquoi il reste toujours de quelques siècles en arrière. Dès maintenant l'accusatif pluriel masc. est menacé. Au singulier, le nominatif et l'accusatif de l'article avaient la même voyelle : ὁ, τόν ; ἡ, τήν ; τό, τό ; au pluriel féminin et neutre de même : οἱ, τοις[1] ; τά, τά ; mais au masculin on a οἱ, τούς ; de plus le nominatif pluriel et le génitif pluriel du masculin et du féminin sont identiques ; une forme τοίς pour le masculin devient presque nécessaire. Elle existe, en effet, dans les textes des XVIᵉ et XVIIᵉ siècles ; voyez les exemples *Essais, op. cit.*, p. 138. De cette façon, l'identité des désinences vocaliques au pluriel pouvait agir sur le singulier. C'est ce qui a lieu d'abord au nomina-

---

1. J'aimerais mieux écrire τίς. Je comprends qu'on emploie une orthographe étymologique autant que possible, mais τοις donnera à beaucoup de personnes des idées fausses sur la naissance de cette forme. Du reste, même l'orthographe οἱ nominatif féminin n'est pas strictement étymologique, d'après l'explication que j'en donne : en effet, si le grec ne changeait pas αι devant voyelle en *j*, il n'y aurait jamais eu de nominatif pluriel féminin *i*. Voyez d'autre part, sur ἡ masculin, Ἀθήν., X, 25.

tif, où ή remplace ό à Salonique et dans quelques parties de la Macédoine ; puis on emploie le génitif τῆς à Constantinople et en Macédoine, tandis que Salonique conserve τοῦ pour l'article, mais dit, avec le pronom, τῆς τόπα (τὸ εἶπα) au masculin, etc.

On pourrait et on devrait même se demander pourquoi, dans la κοινή moderne et dans beaucoup de dialectes, les deux genres sont restés distincts, ou plutôt pourquoi, dans certaines parties de la Macédoine et ailleurs, la différence n'existe plus. Car ce n'est pas seulement dans le grec que nous constatons ce nivellement partiel des genres; dans le français et dans l'allemand moderne, par exemple, on est arrivé (par voie phonétique, il est vrai) à une seule forme de l'article pour les deux ou trois genres au pluriel, et pourtant au singulier il n'y a pas la moindre trace de confusion. Je pose cette question sans être à même de la résoudre : mes connaissances des dialectes grecs sont encore trop limitées.

En Crète, en Epire (Pio), à Céphalonie (Schmidt) et ailleurs, on trouve τσῆ = τῆς, génitif singulier féminin ; nominatif, accusatif pluriel masc. fém. τσί, par une métathèse, dont nous aurons plus tard un exemple dans le grec commun. Τσί masculin ne suppose pas nécessairement τίς; il peut provenir de τούς, τσοῦ, τσί ; τσοῦ existe daus les îles ioniennes, et on lit même τσούς, Schmidt, 34, 2. La réduction des deux formes (masc. τσοῦ, fém. τσί) à une seule (masc. et fém. τσί), peut avoir eu lieu après la métathèse. Τσί se rencontre pour la première fois dans Imb. III, vers 272, 747 (édition de 1638); cf. Psichari, *Essais*, I, 152 et p. 12.

Rien de remarquable à relever pour le neutre; dans certains villages de Cappadoce, on dit τό aussi au masculin et au féminin; τὸ σερνικό (= ὁ ἀνήρ = ὁ ἄντρας), τὸ ναῖκα, comme τὸ παιδί ; de même τὰ σερνικοί, τὰ ναῖκες, τὰ παιδιά. Alektoridis, Δελτίον τ. ἐθν. ἑταιρ., 1885, 487. A Bova (Morosi, 104) le nominatif singulier masculin se présente sous la forme *u*; c'est le cas pour Cardeto, où *o* atone donne *u* (Morosi, Bova, 99-101). — L'accusatif masculin τόν se présente sous la forme τούν (c'est-à-dire *tun* atone), d'après la même règle, à Stésimachos (Macédoine, près de Philippopoli, à Cozani, à Andrinople); dans les mêmes régions, on dira οὑ pour ὁ, vu que le nominatif et l'accusatif de l'article sont aussi atones l'un que l'autre. Il n'y a pas là la moindre trace d'un ὑ pamphylien. Koumanoudis, Συλλογὴ λέξ. ἀθησ. s. v. ὑ;

voyez sur la question *Essais*, I, p. 292, remarque à la p. 194. On a de même au génitif pluriel τοῦν = τῶν dans les îles ioniennes, Schmidt, 4, 5; 26, 5; 18, 11, 12; 29, 5. Bien qu'on ne fasse nulle part une mention analogue pour le neutre, il est à présumer que τού pour τό neutre existe dans les mêmes régions où l'on dit ού, τοὺν, etc. Nous laissons ici de côté les formes dialectales comme τόνι, Passow, 247, 13 (Sfakia), trébizontain accusatif féminin τέν. — En ce qui concerne le ν final de l'article, il est bien entendu qu'il ne subsiste que devant voyelles et κ, π, τ suivants. Voyez plus haut, p. 88.

CHAPITRE IV

Du nom.

P. 14, l. 35. *Ex aliorum grammaticis*. Ces mots donnent à penser. On serait bien curieux de savoir quelles peuvent être ces grammaires auxquelles S. Portius fait allusion aussi à d'autres endroits.

P. 14, l. 38-15, l. 7. *Variæ igitur multiplicésque sunt nominum terminationes*, etc. Le système de classification des déclinaisons de Simon Portius est décidément supérieur à celui de Sophianos, comme l'a déjà fait remarquer M. Psichari, *Essais*, I, p. 88, note 2; il est pourtant loin d'être à l'abri de tout reproche. Si nous faisons abstraction du développement historique et si nous ne regardons que l'état moderne, nous pouvons dresser le tableau suivant:

I. *Noms parisyllabiques.*

 a. Masc. 1. Sing. nom. *as, is*; gén. = nom. moins *s*, plur. nom. et acc. *es*.

  2. Sing. nom. *as, is, os*; gén. *u*; plur. nom. *i*, acc. *us*.

 b. Fém. 1. Sing. nom. *a, i, o*; gén. = nom. plus *s*; plur. nom. et acc. *es*.

 c. Neutr. 1. Sing. nom. *o*; gén. *u*; plur. nom. et acc. *a*.

  2. Sing. nom. *i*, gén. *ju*; plur. nom. et acc. *ja*.

  3. Sing. nom. *os*, gén. *us*; plur. nom. et acc. *i*.

II. *Noms imparisyllabiques.*

a. Masc. et fém. plur. *δes.*
b. Neutre plur. *ta.*

L'accusatif singulier est toujours en *n* qui tombait d'abord, suivant les cas (p. 88), mais qui aujourd'hui a totalement disparu. Le génitif pluriel en *on* est accentué dans I, *a*, 1, pour les noms en *is* κλεφτῶν et dans I, *b*, pour quelques fém. en *a* (qui ne sont pas des imparisyllabiques primitifs). La voyelle qui précède la désinence -δες dans II, *a*, est *a* ou *i* pour les masculins singuliers en *as*, ou *is*, sans règle bien fixe[1], *a* pour les féminins en *a* et *i* ; pour les autres substantifs de la même catégorie (καφές, βαλιντέ, etc.), c'est la voyelle du singulier qui forme désinence (καφέδες, βαλιντέδες). Dans II, *b*, la voyelle de la désinence est *a* pour les singuliers en *o*, *a* (ἄλογο, ἀλόγατα ; πρᾶμα, πράματα), *i* pour les neutres en -*os* (ἔθνος, ἔθνητα, χρέος, χρέητα).

Voici un exemple pour chaque classe :

I. *a.* 1. Ἀντρέας, κλέφτης.
      2. Κάδουρας, μάστορης, ἄθρωπος.
   b. 1. Μέρα (ἡμέρα), τιμή, μέθοδο.
   c. 1. Δέντρο, παιδί, βάθος.

II. *a.* Ψωμᾶς, άδες, βασιλέας, ιδες (βασιλέϊδες et βασιλιάδες) ; καφετζῆς, ῆδες ; κριτής, άδες (aussi κριτές, alors comme à I, *a*, 1) ; παππούς, οῦδες ; καφές, έδες ; μάννα, άδες ; ἀδερφή, άδες ; ἀλεπού, οῦδες,

   b. Ἄλογο, ἀλόγατα ; πρᾶμα, πράματα ; χρέος, χρέητα.

P. 15, l. 9. *Quorum genitivus in ου, licet satis barbare... in α vel in η.* Sophianos ne donne que προφήτη, Ἀνδρέα, au génitif ; Portius est ici comme ailleurs sous l'influence d'une

---

1. On ne peut déterminer encore bien nettement la règle de répartition entre -αδες, et -ιδες, masculin. Par exemple, on a pour des singuliers -ης, des pluriels -αδες, à côté de -ιδες : κλέφτης, κλεφτάδες, κλέφτηδες, ῥάφτης, ῥάφτηδες, ῥαφτάδες, πατριάρχηδες, πατριαρχάδες. Cette confusion doit avoir son origine dans la coïncidence de gén. plur., tels que βασιλιῶν (Eroph., II, 264) et κλεφτῶν ; l'α est régulier dans βασιλιάδες : c'est la voyelle du nominatif singulier. Le singulier -εας donne également des pluriels -εϊδες et -εαδες : βασιλέϊδες, βασιλιάδες : c'est la même analogie retournée.

réaction littéraire, qui lui fait préférer la forme classique en ου à la forme vulgaire en α, η. Il n'aurait dû citer que celle-ci. L'α au lieu de ου apparaît d'abord dans des noms propres d'origine dorienne, cf. Hérod., II, 636, 13 : εἰ δέ τι τούτων εἰς ᾱ καταλήξειεν, Δώριός ἐστιν ἡ κλίσις, συνήθης γεγονυῖα τῇ κοινῇ διαλέκτῳ. Ce sont donc des dorismes qui ont pénétré de très bonne heure dans le dialecte attique et de là dans la κοινή, en gagnant toujours du terrain. Ce sont surtout les formes hypocoristiques des noms propres, par exemple : Κλεοπᾶς = Κλεόπατρος et les sobriquets dont le suffixe est le même, φαγᾶς (mangeur), qui font ᾶ; de même Διονῦς = Διονύσιος, génitif Διονῦ, et ces deux classes de noms attirent peu à peu les appellatifs : Ἑρμῆ, génitif, C. I. A., III, 3519; Ἐπιφάνη, 3459; Πασικράτη, 3464; πρεσβευτῆ, C. I., 5366 (Afrique, 170 ap. J.-C.); cf. G. Meyer, § 345. — Je note ὁ ὄφις, τοῦ ὄφι, Phys., 77, 407. — Aux deux paradigmes déclinés (ll. 14-25), il faut supprimer le ν de l'accusatif et accentuer les deux génitifs pluriels comme le nominatif.

P. 15, l. 12. *Pluralis est in* αις. Voyez p. 123.

P. 15, l. 16 sqq. Ταμείας. Écrivez partout ταμίας. Ce qui amène chez S. Portius l'orthographe par ει, c'est probablement la forme mi-populaire, mi-savante ταμεῖο (= ταμιεῖον), contraction des deux *i*, mais sans *jotisation*.

P. 15, l. 26. *Adverte quædam nomina propria*, etc. C'est toujours l'ancien grec que l'auteur veut nous enseigner. L'exemple Λουκᾶς, génitif Λουκᾶ (et non Λουκοῦ), à côté de Πυθαγόρας, génitif ου et α, confirme ce que je viens de dire, que les formes familières des noms propres (et non pas les formes pleines, nobles de ces noms), ont pris les premières le génitif hétéroclite. A l'époque romaine, cette déclinaison était déjà devenue si commune que les noms romains, tels que *Sulla*, se déclinent seulement Σύλλας, génitif α et non ου.

Aujourd'hui, la classe ας, génitif α, répondant à la Décl. I pg., ne contient guère que des noms propres. Déjà, en ancien grec, le nombre des substantifs en ας, ου était très faible; ils ont disparu en partie, en partie ils ont formé leur pluriel en άδες; mais, d'autre part, presque tous les masculins de l'ancienne déclinaison consonantique (φύλαξ, ακος, etc.) ont reçu le nominatif en ας, génitif soit en α (πατέρα), soit en ου (γερόντου); voyez ci-dessus, p. 118, *Noms paris.*, Masc. 2.

P. 15, l. 36. Φιλία. Corrigez l'accent dans φιλία; il faut lire ou bien nominatif φιλιά, génitif φιλιᾶς, suivant l'accentuation moderne (p. 109), ou bien φιλία, φιλίας, avec l'accent classique. Φιλία est sans doute une faute d'impression. La forme savante φιλία a prévalu dans la langue commune.

P. 15, l. 31. *Nominativus est in α vel η, gen. in ας vel ης.* Les trois classes des noms féminins du grec ancien : nom. ᾱ, gén. ᾱς; nom. ᾰ, gén. ης, et nom. η, gén. ης, sont réduites à deux. Le nom. et l'acc. sg. de la première et de la seconde (ᾱ, ᾱς; ᾰ, ης) étaient devenus identiques, dès le moment où la différence entre ᾱ et ᾰ avait disparu ; on a alors : χώρα = γλῶσσα, χώραν = γλῶσσαν; par conséquent, la distinction entre le génitif χώρας et le génitif γλώσσης ne pouvait plus subsister, et cela d'autant moins que dans τιμή, τιμῆς, le nom. et le gén. montraient aussi la même voyelle. On a donc dit γλῶσσας sur γλῶσσα, comme on disait χώρας sur χώρα. La règle de la répartition, au nominatif, entre α et η s'est ainsi trouvée modifiée. En ancien grec, cette répartition se faisait suivant que α, au nominatif, se trouvait après ρ, ε, ι, ζ, σ ou après ξ, ψ, σσ, λλ, ιν ; mais il y avait quelques exceptions, dont le nombre a toujours augmenté. On a vu des dorismes dans des formes telles que λίμα pour λίμη, mais à tort, comme M. Chatzidakis l'a démontré, *Bezz. Beitr.*, VI, 320, et Ἀθήναιον, X, 229 sqq.
— Voici comment ces exceptions peuvent s'expliquer. Il y a des verbes en άζω, dérivés des substantifs féminins en α : βία, βιάζω, et en η : δίκη, δικάζω, et des neutres et masculins en ο : ἔργον, ἐργάζομαι. Par un procédé bien connu de toutes les langues modernes, on refait des substantifs en prenant pour base le verbe dérivé. Ainsi en français, du verbe *accorder*, latin *accordare*, on tire *accord*, qui n'a pas de type correspondant en latin ; ou bien en latin même, de *pugnus* on fait *pugnare*, se donner des coups de poing, se battre, et de là on dérive *pugna*, le combat. De même en grec : λιμός donne λιμάζω, qui donne λίμα. En effet, les verbes en άζω (pg. -άω) sont dérivés de substantifs en η et α : de λιμάζω on pouvait donc tirer λιμή, sur le patron de τιμάζω (τιμάω), τιμή. Dans le mot λίμα, c'est sans doute le synonyme πεῖνα qui a influencé la désinence du « *postverbal*[1] » λίμα.

---

1. Je me sers du terme bien choisi de M. Bréal, *Mém. Soc. ling.*, IV, 82.

Le néo-grec possède beaucoup de diminutifs neutres en ι, dérivés de masculins en ος et de féminins en α. Or il arrive souvent que ces mots en ι perdant leur sens diminutif, deviennent de simples positifs (παιδί = παῖς, pg.), et qu'alors les mots primitifs reçoivent en retour un sens augmentatif (cf. Dossios, *Beitr. zur neugr. Wortbildungsl.*, p. 42; Chatzidakis, 'Ἀθήν., X, 240; *Göttinger gel. Anz.*, 1882, 366 sqq.); ἐλάφι, diminutif de ἔλαφος, signifie aujourd'hui tout simplement *cerf;* ἔλαφος reste avec le sens de « grand cerf ». De cette manière la langue a trouvé un moyen de créer des augmentatifs, tantôt féminins, tantôt masculins. Dans ces nouvelles formations, la distinction entre η et α ne se fait plus; on dit στάμνα de σταμνί, ράδα de ραδί, τύρα de τυρί (qui serait aussi régulier en pg.), φλοῦδα de φλουδί, etc. Sur les augmentatifs féminins paroxytons provenant de diminutifs neutres en -ι oxytons et paroxytons, voyez du reste Chatzidakis, 'Ἀθήν., X, 239. — Le féminin des adjectifs oxytons, accentué sur la pénultième, devient substantif : φοβερός, *terrible, effrayant,* φοβέρα, *menace,* voyez p. 108. Sur le modèle des adjectifs en ρός qui sont en plus grand nombre, et d'autres en λλ, comme τρελλός, τρέλλα, la voyelle du substantif est très souvent α, même quand le féminin de l'adjectif est en η; ainsi τυφλή, mais τύφλα (cécité). On peut y ranger ζέστα (chaleur), à moins que ce ne soit ici plutôt le *postverbal* de ζεσταίνω; cf. ψύχρα (froidure) et ψυχραίνω. Cette seconde explication est préférable, parce que, à côté de ζέστα, on dit ζέστη. — D'autre mots en α enfin sont étrangers : κοῦπα, στοῦπα viennent du latin, comme le prouvent non seulement l'α de la désinence, mais aussi ου au lieu de υ; ζόμπα, roumain *ciump,* magyare *czamp.* — Enfin il faut noter le suffixe -λα féminin qui sert à former des substantifs abstraits soit de verbes, soit d'adjectifs; cf. Dossios, *loc. cit.*, p. 29; τρεχάλα, l'action de courir vite; κουφάλα, creux, cavité; καυλά, chaleur; ψυχρούλα, froid; ἀσπρίλα, μαυρίλα, etc.; ιλα nous rappelle le roumain *eală* (ea = ē), par ex. *amareală* (amertume) (voyez Diez, *Gramm. des langues romanes*, II, 327), suffixe qui lui-même vient du slave -*el*, féminin. Est-ce que le grec ιλα aurait la même origine? Je n'ose pas l'affirmer absolument, mais je ne vois rien d'analogue dans l'ancienne langue. Dossios cite bien κεφάλα et κουτάλα refait sur κουτάλι, diminutif de κοτύλη; mais, dans κουτάλι, justement l'α reste inexpliqué (pour υ); κεφάλα prête à des difficultés insurmontables pour le sens. Pour ιλα, M. Dossios suppose des adjectifs en υλος, mais le seul exemple qu'il cite d'adjectifs de ce genre, p. 25, παχυλός, se présente justement sous la forme παχουλός en néo-grec. Pour trancher la question, il faudrait dresser une liste complète de toutes ces formations, ce qui n'est guère possible aujourd'hui, vu la grande imperfection de nos dictionnaire néo-grecs et la rareté des informations lexicologiques et dialectales. Voyez, en attendant, une liste de ces féminins en α, Ἀθήναιον, X, 236-237.

M. Chatzidakis a posé les règles de la répartition de α et η dans la langue moderne, Ἀθήναιον, X, p. 233 sqq. : 1° Les proparoxytons en α restent ; 2° les appellatifs oxytons en ή restent ; 3° les abstraits oxytons et paroxytons ont η ; 4° la plupart des appellatifs paroxytons, mais non tous, ont η. En voici quelques exemples : 1° θάλασσα, μέλισσα, κόρυζα, γέννα, ψώρα, τρύπα, etc. ; 2° κεφαλή, κορυφή, αὐλή, πηγή, φωνή, πιθαμή, βροντή, etc. ; 3° τύχη, ἀνάγκη, ντροπή, ἀκουή (cf. ibid.), ἀπαντοχή, καταρροή, λύπη, ζωή, etc. ; 4° δάφνη, σκάφη, ζύμη, ὕλη, κόχη, στάχτη, etc., mais χελώνα, καλύβα, βελόνα, ζεύλα, ῥίνα, λούδα, etc.

Nominatif pluriel αις, cf. Psichari, *Essais*, I, 98-118. Le nominatif et l'accusatif singuliers des substantifs féminins de la déclinaison consonantique, devenue parisyllabique, coïncidaient avec le nominatif et l'accusatif singuliers des thèmes en α : μητέρα = ἡμέρα, μητέρα(ν) = ἡμέρα(ν) ; mais au nominatif et à l'accusatif pluriels, μητέρες était différent de ἡμέραι, ἡμέρας. A en juger d'après les textes, c'est vers le VIIe siècle que -ες apparaît dans la première déclinaison : οἱ Σκῦθες, Malal., 26, 5 ; Πέρσες, 33, 18 ; κλέπταις, Italograeca II, 107, de l'an 1130, etc., voyez Psichari, 99 sqq. ; et un peu plus tard, au XIIe ou XIIIe siècle, à l'accusatif pluriel [1]. Par opposition au nom. sg. fém., qui avait une terminaison vocalique (car le ν de l'accusatif était tombé, du moins dans certains cas), le féminin pluriel était consonantique et avait *s* à la désinence. On ne voulait donc pas en rester à ἡμέραι *(imere)*, qui ne donnait pas l'idée d'un pluriel féminin, mais on élargissait ce pluriel en ἡμέραις *(iméres)*, sur le patron de μητέρες. Les masculins plur. en -αι suivent l'exemple des féminins et des masculins tels que πατέρες, qui avaient au sg. nom. -ας, acc. -α(ν). Puis l'iden-

---

1. Voyez aussi *Berl. philol. Wochenschrift.*, 1887, 1015, l'exemple ταύτες, ἄλλες cité d'après Newton, *Gr. Inscr.*, II, 135, lignes 7, 10 (non p. 134). La date de cette inscription (Rhodes) est inconnue.

tité de la voyelle au nom. accus. sg. des thèmes en η, α de la Décl. I et des nom. accusatif pluriels de ceux en α de la Décl. III, amenait -ες au lieu de -ας à l'accusatif pluriel de la Décl. I. L'orthographe αις est à rejeter parce qu'elle fait croire à un datif pluriel ou à une forme dialectale; -ες est préférable. Mais, rigoureusement parlant, cette orthographe -ες ne se justifie pas étymologiquement. En effet, l'empiètement de la Décl. III sur la Décl. I n'a été possible que parce que la désinence -αι coïncidait phonétiquement avec l'ε de -ες. De cette façon, nous avons à la fois dans *imeres* l'αι de ἡμέραι, l'ε de μητέρες et enfin le σ de μητέρες.

L'accent du nom. sg. reste à tous les cas: on ne dit plus θάλασσα, θαλάσσας, mais θάλασσας, Form., II, 139; Carm., 61, 85; au pluriel θάλασσες, comme θάλασσαι. Ce dernier substantif a encore une forme masculine : θαλάσσου, Sklav., 44; Phys., 112; Imber. III, 482, etc.; d'autres exemples dans G. Meyer, *Bezz. Beitr.*, I, 228, mais toujours avec l'article fém. τῆς. Je n'explique pas ce génitif. Il est douteux qu'on puisse y voir une influence du génitif féminin en -ου des thèmes en -ο, comme Ῥόδου. Le point de départ analogique serait alors le génitif pluriel. On a ὁδηγήτριας, Const., 390.

P. 16, l. 11. *Vocativus singularis amittit* ς. En ancien grec, le vocatif des mots en -της est -τα, et non -της: κλέπτα. La langue moderne, qui ne tolère pas de génitif ου pour un nom. en -ης, mais lui substitue la désinence -η, ne souffre pas non plus le vocatif -α et le remplace par -η.

P. 16, l. 14. *Tertia declinatio*. Sur les féminins en -ος, cf. Lange, *De substantivis femininis græcis secundæ declinationis*, Leipzig, 1885; Chatzidakis, KZ., XXVII, 82 sqq.; Ἀθήν., X, 229 sqq. Psichari, *Essais*, I, p. 221, 222, note 1.

Ces substantifs ne subsistent plus dans la langue vulgaire, mais ils sont transformés de trois manières différentes.

1. La désinence l'emporte sur le genre, au lieu de ἡ κόπρος on dit ὁ κόπρος, et ainsi ὁ γύψος, ὁ πλίνθος, ὁ τάφρος, ὁ ληνός; cf. Lobeck, *Phrynichus*, 54 : ἡ βῶλος θηλυκῶς δέον οὐκ ἀρσενικῶς, on disait donc déjà ὁ βῶλος comme aujourd'hui ὁ σῶλος, ὁ ἔξοδος, etc. Cf. Ἀθήν., X, 229. Tous les noms d'arbres rentrent dans cette catégorie et passent au masculin.

2. Le genre l'emporte sur la désinence.

a. La désinence caractéristique du fém. α ou η se substitue à -ος: παρθένα, πλατάνη, etc.; ὀδή, Lex., II, 205, au moyen âge;

cf. Psichari, *Essais*, I, 221. De la même façon, tous les adjectifs νόστιμη, ἄνοστη, etc. prennent la désinence féminine.

b. La voyelle ο reste, mais le nom. et le génitif prennent la forme féminine, nom. -ο, gén. -ος, nom. pluriel -ες. Le génitif pluriel demeure paroxyton : παρθένο, παρθένος, παράδεισο (cf. p. 108), ἄμμο, μέθοδο. Cette formation est la plus moderne ; c'est celle que subissent les mots savants quand ils pénètrent dans la langue du peuple. Ni Sophianos, ni Portius ne la connaissent. En effet, il n'y a pas, dans cette catégorie de féminins, un mot vraiment populaire : παράδεισο est un terme de l'Église, μέθοδο un terme savant ; à côté de παρθένο on a παρθένα, etc. Nous voyons ici une tendance qui domine le développement de la déclinaison grecque, c'est de décliner sur le même patron tous les mots qui ont le même genre. Il est possible qu'on arrive un jour à une classification encore plus simple des substantifs et qu'on les range comme suit : première déclinaison, tous les masculins ; deuxième déclinaison, tous les féminins ; troisième déclinaison, tous les neutres. Si l'on se reporte au tableau donné à la page 118, on voit qu'on est déjà arrivé, ou peu s'en faut, à cette classification. Voyez plus loin [1].

Il faut aussi ranger dans cette classe les noms d'îles en -ος : Λῆμνο, Σάμο, Ῥόδο, Χιό, etc., et les noms de villes, comme Κόρτο (Κόριθο), *Revue critique*, 1887, 408.

Quelques féminins sont devenus neutres : τὸ βάσανο, τὸ δρόσος, τὸ ψῆφος, Ἀθήν., X, 229. D'autres ne sont connus que sous la forme du diminutif : νησί, ἀμπέλι, σταμνί, ῥαβδί, γυαλί, etc. Ἀθήν., X, 230. D'autres enfin (*ibid.*, 232) changent de désinence : ἡ πλατανιά, ἡ δασκάλισσα, etc.

La déclinaison attique ne peut plus exister dans le néo-grec, dès le moment où ω et ο sont devenus phonétiquement identiques. Il n'y a plus, du reste, qu'un seul de ces substantifs qui dure encore, c'est λαγώς, aujourd'hui λαγός ; mais λαγωός, Belth., 791, λαγωόν, 770, Form., I, 66, etc.; ἀνώγεων donne ἀνώγι, gén. ἀνωγίου et est traité par conséquent comme παιδίον.

Les neutres subissent une double analogie ; δέντρον a les deux pluriels : τὰ δέντρα ou τὰ δέντρη. On sait que déjà dans l'antiquité on hésitait dans la déclinaison de ce mot : δένδρεσιν est même plus usité que δένδροις. Je cite ici un passage inté-

---

1. Cf. Krumbacher, *Beiträge*, p. 58.

ressant d'Eusthate *ad Iliad.*, II, 396, 22 : « Ἰστέον δὲ ὅτι ἐν τῷ Αἰλίου Διονυσίου λεξικῷ φέρεται ὅτι λέγεται οὐ μόνον δένδρον ἀλλὰ καὶ δένδρεον καὶ δένδρος. Φησὶ γοῦν ὅτι δένδρου μᾶλλον ἢ δένδρος καὶ δένδρα μᾶλλον ἢ δένδρη καὶ αἱ πτώσεις δένδρου καὶ δένδρῳ μᾶλλον ἢ δένδρει καὶ δένδρους. Ξενοφῶν δέ, φησίν, ἐκείνως μᾶλλον ὀνομάζει, δένδρος καὶ δένδρει καὶ δένδρεσι καὶ δένδρη καὶ δένδρεα. » De même κάστρον fait τὸ κάστρος, Ducas, 523, et au pluriel presque toujours τὰ κάστρη ; ἄστρον, pluriel τὰ ἄστρη, Cypr., 8, 13 ; Apoll., 435, etc. ; cf. G. Meyer, *Bezz. Beitr.*, I, 227, qui y voit des nominatifs masculins. Mais comment expliquer la combinaison de l'article neutre τά avec un nominatif pluriel masculin? Les neutres ont deux désinences au nominatif pluriel, α et η ; la langue, qui a toujours en vue le genre, cherche à donner la même terminaison à tous les noms du même genre ; elle hésite encore entre α et η. La même tendance fait créer le pluriel ἀλόγατα (Legrand, *Grammaire*, p. 118) sur ἄλογο, c'est-à-dire ἄλογο, plus la désinence -τα de πράματα ; voyez plus loin.

En ce qui concerne l'accent, il faut remarquer que le nom. pluriel suit le génitif et l'accusatif. On dit donc ἄθρωπος, ἄθρωπου, mais ἀθρῶποι, ἀθρώπω(ν), ἀθρώπους, Chatzidakis, *Göttinger gel. Anz.*, 1883, 353 ; Ἀθήναιον, X, 98. Cette accentuation apparaît au moyen âge : ἀγοῦροι, Dig. II, 465 ; διδασκάλοι, Imb., I, 146 ; ἀνθρῶποι, Sklav., 18, etc. ; Krumbacher, *Beitr.*, p. 43. Les adjectifs, au contraire, reculent l'accent même à l'accusatif pluriel : κακόμοιρους, φρόνιμους, Imb. I, 295 ; καρδιοφλόγιστους, 196, etc. On dira βάρβαροι adjectif et βαρβάροι substantif.

P. 16, l. 18. *Exemplum foemininorum*. Corriger d'après ce que nous venons de dire des féminins en -ος, le paradigme ἔρημος. Il faut dire : ἔρημο, ἔρημος, etc., voc. ἔρημο.

P. 17, l. 5 suiv. *Quarta declinatio*. Nous avons ici le pendant de la flexion féminine en -ος, -ο. Le génitif singulier des substantifs qui appartiennent à cette classe aurait dû être en -ος, désinence qui restait isolée et pour cela était condamnée à disparaître. Voyez aussi Psichari, *Essais*, I, 95. On pouvait calquer un nouveau génitif sur le nom.: σάλιακας, σάλιακα, ou bien emprunter leur désinence aux masculins par excellence, aux thèmes en -ος, génitif -ου, et alors on déplaçait l'accent ; la terminaison -ου demande, en effet, toujours l'accent sur l'avant-dernière. Pour le pluriel, le nominatif et l'accusatif -ες appartiennent à tous les féminins et à ceux des masculins qui font le singulier en -ας ου -ης et qui étaient oxytons au génitif pluriel, oxytons ou paroxytons au singulier. Σάλιακας remplit la première de ces deux conditions, mais il se distingue, par l'accent, de la classe ταμίας. Les masculins proparoxytons au nominatif et à l'accusatif sing. et au nominatif plur., paroxytons au génitif plur., avaient le nominatif plur. en -οι : ἄθρωποι; d'autre part, presque tous les mots avec nominatif acc. pluriel proparoxytons en -ες étaient des féminins; alors les substantifs comme σάλιακες, etc., qui étaient des masculins avec une forme plutôt féminine, reçurent les terminaisons masculines au nominatif pluriel -οι, accusatif pluriel -ους; mais ils déplacent plus tard l'accent au nominatif pluriel. Cf. γειτόνοι, Pic. 145; φυλακατώροι, Sachl. II, 270.

On voit maintenant ce que sont devenus les substantifs masculins de la déclinaison consonantique. Tous ils ont refait leur nominatif et l'ont changé en -ας, sur l'accusatif en -α : πατέρα coïncidant avec νεανία, πατέρας correspond nécessairement à νεανίας. Les germes de cette transformation remontent à l'antiquité. Les accusatifs en αν, ην, ον, et surtout les articles τήν, τόν, faisaient naître le sentiment que -ν était le signe caractéristique de l'accusatif singulier; πατέρα, μητέρα n'avaient pas ce signe caractéristique; on le leur donna et l'on eut ainsi πατέραν, μητέραν. Des exemples de ces formes ne sont pas rares : γυναῖκαν, θυγατέραν C. I. 2089 (pas avant Trajan); ἄνδραν, 1781 (Thessalie), μητέραν, 1988 b, A (Macédoine); ils sont particulièrement fréquents dans l'Ancien Testament. Cf. Sturz, *De dialecto macedonica*, 127, Wagner, *Quæstiones de epigramm.* 101. C'est ici la répétition d'un phénomène qui s'était produit des siècles auparavant. Ζῆν, τίν semblaient également dépourvus du signe de l'accusatif; on l'y mit et l'on eut Ζῆνα, τίνα.

A partir du moment où tous les noms masculins et féminins eurent -ν à l'accusatif, et où une partie considérable des masculins avaient -ς au nominatif, et une partie considérable des féminins -α ou -η au même cas, l'idée se présenta à l'esprit des sujets parlants que -α ou -η était le caractère essentiel du féminin, et -ς du masculin. Alors on commença à créer des nominatifs en -α aux accusatifs féminins en α, des nominatifs en -ας aux accusatifs masculins en -α, -η. Les mots les plus usités, surtout ceux qui désignaient des personnes, résistent plus longtemps, parce que le nominatif en était protégé par le vocatif; les noms de choses, au contraire, qui n'ont pas de vocatif, perdent le nominatif plus vite[1]. Ce sont les mots monosyllabiques qui nous montrent les premiers ces nouveaux nominatifs : γλαῦξ et γλαῦκα, Théophraste; κρέξ et κρέκα, Eustathe; φλέβα, Galénus, etc., φρίκα et φρίκη à côté de φρίξ, etc. cf. Lobeck, *Paralipomena*, 136 sqq. Les masculins hésitent entre -ας et -ος; cf. γλαῦκος, σκῶπος, Zénodote; δόρκος, αἶγος, C. I. 1569; ngr., κλῶνος, Apok. II, 47, etc.; ἐπόπτος = ἔποψ, Phys. 860 (influence du thème de ὀπτάζω). Il est vrai que ces nominatifs n'apparaissent qu'assez tard dans les textes, et qu'ils se répandent lentement; cf. Psichari, *Essais*, I, p. 91; les premiers exemples de μητέρα, πατέρας se lisent dans Gloss. Laod., Interpret. Mont.; mais il est évident que nos textes ne marchent pas de pair avec le développement de la langue. Si l'on écrit πατέραν pour πατέρα, on ne s'écarte guère de la forme classique; mais un nominatif πατέρας pour πατήρ[2] choquait beaucoup plus un auteur qui savait tant soit peu d'ancien grec.

Quelquefois, des substantifs en -ος prennent une terminaison -ας au nominatif : ἔγγονας ἐγγόνοι, μάγερας μαγέροι, ἔμφορας ἐμφόροι, Chatz. Φθογγολ., p. 29.

Je ne fais pas ici l'énumération des exemples des masculins parisyllabiques, des génitifs en -ου, avec le nominatif pluriel en οι, des substantifs de la troisième déclinaison. On en trouvera dans le tome II des *Essais* de M. Psichari qui doit paraître prochainement. Je me borne à l'examen des cas les plus importants. Une première question qui se pose est la suivante : pourquoi et quand l'accusatif pluriel -ας a-t-il cédé la place au nominatif et s'est-il identifié avec lui? Le rapprochement entre πλείους, πόλεις, βασιλεῖς (Chatzidakis, *Bezz. Beitr.* VI, 336; Psichari, *Essais*, I, 99), ne nous apprend rien, étant donné que l'on ne nous explique pas par là pourquoi c'est dans ces classes de substantifs et pas dans les autres que l'accusatif s'est assimilé au nominatif. Si, vers le commencement de notre ère (voyez, pour les exemples, Psichari, *loc. cit.*, 99 ; le plus ancien est δραχμὰς τέσσαρες, Pap. Leid. II, 77, 25, 89 av. J.-C.), l'exemple de πόλεις, nominatif et accu-

---

1. Le même fait s'observe dans les langues romanes. Cf. le français *sœur*, italien *suora*, roumain *soară* = *sóror*; mais *chaleur*, *calore* = *calóris*, refait sur *calórem*, etc.

2. Il va sans dire que je prends πατήρ comme exemple typique de toute la classe des noms imparisyllabiques.

satif, a amené une forme unique pour πατέρες et πατέρας, pourquoi est-ce -ες et non -ας qui reste? La réponse à cette question est du reste facile à trouver : un nominatif pluriel πατέρας était impossible, dès le moment où πατέρας était nominatif singulier. Et c'est ce même nominatif singulier πατέρας qui a compromis l'accusatif pluriel πατέρας. En effet, pourquoi πόλεις aurait-il influencé plutôt πατέρ-ες-ας que τιμαί-αίς ou λόγοι-ους? Serait-ce à cause des datifs pluriels πόλεσι = πατράσι? Non, certes! Le datif était déjà d'un emploi fort restreint, à l'époque où l'accusatif πατέρες apparaît. Je ne vois donc pas d'explication à chercher de ce côté. Mais, au moment où πατήρ est remplacé par πατέρας, forme dérivée de l'accusatif πατέραν, l'idée de l'identité de la voyelle à l'accusatif et au nominatif de ces substantifs s'impose avec une telle force qu'on établit la même identité au pluriel. On peut dire maintenant que πόλεις accusatif et nominatif peut tout au plus avoir joué un rôle dans l'identité de l'accusatif et nominatif singuliers, qui s'observe dans πόλις, πόλιν. Dans χώρα-χώραν, λόγος-λόγον, où le nominatif et l'accusatif avaient toujours eu la même voyelle, où, de plus, le nominatif n'est pas calqué sur l'accusatif, cette identité ne se présente plus assez vivement à l'esprit pour pouvoir modifier le pluriel. Si ce raisonnement est juste, nous avons là une nouvelle preuve de la haute antiquité du parisyllabisme.

J'ai déjà dit que tous les anciens nominatifs (p. 127) γέρων, δράκων et Χάρων ne reçoivent pas de désinences -ας, *γέρωνας, au nominatif. Or, il y avait une contradiction évidente entre la forme et la fonction de ces mots : comme fonction, c'étaient des nominatifs singuliers masculins; comme forme, des nominatifs neutres ou des accusatifs masculins. On se tire d'embarras en les revêtant de la forme masculine : ὁ γέρως, ou plutôt, parce que ω = ο, ὁ γέρος, génitif τοῦ γέρου. Cf. τὸν γέρον, Apoll. 787 ; τὸν γέρον πατέρα, 843 ; μὲ τὸν γέρον, 849. De même δράκος, -ου, Χάρος, -ου. Δράκοντας, du reste, n'est pas une forme inconnue; cf. δρακόντου, Form. Med. I, 366; γέροντα, Schmidt, 39, 2; Χάροντας est fréquent dans les chansons populaires. Une forme analogue à γέρος, γέρον, est l'accusatif ἐλέφαν, Quadrup. 935, génitif ἐλέφα, 977; génitif λέου, ib. 1023; accusatif λέον, 1008, formes poétiques qui n'ont jamais existé dans la langue du peuple.

Les masculins en -εύς, accusatif -έα, subissent différentes influences. Sur βασιλεά on fait βασιλεάς, qui rentre ainsi dans la catégorie des oxytons en ας (p. 133). C'est la forme moderne, cf. Schmidt, 58, 3; génitif βασιλιᾶ, Eroph., I, 577; II, 518; χαλκεά, Pulol. 426; φονιά, χαλκιά, Carm. 91, 18, 28. Mais, à côté de ces formes, on lit un nominatif βασιλιός, Eroph., prol., 123; génitif βασιλιοῦ, *ibid.*, I, 67; II, 520; accusatif -ιόν, I, 540, vocatif -ιέ, II, 373; pluriel -ιοί, I, 534 et -λοί, III, 268; βασιλιούς, I, 523, etc.; οἱ γονεῖ, Eroph., I, 151; enfin βασιλές, Carm. 138, 43. La flexion en -εας se comprend sans explication : βασιλεά coïncide avec l'accusatif πατέρα; le nominatif βασιλέας se dira donc comme le nominatif πατέρας. Βασιλιόν est d'explication plus difficile. On ne peut pas partir du génitif pluriel βασιλεῶν coïncidant avec le génitif pluriel ποταμῶν, parce que, dans une hypothèse de ce genre, κλεφτῶν donnait lieu à une analogie plus voisine et plus facile. On ne peut songer davantage à βασιλεοῦ pour *βασιλεός, comme σαλιάκου pour σάλιακος, par une raison que nous verrons tout à l'heure. L'accusatif pluriel βασιλέας a été supplanté par le nominatif βασιλεῖς dans le dialecte attique et, plus tard, dans la κοινή, par exemple dans Polybe; cf. aussi Sophianos, p. 41, accusatif pluriel βασιλεῖς. Or, -εις, comme accusatif pluriel, était une formation isolée; dans tous les autres masculins, on avait -ας ou -ους; une de ces désinences s'imposait aussi pour βασιλεῖς et, comme -ας était tantôt masculin, tantôt féminin, tandis que -ους était exclusivement masculin, on dit βασιλει-ούς pour βασιλεῖς. Le procédé est le même que celui que nous avons observé dans ἡμέρε-ς pour ἡμέραι. Pour des phénomènes analogues dans la conjugaison, voyez au chapitre VI. Sur βασιλειούς on refait βασιλειοί ou βασιλοί (p. 104), etc. Je ne m'explique pas βασιλές.

A en juger d'après Portius, les génitifs en -ος auraient complètement disparu de son temps, à l'exception de ῥηγός, p. 20, 13. Sophianos, au contraire, connaît un certain nombre de ces génitifs, p. 43. Αἴαντος, κακότητος, βαρέος, 41 s. αἰγός, μητρός, τριάδος, γυναικός, θυγατρός, κοπελός, ἀνδρός, βασιλέως, πατρός, ῥηγός, σωτῆρος, γέλωτος, ἱερέως, Ἀχιλλέως. Les nominatifs de tous ces mots sont en -α pour le féminin, en -ας pour le masculin. Est-ce par inadvertance, ou plutôt par un amour exagéré de la brièveté, que notre auteur ne cite aucune de ces formes, ou est-ce qu'elles n'existaient déjà plus? Quelques-unes subsistent toujours, voyez Legrand, p. 122 et 113 : μηνός, ἀνδρός, μητρός, πατρός, γυναικός; Psichari, *Essais*, I, 95, ἀφεντός, κοπελός, μερός; βασιλιός, Schmidt, 29, 14; 30, 13; 59, 5; ῥηγός, 29, 14; 30, 13. Il faut écarter νυχτός, qui ne se conserve que dans un sens adverbial et signifie *de nuit*, dans la locution μερὸς καὶ νυχτός. On ne dirait pas τὰ ἄστρα τῆς νυχτός, mais τῆς νύχτας. D'autre part, du moment que νύχτας coïncide avec ἡμέρας, que νύχτα se décline comme ἡμέρα, il devenait d'autant plus facile de créer l'adverbe μερός sur νυχτός (comparez l'allemand *des Nachts* sur *des Tags*). On voit que les mots qui ont conservé le génitif en -ος sont en partie les plus usités dans la langue : πατρός, μητρός, sur lesquels, ou plutôt encore sur θυγατέρα, θυγατρός, on a calqué κοπέλα, κοπελός, mot d'origine étrangère, mais inconnue; cf. vsl. *copilŭ*, alb. *kopílj*, roum. *copíl* (voir p. 135, 2); en partie des termes de droit : ῥηγός, qui a servi de modèle à ἀφεντός. De même ἑνός, καθενός, κανενός, qui n'ont pas d'autre désinence au génitif, soit qu'on dise d'ailleurs ἑνός ou ἑνοῦς, suivant les régions. En attendant des renseignements précis sur la langue populaire moderne, on peut dire dès aujourd'hui que Sophianos est beaucoup plus exact que Portius, qu'au xviie siècle la déclinaison n'était pas encore aussi simple qu'on pourrait le croire en se reportant aux paradigmes du tableau de la déclinaison donné par ce dernier.

La règle générale n'en subsiste pas moins; les substantifs masculins de la troisième déclinaison ancienne ont reçu la désinence -ας au nominatif singulier. Les paroxytons (πατέρας, ἄντρας), qui avaient, à peu d'exceptions près, l'accent sur la dernière syllabe au génitif pluriel, sont assimilés aux anciens masculins de la première déclinaison : nominatif singulier -ας, paroxyton; génitif pluriel -ῶν, périspomène. D'autre part, les proparoxytons, c'est-à-dire tous ceux qui, en ancien grec, sont paroxytons ou proparoxytons au nominatif singulier, paroxytons au génitif pluriel, rentrent dans la classe ἄνθρωπος-ἀνθρώπων; ils font le génitif singulier en ου, nominatif pluriel οι, accusatif pluriel ους.

J'ai déjà cité quelques débris des anciens nominatifs imparisyllabiques, p. 129. La littérature du moyen âge en fournit d'autres : γυνή, γυνῆς, γυνήν; le pluriel γυναί, etc., n'existe que dans les Chroniques de Chypre. M. Krumbacher a catalogué ces nominatifs, *Beiträge*, p. 49 et suiv., et je crois qu'il a raison de les considérer comme des formes savantes ou littéraires. Le peuple disait γυναίκα au nominatif; les écrivains qui avaient quelques notions de grec ancien savaient que le nominatif classique était γυνή, et ils ont pris cette forme comme base de la déclinaison de ce substantif. Dans la même catégorie rentrent les indéclinables comme θυγάτηρ gén. pour θυγατέρας, etc. On avait tout à fait perdu le souvenir de la déclinaison imparisyllabique; le nominatif classique θυγάτηρ, qui était resté dans la langue littéraire, est donc employé tout d'abord comme accusatif singulier, parce que la forme correspondante vulgaire θυγατέρα servait aussi bien pour le nominatif que pour l'accusatif. On a ainsi τοῦ Πριάμου τὴν θυγάτηρ, Hermon. 2281. Puis, comme il n'y avait pas de modèle sur lequel on pût former un génitif, on conserva partout θυγάτηρ, et l'on dit : ῥηγὸς μεγάλου θυγάτηρ Χρουσάντζας λεγομένης, Belth. 387. De même πατήρ à l'accusatif : Asin. 148, ὁμοιάζω τὸν πατήρ μου παντοκράτωρ; Imb. I, 679, τὸν Θεὸν τὸν παντοκράτωρ; ἄναξ, τὰ ῥήματα τοῦ ἄναξ, Apoll. 52, etc.; voyez d'autres exemples, Krumbacher, 56. Ces nominatifs pétrifiés, qui, à ma connaissance, ne se trouvent nulle part aujourd'hui, seraient tout à fait inexplicables dans une langue vivante. Ce sont là des créations de grammairiens et de lettrés; ces mots n'ont pas de flexion, par la même raison qui fait que, dans toutes les langues possédant encore une déclinaison, les mots étrangers, dont la terminaison n'a rien de correspondant dans la langue indigène, sont traités comme indéclinables. De même, θυγάτηρ est un mot étranger dans le grec du moyen âge et pour cela restait indéclinable. Où pouvait donc se trouver un type sur lequel on aurait donné une flexion à θυγάτηρ? Ce type n'existait plus. — Cf. encore τὸν ποῦν, Belis. II, 240, et πένης accusatif pluriel, Belis. I, 7; τὸν δεσπόζων, Bel. I, 554. Parmi les adjectifs, c'est μέγας qui cause des difficultés à la langue moderne. Le nominatif vulgaire est évidemment μεγάλος, neutre μεγάλο, accusatif μεγάλο; mais Prodr. III, 2, donne le datif μέγα; or, à l'époque de Prodrome, le datif avait disparu depuis bien longtemps de la langue parlée; si lui et d'autres écrivains après lui s'en servent encore, c'est par tradition littéraire. Par la même voie, on avait accueilli le nominatif littéraire μέγας au lieu de μεγάλος de la langue parlée. Quoi de plus naturel, dès lors, pour former le datif, qui est un cas *savant*, que de prendre le nominatif μέγας et de le décliner sur νεανίας, datif νεανίᾳ? Du reste, μέγας, pour subsister, se trouvait dans des conditions meilleures que θυγάτηρ : μέγας coïncide, pour la désinence, avec εὐδαίμονας; de même l'accusatif μέγα[ν] avec l'accusatif εὐδαίμονα; ces formes pouvaient se conserver grâce à cette ressemblance; cf. Otr. *méa, máli, méa*, p. 122; Bova μέγα, 46.

P. 17, l. 18. μάστορης. C'est le latin *magister*, latin vulgaire *maister.

P. 17, l. 28. *Quinta declinatio*. C'est la déclinaison imparisyllabique moderne, dont on ne trouve que des traces bien faibles dans l'antiquité, mais c'est là une preuve de plus du petit nombre de types nécessaires et suffisants pour entraîner avec eux tous les autres mots qui peuvent leur ressembler. Établissons d'abord quels sont les thèmes qui rentrent dans cette classe, ou plutôt quels sont ceux qui ne s'y rangent pas. En se reportant au tableau de la page 118, on peut faire aussitôt les observations suivantes : 1° -δες n'appartient qu'aux substantifs masculins et aux féminins; 2° les masculins en -ος, les féminins en -ο n'ont jamais de pluriel en -δες; 3° il n'y a qu'un nombre restreint de féminins en -ά, -άδες, -ή, -ήδες, et tous sont oxytons au singulier. Ce qui veut dire : la classe qui fournit le plus grand contingent de pluriels en -δες, c'est celle des masculins en -ας oxytons; ils ont entraîné à leur suite ceux en -ης, qui sont liés très étroitement avec eux, et quelques-uns des féminins correspondants, de plus, tous les types isolés en -ες, qui sont presque sans exception des mots étrangers, ceux en -ους, féminins en -ου (ω), etc.; tandis que la plus grande partie des féminins en -α, -η, les masculins en -ας proparoxytons, génitif -ου, et en -ος restent intacts. Il faut donc partir des masculins en -άδες. Le seul type dans la langue ancienne qui puisse nous fournir un rapprochement, c'est φυγάς, φυγάδες[1]. Une influence analogique sur les noms en α était possible, dès le moment où la différence entre ᾰ et ᾱ n'existait plus. Mais pourquoi -δες est-il restreint au pluriel? Pourquoi le génitif pg. φυγάδος et l'accusatif pg. φυγάδα n'ont-ils pas entraîné un nominatif φυγάδας, et plus tard un génitif φυγάδα? Pourquoi enfin φυγάς lui-même se dirait-il aujourd'hui φυγάδας et non φυγάς? Ce sont là autant de questions qu'on ne peut guère s'empêcher de poser. Je crois que φυγάς n'entre qu'en seconde ligne, ou peut-être même n'entre pas du tout dans la création du -δες moderne. Nous avons déjà vu (p. 120) qu'il faut chercher l'origine des substantifs très nombreux en -ᾰς, désignant des personnes, dans les formes hypocoristiques des noms propres (on sait que c'est ainsi que -δης sert à former des patronymiques) : Βορεᾶς–Βορεάδης, le fils

---

1. Cf. G. Meyer, *Gr. Gramm.*, 2ᵉ éd., § 337.

de Boréas ; Βορεάδαι, les enfants, les descendants, la famille de Boréas, c'est-à-dire, dans un certain sens, *une pluralité* de Boréas. De même de φαγᾶς, le *mangeur*, le *gourmand*, sobriquet qui, comme tel, avait la forme des noms propres, on pouvait former, dans le sens plaisant, un nominatif φαγάδης (comme Βορεάδης de Βορεᾶς), avec un nominatif pluriel φαγάδαι (sur Βορεάδαι), *famille de gourmands*. Ce sont là des formations du langage familier, mais dont je trouve un exemple très ancien dans Pollux, VIII, 34 : τὸν δὲ κλέπτην εἴποις ἂν καὶ κλεπτίσκον ὡς Εὔπολις. Φερεκράτης δ' εἴρηκε καὶ κλεπτίδης. Donc κλεπτίδης était synonyme de κλέπτης[1]. Pollux le cite en même temps que κλεπτίσκον, forme diminutive, comme la langue du peuple les aime ; l'écrivain chez lequel il a trouvé cette forme est un poète comique contemporain d'Aristophane, un auteur qui parle la langue de la conversation. Malheureusement le passage de Phérécrate ne nous est pas conservé ; il serait important de savoir s'il y a vraiment κλεπτίδης dans le texte, ou, par exemple, κλεπτίδαι. C'est donc par des formes comme *φαγάδης, κλεπτίδης, qu'ont été entraînés les masculins en -ας oxytons, puis ceux en -ης, etc. D'autre part, la forme du singulier φαγάδης disparaît, tandis que φαγάδαι, comme pluriel de φαγᾶς, survit. Cela s'explique d'autant plus facilement que les noms hypocoristiques n'ont pas de pluriel à eux ; d'un autre côté, φαγᾶς, ayant perdu le sens *individuel*, avait besoin d'un pluriel. Alors, sur le modèle de φαγᾶς, φαγάδαις, φαγᾶ, on calque φυγάς, φυγάδες, φυγᾶ, au lieu de φυγάδος. Bien que les germes de ces pluriels se retrouvent ainsi même à l'époque classique, la désinence -δες ne se répand que très lentement. Le dialecte d'Otrante ne connaît pas du tout ces pluriels ; celui de Bova n'a que *ledde* (frère), pluriel *leddidia*, *singheni* (parent), *singhenadia*, et il est même douteux que ces substantifs rentrent dans cette catégorie. Ce sont, en effet, des pluriels neutres, et le suffixe du premier mot pourrait être le diminutif -ίδιον. En tout cas, ce sont des mots qui appartiennent tout à fait au langage familier et qui ont une certaine parenté avec les noms propres. Dans les écrivains du moyen âge -δες n'est pas rare : πραγματευτάδες, Picat. 155 (rimant avec τινάδες, 154), 160 ; πολιτάδες, 161 ; κριτάδες, 162 ; ῥηγάδες, 163 ; δουλευτάδες, 164 (rimant avec κυράδες, 165) ; ποιητάδες,

---

1. Κλεπτίδης ; on dirait, en français, *petit* voleur, *petit* menteur, plutôt encore que fils de voleur, etc.

Sen. Puell. 9; ἀντιβαδιστάδες, Dist. 1, 66, αὐθεντάδες, Sen. III, 371; ἄρχοντες κεφαλάδες, Bel. II, 411; ἡρωάδες, Sfak. I, 18; μπαρμπάδες, Schmidt, 40, 5. Le type -άδες est le plus usité; -ιδες, qui appartient à la classe beaucoup moins nombreuse des noms en -ης, lui cède souvent la place; mais cf. φρέριδες, Georg. Rhod. 19; ἀράπιδες, Apoll., 514; μάντιδες, Soph., à côté de ληστάδες. Aujourd'hui on a souvent les deux désinences -ιδες et -αδες pour un seul mot : ῥάφτηδες et ῥαφτάδες. Les substantifs en -εάς = pg. εύς font -εάδες : βασιλειάδες, Eroph., I, 522; Legrand, p. 25. Nous avons déjà vu que l'ancien nominatif (accusatif) pluriel -εις ne pouvait pas rester parce qu'il se trouvait trop isolé, et que la langue a paré à cet inconvénient en faisant -είους. Un autre traitement se présentait, c'était de changer -εις en -εῖδες, cf. βασιλεῖδες. Picat. 284. Aujourd'hui aussi βασιλέϊδες, Legrand, p. 95. Est-ce que l'accent est vraiment sur l'ε et ne serait-ce pas plutôt βασιλεῖδες (vasiljídes), c'est-à-dire βασιλεῖδες, dans lequel l'ε du singulier se serait introduit (donc βασιλεεῖδες)? *Vassilídes*, en effet, pouvait très bien devenir *vassiljídes* sous l'influence de la forme du singulier qui contenait un ε, ou plus exactement un j, *vassiljas*.

Si nous nous reportons maintenant aux féminins, nous y trouvons une confirmation de l'explication que je viens de donner pour -δες. Ce sont surtout les mots qui tiennent le milieu entre les noms propres et les appellatifs qui font -αδες au pluriel : μαννάδες, ἀδελφάδες, κεράδες, πενθεράδες (aujourd'hui πεθεράδες), Sachl. II, 647; χηράδες, Sachl. II, 645; νυφάδες, Apoc. II, 130 (aujourd'hui de même συννυφάδες, d'où le singulier συννυφάδα, jamais συννήφη); ὀχράδες, Cypr. 2, 21; ἡ εὐγενίδες ὅλαις, Pulol. 51; ἀφεντάδες, Carm. 616, et, à Bova, *leddade* (sœurs), *zarfáde*, ἐξαδελφάδες[1]. Puis on a κοπελοῦδες, Quadr. 929, qui supposerait un singulier κοπελοῦ[2]; ἀρκοῦδες, Sen. Puell.

---

1. Qu'on me permette de citer quelque chose d'analogue dans les langues romanes. En ancien français, en ladin, et dans d'autres régions où il y avait beaucoup de Germains, on déclinait des noms propres féminins, germaniques et romains, nominatif *a*, accusatif *an*, vfr. *Berte*, *Bertain*, *Eve*, *Evain*, et puis *amita*; *ante*, *antain*; en ladin *tosa* (fille), *tosaun* (au = a), etc. Et si, en milanais, le pluriel de *bambin* (enfant) est *bambitt*, nous avons un suffixe dérivatif (*itt* = français *et* dans *sachet*), qui devient exposant du pluriel.

2. Κοπελοῦ, κοπέλα est un mot d'origine étrangère. Cf. vieux slavon kopelŭ, kopilŭ, *nothus*. Toutes les langues slaves méridionales et le roumain possèdent le mot.

114. Il n'est donc pas exact de dire, comme le fait Portius (18, 24-25) : *Sola* vero *masculina in* ις *in* οῦδες. J'avoue, du reste, que je ne vois pas pourquoi κύρις fait ici κυροῦδες (18, 9-12). La forme κύρηδες m'est seule connue. — La désinence -δα (singulier du pluriel -δες) se rencontre aussi dans les noms abstraits comme πρασινάδα, ἀσπράδα, κοκκινάδα, etc. Voyez le relevé de ces désinences *Essais*, II, à l'*Index verborum*, à -δες et au dépouillement de chaque texte en particulier.

P. 18, l. 19. Μάνα. Il faut écrire μάννα; cf. μαννάριον, Lucien, D. Merc. 6, 7. Le pluriel μάννες existe à côté de μαννάδες.

P. 18, l. 21. *Sexta, et ultima declinatio*. Il faut naturellement séparer les neutres en -α, -ατος, de ceux en -ι, -ιοῦ. En effet, le nombre de syllabes dans παιδί = *pedí*, et παιδιοῦ = *pedjú*, est absolument le même. Pour l'ι = ιον, voyez p. 84; pour l'accent, voy. p. 109. Μέλι appartient à cette classe; génitif μελίου, Soph. 41; mais γόνυ devient γόνα, Imb. III, 600, aujourd'hui γόνατο.

P. 18, l. 37. *Genitivum singularem in* ος. Sophianos donne πράγματος, mais γονάτου, στρωμάτου; aujourd'hui, dans les neutres de cette catégorie, -ου est constant dans la langue moderne; -ος est savant. Γόνυ, γόνατος, refait un nominatif γόνα, qui est déjà dans Sophianos. Le génitif en -ος pouvait rester plus longtemps dans cette déclinaison que dans πατέρας, où tout de suite le type νεανίας, νεανία s'imposait. Dans κρίματου pour κρίματος, nous n'avons plus une analogie *spéciale* (qu'on me permette l'expression), mais une analogie générale; en d'autres termes, le fait que les génitifs singuliers de la plupart des neutres étaient en -ου, est ce qui amène ici une substitution de -ος par -ου.

Le nominatif accusatif singulier n'est pas exactement donné dans le paradigme 18, 32-35. Nous voyons que partout Portius écrit le ν final, quoiqu'il ne le prononce que dans certaines conditions (p. 89). Mais κρίμα (et de même παιδί) se terminaient par un ν, de même que δῶρον, πατέραν. Ce ν hystérogène est dû à l'analogie des neutres en -ον; c'est donc encore ici un exemple de l'influence du genre sur la forme. De plus, durant l'époque où la langue hésitait entre πατέρα et πατέραν, il était presque nécessaire qu'à côté de κρίμα on dît aussi κρίμαν. De même les adjectifs neutres en -υ deviennent des neutres en -υν : γλυκύν, Kaibel, 719. Κρῖμαν apparaît à peu près à la même époque que πατέραν ; il est fréquent dans l'ancien Testament, cf. Sturz, *De Dialecto macedonica*, p. 127. De même μέλιν, Prodr. II, 39, etc., etc. Voyez l'*Index verborum*, *Essais*, t. II. Aujourd'hui, tous ces neutres n'ont plus de ν.

La déclinaison κριμάτ-ου, κρίματ-α, κριμάτ-ων, conduit à un nominatif κρίματ-ον, κρίματο (*Essais*, I, 88, note 2). Il faut dire pourtant que, jusqu'à présent, la langue n'a guère franchi ce pas. Chatzidakis, *Noms contracts*, p. 4, cite γόνατο (commun) : on comprend qu'un substantif dont le pluriel est peut-être plus usité que le singulier refasse celui-ci sous l'influence de celui-là. Ἀλόγατο se trouve dans Pio, 216 (Syra). Mais ce sont là des cas sporadiques ; la langue paraît avoir plutôt la tendance inverse, qui est d'ajouter -τα au pluriel neutre et de créer ainsi une déclinaison neutre imparisyllabique. Κέρατον, Formul. I, 152, seule forme aujourd'hui connue pour κέρας, s'explique comme γόνατο.

Les neutres en -ωρ, -ατος, -αρ, -ατος ont disparu du vocabulaire moderne. Si la langue littéraire du moyen âge les emploie, elle les traite comme indéclinables : ἐξ ὕδωρ καὶ χωμάτου, Sklav. 5. Sophianos, p. 46, range entre les ἄκλιτα : σέβας, ὄφελος, ὄναρ, σέλας, δέπας, δέμας. Seuls les deux premiers sont restés modernes.

P. 18, l. 9. *Apud quosdam*, etc. C'est peut-être encore là une allusion à quelque dialecte, où ι reste voyelle, voyez plus haut, p. 94 (note à la p. 10, l. 20 du texte). S. Portius (*ib.*, ll. 12-14) dit, par opposition, qu'il vient de nous donner les formes de la langue commune, ce qui est vrai.

P. 19, l. 21. *Feminina in* ις. Sophianos ne connaît pas encore -ις au génitif singulier, mais il a déjà -ες au nominatif et à l'accusatif pluriels ; -εις comme désinence du pluriel était isolée et se trouvait d'autant plus menacée que le suffixe du nominatif singulier -ις était phonétiquement le même ; on l'échangea donc contre la terminaison régulière et habituelle des féminins pluriels -ες.

Le génitif singulier πόλεως (*poljos*) était tout aussi isolé ; il disparut de l'usage entre l'époque de Sophianos et de Portius (nous avons observé le même phénomène pour les génitifs en -ος des thèmes imparisyllabiques, p. 130) ; il fut supplanté par le génitif en -ις parce que ς était la caractéristique du génitif singulier féminin, et que l'ι était prescrit par l'accusatif et le nominatif singuliers. Mais, dans un pareil état de choses, le nominatif πίστις ne pouvait plus rester longtemps ; d'une part, l'analogie du genre demandait une désinence vocalique et non un ς au nominatif singulier féminin ; d'autre part, la correspondance qui s'observe entre les génitifs πίστις et τιμῆς, les accusatifs πίστι et τιμί, les nominatifs pluriels πίστες et τιμές, etc. créèrent le nominatif singulier πίστι. Le génitif pluriel -εων est remplacé en même temps par ῶν, M. Baudouin, 73. Ces génitifs n'ont pas persisté aujourd'hui dans la langue commune.

Dans la transformation de πίστις, πίστεως, en πίστι, πίστις, πίστις ne subit pas une influence extérieure ; le thème reste donc inaltéré ; ce n'est que l'analogie générale du genre qui s'impose ici. Mais le nominatif était phonétiquement identique entre νεότης et χάρις, et cela amenait souvent des formations comme : ὕβριταν, Belth. I, 521 ; ὕβριτας, Quadr. 196, et sur ὕβριτα on calque μάνιτα, Sachl. II, 290, As. Lup. 96, Sachl. I, 308 ; ὀργῆτα, Belis. I, 311, Eroph., II, 342. Je note encore ὄχλητα = ὄχλησις, Pic. 93. Χάρις, qui fait χάριτος, accusatif χάριν et χάριτα déjà en pg., se lit sous la forme χάριτα (accusatif), Sachl. II, 173, et sous la forme χάρη (nominatif), Suz. III, 15. Il arrive plus souvent que -της, -τητος soit attiré par l'analogie de πίστις ; ainsi, à côté des types réguliers νεότητα, κακότητα, etc., on a vu νεότη, Georg. Rhod. 40, etc. ; cf. ψυχρότην, Apoll. 387 ; Psichari, *Essais*, I, 95-97. Un mot difficile, qui entre peut-être dans cette catégorie, c'est γῆς indéclinable ; il est d'autant plus malaisé à expliquer qu'il appartient non seulement au moyen âge (Krumbacher, *Beitr.* 61), mais qu'il se trouve dans la langue d'aujourd'hui (Schmidt, 3, 1) ; il ne saurait par conséquent être attribué à une influence savante. Voici ce que dit M. Krumbacher au sujet de ce nominatif : « *Der Nominativ γῆ hatte der Sprache zu wenig Körper und so verstärkte sie ihn nach Analogie von Wörtern, die auf ς auslauteten, durch ein ς, welches als unorganisches Element auch im Accusativ stehen bleibt.* » Voyez aussi Psichari, *loc. cit.* J'avoue ne pas comprendre cette explication. D'abord les points de contact entre πόλι(ς) et γῆ, ou même entre πόλι(ν) et γῆ(ν) sont bien vagues : ils ne sont pas plus grands qu'entre πόλιν et τιμήν, etc., et j'ai dit plus haut que je ne voyais pas là une influence des thèmes en -ι, πόλις, sur ceux en -η (p. 137 ; je ne découvre cette influence que dans deux cas spéciaux, dont je parlerai tout de suite). Puis, même en admettant cette influence, qui détache le féminin γῆς de tous les autres féminins, pourquoi ne dit-on pas γῆτος comme νεότης, νεότητος, et à l'accusatif γῆτα ou γῆ comme νεότητα ou πόλι ? La raison donnée par M. Krumbacher n'est pas admissible : la langue n'avait pas la conscience que ce ς était « inorganique ». Le problème reste donc à résoudre. Le nominatif τύχης sur πίστις ne se trouve qu'au moyen âge et encore très rarement ; M. Krumbacher en donne un exemple dans Imb. III, 217 ; c'est une forme savante, due à une fausse analogie, comme l'accusatif γυνή, p. 131. Ἔχθρητα pour ἔχθρα ou pour ἐχθρότητα, κάκητα, Puell. Juv. II, 49 ; mais κάκην, Bel. I, 293, sont plus embarrassants. Le substantif abstrait de κακός est κάκη, cf. p. 108 ; le sens est le même que celui de κακότης et en général des formations en -της, -τητος ; la coexistence de νεότη et de νεότητα amena κάκητα à côté de κάκη. Mais ἔχθρα ne peut pas se comparer à νεότη, parce que la voyelle caractéristique est ici tout autre. Supposer un nominatif ἔχθρη à cause d'un adjectif féminin ἐχθρή ne paraît guère possible ; voy. p. 122. Il se peut qu'au moyen âge ἐχθρότητα ait existé et que les deux formes κακότητα et κάκητα aient amené ἔχθρητα à côté de ἐχθρότητα.

P. 19, l. 33. *Nomen λόγος, quod in singulari masculini est generis, in plurali verò neutrius*. Sophianos cite λόγος et donne le pluriel λόγοι, p. 40 ; comme il est en général très exact, il faut croire que le pluriel de λόγιον, λόγια, dans le sens de *mots, verba*, ne s'est substitué à λόγοι qu'après Sophianos. Il y a quelques autres cas analogues : χρόνος, pluriel χρόνια, mais (δυὸ) χρονῶ, en regard de λογιῶ, pluriel.

P. 19, l. 34. Τῶν λογίων. Lisez τῶ λογιῶ. Ce génitif est resté dans la locution λογιῶ λογιῶ πράματα, *toutes sortes de choses*, ou plutôt *choses de toutes sortes*. Voir ci-dessus.

P. 20, l. 1. Ὄξοδος... *variat in plurali terminationem accusativi*. Voici un exemple curieux de l'influence du genre sur la forme, dont j'ai parlé p. 125, et qui nous montre le chemin suivi par l'analogie. C'est l'accusatif pluriel qui prend le premier la désinence nouvelle, et cela parce que l'article avait à l'accusatif pluriel la désinence typique du féminin τὲς, comme dans τὲς τιμές, τὲς μητέρες ; aussi τὲς ὄξοδους ou τὲς ἐξόδους, se change-t-il en τὲς ὄξοδαις. L'accent est sur la première syllabe, parce que, dans les noms féminins, l'accent du nominatif singulier reste à tous les cas, excepté au génitif pluriel qui est oxyton. Au nominatif pluriel au contraire, où l'article οἱ ne coïncide pas avec τιμές, μητέρες, la substitution de ὄξοδαις à ὄξοδοι se fait plus lentement; elle ne s'opère que sous l'influence de l'accusatif pluriel ὄξοδαις. Portius accentue ὄξοδους à l'accusatif pluriel. Je n'ai pas grande confiance dans cette accentuation, parce qu'elle est contraire à la tendance générale de l'accentuation moderne, v. p. 126. Ou bien cela voudrait-il dire que l'influence du genre s'est d'abord fait sentir, par ce fait que ὄξοδους suivait l'accentuation des féminins (θάλασσα, θάλασσαις, et de même que ὄξοδος et ὄξοδοι, ὄξοδους) et non celle des masculins? Cela est possible.

P. 20, l. 6. *At vero neutra omnia in* ος... *in nominativo plurali reponunt* η. Chatzidakis, Περὶ τῶν εἰς -ους συνῃρημένων τῆς Β΄ κλίσεως καὶ τῶν εἰς -ος οὐδετέρων ὀνομάτων τῆς Γ΄ ἐν τῇ νέᾳ ἑλληνικῇ, Athènes, 1883.

Il est à regretter que Portius ne donne pas le génitif singulier des noms contractes. Sophianos indique -ους, qui est la forme classique; aujourd'hui, c'est soit -ους, soit -ου, ce dernier calqué sur λόγος, λόγου, cf. ἐκ βάθου, Belth. 835; ἐκ στήθου, Sen. Puell. 12, Asin. Lup. 58, ou bien -ος, c'est-à-dire que le singulier reste indéclinable; v. Legrand, 67. Au pluriel, l'η de ces mots est menacé de deux côtés. La plupart des pluriels neutres se terminent en -α, soit que cet α se soude immédiatement au radical, soit qu'il soit précédé de τ : ἄλογ-α; κρίμα-τ-α. Alors le même procédé que nous avons constaté pour le pluriel de ἡμέρα, p. 123, et de βασιλεῖς, p. 130, se reproduit pour les pluriels neutres en -η; on dit ἄνθη-α : ἄθια, Schmidt, 61, 10, γνέφηα, βράχηα, στήθηα, Sfak. I, 49; σκέληα, πάθια, πλάτια, à Trébizonde; τειχιά, Eroph., II, 126. Ou bien on a δάσος, pluriel δάση, changé en δάσητα; cf. : κάμπους, βουνιά, λαγκάδια, καὶ βράχη καὶ ποτάμια, καὶ δάσυτα, καὶ πετρωτά, λιβάδι μὲ καλάμια, Imb. III, 587. Le sens et l'accent nous montrent bien que δάσητα n'est pas le pluriel neutre d'un adjectif δασυτός; on devrait par conséquent écrire δάσητα; cf. Quadr. 104 (δάση, Quadrup. 841), κέρδητα, Eroph., prol. 28 (κέρδη, 38), χρέητα, commun. Une autre forme est εἴδοτα et εἴδατα (Trébizonde), ἔρκατα. Souvent des masculins en -ος sont devenus neutres : πλοῦτος, pluriel πλούτη (sur κάλλος) constant au moyen âge; τὸ φόρος Sus. III, 124, θρῆνος, Pic. 258; βροῦχος, 255; λίθος, 263; φτόνος, Cypr. 43, 3; πλάνη, Sachl. II, 205; ψῆλος, Eroph. III, 221; φοῦμος, Ven. 21; Chatzidakis cite encore φόνος, βίος, γόνος, δρόσος, κρότος, etc.

Quelquefois aussi les neutres en -ον changent de déclinaison : τὸ σπλάγχνος pour τὸ σπλάγχνον, Sachl. I, 29; Belth. 49, 52; Eroph. III, 414, etc.; μέτρος, Apoll. 466, διάφορος, Cypr. 60, 2; μέλλος, Vind. Pop. I, 76; ἔργος, etc. L'inverse est rare : τὸ δάσο, Asin. Lup. 319; κρύο, φάρσο. Τὸ πέλαγο est commun. Voyez d'autres exemples dans Solomos, 1859, p. νϛ'-οη'.

Τὸ κρίθος pour ἡ κριθή, Schmidt, 55, 10 (τὸν κρίθον, Physiol. 1079), τὸ σκιός, Asin. Lup. 51, 54.

Γάλα, γάλακτος se change en γάλας, Quadr. 597; γάλατα sur le patron de κρέας, κρέατα (Krumbacher, *Beitr.*, p. 61), parce que les deux mots désignent deux objets qui se trouvent souvent réunis dans les conversations journalières; ils entraînent ἅλας, Quadrup. 369; Xen. 22; Missa, 207; Prodr. II, 39.

P. 20, l. 9. Δένδρη. Voyez p. 125.

P. 20, l. 10. Ῥίγας. Voyez p. 131. Écrivez ῥῆγας. On dit tout aussi bien aujourd'hui τοῦ ῥῆγα, *le roi dans le jeu de cartes.*

P. 20, l. 22. Μίνως, etc. Si ce nom existait dans la langue populaire, si, pour mieux dire, il y avait une langue littéraire moderne ayant la langue vulgaire pour base, Μίνως se déclinerait tout simplement sur λόγος et tous les masculins en -ως (p. 20, l. 16) suivraient cette déclinaison. Le paradigme donné par Portius ne nous est pas autrement connu.

P. 20, l. 28. Μαϊμού Ici Simon Portius n'est d'accord ni avec Sophianos qui, p. 42, décline ἀλουποῦ, génitif ἀλουποῦς et μαϊμοῦ, μαϊμοῦς, ni avec l'usage moderne, qui, de même, demande -οῦς au génitif; je soupçonne qu'il s'est tout simplement trompé, entraîné lui-même par les principes qu'il pose d'une façon générale, p. 20, ll. 16-19. Le génitif des féminins en -οῦ est -οῦς; pour les féminins en -ώ, il est -οῦς en pg., aujourd'hui plutôt -ῶς, calqué sur le modèle -α, -ας; -η, -ης. La seconde exception signalée par Sophianos, Κώ, génitif Κῶ[1], confirme la règle et nous explique l'erreur de Portius. En ancien grec, on déclinait Κῶς, Κῶ; le genre féminin amène d'abord Κῶ au nominatif, plus tard, après l'époque de ces deux grammairiens, Κῶς au génitif. Ce sont évidemment ces exemples qui ont trompé Portius. Λητώ est un mot savant; pour le décliner il faut ou bien savoir le grec

---

1. Déclinaison aujourd'hui inconnue.

ancien, ou bien suivre l'analogie d'un mot de la langue vivante, comme παρθένο ou Χιό, qui correspond pour la forme à Λητώ. Sophianos est dans le premier cas et décline Λητώ, -οῦς; Portius, dans le second cas, mais il ne va pas jusqu'au bout et s'arrête au génitif Λιτώ (=Λιτός). Un génitif μαϊμοῦ reste inexplicable. Déjà, en ancien grec, on dit μιμοῦς, et on ne voit absolument pas comment le ς d'un génitif singulier féminin aurait pu disparaître. Le nom. μαϊμοῦ (je fais abstraction de la diphtongue du radical, où il y a peut-être un retour du turc *majmun* = μιμώ, p 98), ne peut non plus venir directement du nominatif -ω pg., parce que ω tonique final ne se change pas en ου. Ce nominatif est calqué sur le génitif -οῦς, car, dans tous les féminins, le nominatif et le génitif ont la même voyelle. Voici quelques autres exemples : Ἀλουποῦ, ἀρκού, aujourd'hui ἀρκοῦδα, comme à Bova *lepuda* = ἀλουποῦ, ἡ κλωσσού, ἡ χεζοῦ. Le pluriel, dont l'existence est niée à tort par Portius, est en -οῦδες.

P. 20, l. 34. Νόοι. Les formes non contractes ne sont pas rares, même chez les écrivains attiques; ce qui est remarquable dans le paradigme de Portius, c'est qu'il n'indique les formes non contractes que pour le pluriel. On lit πλόον, Xénophon, Rép. ath. 1-20; κακονόοις, Cyrop. VIII, 2, 1; νόον, Eschyle, Choeph. 721, etc., voyez Kühner, Ausf. gr. Gr.[2], I, § 113, Anm. 3. Au moyen âge et de nos jours (Legrand, p. 25), on a un autre pluriel νόες, qui remonte aussi à l'antiquité, génitif νοός, Lobeck, Phryn. 453; πλοός, Lobeck, Paralip. 173; voyez aussi le *Thesaurus* s. v. πλοός. Enfin, le pluriel vraiment moderne est νοῦδες. La différence entre la voyelle du singulier et celle du pluriel, qu'il y avait dans νοῦς, νόοι, fit rejeter νόες et créer un pluriel d'après le singulier νοῦς : ce pluriel ne pouvait être autre que νοῦ-δες; cf. p. 133 sqq.

Les adjectifs en -οος, -ους sont refaits sur le pluriel χρυσοῖ, -ῶν, -οῦς, -αῖ, -ῶν, -άς, -ᾶ, -ῶν, -ᾶ, le génitif singulier masculin et neutre χρυσοῦ, le féminin χρυσῆ, -ῆς, -ῆν, qui coïncident avec ἀγαθοί, -ῶν, -ούς, etc. Et c'est là ce qui amène un nominatif singulier χρυσός, χρυσό, ou lieu de χρυσοῦς, χρυσοῦν.

P. 21, l. 13. *Nomina in* -ύς *barytona*. Au génitif, -ου remplace -εος, -ος, comme presque toujours; au pluriel, on a aujourd'hui βαρυοί (*varji*), βαρυούς, qui ont leur point de départ dans les génitifs singulier et pluriel, ou même dans les anciennes formes βαρεῖς qui ont pris les désinences ordinaires du nominatif et de l'accusatif βαρεῖ-οι=βαρειοί, βαρεί-ους= βαρειούς. C'est encore un de ces cas où l'orthographe étymologique se trouve embarrassée. Au génitif singulier, le *j* (*varjú*) représente un ε, βαρέος; βαρυοῦ de Portius est rapproché du nominatif, d'où l'υ, ce que je ne blâmerais pas; l'accusatif pluriel devrait s'écrire βαρειούς; mais il est évident qu'on ne peut pas introduire deux notations différentes pour un seul son dans un unique paradigme. Je préférerais donc βαριοῦ, βαριούς, etc. Le génitif τοῦ θρασῆ, Luk. 1596, me paraît appartenir à la catégorie des formations comme γυνή, γυνῆς (p. 131). Le féminin βαρειά (*varjá*) se décline sur δίκια, ἄγια ; le neutre βαρύ se range dans la classe des diminutifs en -ί, -ιοῦ. Il n'y a donc que le nominatif et l'accusatif singuliers masculins qui ne suivent pas la déclinaison des autres adjectifs en -ος. Mais le dialecte de Bova a franchi aussi le dernier pas et dit *pahio*=παχύς, Morosi, p. 13. Deux adjectifs en -ος font -υς dans le grec du moyen âge: μακρύς, Prodr. I, 249, etc., μάκρυμα dans la Bible, μακρύνω dans des gloses (voy. *Thesaurus*); c'est peut-être là une influence de πολύς. De même πρικύς, Eroph., I, 80, 260 ; II, 438. Le passage κι' ὥραις γλυκύς μοῦ φαίνεται, κι' ὥραις πρικύς περίσσα, Eroph., III, 39, nous montre la raison de cet hétéroclisme. On a aussi ἐλαφρύς, ἀδρύς pour ἐλαφρός, ἀδρός. — D'après ce qui vient d'être dit, il faut donc corriger le paradigme du pluriel βαρεῖς (21, 16-19) dans notre auteur. Il faut également, p. 21, l. 5, écrire πολλῆ pour πολλοῦ. La locution ὁ μέγας καὶ πολύς devient dans la conversation τοῦ μέγα καὶ πολλῆ, au génitif.

La partie qui concerne la formation des mots est la partie la plus faible de notre grammairien. Pas d'ordre et peu d'exemples. Ceux-ci ne sont même pas toujours bien choisis. Aucune distinction n'est faite entre les suffixes qui ont cessé de vivre et les suffixes encore vivants. Pour refaire ce chapitre, il faudrait changer de fond en comble le système que Portius a suivi. Mais, à l'heure qu'il est, il est impossible, surtout pour un étranger, d'écrire ce chapitre de la grammaire historique grecque; les dictionnaires, qui sont sa seule ressource, sont trop incomplets et trop empreints de grec classique. Je dois donc me borner à faire çà et là quelques observations rectificatives. La brochure de M. Dassios, *Beiträge zur neugriechischen Wortbilsdungslehre*, Tübingen, 1879, est un travail très méritoire, quoique loin d'être complet.

P. 21, l. 23. *Verbalia quædam reducuntur à præsente.* Au point de vue historique, c'est l'inverse qui serait juste : les verbes sont dérivés des substantifs. Mais, d'autre part, il est vrai qu'il y a déjà un nombre considérable et croissant chaque jour de substantifs tirés des verbes et ayant la forme des primitifs eux-mêmes. Voyez, sur ces noms *postverbaux*, p. 121. J'ajoute à cette liste φοῦμος de φουμίζω.

P. 21, l. 27. *A* δουλεύω *fit* δουλεία. Il est vrai qu'en ancien grec, les substantifs en -εία et les verbes en -εύω se correspondent presque toujours ; mais, en néo-grec, le nombre de ces verbes s'est beaucoup augmenté ; -εύω devient ainsi un suffixe productif : μηχανεύομαι, τορεύω. Ce suffixe s'adapte à quelques verbes venus du latin : κουρσεύω, τουρνεύω, etc. ; mais il n'y a guère de mots nouveaux en -εία. Il faut du reste écrire δουλειά et remarquer que, dans tout ce passage (l. 23-29), S. Portius, à propos de δουλειά, φτωχεία (lisez φτώχεια), ἀκοή (lisez ἀκουή), opère sur des *lettres* imprimées, et non sur des sons réels.

P. 21, l. 31. *Ex* φεύγω φυγή. Si les deux modes de formation des mots que nous venons d'indiquer ont perdu toute vitalité en néo-grec, le mot dont Portius parle maintenant appartient à une période encore beaucoup plus reculée. Dans la langue-mère indo-européenne, on pouvait former d'une seule racine un substantif féminin oxyton et un verbe paroxyton ; la différence d'accent amenait une différence dans la vocalisation du radical. Mais ce ne sont pas seulement les verbes en -εύγω qui participent de cette formation ; nous avons tout aussi bien καλέω et ὁμοκλή. Du reste, le grec a perdu ou laissé s'effacer presque toujours ces rapports entre le verbe et le substantif.

P. 21, l. 33. Λέγω λόγος. De toutes les racines avec radical ε, on peut faire des substantifs masculins en -ος, avec ο pour ε. Cette formation, qui appartient à la langue-mère, est très usitée en ancien grec, tandis que le latin ne la connaît guère (cf. *tegere : toga; regere : rogus*). Le néo-grec n'ajoute rien de nouveau à ce que l'antiquité lui avait légué. Ainsi de στέγω il serait possible de tirer un substantif στόγος, et ce substantif a probablement existé ; mais déjà l'ancien grec l'avait perdu et le néo-grec n'est plus en état de le former. A ce que dit Simon Portius, il faut ajouter ceci : 1° Les masculins qui désignent des personnes sont oxytons : πέμπω, πομπός ; σκέπτομαι, σκοπός ; ceux, au contraire, qui désignent des choses ou des idées abstraites sont paroxytons : δέμω, δόμος ; λέγω, λόγος, etc. 2° Il y a des féminins formés de la manière suivante : πέμπω, πομπή ; πέτομαι, ποτή, etc. 3° Les racines avec radical ει, ευ souffrent la même apophonie : λείπω, λοιπός ; στείβω, στοιβή ; σπεύδω, σπουδή ; κελεύθω, ἀκόλουθος, etc. — Σπείρω est pour *σπέρjω, racine σπερ-, d'où σπόρος.

P. 21, l. 35. Φάγω φαγί. Φαγί est un mot assez embarrassant. Ce que dit Portius n'a pas de valeur ; il n'y a pas de présent φάγω. Un substantif φάγος ou φάγον, ou φαγός, dont φαγί serait le diminutif, n'existe pas non plus. Je suis disposé à y voir l'infinitif φαγεῖν pris substantivement : τὸ φαγίν sur τὸ παιδίν. Comparez *les vivres,* espagnol *viveres,* italien *i viveri,* où la concordance des langues romanes nous prouve que le mot était devenu substantif déjà en latin vulgaire. Φαγεῖον dans Du Cange serait alors une fausse forme littéraire.

P. 21, l. 36. *Et additione* το, φαγιτό. Φαγιτό n'est pas dérivé de φαγί, mais de φαγεῖν, comme μισητός de μισεῖν, ποθητός de ποθεῖν, etc. ; c'est le neutre, devenu substantif, d'un adjectif verbal φαγητός, *ce qu'on peut manger, mangeable*. La bonne orthographe, qui est admise aujourd'hui, est donc φαγητό.

P. 21, l. 36. *Verba in δῶ circumflexa verbalia habent in ι*. Des deux exemples cités, l'un, λουλούδι est le diminutif de λούλουδον, d'où aussi le verbe λουλουδίζω ; l'autre, τραγούδι, est en effet un substantif postverbal de τραγουδῶ, et il est bien possible qu'il soit calqué sur λουλούδι-λουλουδίζω. Cf. sur τραγουδῶ, S. Zambélios, Πόθεν ἡ κοινὴ λέξις τραγουδῶ ; Athènes, 1859. Sur l'accentuation τραγούδι, voyez plus haut, p. 106 et p. 12, l. 31.

P. 21, l. 38. *At in νῶ et θῶ formant verbalia in* ος. Πονῶ est dérivé de πόνος, qui de son côté vient de πένομαι comme λόγος de λέγω ; de même πόθος est plus ancien que ποθεῖν. Tous ou presque tous les verbes en -εῖν, qui ont -ε au futur, à l'aoriste, etc., sont dérivés de substantifs neutres en -ος ; or ποθῶ fait ποθέσω. Πόθος lui-même se rattache directement à la racine πεθ-.

P. 22, l. 2. Κάμωμα. Voyez sur l'ω dans κάμωμα, chap. V, où il est question des participes en -μένος.

P. 22, l. 5. *Verbalia in* μα *et* μος. Voici enfin un suffixe qui est encore tout vivant et qui sert même aujourd'hui à former des substantifs, comme il a servi à cet usage dès le temps de Xénophon et le temps d'Homère. Le suffixe -μα, en latin *men, mentum*, est très productif en ancien grec, et il n'a rien perdu de sa vitalité de nos jours. De presque tous les verbes dérivés, on forme des abstraits en -μα ; -εύω, -εμα ; -ώνω, -ωμα ; -αίνω, -αιμα ; -ῶ = εω, -ημα ; -άζω, -ασμα ; -ίζω, -ισμα, etc. La forme du thème est toujours celle du participe passé passif en -μένος. Je donne quelques exemples : κανακεύω, *cajoler*, κανάκεμα, *cajolerie*; ληστεύω, *piller*, ληστεμα, *pillage*; γλυτώνω, *délivrer*, γλύτωμα et γλυτωμός, *délivrance*; μπαλλώνω, *ravauder*, μπάλλωμα, *ravaudage*; μακραίνω, *allonger*, μάκραιμα, *allongement*; μικραίνω, *diminuer*, μίκραιμα (qu'on ne devrait pas écrire μίκρευμα), *diminution* ; μαδῶ, *peler*, μάδημα, *épilation, mue;* φιλῶ, *baiser*, φίλημα, *le baiser;* λιπάζω, *graisser*, λίπασμα, *engrais;* νυχτιάζει, *il se fait nuit*, νύχτιασμα (le mot est trisyllabe), *la tombée de la nuit;* μαδίζω est à μάδισμα ce que μαδῶ est à μάδημα; λογίζομαι, *calculer*, λόγισμα, *calcul*, etc. A tous ces paradigmes ajoutez πάλαιμα de la p. 8, l. 19, qui se place ici. Je note λεύκωμα, qui suppose λευκώνω à côté de λευκῶ; λήγωμα, *évanouissement*, de λήγω. En ancien grec, on aurait λῆγμα, néo-grec λῆμμα. La langue moderne ne peut plus souder un suffixe qui commence par -μα à un radical qui se termine par une consonne ; elle a besoin d'une voyelle intermédiaire, et elle prend ο(ω). Voyez sur la naissance de cet ω et sur son extension, plus bas. Ces substantifs changent quelquefois le sens abstrait en sens du collectif, surtout au pluriel ; cf. Dossios, p. 20 : πριόνισμα, *sciage;* πριονίσματα, *les sciures;* ρίνισμα, *limure*, ρινίσματα, *limaille*, etc.

Le suffixe -μός, qui se trouve à côté de -μα souvent avec le même radical, a un sens un peu différent : il désigne l'action même ; -μα désigne le résultat de l'action. Mais aujourd'hui, cette distinction ne se fait plus ; -μός et -μα sont synonymes : μαλλώνω, *se quereller*, donne μάλλωμα et μαλλωμός, *querelle;* χαιρετίζω, *saluer*, d'où χαιρέτισμα et χαιρετισμός, *salut;* cf. encore νοτισμός, *humectation*, ἀνασασμός, λογιασμός, μίασμα, μιασμός, etc. Il semble que -μός soit plus rare que -μα.

La règle de Portius pour la formation de -σμος et -σμα est fausse : il y a des verbes oxytons qui ont -σμα, et il y a des barytons qui ont -μα ; ainsi, outre l'exemple δέμα, que Portius cite lui-même quelques lignes plus bas (p. 22, l. 16), nous avons ἔντυμα de ἐνδύω, ντύνω; γέλασμα de γελῶ, πέρασμα de περάω, περῶ, περνῶ.

P. 22, l. 16. *Additione* τι : δεμάτι. Au point de vue historique, le suffixe est -ι, -ιον; τ appartient au thème lui-même; cf. le génitif δεμάτου, le pluriel δέματα.

P. 22, l. 17. *Si ultima aoristi fuerit in* λα, *vel* ρα, *etc*. La différence entre δαρμός et σπέρμα est la même que celle que l'on remarque entre ῥεῦμα et ἐρυγμός, entre φεύγω et φυγή, c'est-à-dire que -μα est un suffixe atone; naturellement l'accent reste sur le thème et la racine conserve sa forme pleine. Au contraire, dans les mots formés avec -μος, l'accent est sur le suffixe; la racine atone perd l'ε; *δρμός devient δαρμός. A côté de δαρμός, on a δέρμα. La langue moderne, qui ne connaît plus cette loi de la chute de l'*e* protonique, et pour qui le thème des substantifs en -μα et -μός est celui du participe passé, dit aussi σπάρμα et φθάρμα, Apoll. 35.

P. 22, l. 22. *Tandem verbalia in* ις. Les mots abstraits en -σις féminins (égal au latin -*tio*) sont aussi fréquents en néogrec que dans l'ancienne langue. La forme du thème est la même que celle qui se trouve devant le σ de l'aoriste. L'accent porte toujours sur l'avant-dernière. Le grec ancien ne tolère pas la combinaison νσ; *ἔφανσα devient ἔφᾱνα, puis ἔφηνα. On s'attend de même à κρέμησις de κρεμάννυμι. Mais de très bonne heure l'α a été restitué sous l'influence de φαίνω-φάσις, dont l'α n'est pas pour αν mais pour ν (cf. ἑκατόν = *centum*, *kntóm), et même plus tard, vers l'époque alexandrine ou gréco-romaine, on a restitué le ν : κρέμανσις, ἀπόφανσις. Il semble que ces dernières formations, qui apparaissent déjà dans le Nouveau Testament, appartiennent plutôt à la langue savante, tandis que dans la langue populaire, qui ne tolère pas la combinaison νσ, on ne trouve que des formes en -ασις. On a encore μίανσις et μίασις, etc.

-σία. A l'origine σία (pour τία) forme des substantifs abstraits d'adjectifs ou de substantifs en -της, ou -τος, comme εὐεργεσία, εὐεργέτης; ἀθανασία, ἀθάνατος; ἀδυνασία, ἀδύνατος; κλεψία, κλέπτης. De même γυμνάστης et γυμνασία, l'*état*, l'*occupation d'un* γυμνάστης; γυμνάζω, et surtout γυμνάζομαι, signifie s'exercer, faire ce que fait le γυμνάστης; γύμνασις est le substantif abstrait du verbe; il est donc presque synonyme de γυμνασία; la petite nuance de sens s'efface vite. De cette manière, on arrive à souder -σια à des thèmes verbaux, et on lui donne les mêmes fonctions qu'à -σις.

P. 22, l. 26. Μιό. Κλεψιμιό est probablement le neutre, devenu substantif, d'un adjectif κλεψιμαῖος. Legrand accentue κλεψίμηον dans son Dictionnaire.

Il aurait mieux valu citer -σιμο comme suffixe. En effet, il y a beaucoup de substantifs verbaux abstraits avec cette terminaison; cf. Dossios, p. 28, qui donne -ιμον au lieu de -σιμον. Ils sont déjà très nombreux dans Constantin Porphyrogénète, au xᵉ siècle : ῥάψιμον, μεταστάσιμον, στέψιμον, et aujourd'hui : σκάψιμο, ἡλιάσιμο, δέσιμο, παίξιμο, ῥάψιμο, etc.

P. 22, l. 27. Κρίσις. Il n'y a ni transformation ni chute du ν. La racine est κρι-; ν est le suffixe du présent, qui par analogie pénètre dans l'aoriste; comp. en revanche κέκρικα, ἐκρίθην. Il est à peine besoin de faire remarquer combien ces paragraphes de S. Portius ont aujourd'hui peu de sens.

P. 22, l. 31. *Nomina... in άκι, ίτζα, οῦλα et ὁπουλον, quæ diminutionem significant.* Comme toutes les langues modernes, le grec moderne est riche en suffixes diminutifs. Celui qui est le plus usité, -ι, -ί, -ιον, -ίον, n'est pas mentionné par Portius, parce qu'il n'y reconnaît plus de diminutif. L'affaiblissement de sens du suffixe, qu'on peut constater dans ὀμμάτι, μάτι, etc., qui devient synonyme de ὄμμα et ne signifie plus *petit œil*, n'a rien d'extraordinaire; cf. français *couteau*, qui, pour la forme, répond à *cultellum*, pour le sens, à *culter*. Mais le néo-grec a su si bien tirer parti de ces suffixes que je ne saurais rien trouver d'analogue dans les langues romanes. Le diminutif devient positif : du même coup le positif primitif devient un augmentatif, par comparaison avec le diminutif qui est le positif nouveau. Cf. τράπεζα, *grande table*; τράγος, *grand bouc*, et p. 122, -άκι; cf. Dossios, p. 38. En ancien grec, on formait des diminutifs en -ιον de thèmes en ακ- nominatif -αξ : δέλφαξ, δελφάκιον; αὖλαξ, αὐλάκιον; πίναξ, πινάκιον; puis, à ce qu'il semble, on a vu dans -άκιον un suffixe et on l'a ajouté à des thèmes vocaliques : καψάκιον de κάψα dans Hésychius : σπινθηράκιον de σπινθήρ. Il n'est pas nécessaire de donner des exemples modernes; il n'y a, dans leur formation, rien d'irrégulier ni d'obscur. Remarquons qu'à Bova -άκι est encore plus usité qu'en Grèce, parce que le synonyme -ίτζι y manque, Morosi, p. 43. Il est aussi possible, que l'italien -*acchio* (latin -*aculum*) y soit pour quelque chose. En ancien grec tous les diminutifs sont neutres, par conséquent -άκι doit être neutre en grec moderne. En effet, la forme -άκης, qui est le masculin moderne de -άκι[1], ne se trouve qu'avec des noms propres ou avec des appellatifs qui désignent des personnes : Ἰανναράκις, Δημητράκις, Κωστάκις, Νικολάκις, etc., etc., γεροντάκης, ἀθρωπάκης, plus souvent γεροντάκι (τό) et ἀθρωπάκι (τό).

-ίτζα, ajoutez -ίτζης masculin, -ίτζι neutre. Il n'y a pas moyen de dériver -ίτζης de -ίσκος ; les lois phonétiques s'y opposent d'une manière absolue. Comme la plupart des mots qui ont τζ, ce suffixe est d'origine étrangère, mais on peut hésiter entre le slave et l'italien. M. Chatzidakis, Ἀθήναιον, X, préfère l'italien -iccio, et il est vrai de dire que le -cci italien est représenté par τζ (ou τσ) en grec ; voir p. 81. Mais le sens ou plutôt la fonction du suffixe italien ne se prête pas à cette étymologie : -iccio n'est qu'un diminutif d'adjectifs ; jamais on ne dira coriccio, petit cœur ; -ίτζης, au contraire, s'ajoute toujours aux substantifs. De plus, -iccio ferait probablement -ίτζος en grec et non -ίτζης ; remonter au latin -iccius, qui serait devenu -icis comme -arius a fait -αρης (p. 84) n'est guère possible. Si nous supposons, au contraire, que -ίτζα féminin est la forme primitive, que l'existence d'un neutre -άκι a amené, par corrélation, un neutre -ίτζι, et que le masculin -ίτζης s'est formé dans les mêmes conditions que -άκης, masculin, sur -άκι, tout s'explique. Du moment que l'on part du féminin -ίτζα, le slave -iča ne fait plus difficulté : il est conforme à la phonétique (p. 81) et au sens. N'oublions pas non plus que le même suffixe a pénétré dans le roumain et y est très usité : gură (latin gula), diminutif guritză; voyez Diez, II, 318 sqq. J'ai dit aussi tout à l'heure qu'à Bova -ίτζι n'existe presque pas ; mais ce ne serait pas là une preuve de plus en faveur de l'origine slave de notre suffixe. Le suffixe -ούτζικος, qui est sans aucun doute d'origine italienne, est presque tout aussi inconnu que -ίτζης au grec de l'Italie. Le premier exemple daté que je trouve est ῥυακίτζιν, Italo-Græca I, p. 101 a. 1112. — L'orthographe phonétique, qui commence à entrer dans

---

[1]. En réalité, -άκι est toujours resté neutre, même dans la langue moderne ; il n'a pris le masculin que lorsqu'il s'est trouvé uni à des mots qui désignent des personnes du sexe masculin. Voici un exemple emprunté à la vie familière ou bourgeoise : le fils d'un papas s'appelle τὸ παππαδάκι. Quand l'enfant grandit, ce sobriquet devient nécessairement un nom propre masculin : Παππαδάκης.

l'usage, veut qu'on écrive -ίτσης, -ίτσα, -ίτσι par un σ et non par un ζ.

-οῦλα. Dossios, p. 40 sqq., παιδοῦλα, περδικοῦλα, νυροῦλα ; ce suffixe est toujours féminin avec les noms communs ; il n'est masculin qu'avec les adjectifs : μικρούλης, μαυρούλης, etc. Dossios hésite entre le grec -ύλος, -ύλλος, ἡδύλος, δριμύλος et le latin -*ulus*; je préfère ce dernier. L'ου fait rejeter le grec -ύλος ; υ tonique ne peut devenir ου (p. 96) ; mais le déplacement de l'accent me paraît présenter des obstacles insurmontables à la dérivation par -*ulus*. Il y a en latin beaucoup de noms propres en -*ullus* et -*ulla* : *Tertulla* est le plus connu. Or, il n'est pas sans exemple qu'un suffixe, qui à l'origine n'apparaît que dans des noms propres, se joigne plus tard à des appellatifs ; comp. le grec -ᾶς. Cela est surtout vrai pour les diminutifs ; ainsi le latin vulgaire -*ittus*, -*itta* (italien -*etto*, -*etta*, français -*et*, -*ette*) se trouve sur les inscriptions latines, mais seulement avec des noms propres féminins : *Julitta*, etc. ; de même on rencontre des noms propres en -*icco*, -*icca* sur des inscriptions de l'Espagne et de l'Afrique, en espagnol suffixe diminutif -*ico*, -*ica*. Ajoutons encore que ni l'un ni l'autre de ces deux suffixes n'est latin, et pourtant ils ont pénétré dans les langues romanes et s'y sont tout à fait acclimatés. Si le grec -οῦλλα venait des noms propres féminins en -*ulla*, nous comprendrions en même temps pourquoi ce suffixe domine dans les féminins. — On pourrait encore penser au latin -*eolus*, qui devient -*ulo*, -*ula* en napolitain et dans d'autres dialectes de l'Italie méridionale : *figliule*, *lenzule* = *figliuolo*, *lenzuolo*; de ces dialectes, -*ulo*, -*ula* auraient passé en Grèce. Je n'ose pas me décider entre ces deux hypothèses. Pour se prononcer, il faudrait connaître l'historique de la question et les dates où apparaît -οῦλα.

-όπουλον. Cf. Dossios, p. 39. Koraïs, Ἄτακτα, I, 172 et Du Cange, s. v. πουλος ont déjà donné l'étymologie de ce suffixe. Βασιλόπουλον est un composé de βασιλεύς, *roi*, et πῶλος (poulain), c'est-à-dire le fils du roi ; féminin βασιλόπουλα et βασιλοποῦλα. Puis du sens de *jeune*, -όπουλον passe à celui de *petit* ; *le jeune roi, le petit roi* ; παιδόπουλον signifie de la sorte *petit enfant*. Il finit par perdre tout à fait sa signification primitive et se joindre même à des noms de choses, comme dans l'exemple donné par Portius. Cf. encore ψαλιδόπουλα, *petits ciseaux* ; κοιλιοποῦλα, *petit ventre* ; ἀετόπουλο, *petit aigle*. L'usage le plus répandu de ce suffixe se trouve soit dans les ethniques Ἑλληνόπουλο, Φραγκόπουλο; soit dans les patronymiques, Σεβαστόπουλος, Παπαδόπουλος, Φραγκόπουλος, Νικολόπουλος, etc.

Noms de nombres.

P. 22, l. 40. Ἕνας, ἑνός. Le nominatif n'offre aucune particularité remarquable : ἕνας supplante εἷς, comme πατέρας supplante πατήρ. Au génitif, ἑνός est très résistant, il subsiste toujours; d'autre part, ἑνοῦ apparaît dès le XIIe siècle : Italo-græca I, 115, a. 1176. Par contamination de ἑνοῦ et de ἑνός résulte ἑνοῦς, Eroph., II, 402, 408. Ἑνοῦς comme ἑνοῦ paraissent aujourd'hui des formes dialectales : la première est crétoise.

Au féminin on a μιανῆς à côté de μιᾶς calqué sur τουτηνῆς (plus bas), et sur μιανῆς on refait le masculin μιανοῦ. — L'accusatif ἕνανε, inconnu de Sophianos, est encore dû à l'analogie des pronoms, plus bas. Le neutre ἕνα est calqué sur le masculin ἕνας. Au moyen âge, on trouve μιόν, accusatif neutre; cf. Krumbacher, 63; εἰς μιόν, d'une fois, en un seul coup, tout d'un coup, devient σιμιό en Crète. Dans εἰς μιόν αὐτὴν τὴν ὥραν Picat., 466, nous n'avons pas le neutre pour le féminin : εἰς μιόν est déjà adverbe. On prononce aujourd'hui μνιά (mñá), μνιᾶς, etc., dans un grand nombre de régions; ailleurs μjá, simplement; dans quelques villages des îles ioniennes, μία, etc., sans jod.

P. 23, ll. 1 et sqq. *Hinc composita*. Tous les mots qui suivent devraient, en réalité, être rangés sous les pronoms. S. Portius les place ici parce que ce sont, comme il dit, des composés de ἕνας. Nous les examinerons à cette même place, pour suivre le même ordre.

Καθένας. Καθένας repose sur l'accusatif masculin καθ' ἕνα, un par un, *chacun*. Il n'est pas hors de propos de rappeler ici que κατά, dans ce sens, est entré dans le latin vulgaire et dans les langues romanes : *cata unum* donne l'italien *caduno*, espagnol *cada uno*, vieux français *cha-un*. La première syllabe du français moderne *chacun* vient de ce même κατά, de façon que *chacun* et καθένας se couvrent aussi exactement que possible. Le féminin devrait être καταμιάν, nominatif καταμιά; mais sous l'influence de καθένας, nous avons καθεμιά. Au neutre, on a καθένα, et, avec un déplacement d'accent dont je ne me rends pas compte, κάθε. Ce κάθε a pénétré dans le roumain : căte. D'autre part, par une confusion entre καθείς et καταμία, on vient à dire καθxείς, Abr., 824.

Κανείς = κἄν (καὶ ἄν) + εἷς, *même un seul*; la négation est à suppléer : cf. le français *personne, aucun, rien*. Au moyen âge, κανείς garde encore très souvent le sens affirmatif.

Je relève ici un emploi curieux de κἄν. Prodr. IV, 89 qq. αὐτὸς κἂν δέκα κέκτηται λίτρας χρυσᾶς λογάριν, Καὶ εἰς τὴν κουρὰν του ἐξέβαλεν ἄλλην καμμίαν λίτραν; 196 a, ἀκρόπαστα κἂν τέσσαρα γουφάρια ἐκ τὰ μεγάλα, Γλαύκους καλοὺς κἂν εἴκοσι; V. 55 κἂν τέσσαρα τὸν δίδωσι γεμάτα εἰς τὸ μουρχούτιν. On voit que κἄν veut dire *même, jusqu'à*; il renforce l'idée de nombre; mais il me semble qu'il a déjà beaucoup perdu de sa force, et que κἂν τέσσαρα et τέσσαρα sont devenus synonymes. Cela rappelle une construction de l'ancien grec : εἰς se joint souvent aux adjectifs numéraux pour dire qu'on arrive *jusqu'à* tel nombre; cf. Xénophon, Anab. V, 2, 4 : πλείους ἢ εἰς δισχιλίους ἀνθρώπους; Thuc. VI, 67, 2, τὸ ξύμπαν ἐς διακοσίους, deux cents en tout. Mais de bonne heure ἐς s'affaiblit. M. Wackernagel, qui parle de ce fait K. Z. XXVIII, 133 qq., explique de cette manière l'ancien grec ἐννέα = ἐν νέα, ἐν dans le sens de εἰς. Voy. encore Prodr. IV, 88 : καὶ σὺ ποτὲ οὐκ ἠγόρασες κἂν τορνεσιοῦ χαδιάριν. Ici déjà κἄν a le sens de *pas même* et son équivalent dans la langue moderne serait μήτε. L'accusatif masculin κανείν, qu'on trouve çà et là dans la littérature du moyen âge, est probablement une formation savante, comme γυνήν, Krumbacher, 63. — En tranchant καμία, pour καμμία, en κα et μία, on a l'idée que la première partie du mot est κα et non κἂν; on refait ainsi un masculin καένας.

P. 23, l. 2. Πασαμία. L'ancien πᾶς a disparu du lexique; il n'est resté que dans des adverbes et en composition avec εἷς, mais alors sous sa forme féminine seulement. Il est possible que, comme Portius l'indique, on ait dit καθένας pour le masculin et πασαμία pour le féminin; πασένας est refait sur le féminin. A côté de πασένας, forme moderne dialectale, on trouve, avec contraction de αε en α, un génitif πασανός, Georg. Rhod., 354, accusatif πασάναν, 595, 314; Georg. Const., 430; ou bien un nominatif πασένας, Mich. Stren., 75. Enfin, comme le masculin de καμία est κανείς, avec ν pour μ, de même on a, sur πασαμία, un masculin πασανείς, Cypr., 202.

P. 23, l. 9. Δυονῶν. Le génitif pluriel δύων, au lieu du génitif duel δυοῖν, se trouve déjà dans Hérodote, dans les tables d'Héraclée, etc. Par suite de la chute du ν final et de l'identité de prononciation entre ω et ο, il n'y avait plus de différence entre le nominatif et le génitif : δύο = djó et δύω[ν] = djó; Sophianos ne connaît pas d'autres formes que δυό. Mais comme dans τριῶν et τεσσάρων il y avait le génitif, on en voulait donner un de même à δυό et l'on forma un type δυονῶν, en intercalant un ν, parce que le ν avait pris le rôle de consonne de liaison; cf. p. 89. La forme ancienne du génitif est conservée dans εἶναι δυῶ χρονῶ, etc.

P. 23, l. 13. Τέσσαρες. On trouve des formes qui distinguent les deux genres : τέσσαρους, Schmidt, 54, 15; 64, 14, Carm., 1, 63 ; τέσσαραις, 59, 18 ; ou bien le nominatif et l'accusatif masculins et féminins : τέσσαρεις, Belth., 452, Phys., p. 577, Georg. Rhod., 343 ; cette forme est calquée sur τρεῖς. Au lieu de τέσσαρες, on dit par assimilation τέσσερες, qui existait, en ancien grec, dans les dialectes ionien et arcadien, et qui s'est répandu de bonne heure : δεκατέσε[ρα, Pap. Berol. Sitzungsberichte der Berliner Akademie, p. 916; XV, 8 et 919; XXII, 16, et au moyen âge, Mich. Stren., 20, etc. Sur τέσσερεις, τέσσαρα, voyez aux Additions, à la fin du volume. Les formes modernes communes sont τέσσερεις masculin, féminin, accusatif, nominatif, génitif τεσσάρω, neutre τέσσερα.

P. 23, l. 16. Ἔξη. De même Sophianos et Georg. Rhod., 191; Prodr. III, 242; Apoc. II, 189; Missa, 226; du reste déjà Italo-græca I, ἔξι, p. 92, de l'an 1005; l'η vient de ἑξῆντα. — Ἐννειά n'est qu'une variante orthographique de ἐννεά, ἐννιά, prononcé *enjá*. On écrit aujourd'hui ἐννιά. — Ἔνδεκα, prononcez et écrivez ἔντεκα.

P. 23, l. 18. Δεκατρεῖς. La transposition des deux membres, δεκατρεῖς pour τρισκαίδεκα est ancienne ; cf. δεκατρία, Tabul. Herculan., II, 68 ; δεκατετόρων, II, 86 ; δεκαπέντε, II, 69 ; δεκαέξ, II, 40 ; δεκαεπτά, II, 61 ; on disait même δέκα εἷς, II, 34 ; δέκα δύο, I, 29, etc. Déclinez δεκατέσσερεις comme τέσσερεις. Lisez δεκοχτώ, δεκανιά, plutôt δεκαενιά avec un *e* très réduit.

P. 23, l. 22. Τριάντα. La chute de la syllabe κο n'est pas expliquée; cf. ὀγδοῆντα sur une inscription juive de Venosa : Ascoli, *Iscrizioni latine, greche, ebraiche inedete e mal note*, nr. 4, 17; πεντῆντα, 4; τριάντα dans Lebas-Foucart, *Voyage archéologique en Grèce*, II, nr. 137, inscription d'Argos. — Au moyen âge on trouve les deux formes suivant le besoin du vers : γδόντα, Georg. Rhod., 343 ; ἑξῆντα, 396. — A Bova, *triakonda* subsiste. — Ὀγδοήντα, aujourd'hui ὀγδόντα. — Τέσσερεις χιλιάδες.

P. 23, l. 29. Μιλιοῦνι est l'italien *miglione*, probablement par l'intermédiaire d'un dialecte méridional qui change -*e* en -*i* (miglion*i*). Pour les Grecs, miglion*i* était forcément un neutre en -ι, pluriel -ια. Les ordinaux ne sont pas d'un grand usage dans la langue du peuple.

Adjectifs. — Degrés de comparaison.

P, 24, l. 8. *Adjectiva... quædam sunt in* ος, *quædam in* ης. On peut faire pour les adjectifs à peu près la même classification que pour les substantifs :

I. *Parisyllabiques.*

a) -ος, -η, -ο.
b) -ος, -α, -ο.
c) -ής, -ειά, -ύ.
d) -ας, -η, -ο.

II. *Imparisyllabiques.*

-ης, -ηδες, -α, -ικον ou -η.

I *a*). A cette classe appartiennent tous les anciens adjectifs en -ος, -η, -ον; -ος, -ον; -ρός, -ρά, -ρόν; -εος, -εα, -εον; καλός, καλή, καλό; ἀθάνατος, ἀθάνατη, ἀθάνατο; καθαρός, καθαρή, καθαρό; χρυσός, χρυσή, χρυσό; voyez p. 110 sqq. ; ὄγδοος, ὄγδοη, ὄγδοο.

I *b*). Ici se rangent ἄγριος, ἄγρια, ἄγριο, exemple de Simon Portius; βέβιος, βέβια, βέβιο ; de même tous les adjectifs dont le thème se termine par un *j* : ἅγιος, ἅγια.

I *c*). -ής, -ειά, -ύ; βαθής (c'est-à-dire βαθύς), βαθειά, βαθύ; voyez p. 142 sur cette flexion. Le génitif du masculin fait βαθειοῦ ou βαθῆ. Il vaudrait peut-être mieux écrire βαθύς, génitif βαθῦ, accusatif βαθύ, parce que, par le seul fait de la force du genre, on pouvait arriver au génitif βαθῦ sans l'identité phonétique des désinences de βαθύς = κλέφτης. Nous avons vu, p. 108, que γλυκύς attire πικρός en crétois et en fait πικρύς ; en Grèce l'inverse se produit : πικρός subsiste et fait dire γλυκός. Γλυκός, γλυκειά, γλυκό rentre donc dans la catégorie I, *b*.

I *d*). Ce sont les adjectifs de la déclinaison consonantique : εὐδαίμονας, εὐδαίμονη, εὐδαίμονο; on dirait de même σώφρονας, etc. ; le masculin est refait sur l'accusatif, le féminin et le neutre reçoivent la terminaison générique qui leur est propre. Dans le paradigme même de εὐδαίμονας, nous avons seulement voulu indiquer la forme du neutre et du féminin : le vocabulaire courant dirait ἐφτυχισμένο ou φτυχισμένο.

II. Cette classe renferme les adjectifs en -ης, qui pour la plupart sont d'origine étrangère, ou bien correspondent aux adjectifs en -ης, -ους, par exemple εὐλαβής. Le singulier suit la déclinaison de κλέφτης, génitif -η, accusatif -η ; le féminin est α (ou bien -ισσα, voyez plus bas), le neutre -ικον : ζουλιάρης, -α et ζουλιάρισσα, -ικο ; μαυροφρύδης, -ισσα, -ικον, etc. ; cf. Legrand, p. 36. Le pluriel du masculin est -εις suivant M. Legrand ; mais c'est la forme savante ; la forme populaire, au contraire, est -ίδες, cf. p. 133 sqq., ou même -οι : ζουλιάροι est à ζουλιάραις ce que μικροί est à μικραίς.

Il arrive souvent que des adjectifs en -ης passent dans la classe I *a*), ἀκριβός, -ή, -ό = ἀκριβής, -ής, -ές; cf. ἀληθούς, Solom., 140 ; féminin ἀλήθεια, Solom., 112. On a de même ἄμαθος, ἄβλαβος, ἄπρεπος, ἄτυχος, δύστυχος, ἄμελος pour ἀμαθής, ἀβλαβής, ἀπρεπής, ἀτυχής, δυστυχής, ἀμελής ; et εὔλαβος à côté de εὐλαβής, le féminin βλαβίδισσα, etc.

P. 24, l. 22. Κλέφτης... κλέφτρια. Ce sont plutôt des substantifs désignant des personnes, que des adjectifs, dont S. Portius parle ici ; -τρια est la forme littéraire, -τρα serait la forme populaire ; voy. p. 111. Pour κόφτρα, ῥάφτρα, ὑφάντρα προξενήτρα, etc., etc., cf. Foy, *Lautsystem*, p. 129. -τρια est à l'origine le féminin de -τηρ : μορφώτηρ, -ωτρια ; celui de -της est -τις, génitif -τιδος, par exemple πολίτης, πολῖτις ; αὐλητής, αὐλητίς ; κλέπτης, κλέπτις ; προφήτης, προφῆτις ; mais on a déjà, en ancien grec, ποιητής, ποιήτρια, parce qu'au masculin les deux formations en -τηρ et en -της existent souvent l'une à côté de l'autre : pour κλεπτήρ ancien, cf. Krüger, Gr. Gr. § 329, 26 ; 330, 1, d'où κλέπτρια pg.; d'autre part, de μαθητής on faisait μαθητρίς ; cf. encore ψάλτης, ψάλτρια.

-ισσα. -ισσα est le féminin des masculins en -ευς, mais il n'y

a pas de lien phonétique entre les deux suffixes : -ισσα = -ικια ;
cf. latin *victr-ic-s*, βασίλισσα (Pap. Lup., 31, 25), à côté de
βασιλίς, βαλανεύς, βαλάνισσα et βαλανίς. Plus tard, -ισσα devient
plus fréquent et pénètre dans le latin et les langues romanes :
italien *-essa*, français *-esse*. Dans le génitif ἐγγονίσσης, Italo-
græcā I, 140, a. 1281, il y a évidemment une influence italienne (remarquez l'accent). La forme grecque se trouve ib.
99, a. 1115, συγγένισσα. Θεός fait θεῖσσα, Cypr., 13, 6 ; cf. encore ἀστρονόμισσα, Asin., 57 ; διδασκάλισσα, 59, etc.

P. 24, l. 26. -ρης. C'est plutôt -άρης qu'il faut dire, latin
-arius. Ce suffixe est parmi ceux qui ont rencontré partout
bon accueil ; on le trouve en allemand, p. e., anc. h. all. : *chel-
lari, morsari* ; nouv. h. all. : *keller, mörser, pförtner*, etc. ;
en celtique : irl. *altoir*, altare ; *riagloir*, regularis ; *lubgar-
toir* (*jardinier*) ; dans les langues slaves, il s'est toujours
très vite acclimaté et a donné naissance à de nouvelles formations. Dans un papyrus de Berlin, de l'époque des Antonins,
on lit déjà ψυχάριον, παιδάριον, Διδυμάριον, etc., voir Sitzungsberichte der Berl. Akad., 1885, p. 904 ; exemples de l'époque
byzantine dans Dossios, 13. Ce qui est encore remarquable,
c'est que le neutre a formé des diminutifs : παιδάριο, γυναικάριο,
ποδάρι, etc. ; et de là on arrive à un suffixe augmentatif -αρος,
-άρα suivant la règle donnée p. 122 : πόδαρας ou ποδάρα, *un pied
grand, mal formé* ; σκύλαρος, γυναικάρα, etc. ; cf. Dossios, 42 sqq.

P. 24, l. 30. -ας... *formant fœminina*... *in -αινα*. -αινα est
à vrai dire le féminin des thèmes en -ων : φαγών ; cf. τέκτων,
τέκταινα ; θεράπων, θεράπαινα ; δράκων, δράκαινα. Mais le sens de
φαγών et de φαγᾶς est le même ; φαγᾶς n'avait pas de féminin ;
φαγών disparaissait du lexique, et φάγαινα devient ainsi le
féminin de φαγᾶς. Ce ne sont que les oxytons en -ᾶς qui font
-αινα, les paroxytons font -ισσα ; de même ceux en -ιᾶς.

P. 24, l. 37. Μακρίς. Cf. p. 142. Il est inutile et même
erroné d'écrire μακρίς et de le séparer ainsi de βαρύς. On voit
bien que là où Portius n'était pas guidé par l'étymologie, il
écrit phonétiquement. D'ordinaire il emploie, autant que possible, une orthographe historique. Μακριά à côté de βαρεῖα est
tout aussi inadmissible : on disait ou bien μακριά, βαριά, ou bien
μακρεία, βαρεῖα, et il faudrait conformer l'orthographe à l'une
de ces deux prononciations. Le peuple dit, en effet, βαριά aussi
bien que μακριά, car les deux féminins sont identiques, et ceux

qui veulent écrire βαρειά ou βαρεῖα, devraient tout aussi bien écrire μακρειά ou μακρεῖα. — Au lieu de κυρά, l. 38, lisez κερά, et, p. 25, l. 2, rétablissez γλυκός, etc.; cf. plus haut, p. 155.

P. 25, l. 7. *Explicant sua comparativa... per* πλέα. C'est l'ancien neutre πλέον pris adverbialement. Πλέον, comme tous les adverbes dérivés d'adjectifs, a pour terminaison α, cf. p. 74. Aujourd'hui, la forme commune est πιά, πιό (pjá, pjó). Les comparatifs en -ιων, -ιον, ont disparu, excepté κάλλιον, κάλλια, qui, identifié avec βέβιο(ν), etc., fait au masculin κάλλιος, au féminin κάλλια, Belth., 540; cf. Schmidt, 29, 9. On a de même, à Bova, *plen gália*, et encore *ple hhíru, plus pis*. Sur κάλλια, on fait καθάρια, Eroph., I, 450; περίσσια, Eroph., II, 47; τὰ περίσσια βάρη, II, 175; II, 141.

A l'époque où κρεῖσσο était encore vivant, on créa, à ce qu'il semble, un comparatif πλεῖσσον au lieu de πλείων, et ce πλεῖσσον a subsisté longtemps dans le néo-grec; mais il a subi l'influence de κάλλια et est devenu πλείσσια, Eroph., II, 114, 574; μὲ φόβο πλεῖσο, Eroph., II, 132; cf. I, 384. Enfin συχνιά, Eroph., I, 585. — Le superlatif μεγαλώτατος, comme tous les superlatifs, a disparu de la langue moderne. La règle donnée ll. 19-21 est purement orthographique.

P. 25, l. 24. *Mutari o in η, in solis comparativis*. Pour καλός, Sophianos donne καλλίτερος, κάλλιστος et κάλλιος, ἄριστος. Avant la disparition complète de καλλίων, le sens des comparatifs s'était déjà affaibli dans le suffixe -ίων; c'était -τερος, qui exprimait surtout l'idée de comparaison. Au lieu de dire καλλί-ων, on disait donc καλλί-τερος; au lieu de κάλλιον, καλλιότερος; cf. γλυκειότερον, Kaibel, 572. Ces deux formations subsistent pour καλλιότερον, voy. Krumbacher, p. 62. — Les adjectifs en -ύς ont -ύτερος, prononcé -ίτερος; de même μακρύς, μακρίτερος. Celui-ci et καλλίτερος entraînent μεγαλίτερος pour μείζων, et sur μεγαλίτερος on calque χοντρίτερος, à côté de χοντρότερος (commun). D'autre part καλίτερος fait dire κακίτερος. Je note encore : ἀσπρίτερος et son contraire μαυρίτερος; ὀμορφήτερη, Pio, 17; Cypr., 75, 3; 16; πρωτήτερα, Eroph., I, 174; Sachl. I, 274; II, 608; τρανήτερον, Sen. III, 80. Quant à l'υ de πολύτερον, on peut hésiter entre l'influence de πολύς et celle de μεγαλ-ίτερον, καλλίτερον. Je préfère cette dernière hypothèse, parce qu'elle nous expliquerait d'où nous vient le πολλότατος de notre auteur. Il faudrait donc écrire πολίτερος.

Les comparatifs doubles, qui se rencontrent dans des

textes plus ou moins vulgaires en ancien grec (voyez Kühner, t. I, § 157, 4), ne sont pas rares au moyen âge : κρειττότερον, Belth., 532; Alph. Mund., 35; μειζότερον, Quadrup., 497, et même πλεὸ χειρότερον, Dist. I, 18. On dira de même aujourd'hui πιὸ καλήτερο.

Les superlatifs en -ιστος, que Sophianos connaît encore, μέγιστος, κάλλιστος, κάκιστος ont péri. Je relève μεγεθέστατος, Phys., 3. — Contre καλήτατος, χοντρήτατος (ll. 28-29), pas plus d'ailleurs que contre καλώτατος, etc. (ll. 30-31), il n'y aurait d'objection théorique à faire; seulement ces formes ne nous sont guère connues que par S. Portius.

P. 25, l. 32. *Adjectivum* φίλος. Ce que dit Portius est juste, toutefois avec une légère correction : c'est que φίλος n'est plus jamais aujourd'hui adjectif. La comparaison ne peut donc tomber que sur μεγαλήτερος. Substituez aussi à μεγαλώτατος, ὁ μεγαλίτερος.

P. 25, ll. 36-42. De toutes les formes données dans ce paragraphe, il ne faut retenir, pour l'usage, que le comparatif περισσότερος.

P. 26, l. 2. Τουρκόπουλος, l. 6, ῥωμηόπουλος. Ce sont là plutôt des substantifs que des adjectifs, et comme substantifs ils ne sont guère usités qu'au neutre : Τουρκόπουλο, Ῥωμιόπουλο, p. 150.

P. 26, l. 4. -ούτζικος. Ce suffixe renferme deux suffixes, -ουτζ=ital. -*uccio*, roum. -*utz*, et -ικο, qui est grec. Cf. Dossios, p. 41 : νιούτζικος de νιός, μικρούτζικος, μεγαλούτζικος, etc. Il se joint presque toujours à des adjectifs, rarement à des substantifs, par exemple νερούτζικον, Prodr. II, 413, etc.

-πουλος, cf. p. 150.

La classification des suffixes qui forment des adjectifs n'est pas meilleure que celle des suffixes des substantifs (p. 143). Le genre du substantif primitif n'y est pour rien. Les suffixes sont en partie les mêmes qu'en grec ancien; il y a néanmoins quelques changements assez curieux à signaler. Ici aussi, le manque de matériaux m'empêche d'approfondir un sujet des plus intéressants.

-ᾶς. J'ai déjà parlé de l'origine et de la signification de ce suffixe. Il n'est pas restreint aux substantifs féminins en α, comme le dit Portius; cf. κεφαλᾶς de κεφαλή, qui a une grosse tête; μαγουλᾶς, joufflu, de μάγουλο; στοματᾶς de στόμα.

-κος. Il serait peut-être plus juste de dire -ικος, parce que c'est la forme du suffixe pour tous les thèmes, excepté pour les thèmes en -ια; cf. μουσικός de μοῦσα, τεχνικός de τέχνη, πολεμικός de πόλεμος, γραμματικός de γράμμα, βασιλικός de βασιλεύς, ἀστικός de ἄστυ, ἠθικός de ἦθος, μητρικός de μήτηρ, τεκτονικός de τέκτων, etc.; mais καρδιακός, κυριακός, de καρδία, κυρία. C'est le suffixe le plus ordinaire pour former des adjectifs en ancien grec comme aujourd'hui. L'accent est toujours sur la dernière syllabe.

-άρης. C'est le latin *arius*, v. p. 84. Βαρκάρης = *barcarius*, ital. *barcajo, barcaro*; περιβολάρης, jardinier; ἀμαξάρης, cocher, à côté de ἀμαξᾶς.

-ούλης. Voy. p. 150. Μικρούλης, κοντούλης, περδικούλα, δροσούλα, χρυσούλα, Ξαθούλα, etc.

-τερός. Je crois que τερός est né de la même manière que -ακι (p. 148), et qu'il est dû à une fausse coupure; -ερός (v. plus bas) s'ajoute d'abord à des neutres en α, qui naturellement se produisent sous la forme pleine du radical en -ατ; par exemple, on a de αἷμα, radical αἱματ-, un adjectif αἱματερός; plus tard, on considère αἷμα d'une part, αἱματερός de l'autre, et l'on a l'idée que -τερος est un suffixe.

P. 26, l. 12. -νος. Καπελάνος est le latin *capellanus*; en effet, tous les adjectifs (il y en a très peu) en -άνος, viennent soit de l'italien, soit du latin. On a de même ζητιάνος, *mendiant*, et quelques autres, par extension du suffixe.

P. 26, l. 14. *Idem præstandum est si à neutris deducenda sunt adjectiva.* Dans tous les exemples que cite Portius, l'α n'appartient pas au substantif, mais au suffixe. Une dérivation, dans laquelle entre la désinence casuelle d'un substantif, soit le nominatif pluriel, soit tout autre cas, est impossible; on prend toujours le thème. Du reste, il n'y a rien d'intéressant parmi toutes ces formes, si ce n'est -άτος. Nous avons déjà rencontré κερατ-ᾶς, παραμυθι-άρης; -ατος (cf. Dossios, 12) est le latin -*atus*, qui pénètre d'abord en grec avec des mots latins: βαρβάτος, *entier (non châtré)*, du latin *barbatus*; cf. pour le sens le roumain *bărbát*, *homme*; φευγάτος = *fugātus*, modifié sous l'influence de φεύγω[1]; sur φευγάτος on calque τρεχάτος. On peut distinguer deux classes

---

1. Cf. κλεισοῦρα, qui vient, comme Dossios le fait observer avec raison, du latin *clausura*; la première syllabe a été rapprochée de κλείω, d'où ει au lieu de *au*.

de mots formés avec -ατος : 1° Le suffixe se joint à un thème verbal ; l'adjectif renferme alors toujours plus ou moins l'idée d'un participe passif : γεμάτος de γέμω, rempli ; τρεχάτος de τρέχω, etc. ; 2° il se joint à un substantif pour exprimer l'idée de *doué, fourni, muni de quelque chose* ; le sens primitif transparaît toujours : μυρωδάτος, odoriférant ; ἀφράτος, appétissant, frais, de ἀφρός, écume. Le neutre, pris substantivement, sert à désigner des fruits préparés : κυδωνάτο, cotignac ; καρυδάτο, ἀμυγδαλάτο, γαλατάτο, etc.

P. 26, l. 20. Ψωματινός. -ινος, très fréquent dans toutes les périodes de la langue grecque, forme des adjectifs qui ont plus ou moins le sens possessif ; cf. Dossios, p. 20 : καλοκαιρινός, ce qui appartient, ce qui se rapporte à l'été ; de même χτεσινός, σημερινός, τωρινός, etc. (l'ι tombe souvent dans ce cas, p. 85) : θαλασσινός, αὐρινός, etc. Dans ce sens, -ινός est oxyton ; il y a un autre -ινος proparoxyton, qui forme des adjectifs de matières : μάλλινος, de poil ; ψάθινος, de paille, etc. ; la distinction est déjà ancienne ; on a en pg. ἑσπερινὸς et κεράτινος ; mais cf. plus bas.

P. 26, l. 20. -άρικος. Ψωματ-άρικος peut se comparer à -ούτζικος, en ce sens que c'est un composé d'un suffixe latin et du suffixe grec -ικος, et aussi parce qu'il est proparoxyton, tandis que -κός, joint à des substantifs, est oxyton.

P. 26, l. 22. *Modo...* -ηρός, *modo...* -ερός. La seule forme populaire -est -ερός ; -ηρός est savant, car η atone devant ρ devient ε ; cf. p. 81. En ancien grec, on a -ηρός pour les substantifs en η, -ερός pour ceux en ο, ος ; βλαβερός se rattache à τὸ βλάβος et non à βλάβη.

P. 26, l. 24. Λυπητερός. De λυπῶ on fait λυπητός, comme de φάγω, φαγητός, et de là on tire λυπητ-ερός. Nous avons alors une nouvelle source pour le suffixe -τερός (cf. p. 159) : on rattache λυπητερός directement à λύπη ; ou bien, c'est déjà le suffixe -τερός, connu par ailleurs, qui se soude à λύπη. On peut faire la même remarque au sujet de τιμη-τικός, qui n'est autre que τιμητός, plus le suffixe -ικός ; ou bien τιμή, plus le suffixe -τικός, détaché de σωματ-ικός, senti comme σωμα-τικός.

P. 26, l. 25. -ιος. -ιος n'a plus aujourd'hui aucune vitalité, tandis qu'en ancien grec il était très productif : ἑσπέριος, οὐράνιος, ἐλευθέριος, etc. Le suffixe -ινός le remplace souvent ;

cf. Dossios, 21, qui cite θαλασσινός = θαλάσσιος, αὐρινός = αὔριος. Un exemple moderne est κούφιος (κοῦφος).

P. 26, l. 27. Μυταρᾶς. Entre μύτη et μυταρᾶς (adjectif formé comme γλωσσᾶς), on peut supposer comme intermédiaire le substantif μυτάρα, *grand nez* (pour -άρα augmentatif, voir p. 156). Mais ce degré de transition n'est pas absolument nécessaire ; -ᾶς a souvent une signification méprisante ; il désigne, comme c'est le cas dans notre exemple, *un homme à grand nez, un nez gros, qui sort du commun* ; la même idée de quelque chose de laid, de hideux, de difforme, est exprimée par le suffixe -άρα. Or, la combinaison de deux suffixes synonymes, -ᾶς et -άρα (je dis synonymes quant à la signification, non identiques quant à la fonction) est un moyen très souvent employé par le langage, pour donner plus de relief à l'idée.

P. 26, l. 33. Ἀνθρωπινός. En ancien grec, ἀνθρώπινος. La règle de l'accentuation moderne, qui introduit partout le nivellement par analogie et qui, par là, prend une grande fixité, n'a pas encore ce caractère absolu en grec ancien : ἀνθρώπινος, θαλάσσινος, devaient être et ont été attirés par χθεσινός, etc. A côté de -ινος, qui forme des adjectifs de matière, on a -ένιος dans la même fonction (Portius en parle quelques lignes plus loin, p. 26, 35-36) : ξυλένιος, κερένιος, ζαχαρένιος, etc. ; cf. Dossios, p. 21 ; je ne trouve pas l'origine de ces suffixes. Dossios compare l'ancien εἰρίνεος ; mais pour arriver de là à -ένιος, il faudrait supposer ou bien une métathèse de -ίνεος en -ένιος, à l'époque où l'ε était encore voyelle, ce qui n'est guère probable ; ou bien un changement de -ίνιος = *-injos* en *-énjos* par une dissimilation dont nous ne voyons pas l'analogue dans la langue moderne.

P. 26, l. 34. -ιάρικος, *ut à ρόζος nodus*, ροζιάρικος. Sur -άρικος voir p. 160. Reste l'ι dont nous n'avons pas parlé. Il faut partir de κουμπί, diminutif de κόμπος et non de κόμπος, lui-même. Étant donné que κουμπί existe, cela n'a rien d'extraordinaire, et l'on arrive facilement à κουμπιάρικος. Mais les choses ne sont pas aussi simples en ce qui concerne ροζιάρικος ; on ne connaît pas de diminutif ρόζι ou ροζί. Cependant, vu que ροζάρικος, adjectif régulier de ρόζος existe, et que les deux adjectifs ροζιάρικος et κουμπιάρικος sont synonymes, l'ι du premier peut être attribué à l'influence du second. Du reste, un suffixe -ιάρικος peut ainsi se former d'après ce modèle et subsister à côté de -άρικος. Voyez plus haut à -τικός et -τερός, p. 159 et 160.

P. 26, l. 37. *At neutrorum in ι, adjectiva.* Tous ces adjectifs ne reposent pas sur les diminutifs en -ι, car ι ne pouvait pas tomber : γεράκι + -άρης aurait donné γερακιάρης. Il faut partir de γέραξ, radical γερακ-, etc. On peut avoir quelques doutes au sujet de σκυλίτικος : en effet, le diminutif σκυλί, avec le suffixe -τικός conduit bien à σκυλίτικος ; mais le radical σκυλο- et le suffixe -τικος donneraient le même résultat.

P. 26, l. 41. *Sæpissime in -ᾶς, ut ψάρι piscis, ψαρᾶς piscator.* Le suffixe -ᾶς sert à l'origine à individualiser, à désigner une personne qui fait, qui possède quelque chose : φαγών, mangeant ; φαγᾶς, celui qui mange. Tout le monde mange ; on ne donne donc le nom de φαγᾶς qu'à une personne dont la manière de manger a quelque chose de particulier, de choquant, d'extraordinaire : φαγᾶς est le *gourmand*. De même κεφαλᾶς est celui qui a une tête autre que celle de tout le monde ; ψαρᾶς est celui qui s'occupe spécialement des poissons, qui les prend, le pêcheur ; de même σιδερᾶς, forgeron ; ποδηματᾶς, cordonnier ; ξυλᾶς, bûcheron ; μαλλᾶς, marchand de laine ; μελᾶς, marchand de miel ; ζευγᾶς, laboureur, etc. Quant à l'origine de ce suffixe, on ne peut guère penser à φυγάς, qui ne se prête à ce rapprochement ni pour la forme ni pour le sens. Nous avons vu plus haut (p. 134) qu'il y avait une confusion entre ces deux classes de noms, et que le pluriel φαγάδες est dû au pluriel φυγάδες ; mais le génitif singulier de φαγᾶς est φαγᾶ, en ancien grec comme aujourd'hui. Il faut donc chercher ailleurs une explication. Sur Κλεοπᾶς, etc. (cf. p. 133-134), sur Βορέας, etc., on disait d'abord φαγᾶς dans un sens moitié caritatif, moitié ironique : c'était un *sobriquet*, un mot qui tient le milieu entre les noms propres et les appellatifs, et qui, à cause de cela, prend la forme des noms propres. Je crois avoir également démontré que, de même, le pluriel subit l'influence des noms propres, ce qui confirme mon hypothèse. De plus, le dialecte de Bova ne connaît presque pas les pluriels en -άδες (voir p. 134) ; il ne possède pas non plus les substantifs en -ᾶς, ce qui montre bien la relation qu'il y a entre le suffixe du pluriel -άδες et le suffixe adjectival -ᾶς.

P. 27, l. 1. *Fœminina in -ις... habent adjectiva... in -τικός.* Πολιτικός (aujourd'hui πολίτικος) vient plutôt de πολίτης que de πόλις.

P. 27, l. 2. *Verbalia... mutant σ in τ.* Il est évident que κινητικός ne vient pas de κίνησις, mais que l'adjectif aussi bien que le substantif se rattachent directement au verbe κινέω, thème κινη-; le suffixe est -τικός, et il se soude aux thèmes verbaux ; de même φύλακ- donne φυλακτικός; βλαπ-, βλαπτικός, etc.

P. 27, l. 13. *Has sibi regulas observandas proponat.* Les règles ne sont pas très nettes ni bien formulées au point de vue historique. Toutes les dérivations verbales se font sur le thème du verbe. Or, le thème se retrouve tantôt sous une forme, tantôt sous une autre. Pour les verbes circonflexes, dans lesquels la voyelle finale se contracte avec la désinence personnelle, il faut avoir recours au futur ou à l'aoriste : φιλῶ, ἐφίλη-σα; γελῶ, ἐγέλα-σα; ἀγαπῶ, ἠγάπη-σα. Les verbes barytons, au contraire, montrent très souvent le thème inaltéré au présent ; ainsi, nous avons γράφ-ω, tandis qu'à l'aoriste la consonne finale du thème s'est soudée avec le σ de la désinence temporelle : ἔγραπ-σα, πνίγ-ω, ἔπνιχ-σα, etc. Dans tous les verbes dont le thème du présent se termine par une consonne simple, le thème verbal est le même que celui du présent. Il faut excepter les verbes en -νω, surtout en -ώνω, où le ν n'appartient qu'au présent. Les verbes en -ζω n'y entrent qu'en partie ; c'est très souvent une gutturale qui se cache derrière le -ζ-. Les verbes en -σσ- ont, en général, une gutturale au radical ; enfin, ceux en λν, ρν, μν, ne conservent le ν qu'au présent.

Les exemples de Portius rentrent tous dans ces règles, excepté γνώριμος, γνωρίζω : on s'attend à γνώρισμος. Mais il faut savoir que γνωρ-ίζω et γνώρ-ιμος sont deux dérivés, indépendants l'un de l'autre, d'un radical γνωρ-. Il y a encore d'autres exceptions : on a γελῶ, ἐ-γέλα-σ-α, mais γελαστής, γελαστός, comme si le présent était γελάζω. Cela vient d'une confusion entre les verbes oxytons et ceux en -ίζω, -άζω, dont je parlerai dans le chapitre du verbe. Quant aux suffixes eux-mêmes cités dans ces deux passages, ils ne donnent pas matière à observations.

CHAPITRE V

Du Pronom.

P. 27, ll. 37-39. *Primitiva... sic flectuntur.* Ni Sophianos, ni Portius ne citent ἐμοῦ au génitif singulier, qui, pourtant, existait à leur époque, puisque ἐμοῦ et μοῦ appartiennent aussi bien à l'ancien grec qu'à la langue du moyen âge. On peut, du reste, trouver une explication du silence de nos auteurs : ἐμένα est la forme emphatique, qui s'emploie au commencement de la phrase; comme enclitique, ἐμένα ne se trouve qu'après un mot se terminant par une consonne ; la même différence existe entre ἐμοῦ et μοῦ, mais celui-ci est presque toujours enclitique, de manière que ἐμοῦ est rarement employé et pouvait échapper à un grammairien ni trop rigoureux ni trop exact, et personne ne dira que Portius pèche par excès d'exactitude.

L'accusatif ἐμένα est très intéressant, parce qu'il contient deux fois le signe de l'accusatif. A la même époque, où πατέρα était devenu πατέραν, ἐμέ s'est changé en ἐμέν, C. I. 3440, 6, de l'an 214 ap. J.-C., et c'est une forme qu'on trouve souvent dans les textes du moyen âge : ἐμέν Puell Juv. II, 14 ; ἐσέν, Glyk., 243, 312, 369 ; Puell. Juv. II, 26, etc. Mais la langue n'en reste pas là. Déjà dans Prodrome on a ἐμέναν ; cf. Prodr. I, 105 ; II, 32 ; V, 2 ; Glyk., 131 ; ἐσέναν, Spaneas I, 27 (Psichari, *Essais*, I, p. 170). L'α est celui de l'accusatif, de πατέρα, par exemple. Le ν final ne fait pas de difficulté ; ἐμέναν est à ἐμένα ce que πατέραν est à πατέρα. Il se peut bien que ἐμέναν ait été fait après coup, et que cette forme ait pris naissance dans des combinaisons où le mot suivant commençait par une voyelle ou par une explosive sourde ; en effet, des exemples que j'ai cités, trois sont à la fin du vers, un (Glyk.) devant α, un (Prodr. V) devant ε [1]. Lorsque tous les accusatifs avaient soit -α(ν), soit -ο(ν), soit -ι(ν) comme terminaisons, les deux μέ(ν), σέ(ν) restaient isolés ; μέ étant le thème, le signe caractéristique de l'accusatif ne s'y reconnaissait guère. Alors, on fait ce qu'on avait fait des siècles auparavant avec les accusatifs τύ, Ζῆν, qui se trouvaient dans des conditions analogues : on dit ἐμέν-α(ν) sur πατέρα(ν). C'est -α(ν) et non -ο(ν) ou -ι(ν), qui s'impose, parce que α seul est aussi bien masculin que féminin, tandis que ο aurait donné l'idée du masculin, ι, jusqu'à un certain point du moins, l'idée du féminin.

Ἐμεῖς. Il va sans dire qu'il n'y a pas ici de changement phonétique de η en ε. Après les mots à terminaison vocalique, l'η tombait forcément dans l'enclise (v. p. 102) : μεῖς, μᾶς, se rapprochaient dans ce cas de μοῦ, μένα, et alors on

---

[1] Prodr. III, 330, ἐμέναν λέγουσιν est contre la règle, mais on a déjà vu que Prodrome est parfois inexact en matière de ν final, p. 89.

crée des formes correspondantes à ἐμοῦ, ἐμένα, c'est-à-dire ἐμεῖς, ἐμᾶς. Le plus ancien exemple de ce phénomène remonte au xᵉ siècle : των εμων κληρονομων, Italo-græca I, p. 89, de l'an 960, se lit à côté de του θειου ημων, τη ημων βουλει. Le contexte montre que εμων est bien le génitif pluriel du pronom personnel : ἡμῶν et non pas le génitif pluriel du pronom possessif : ἐμῶν. On devrait donc écrire aujourd'hui ἐμεῖς et non ἐμεῖς, comme on fait souvent. Le génitif pluriel ἐμῶν n'est pas usité de nos jours. Ce qui est vrai de ἐμεῖς, nominatif, est aussi vrai de ἐμᾶς, μᾶς accusatif. Aujourd'hui, μᾶς est surtout enclitique ; ἐμᾶς est à la fois emphatique et postconsonantique.

Seconde personne. L'ε initial est dû à l'influence de la première personne : ἐσύ, ἐσένα, d'après ἐγώ, ἐμένα, parce qu'il y avait des cas où, suivant le contexte (devant une voyelle ou devant une consonne), l'on disait σύ, σένα, comme 'γώ, μένα. Au lieu de ἐσύ on a ἐσού en Crète, à Otrante et à Bova, forme très difficile à expliquer. Dans les dialectes de l'Italie, où ς final tombe, où, par conséquent *esi* (ἐσύ) coïncide avec ἐσεῖς devenu *esi*, on se voit obligé de chercher une nouvelle forme pour l'un de ces *esi* ; le pluriel restait à cause de *emi* ; mais à l'accusatif singulier, il semble qu'on ait pris la forme *esu* du génitif, parce qu'elle était devenue sans emploi. Mais en Crète, où le ς final subsiste, cette explication ne suffit plus. — Voici quelques exemples anciens de l'ε prothétique : ἐσοῦ, C. I., 4864, Egypte ; Pap. Lup., 15, 10, 1ᵉʳ siècle de notre ère ; Pap. Dresdenses (Wiener Studien, VII, 77), IIᵉ siècle av. J.-C., accusatif ἐσέν et ἐσέναν, comme ἐμέν et ἐμέναν ; cf. Solom., 48 sqq. : ὅτι δι' αὐτὸ δουλόνεται, παιδίν μου, εἰς ἐσέναν, | πουλεῖ τὰ πάντα του ὡς δι' ἐσέν, καὶ βάνει τὸν ἑαυτόν του, | καὶ βάνει καὶ τὴν σάρκαν του εἰς κάμινον δι' ἐσέναν. — La forme σέ (jamais ἐσέ), σ' devant une voyelle, ne s'emploie plus, dans la langue commune, que comme régime direct ou indirect précédant le verbe immédiatement, σὲ λέω, σ' ἀγαπῶ, ou séparé du verbe par τόν, τήν, τό, etc., *pronoms*, dans lequel cas σέ n'apparaît que sous la forme σ et se soude au pronom : στὸ λέω, στοὺς ἔδειξα.

Pluriel, ἐσεῖς. A l'époque où η et υ étaient devenus *i*, l'ancien ὑμεῖς ne pouvait plus subsister, car il ne se distinguait plus de ἡμεῖς, et on ne peut pas exprimer deux idées aussi opposées que celles de *nous* et *vous* par la même combinaison de sons. D'autre part, le pronom de la première personne, qui avait déjà μ au singulier, se défendait au pluriel, et μεῖς, ἐμεῖς, pouvaient rester dans le sens de ἡμεῖς, tandis que l'on formait un pluriel σεῖς (ἐσεῖς), σᾶς (ἐσᾶς), sur le singulier σοῦ, σένα, d'après la corrélation qui s'observait entre μοῦ, μένα et μεῖς (ἐμεῖς), μᾶς (ἐμᾶς). En effet, ἐσεῖς, dont l'ε est dû, nous l'avons vu, à ἐμεῖς, apparaît déjà dans les plus anciens textes qui sont écrits en langue vulgaire : Spaneas I, σεῖς 219, σᾶς 230, 232, 233, etc.; si l'on rencontre çà et là ὑμεῖς, c'est une forme savante classique. — Faites entre les formes vocaliques et les formes consonantiques σᾶς, ἐσᾶς la même différence qu'entre μᾶς et ἐμᾶς; cf. plus haut, p. 102 et p. 165.

Troisième personne. Portius n'admet pas encore de nominatif pour le pronom personnel de la troisième personne. En vérité, les langues qui possèdent une flexion verbale complète n'en ont pas besoin. Mais, à mesure que le système verbal est détruit, que les désinences s'affaiblissent (par voie phonétique ou autrement), on s'habitue à joindre le pronom sujet aux formes des verbes : c'est toujours, dans ce cas, un pronom démonstratif, qui a perdu beaucoup de sa valeur originaire. Ainsi le latin *ille* est devenu pronom personnel en latin vulgaire et dans les langues romanes. En grec, c'est αὐτός, qui, à l'origine, n'est employé que comme régime atone, et, en cas pareil, devient ἀτός, p. 99 sqq. Ἀτός peut rester après des mots à terminaison consonantique; après voyelles, il devient τός. Puis, les pronoms de la première et de la seconde personnes, qui ont à l'origine une forme postconsonantique commençant par ε, et une autre forme postvocalique commençant par σ ou μ., influencent τος, et créent ainsi une forme ἐτός, Bova, 5; de même, pour le pronom tonique αὐτός, nous avons εὐτός; cf. Schmidt, 15, 1; d'après Schmidt, *ibid.*, εὐτός est très usité à Céphalonie, à Zante, en Crète et dans les Cyclades. On dit même ἐφταξούσιος (écrit ἐφταξούσιος, par une erreur typographique évidente), Carm. 62, 37.

Portius a suivi sans doute le modèle fourni par les grammaires classiques dans les paradigmes qu'il nous donne pour les pronoms. Car, s'il admet τοῦ, τόν, pourquoi ne parle-t-il ni du féminin τῆς, τῇ, ταίς, ni du neutre τά? On voit par sa traduction latine qu'il confond le pronom personnel et le pronom réfléchi; c'est celui-ci, en réalité, qui ne distingue pas les genres et qui n'a pas de nominatif. Le néo-grec a perdu le pronom réfléchi, car la langue vulgaire, la langue du peuple, ne l'aime pas; elle remplace le pronom réfléchi par le pronom personnel. On sait quelle confusion règne dans l'emploi de *lui* et *soi*, en ancien français; il y a des dialectes allemands qui ne disent plus guère *sich*, mais toujours *ihm, ihn, ihr, sie*, cf. Schuchardt, Slawo-deutsches, 1885, p. 105 sqq. — On supplée au pronom réfléchi, dans la langue commune, par les formes τὸν ἐμαφτόμου, τὸν ἐμαφτόσου, τὸν ἐμαφτότου.

Je relève encore τώς à l'accusatif pluriel pour τούς. Voy. Psichari, *Essais*, I, p. 202 sqq. Τώς n'apparaît qu'au xvie siècle. Suivant M. Psichari, cette forme est due à une confusion entre τῶν, génitif pluriel, et τούς, accusatif pluriel, parce que les deux sont souvent identiques au point de vue de la fonction; en d'autres termes τῶν × τούς = τώς.

Voici une autre explication. Dans les cas où l'on pouvait se servir de τόν et τοῦ, singulier, comme dans τὸν εἶπα ou τοῦ εἶπα, ou de τῶν, phonétiquement identique à τόν et τούς, comme dans τοὺς εἶπα, τῶν εἶπα, τούς arrivait facilement à se présenter à l'esprit comme le pluriel de τοῦ; et, en effet, Sophianos, p. 78, donne au singulier ὁ ἐδικός του et, au pluriel, ὁ ἐδικός τους. D'autre part, τῶν, en lui-même, n'exprimait pas bien l'idée du pluriel; il fallait donc un correspondant pluriel à τόν, de même que τούς paraissait être déjà le substitut pluriel de τοῦ; on obtenait ce résultat en donnant un ς à των, sur le modèle de τούς comparé à τόν. On avait ainsi le signe caractéristique du nombre. Τώς repose de la sorte sur la proportion suivante : τώς : τό = τούς : τοῦ.

P. 28, l. 17. *Duo priora... habere genitivum pluralem similem accusativo.* C'est donc une réminiscence classique qui fait donner à Portius la double forme ἐμῶν et ἐμᾶς. En effet, à la seconde personne, qui n'a rien de correspondant pour la forme dans l'ancien grec, il ne connaît pas σῶν; Sophianos, qui, en général, ne subit pas les influences classiques, ne donne que μᾶς. Ainsi donc, au pluriel de la première et de la seconde personne, on avait une seule forme, et une forme qui se terminait par un -ς pour le génitif et l'accusatif; à la troisième, on en avait deux; mais dès lors, de ces deux formes, τούς et τῶν, l'une devenait superflue, et on aboutissait ainsi, suivant les régions, soit à τούς, soit à τῶν, et de là à τώς, voyez ci-dessus.

P. 28, l. 20. *Accusativum* τόν, *quum postponitur alicui verbo, assumere* ε. Nous trouverons encore ailleurs cet ε paragogique, qui ne peut pas être dû à une cause phonétique, parce qu'il ne se rencontre pas partout, mais qui provient d'une analogie. La forme enclitique du pronom de la première personne est, à l'origine, με; celui de la seconde est σε : on a donc dit tout d'abord είδα με, είδα σε, le pronom se plaçant après le verbe, comme c'est encore le cas dans certains dialectes; l'ε se reporte alors à la troisième : είδα τονε pour είδα το(ν). Dans la langue commune, on dira τόν είδα. La construction donnée par S. Portius, είδα του, qui fait supposer είδα σε et είδες με, nous fournit encore un indice dialectal, en même temps peut-être qu'un renseignement sur la patrie de l'auteur. L'ε de τονε, comme la désinence νε elle-même, fait penser à Chio. Ce fait ne changerait rien, en tout cas, à l'explication ci-dessus. Voyez la note à la p. 68, l. 7.

P. 28, l. 22. *Possessiva sunt sex*, εδικόσμου. Il est très curieux de voir revenir le langage à un état primitif. La langue mère indo-européenne possédait une seule forme pour le génitif des pronoms personnels et pour le pronom possessif; c'est relativement assez tard que l'on commence à fléchir le pronom possessif et à distinguer les genres. Et même le néogrec, qui exprime l'idée du possessif par un adjectif signifiant *propre à*, *appartenant à*, suivi du génitif du pronom personnel, tend à perdre la différence des genres à la troisième personne; il semble, en effet, que του, dans Sophianos, serve pour le féminin : ὁ εδικός του, pluriel ὁ εδικός τους, p. 78 sqq. Portius donne της et του, mais en ajoutant que του est la forme ordinaire, et que της est plus élégant, *eleganter*, c'est-à-dire affecté. Ἐδικός n'est autre que l'ancien grec ιδικός, qui est devenu δικός, et puis εδικός, sur le patron de ἐκεῖνος, κεῖνος, avec les mêmes alternances syntaxiques, à l'origine, devant voyelles ou devant consonnes (cf. p. 28, l. 35); ιδικός apparaît encore dans les textes du moyen âge, Prodr. IV, 323; mais ιδικός III, 323. Ce renforcement, du reste, n'est pas indispensable; cf. τὸ σπίτιν μου, Prodr. I, 75; τὰ παιδία σου, 91, etc. On dira de même aujourd'hui. Τὸ δικόμου τὸ σπίτι ne s'emploierait que dans le sens prégnant ou comme pronom proprement dit, remplaçant le nominatif, pour dire : *le* mien, etc. Quelle maison? — La mienne : τὸ δικόμου. La forme consonantique δικός μου, etc., est seule connue de la langue commune. L'observation de S. Portius, l. 30-33, demeure juste. Dans la déclinaison de ce pronom possessif, la langue commune ne modifie l'un des deux nombres que suivant le genre ou le nombre auxquels chacun d'eux peut se rapporter de son côté. Ainsi μοῦ restera invariable au singulier comme au pluriel, si l'objet désigné, quel qu'en soit le genre ou le nombre, se rapporte à un seul possesseur : ὁ δικός μου, οἱ δικοί μου, τοὺς δικούς μου, ἡ δική μου, οἱ δικές μου, τὰ δικά μου, etc., quand le possesseur est unique; mais bien entendu ὁ δικός μας, etc., quand il s'agit de plusieurs à la première personne du pluriel, etc. De même, en ce qui concerne δικός. L'adjectif ne varie pas suivant le genre et le nombre des possesseurs, mais suivant l'objet possédé : ὁ δικός μας à côté de τὸ δικό μας, etc.

P. 28, l. 37. *Demonstrativa sunt duo*, τοῦτος vel ἐτοῦτος. L'ε vient de ἐκεῖνος, voyez p. 103. Remarquez le τ du nominati singulier pluriel, masculin et féminin, τοῦτοι, τοῦτες, au lieu de l'esprit rude. A l'origine, l'esprit rude n'appartenait qu'au nominatif singulier masculin et féminin; le dialecte attique et la κοινή font suivre, sur ce modèle, les formes correspondantes du pluriel οὗτοι, οὗται; le béotien perd tout à fait les formes avec τ ; le néo-grec au contraire les généralise ; cf. aussi Bova, *tuto*. Le féminin et le neutre pluriels ont αυ au radical pour ου, mais déjà la langue classique dit τούτων pour ταύτων, génitif pluriel féminin, et la langue vulgaire la suit sur ce chemin; cf. τούτων, Bull. de la Commiss. archéolog., IV, p. 182, inscription chrétienne de Téos; τοῦτα Glyk., 509 ; τοσούτην Apoc. I, 314.

P. 28, l. 40. *Genitivum... circumflecti apud quosdam*. Le déplacement de l'accent et l'allongement des formes de τοῦτος par un ν sont très difficiles à expliquer. Le dialecte de Bova se borne au génitif singulier *tutú tuti*, *einú einí*, pluriel *tutó*; d'autre part, de *ettós* (αὐτός) il fait *etúno*, génitif *tunú*. Otrante : *tunú* ou *túnu*, *tuní* ou *túni*, *tunó*. Sophianos, p. 76, ἐκεινῶν, τουτουνῶν, τουτουνοῦ, τουτηνῆς et αὐτουνῶν, mais ἐκείνου, αὐτοῦ. Aujourd'hui on a τουτουνοῦ et τουτηνοῦ, accusatif τοῦτονα, féminin τουτηνῆς, τούτηνα, pluriel masculin τουτηνοί, τουτωνῶν ou τουτηνῶν, τουτουνούς et τουτηνούς; ἐκεινοῦ, -ονα, -οί, -ῶν, -ούς, féminin -ῆς, κείνηνα ; puis αὐτόνος, αὐτουνοῦ, αὐτόνα ou αὐτῆνος, -ηνοῦ, αὐτηνοί, αὐτηνῶν ou αὐτωνῶν, αὐτουνούς ou αὐτηνούς, féminin αὐτηνή, -ῆς, -ῆνα, -ηναίς, -ηνῶν ou -ωνῶν, -ηναίς ; neutre -όνο ou -ηνό, etc., pluriel -άνα et -ῆνα, etc. ; ποιανοῦ, ποιανοῦ, ποιουνοῦ, féminin -ανῆς, pluriel -ανῶν, -ωνῶν, -ουνῶν, accusatif -ανούς, etc.; cf. Legrand, 46 sqq. En voici quelques exemples tirés des textes; il serait facile de les multiplier : τουτουνά, Georg. Rhod., 134, 258; ἐτουτηνά, accusatif féminin, Xen., 237; αὐτῆνος, As. Lup., 12; Puell. Juv. II, 36, 68 (écrit αὐτίνος); αὐτῆνο neutre, As. Lup.

387; αὐτοῦνου, Imb. III, 762; αὐτηνοῦ, Eroph., III, 319; αὐτοῦνον, Prodr. VI, 360; αὐτόνον, Imb. III, 350, 378; αὐτούνη, Imb. III, 392; αὐτῆνοι, Eroph., II, 137.

Nous avons le même suffixe dans ὅλος : ἀπ' ὁλονῶν τῶν ἀλλονῶν ἀνθρώπων, Eroph., II, 214; ὁλονῶν, Georg. Rhod., 196; Eroph., I, 584; — ἄλλος : ἀλλονοῦ, Carm., 43, 2; ἀλληνῆς, Schmidt, 59, 28; τέτοιος : τέτοιανᾰν, Georg. Rhod., 504, 521, nominatif τέτοιανᾰ, Sachl. I, 163; pour des exemples analogues à κεινοῦ, etc., voir Krumbacher, 37 sqq. Voici ce qui me semble résulter de tout cela : les pronoms démonstratifs et indéfinis ont une tendance à caractériser le génitif, quelquefois aussi l'accusatif et le nominatif, par un ν qui s'insère entre le thème et la désinence casuelle. La voyelle qui précède le ν est tantôt η, tantôt ου, très souvent la même que celle de la désinence. Ἐκεῖνος ne nous montre jamais ce ν, mais il déplace l'accent, il devient oxyton au génitif. Or, il est évident qu'il y a un certain rapport entre ce déplacement de l'accent et le ν intercalaire. Nous pouvons même aller plus loin, si toutefois Sophianos est exact; nous pouvons dire que ἐκεινῶν et τουτουνῶν ont engendré toutes les autres formes. Sur τουτουνῶν (ou plutôt τουτωνῶν, cf. ὁλονῶν), on fait d'abord τουτουνοῦ, puis τουτηνῆς, etc. Mais maintenant lequel des deux, de ἐκεινῶν ou de τουτουνῶν, est le premier en date? Τούτων et ἐκείνων sont, par suite de la perte des anciennes longues, identiques aux accusatifs τοῦτον, ἐκεῖνον. Si cette identité était tolérée dans les substantifs[1], elle ne pouvait guère l'être dans les pronoms, et nous avons déjà vu un des moyens qu'on avait trouvés pour remédier à cet inconvénient p. 167. Je crois que, par la même raison, ἐκείνων a été changé en ἐκεινῶν, et que τουτω-νῶν, au lieu de τούτων, est calqué sur ἐκει-νῶν. Il resterait toujours à se rendre compte, d'une façon précise, de la raison du déplacement de l'accent. On peut penser à une influence de αὐτός, influence qui se serait fait sentir seulement là où le sens exigeait une double forme pour κεῖνον. On pourrait peut-être aussi se rappeler ce que nous avons dit de ὅπου = ὁποῦ, p. 106, et rapprocher du traitement de ὅπου et du changement d'accent qui en résulte par suite du contexte, le traitement d'un κεῖνον enclitique atone, qui deviendrait ainsi κεινῶν. Mais aucune de

---

1. Ce ne sont du reste que les substantifs parisyllabiques, et encore pas tous, mais seulement les féminins oxytons (ὁδόν = ὁδῶν), les masculins en -ος oxytons et proparoxytons.

ces explications ne paraît bien satisfaisante. Ce que l'on peut dire pour le moment, c'est que les formes surabondantes s'emploient dans le sens emphatique ou pronominal. Τουτουνοῦ τοῦ ἀνθρώπου! *d'un pareil homme!* ou bien : Ποιᾶς γυναίκας ; et pronominalement : Ποιανῆς ; Τουτηνῆς. — Ποιανῆς γυναίκας, dans l'interrogation, au lieu de : Ποιᾶς γυναίκας, serait emphatique. Il y aurait une nuance comme : *de quelle femme* (ποιᾶς)? *de laquelle entre toutes? de quelle sorte de femme?* (ποιανῆς).

P. 29, l. 8. Ὅποιος, ὅποια, ὅποιον. Cf. Mavrophrydis, Δοκίμιον ἱστορίας τῆς ἑλληνικῆς γλώσσης, p. 610 sqq. Chatzidakis, Ἀθήναιον, X, 469.

La différence d'accent entre ὅποιος, *quiconque*, et ὁποῖος, *lequel*, nous est expliquée par Simon Portius lui-même ; ὅστις, ὅτινος est composé de ὅς, ἥ, ὅ accentué, et τίς. La première partie, sous la forme du neutre (ὅτι), devient indéclinable : ὅτινος. C'est sur ὅτις, ὅτινος qu'on a calqué ὅποιος, d'où le sens de l'indéfini en ng. Sur ὅγιος, voyez p. 103. Ὁποῖος, dans le sens d'un pronom relatif, n'apparaît qu'à partir de l'époque des croisades ; voyez Batr., 247 : ὁποῖον τὸν ἐφόνευσε μὲ πονηριά σὰν κλέφτης. En même temps, on trouve ὁ ποῖος, τοῦ ποίου, cf. Georg. Const., 569 : καὶ ψέξετε τὸν λογισμὸν ὁμοῦ δὲ καὶ τὴν γλῶσσαν, | τὴν ποάν δὲν ἐδυνήθηκα νὰ τὴν ἀποκρατήσω. Ὁποῖος, à ce moment, était encore indéfini ; pour établir la distinction entre les deux fonctions de l'indéfini et du relatif, on donne, dans le second cas, l'article prépositif à ὁποῖος, dont l'ο contient déjà l'article, puisque ὁποῖος pg. devait devenir ποῖος, et l'on obtient ainsi ὁ ὁποῖος, τοῦ ὁποίου, qu'on trouve à partir du XVᵉ siècle. — Portius omet le pronom relatif le plus usité, celui qui est resté dans la langue commune, l'adverbe ὅπου ou ὁποῦ, qui donne ποῦ (voyez p. 102 et 106). C'est là une tendance qui se manifeste dans toutes les langues : on se contente d'un simple adverbe relatif, surtout de l'adverbe local *où*, au lieu d'un adjectif relatif ; cf. l'anglais *where*, allemand (dial.) *wo*, etc., *dont* français. De même en grec ὅπου ; cf. Belth. ; 810-11 :

μόναυτα τὸν ἐγνώρισεν ὅτ' ἔνι αὐτὸς ἐκεῖνος
ὁποῦ ἀπῆρε τὸ βεργὶν ἀπὸ τὰς χεῖρας τούτου.

Apoc. I, 495 : τὸ χῶμαν ποῦ ἐπάτησαν tient le milieu entre l'usage classique et l'usage moderne. Apoc. I, 510 : ἀλλοὶ κρῖμαν ὅπου εἶναι, *quel dommage!* Glyk., 117 : ὁποῦ ἔχει ἀμέριμνον ψυχήν, ὁποῦ ἔνι χορτασμένος, | ποτὲ οὐ πιστεύει νηστικόν ; cf. 135, 200, 282. Si le nom relatif est suivi immédiatement d'une forme verbale qui commence par ε ou ει(ί), l'ου de ὁποῦ et la voyelle initiale se combinent en ο dans certains dialectes : πῶ ποῖκες, Carm., 44, 1 ; πόκαμεν, Tag. III, 147 ; πόγυτε, 164 ; τόμαν, Varn. Pug., 136 ; πῶ κόμπωσες, Vind. pop., 13, 8 ; Χριστέ πῶ ποῖκες οὐρανόν, Vind. pop., 44, 1, etc. ; cf. p. 104. C'est pourquoi on trouve, du reste assez rarement, ὁπό pour ὁποῦ devant consonnes, Sachl. I, 291. D'autre part, ὁποῦ subsiste dans tous ces textes, aussi bien devant ε, ει : c'est l'analogie des cas, beaucoup plus nombreux, où ποῦ, ὁποῦ, se trouve devant consonnes.

L'ο initial tombe après une voyelle ; ainsi on dit ἄνδρα ποῦ, ἄνθρωπ'οποῦ (= ἄνθρωπον acc.), où l'on peut se demander si l'ο appartient au substantif ou au pronom : en réalité, il appartient à tous les deux : les deux ο se contractent en un seul et ont ainsi chacun leur représentant dans l'ο qui les réunit tous deux. Τιμὴ ὁποῦ devient timjopú. Sur le modèle fourni par le premier cas, ἄνθρωποποῦ, qui s'analyse régulièrement en ἄνθρωπο ὁποῦ, on tranche ἄνδραποῦ en ἄνδρα ἀποῦ, puis on généralise cette nouvelle forme ἀποῦ. Ce pronom ἀποῦ est très fréquent, surtout dans les textes d'origine crétoise, par exemple dans l'*Erophile*, etc. ; de même Carm., 61, 1 ; 61, 3 ; 61, 16, etc.

Je note encore quelques autres constructions du pronom relatif. Italograeca I, 100, de l'an 1112, on lit deux fois τὴν ὁδὸν τὴν ἄπερ ἐνέρχεται ; ib. 89, τοῦ δευκρίου, τὸ ἄπερ ; cf. Cypr., 19, 9, γιατὶ χοχλάζει μεσ' 'σ τὸ κουρφάριν ἕλοι ποῦ ποθοῦσιν au lieu de ἕλους montre l'attraction du pronom déterminatif par le relatif ; l'attraction inverse s'observe dans κάπνισον τὰ αἰδοῖα οὗτινος οὐ δύναται οὐρεῖν, Form., I, 58 ; φεύγω τοὺς μ'ἀγαποῦν, Cypr., 26, 5 ; τοὺς φεύγουν φθὰν'ὀγλήγορα, τοὺς μὲ ζητοῦν μακραίνω, Eroph., prol. 81. La suppression du pronom relatif, qu'on peut constater dans ces exemples, n'est pas moins fréquente que l'emploi de l'adverbe relatif au lieu du pronom. Le langage retourne toujours à la construction paratactique. Ainsi, dans φεύγω τοὺς μ' ἀγαποῦσιν, nous avons deux propositions principales coordonnées : φεύγω τοὺς, *je les fuis* ; — μ' ἀγαποῦσιν, *ils m'aiment*. Les exemples qui suivent sont un peu différents : Apoc. I, 241, τί ἔναι τὸ λαλοῦν καὶ τί τὸ τραγουδοῦσαν. Les fonctions du relatif sont remplies, dans cet exemple, par τό, *ce que*, suivant une construction usitée au moyen âge et probablement encore de nos jours dans quelques dialectes : τὸν τρέμει ἡ γῆς κι ὁ κόσμος, dans une des versions d'Andron. Dans l'exemple qui suit, τήν est démonstratif, suivant la construction aujourd'hui courante : τὸ λέω, *je le* dis. Apoc. I, 277 : Καὶ ὡς εἶδα τὴν λύπην τους, τὴν ἔδειξαν ὀπίσω), cf. 498.

P. 29, l. 13. Ἀπατόσμου *vel* ἀτόσμου. Dans ἀτός μου, nous trouvons une forme plus pleine que τός (cf. p. 166), mais qui vient pourtant elle-même de αὐτός. Le renforcement par le pronom personnel s'explique par ce fait que ἀτός peut se rapporter aux trois personnes à la fois. Ce qui est remarquable, c'est l'emploi du génitif : on ne dit pas ἀτός ἐγώ, ce qui répondrait à *moi-même, ich selbst,* etc., mais ἀτός μου, probablement d'après l'analogie de (ε)δικός μου. On a de même μοναχός μου, *moi seul;* μόνη τῆς αὐτή, Belth., 930, etc. — Le premier élément de ἀπ-ατός μου est la préposition ἀπό. On disait d'abord κάμνω τι ἀπατοῦ μου, *je fais quelque chose de moi-même = je le fais moi-même;* plus tard, lorsque, dans la locution ainsi formée, on ne se rendait plus compte de la force ni du sens de la syllabe initiale, on refit le nominatif ἀπατός μου, qui supplante, comme cela se voit fréquemment dans le langage, la forme primitive et normale. On peut comparer le roumain *dînsŭ,* qui a la même signification, et qui ne vient pas, comme le croit Diez, *Grammaire des langues romanes,* II, 417, de *id ipse,* mais de *de ipso.* — Sur ἀπατοῦτου on fait un pluriel neutre ἀπατάτα au lieu de ἀπατάτω(ν), qui, du reste, ne nous est pas connu par ailleurs. Au lieu de ἀπατός μου, on entend dire quelquefois dans la langue commune ἐμαρτός μου ou ὁ ἐμαρτός μου.

P. 29, l. 22. Ἐμαυτοῦ μου. Ἐμαυτοῦ a tout à fait perdu sa signification originaire. C'était le pronom réfléchi de la première personne, formé du thème ἐμ- et du pronom αὐτός ; de même σαυτοῦ et αὐτοῦ; αὐτοῦ fut le premier à tomber hors d'usage; après la perte de l'esprit rude, il devenait identique à αὐτός. D'autre part, comme il était toujours tonique, il n'avait pas les mêmes raisons de disparaître : il pouvait donc conserver la première syllabe inaltérée. Mais il ne subsista plus seul. On a probablement commencé par renforcer les pronoms réfléchis des trois personnes par le génitif des pronoms personnels; cf. Cypr., 70, 16, αὐτόν σου ; en même temps, le second élément contenu dans les pronoms réfléchis, αὐτοῦ, prenait la signification de l'ancien grec αὐτός, *même,* ὁ αὐτός, *le même.* Ἐμαυτός μου, σαυτός σου, αὐτός του signifièrent donc *moi-même, toi-même, lui-même.* Mais, dès cet instant, l'idée de personne ne devait plus être exprimée par ἐμ-, σ-, ἑ-;

c'étaient μου, σου, qui se chargeaient de cette fonction, et qui, du même coup, étaient beaucoup plus clairs pour tout le monde. Mais, dans ce cas, il n'y avait plus de raison de conserver trois formes, ἐμαυτός, σαυτός, αὐτός, dans le même sens. La forme qui se présentait le plus souvent et le plus spontanément à l'esprit, c'est-à-dire la forme ἐμαυτός, restait seule. — Τὸν ἐαυτό μου est d'origine savante.

P. 29, l. 39. *Τοῦ ἐμαυτοῦ της.* Littéralement : *du moi-même d'elle;* par conséquent le second τοῦ suit le genre, comme le remarque Portius. Il arrivera quelquefois d'entendre dire : τῆς ἐμαυτῆς της, τῆς ἐμαυτῆς μοῦ, quand c'est une femme qui parle, et même ἡ ἐμαυτή μου; c'est un simple phénomène d'attraction.

P. 30, l. 3. *Interrogativa pronomina sunt hæc.* Le plus intéressant des pronoms interrogatifs, au point de vue de la linguistique, manque dans Portius. Il ne se trouve pas non plus dans Legrand : il n'existe plus aujourd'hui dans la langue commune et ne s'est conservé qu'à l'état dialectal : c'est ἴντα. En voici d'abord une série d'exemples :

Δὲ[ν] ξεύρω ἰντάγουσιν, Eroph., II, 88; εἰς ἴντα τόπον, Picat., 124; ἤντα πρόφασιν, Picat., 77; cf. Sachl. I, 300; εἰς ἴντα τόπον εἶμαι, Sachl. I, 366; γιατίντα, *pourquoi?* Cypr., 18, 6; 19, 5 (διατ = διά; cf. p. 78); γιάντα, Cypr., 19, 12; 17, 3; ἴντα θέλεις, Puell. Juv. II, 114. — Un emploi un peu différent s'observe dans les deux passages qui suivent : καὶ δὲν ἐγείρεται ἀπ' αὐτὰ νὰ τοῦ πῇ ἴντα τοῦτα, Georg. Rhod., 252, et καὶ 'ξάφες τὸ διὰ ἴντα, διατὶ θωρεῖ τὸν ἥλιον, *ibid.*, 397. On voit donc que ἴντα est indéclinable. A côté de ἴντα on trouve τίντα, écrit τηντα, τειντα, τιντα : τ' ἐὰν τὰ λέγεις, Pulol., 415; νὰ δῇ τίντάκαμεν, Cypr., 20, 6; τί ἐν τάκούγω, Picat., 191; τήντα τάξιν εἶχαν, Sachl. II, 327; γιατίντα, Cypr., 18, 6; 19, 5; τίντα θαρρεῖς, 37, 1.

En voyant ces divers passages, on ne peut pas avoir de doute sur l'étymologie de τίντα; c'est τί ἐν' τά, *qu'est-ce que?* Mais comment de là arriver à ἴντα? Le grec met souvent l'article au commencement des propositions interrogatives indépendantes, en général, et des propositions qui dépendent des verbes *voir, entendre, dire,* etc. : ξεύρεις τὸ τί ζητῶ, ABC., 6, 4; ἂν ἤξευρες τὸ πῶς ἀναστενάζω, *ibid.*, 10, 1; εἶδε τὸ πῶς κάθητο ὁ βασιλεύς, Belth., 492; δὲν τοῦ γροικῶ τὸ τί μιλεῖ, Eroph., II, 249; ἐρώτησεν τὰ τίνος νύφη εἶσαι, Trap., 275. Entre les exemples de τίντα que j'ai cités plus haut, il y en a qui rentrent dans cette catégorie. Mais l'emploi de τό n'est pas nécessaire. On a donc la corrélation suivante entre les propositions dépendantes et les propositions indépendantes :

Proposition indépendante : τί μιλεῖ; avec τίντα : τίντα μιλεῖ.

Proposition dépendante : γροικῶ τὸ τί μιλεῖ; avec τίντα : γροικῶ τὸ τίντα μιλεῖ; ou bien sans l'article : γροικῶ τίντα μιλεῖ; ou, pour l'indiquer par une proportion : τὸ τί μιλεῖ : τί μιλεῖ = τίντα μιλεῖ : ἴντα μιλεῖ.

Alors, on prend dans la proposition dépendante, le τ de τίντα pour le τό de l'article, et on fait de ἴντα le pronom interrogatif de la proposition indépendante. Il va sans dire que, plus tard, cette distinction se perd, et que ἴντα est employé dans les propositions dépendantes. J'ajoute encore τίντο qui est plus rare : τὸ τίντο ἔρθει σου (τὸ τί 'ν' τὸ ἔ. σ.), Carm., 109, 6. Ἴντα est surtout usité à Chio. — Pour les autres pronoms interrogatifs que donne Portius (1. 3-16), il convient de remarquer que τίς a disparu de la langue commune; il s'est toutefois conservé dans certaines régions sous sa forme imparisyllabique même (τίνας est inconnu dans cet emploi) et c'est là peut-être encore un indice dialectal de plus fourni par notre auteur. Τίνος lui-même n'est guère usité dans la langue commune, qui connaît surtout τί indéclinable et ποιός (*pjos*) dans le sens interrogatif : ainsi on dira toujours ποιανοῦ, non pas τίνος. Entre τί et ποιός, il y a la nuance de sens qu'il y a entre *quis* et *qualis* : ποιὸς ἄθρωπος, *quis homo?* τί ἄθρωπος, *qualis homo?* Τινάς est usité à Constantinople dans l'emploi de l'indéfini, comme pronom et sans substantif : νὰ πῇ τινάς, si quelqu'un dit. Il est probablement, dans ce sens, d'origine savante.

P. 30, l. 22. *A pronomine* ποῖος *derivatur* κάποιος. Le préfixe κα- se trouve encore dans κάποτε, *quelquefois*, κάπου, *quelque part*, κάτι, *quelque chose*, κάπως, *en quelque manière*, et sous la forme καμ- dans κάμποσος, *quelque*. On pourrait partir de κάτι, qui serait pour κατα τί, avec chute de l'α entre les deux τ, comme μετοῦ = μετὰ τοῦ; le déplacement de l'accent, comme dans κάθε = καθέν. Mais alors comment expliquer le μ de κάμποσος et, qui plus est, l'idée de l'indéfini, qui est commune à toutes ces formations? C'est plutôt la première syllabe de κανένας, καμιά, qui se serait jointe à d'autres pronoms indéfinis. Au féminin, la séparation en deux éléments κα-μιά s'effectue facilement. Κάμποσος est probablement plus ancien que les autres; il serait formé directement de κἄν et πόσος. Il y a encore une difficulté dont je ne me dissimule pas l'importance, c'est que, dans les textes du moyen âge, ces mots commencent très souvent par ο. Comparez : ὁκάπου, Prodr. V, 82; ὁκάποιας, 95; ὁκάποσες, 128; ὁκάτι, VI, 223, 281; ὁκάποθεν, Pulol., 283; ὁκάτι, Prodr. IV, 429, 432; Glyk., 54, 195; Missa, 220; Georg. Rhod., 36; Apoc. I, 239, 140, 532; ὁκάπου, Apoc. I, 305, etc. Mais on trouve aussi κάπου, Prodr. VI, 153; Apoc. I, 379; κάτι, Apoc. I, 461. Voici même un passage où ὁκάτις pourrait avoir le sens de κανείς, Prodr. IV, 467^c : Πάτερ μου, ὁκάτις κράζει με νὰ γράψω πιττακίτζιν. Mais le sens de *quelqu'un* me paraît préférable. Le plus commode serait sans doute de voir dans ce ὁκα- une forme dorienne, mais cela est impossible et ne mérite même pas la peine d'être réfuté, quoi qu'on puisse alléguer en faveur d'une pareille hypothèse. Remarquez d'ailleurs que les formes ὅκα, ὁκοῖος, ὁκόσος, ὁκότε, ὅκου, sont entièrement inconnues à la langue moderne. Dans Apoc. I, 481 sqq. : τόσοι μὲ καταπείσασιν πιττάκια νὰ μὲ δώσοον, ὀκ' ἔφριξα : ὀκ' paraît bien être pour ὅτι. Mais tout le passage s'explique autrement. Nous verrons plus tard que le grec emploie très souvent καί au lieu de ὅτι; or, le scribe qui transcrivait au fur et à mesure, mais sans regarder à chaque vers le manuscrit, veut écrire ὅτι qui est demandé par le sens ; à ce moment, il remarque le texte original, où il voit καί ; au lieu de biffer l'ὀ qu'il avait déjà écrit, il ajoute κ (?). Le manuscrit de Vienne porte καί. Voici enfin un dernier passage que je crois de la plus haute importance dans la question, Form. Med., II, 84 : ἐὰν ἤναι ὁκάτις ὁποῦ σὲ ἐχθρεύεται, etc. Nous voyons ici que le premier élément du pronom relatif est transporté au pronom déterminatif; on a de même ὁτόσος, Cypr., 71, 5 sqq. : καὶ δίχα νὰ μετρήσῃ | ἔδωκεν ὅσον εἶχεν κ' εἰς τοὺς δυό μας | τινὰς ὁτόσον κάλλος εἶδεν πλασμένος; 70, 14 sqq. : ἀμμὲ ζῶ τέλεια χώργια 'γ τὴν ζωήν μου | στὴν πγοιὰν ὁτόσα πεθυμῶ ν' ἀργήσω | ὅσον 'ς αὐτόν σου γνοιάζοντα νὰ ζήσω. Voyez encore ὁδιά, à l'Index. Il se pourrait bien faire que l'ὀ eût son point de départ dans des combinaisons de ce genre. Mavrophrydis, Δοκίμιον, 507, cite l'indéclinable ὁδεῖνα et compare ὁ κάποιος, ὁκάτι, ὁκάποθεν, ὁκάποτε, ὁκάπου, ὁκάτις. M. Chatzidakis, Ἀθήναιον, X, 471, rapporte les formes οὑκάτινος à côté de ὁκάτινος (Sathas, Μεσαιων. Βιβλ., VI, 404, Leges Cypr.). D'après cela, le ο des formes ci-dessus serait le ὁ de l'article. Δεῖνος a disparu de l'usage; on ne connaît guère que ὁ δεῖνα, τοῦ δεῖνα.

P. 30, l. 27. Τέτοιος τέτοια τέτοιον. Antérieurement à τέτοιος, on trouve τίτοιος, Belth., 523; Georg. Rhod., 200; Georg. Const., 572, 672 (τέτοιος, 646, 662); Sachl. II, 173, etc., qui peut se traduire mot à mot en allemand par *etwas derartiges.* Τί, forme du neutre, s'était d'abord généralisée; cf. τί ἁμαρτίαν ἐποῖκα, Apoll., 504; τί κουρσιὰ μᾶς κάνουνε, Schmidt, 64, 9; τί γῆν περιπατεῖτε, Belis. II, 284; ἀπὸ τί γενεὰν εἶναι | κὴ ἀπὸ τί φυλὴ κρατειέται, Sen. III, 244 sqq. De même aujourd'hui, dans la langue commune. Le changement de τίτοιος en τέτοιος n'est pas phonétique; ί tonique ne peut devenir ε. A côté de τοῖος on peut supposer ἐτοῖος, de même que l'on a, à côté de κεῖνος, ἐκεῖνος, et à côté de τοῦτος, ἐτοῦτος, etc. C'est d'une contamination entre τίτοιος et ἐτοῖος que naquit la forme hybride τέτοιος. Pour l'accent dans τίτοιος au lieu de τί τοῖος, on peut comparer τίποτε pour τί ποτέ.

P. 30, l. 27. Ταδεποιός. Ce pronom est composé de ποιός et de τάδε, pluriel neutre de l'ancien ὅδε. Τάδε s'emploie avec l'article : ὁ τάδε, ἡ τάδε, τὸ τάδε, τοῦ τάδε, etc., dans le sens de *un tel, une telle.* Cet emploi du pluriel neutre s'explique de la façon suivante : τάδε, *ces choses-ci,* sert à désigner une chose qu'on ne veut ou qu'on ne sait pas préciser davantage : εἶδα τάδε, j'ai vu *cela,* j'ai vu telle chose. Puis on emploie toujours τάδε quand on est embarrassé pour trouver le nom d'un objet, même d'une personne : εἶδα τὸν τάδε, *j'ai vu le-chose, j'ai vu chose,* ital. *vidi il coso,* allem. *ich habe den Dings gesehen.* Τάδε est indéclinable et s'emploie dans la langue commune au détriment de ταδεποιός. — Il n'y a pas d'observations à faire sur les lignes qui suivent dans le texte (p. 30, l. 32 — p. 31, l. 9), si ce n'est que les règles données par S. Portius sont purement orthographiques, en ce sens que, comme on l'a déjà vu, il n'y a aucune distinction à faire aujourd'hui dans la prononciation entre le grave, le circonflexe et l'aigu, et que l'aigu lui-même n'est plus en réalité qu'un accent d'intensité. Dans διὰ σέ (p. 31, l. 7), on prononce διασέ (*djasé*). Quant au dernier exemple donné par l'auteur, il est mal choisi. Comme dans le contexte qu'il suppose μέ et σέ sont *emphatiques,* on dirait ici ἐμένα, ἐσένα, jamais μέ et σέ. Mais il reste vrai que σέ ou μέ, régimes précédant le verbe, prennent l'accent, bien que tout le monde prononce, dans le fait, σε λέω et non σὲ λέω.

CHAPITRE VI

Du verbe.

P. 31, l. 14. *Perarduum esse constat eadem in certas distribuere classes.* La classification de Portius me semble acceptable. Seulement, dans la première classe, celle des barytons (p. 31, l. 35 suiv.), je voudrais introduire trois subdivisions ou trois catégories :

    I. Aoriste en σ ;
    II. Aoriste par apophonie ;
    III. Aoriste égal au présent moins ν.

Dans la première catégorie rentrent tous les verbes à explosives et spirantes (ἀλείβω, νίβγω, λάμπω, γράφω, ἀνάφτω (βασιλεύω, βασιλεύγω), πνίγω, πλέκω, τρέχω, ρίχτω, διώχτω, τάζω (non τάσσω qui est ancien), κράζω, φωνάζω), c'est-à-dire tous les verbes indiqués par S. Portius, p. 32, l. 17-35 (les verbes δείχνω, σπρώχνω, n'appartiennent à cette catégorie qu'en tant qu'ils ont un présent, δείχτω, σπρώχτω) ; de plus, les verbes en -ώνω (voir p. 32, l. 40), une partie de ceux en -υνω (-ντύνω = *dino*), en -ένω (δένω), etc. Dans la deuxième catégorie se rangent les verbes en -αινω (πεθαίνω), etc. La troisième contient les verbes en λν, μν, ρν, qui perdent le ν à l'aoriste. On peut y ajouter κρίνω, ἔκρινα, qui, en vérité, n'a pas d'aoriste : ἔκρινα est tout aussi bien un imparfait. Nous reprendrons plus loin en détail cette subdivision : elle nous servira de base pour l'étude de la conjugaison.

P. 31, l. 36 : *Verba namque in* μι, *nec per somnium quidem vidit unquam præsens Græcia.* Il est intéressant d'étudier le sort qu'ont eu les verbes en -μι. Quelques-uns, qui subsistent encore aujourd'hui sous une autre forme, sont rangés par Portius parmi les verbes irréguliers. Je veux en parler dès maintenant.

Ἵστημι a donné naissance à deux verbes différents qui en dérivent plus ou moins directement : στάινω ou στήνω, ἔστησα, ἐστάθην (qui serait aujourd'hui στάθηκα ; cf. παραστάθηκα, *j'ai été représenté* (sur la scène) ; ἐστάθην est donné par M. Legrand dans sa Grammaire), et στέκω, ἐστάθην (aujourd'hui στάθηκα, 1re pers. sing. dans la langue commune). Quant au sens, στέκω répond à ἕστηκα, σταίνω à ἵστημι; ἕστησα et ἐστάθην répondent aux mêmes formes anciennes. Examinons d'abord στέκω. Ἕστηκα pg. a le sens d'un présent; mais, du moment où l'esprit rude s'était perdu et que, comme cela arriva plus tard, les désinences -ον, -ες de l'imparfait furent remplacées par celles de l'aoriste, ἕστηκα eut en même temps la forme d'un imparfait. Le sens intransitif avait sauvegardé le parfait ἕστηκα, alors que presque tous les autres parfaits disparaissaient. D'autre part, comme ἕστηκα ressemblait par ses désinences à ἔγραψα, on fit un présent nouveau, στήκω; cf. τί στήκεις *quid stas*, Interpret. Montep., 316; Glyk., 119; Quadr., 911, 452; Prodr. I, 89, 124; cf. Psichari, *Essais*, I, 170. Plus tard, on trouve στέκω, Georg. Rhod., 492; Abraham, 103, 153, 219, 231, 858; Prodr. III, 474; Apoll., 478; Belth., 343; Belis. II, 872; Sachl. I, 158; II, 129, 159; Quadr., 445, 944, 947; ABC., 40, 1 (ἔστεκα); Cypr., 52, 2; Abraham, 103, 153, 219, etc., aujourd'hui στέκουμαι, etc. Ce n'est pas par suite d'un changement phonétique que στήκω devient στέκω; nous avons vu, à plusieurs reprises, que les exemples sporadiques d'un ancien η, auquel correspondrait en ng. ε, sont tous dus à des influences analogiques [1]. C'est probablement στένω qui, de son côté, est plus ancien que στήνω, qui a donné naissance à στέκω. Au moyen âge, on trouve encore ἱστήκω: ἂν ἱστήκης, Glyk., 119; ἱστέκων, Sakell., II, 592; ἱστέκει, *ib.*, 58; II, 129; ἱστέκεσαι, Quadrup., 947; ἱστέκης, Cypr., 52, 2; ἱστήκει, Belth., 786, 845; ἱστέκη, Belth., 395; ἱστάθην, 391, 576. Je voudrais attribuer ces formes au souvenir indistinct et confus du poète ou d'un scribe quelconque, se rappelant que ce verbe commençait par ι dans le *bon* grec.

Pour στένω, cf. Imb. III, 133, Apoc. I, 311 (ἐσταίνα); στήνω, Belis. II, 757; Carm., 48, 26. En ancien grec, un verbe ἱστάνω existe, par exemple, dans Polybe, Diodore de Sicile, Plutarque, Athénée, etc. Ἱστάνω devient ἱσταίνω, comme d'autres verbes en -άνω (voyez à ces verbes), d'où σταίνω; plus tard, ἔστησα, ἐστάθην, introduisent un η au présent: στήνω, Carm., 48, 26, etc.; cf. aujourd'hui συστήνω, στήνω τέντα, *je dresse une tente*, etc., aoriste, ἔστησα.

---

1. A l'exception, bien entendu, des cas où nous avons η atone (prononcé *i*) devant ρ, où la cause est phonétique; cf. p. 81.

Τίθημι. On a : 1° un présent θέκω au moyen âge, qui n'existe plus aujourd'hui, et θέτω, aoriste ἔθεσα, qui subsiste; 2° un imparfait ἔθεκα; cf. μετάθεκε, Abraham, 978; θέκον, Dig. V, 33; deuxième personne singulier de l'imparfait, ἔθεκες, ABC., 22, 2 (τάθεκες); θέκασιν, Apoc. I, 275; Prodr. III, 438. D'autre part θέτουν, Prodr. IV, 398; Sachl. II, 207; θέται, Belth., 126, 834; As. Lup., 320; cf. ABC., 37, 4 (θέτω); Form. I, 195, 118; Quadr., 299; ἔθεσε, Italograeca I, p. 106, xiie siècle; Missa, 95, 152, 391; impératif θές, Form., I, 272; première personne du pluriel, présent de l'indicatif θέσμεν, Italograeca I, 128, de l'an 1239. Sur ἔθεμεν on fait ἔθεκα pour ἔθηκα, et de là un impératif θέκε, etc. D'autre part, l'aoriste passif ἐτέθην amène d'abord un futur θέσω pour θήσω, et puis un aoriste actif ἔθησα pour ἔθηκα; enfin le présent θέ-τω est probablement calqué sur κεῖ-τω. — L'impératif θές est ancien; non seulement il reste (Alph., 13, Spaneas I, 66), mais encore il aboutit à une deuxième personne du pluriel θέστε (voy. plus loin), et à une première personne du pluriel θέσμεν, à l'indicatif, comme nous venons de le voir.

Δύναμαι. Tout le subjonctif, ainsi que la deuxième personne du singulier du présent de l'indicatif δύνῃ, qui se trouve encore dans Polybe, à côté de δύνασαι, sont identiques aux formes correspondantes de λύομαι. C'est là ce qui fait créer les formes δύνομαι, δύνεται, Pap. Lup., 39, 10 (de l'an 161 av. J.-C.); Dist. I, 20, 1; Cypr., 20, 4; Carm., 2, 11, etc. Δύναμαι, comme δύνομαι ont disparu du vocabulaire de la κοινή moderne, qui ne connaît guère, dans ce sens, que μπορῶ.

Κεῖμαι est remplacé par κείτομαι, qu'on écrit quelquefois à tort κοίτομαι. Il y a bien κοιτῶ en ancien grec, mais un verbe paroxyton ne peut jamais venir d'un verbe circonflexe. Pour κείτομαι, cf. Prodr. III, 234; Apoc. I, 350, 425 (κείτουντα); Belth., 865 (ἐκείτουτο); Belis. I, 45 (κείτουνται), Picat., 3 (κείτοντα), 139 (κείτουνται), 287 (*item*), ABC., 28, 1 (κείτουνται); Carm., 1, 71 (κείτεται, mais κεῖται, 14, 4); 3, 158. — Κείτεται est formé par le même procédé que l'accusatif ἐσέν-α, etc. : cette forme κείτεται est due à la fusion en un seul élément, en quelque sorte, de la racine κει- et de la désinence personnelle -ται : κεῖ-ται, *kite*; on a vu dans *kit-* la racine même et on n'a plus eu le sentiment de la désinence; on répéta la désinence et l'on eut κείτεται; sur κείτεται on refait κείτομαι. Outre τίνα, ἐμένα, etc., on peut comparer le portugais *sarar* = latin *sanare*, d'où l'on a d'abord *sar* (*n*, entre deux voyelles, tombe toujours en portugais); *sar*, ne donnant plus l'idée d'un infinitif, reçoit de nouveau le suffixe *-ar*[1]. — Pour former l'aoriste, on se sert du verbe κοιτάζω, de κοιτάω, voyez, dans le Dict. de Legrand, κοιτάζω dans ce sens, et dans sa Grammaire, p. 102, ἐκοιτάσθην.

Κάθημαι. L'optatif de κάθημαι coïncide avec les optatifs des verbes en -ομαι; le subjonctif et l'indicatif, qui restaient isolés, ont forcément suivi l'optatif; on a donc κάθομαι, ABC., 49, 1; Schmidt, 46, 2; -εσαι, Apoc. I, 209; cf. Schmidt, 47, 2; Carm., 3, 157, etc. L'aoriste κάθισα et le participe καθισμένος sont empruntés à l'ancien καθίζω.

Γιγνώσκω, que j'ajoute à cette liste, à cause de son aoriste ἔγνων, apparaît aujourd'hui sous deux formes : γνώσκω (voyez le Dict. de M. Legrand), qui a perdu la réduplication, comme cela arrive toujours, et γνώθω; cf. ἀνάγνωθα, Carm., 13, 3; γνώσω, Sachl. I, 15; Solom., 140; ἀναγνώθω, Sachl. I, 14. Le présent κλώθω fait à l'aoriste ἔκλωσα; or, sur ἔγνωσαν, on fait une première personne ἔγνωσα, cf. Kühner, I, p. 792; puis, le présent γνώθω est calqué sur κλώθω, parce que l'aoriste est le même pour les deux verbes.

La seconde classe des verbes en -μι commence déjà, dès le grec ancien, à se confondre avec les verbes en -ω. Au subjonctif et à l'optatif, et très souvent à la troisième personne du pluriel de l'indicatif, il n'y a pas de différence entre les deux classes. L'identité devient encore plus grande à partir du moment où η (dans ἵστης, τίθης qui, il est vrai, ne restent pas dans le vocabulaire), υ et ει se prononcent également *i* : δείκνυς est alors à *díchnis* ce que γράφεις est à *grafis*, et δείκνυσι, devenu du même coup δείκνυ, c'est-à-dire *díchni* (δείχνει), est semblable à γράφει *grafi*. Théoriquement, on devrait avoir la flexion suivante :

Première personne, δίχνjó (ι + κο = *jo*), δίχνις, δίχνι, δίχνjómen, δίχνjéte, δίχνjúsi. Mais on n'en reste guère à ce paradigme; la deuxième et la troisième personnes du singulier l'emportent sur les autres, et on dit à la première δείχνω. De même στρώννω, ζώννω, χώννω, etc. D'autre part, remarquez μεθοῦσιν, Poric., 87; ὀμνεῖ, Sachl. I, 131, qui remontent à ὀμνύω, ὀμνύεις devenant ὀμνεῖς (υει = *ii*) et donnant ὀμνῶ. Je relève encore le présent ἀμόνω, de ὄμνυμι, Carm., 138, 59 (aujourd'hui ὁμώνω, refait sur l'aoriste ὤμοσα), le participe ὀμνωμένοι, Sfak. I, 34,

---

1. Romania, IX, 136.

formé avec le thème du présent, enfin ὀμνέγω. As. Lup., 390. Dans la même catégorie que ὀμνῶ rentre ἀπολῶ de ἀπόλλυμι, d'où ξαπολῶ.

Pour σβέννυμι, on a tour à tour σβύνω, σβύω, σβένω et σβεννύω. Le futur σβήσομαι, l'aoriste ἔσβησα, pour ἔσβην, le parfait ἔσβηκα, coïncident phonétiquement avec δύσομαι, ἔδυσα, δέδυκα, et cette coïncidence amène le présent σβύνω, sur δύνω. Σβύω est dû à l'identité de σβύσομαι, etc., avec λύσομαι, etc., présent λύω, d'où σβύω. Πήγνυμι donne πηγνύω et πήζω, *faire cailler, coaguler, figer*; celui-ci remonte à l'aoriste ἔπηξα qui, coïncidant avec ἔδειξα, crée la forme πήγνω et πήχτω, qui correspondent à δείχνω et δείχτω.

D'autres verbes, tels que σκεδάννυμι, κεράννυμι, ont déjà en ancien grec des formations parallèles en -ω : σκεδάζω, κεράω, κερῶ d'où κερνῶ, etc.

Dans ἀφίημι, l'aoriste ἀφῆκα reste comme aoriste; le présent est refait sur le futur, ἀφήσω, d'où ἀφήνω (qu'on écrit aujourd'hui ἀφίνω), d'après le modèle δύσω, δύνω. Voy. ἀφῆκαν, Apoll., 367; φῆκεν, Georg. Rhod., 29 ; ἀφῆκες, 202, etc.; ἄφινεν, Apoll., 374, etc. Remarquez la forme ἄφηκα, ainsi accentuée dans la langue commune d'après ἄφησα (aoriste refait sur le futur) et devenu proparoxyton, sur le patron de ἀκούσω, ἄκουσα et ἄκουγα, ἄφησα et ἄφινα. — Pour εἰμί, voyez plus loin, à ce verbe.

P. 31, l. 38. *Verba duos habent... numeros singularem et pluralem.* Le duel, dans le verbe, disparaît comme dans la déclinaison. A en juger d'après les inscriptions, il est hors d'usage à partir de l'an 363 av. J.-C.; cf. Keck, Ueber den Dual bei den attischen Rednern. Würzburg, 1882.

P. 31, l. 39. *Quinque tempora.* Voyez Chapitre VI.

P. 32, l. 3. *Modos item quinque.* C'est encore trop. Le grec moderne n'a que l'indicatif, le participe du présent et du passé (celui-ci dans la voix passive seulement), l'impératif au présent et à l'aoriste, et le subjonctif aoriste. Il est vrai que l'orthographe fait toujours l'illusion et qu'on croit encore posséder un subjonctif présent, dont voici le paradigme :

γράφω, γράφῃς, γράφῃ, γράφωμε, γράφετε, γράφουν.

Phonétiquement, il n'y a pas l'ombre d'une différence entre ce subjonctif et l'indicatif; c'est le η souscrit seul qui rapproche la langue moderne de l'ancienne, contrairement à la tendance de la première ; la deuxième personne du pluriel γράφετε et la troisième γράφουν montrent bien que le subjonctif a tout simplement péri et que la langue n'en a plus le sentiment. L'identité phonétique des deux modes, dans tout le singulier et dans la première personne du pluriel, a amené tout d'abord l'oubli graduel de la différence syntaxique ; il se fit aussi, de la sorte, que l'on perdit les deux personnes du pluriel γράφητε et γράφωσιν. A l'aoriste, au contraire, où il n'y a pas de point de contact entre l'indicatif et le subjonctif, le subjonctif reste, mais en recevant à la deuxième et troisième personnes du pluriel les désinences de l'indicatif.

L'optatif n'existe plus du tout. Si l'orthographe moderne était conséquente avec elle-même, elle devrait, comme elle le fait pour le subjonctif, écrire γράφοις, γράφοι dans les cas où l'ancien grec employait l'optatif ; c'est, en effet, ce que fait Sophianos, cf. p. 55 : Ἄμποτε νὰ γράψω, νὰ γράψοις, νὰ γράψοι, ἄμποτε νὰ γράψωμεν, νὰ γράψαιτε, νὰ γράψουν. On dira que c'est un mélange absurde de formes de l'indicatif, du subjonctif, de l'optatif, du présent et de l'aoriste ; sans doute, mais l'absurdité de l'orthographe moderne n'est pas moins forte. — Voici donc, si nous ne tenons pas compte de l'orthographe, ce que le grec moderne possède en fait de formes verbales :

Indicatif présent, γράφω ; imparfait, ἔγραφα ; impératif présent, γράφε ; aoriste, ἔγραψα ; subjonctif aoriste, γράψω ; impératif aoriste, γράψε ; ajoutez-y les formes correspondantes du passif. A l'actif, le participe présent γράφοντας, γραφούμενος pour le passif, au présent, et pour le passé, γραμμένος ; infinitif actif, γράφει, présent, γράψει, aoriste ; infinitif passif, γράφεσται.

La perte de l'optatif est due uniquement à des raisons syntaxiques et non point phonétiques. Cf. Mavrophrydis, Δοκίμιον, 396, et surtout Chatzidakis, Ἀθήναιον, X, 428. En ancien grec, on emploie l'optatif dans des propositions secondaires, quand le verbe de la proposition principale est à l'imparfait ou à l'aoriste : on dit εἰς καιρὸν ἥκεις, ἵνα τῆς δίκης ἀκούσῃς, mais εἰς καιρὸν ἦλθες, ἵνα τῆς δίκης ἀκούσοις. Cette règle n'est jamais strictement observée. Xénophon lui-même dit τὰ πλοῖα κατέκαυσεν, ἵνα μὴ Κῦρος διαβῇ. Surtout dans les propositions interrogatives, les deux modes, l'indicatif et l'optatif, sont permis même aux auteurs classiques : εἶπον ἥντινα γνώμην ἔχω ou ἔχοιμι, ἐβουλευόμην πῶς σε ἀποδρῶ ou ἀποδραίην. L'optatif est donc pour ainsi dire, dans ces propositions secondaires, un mode historique, qui ne s'emploie pas quand on parle au présent. C'est pourquoi il n'a pas une bien grande vitalité dans la langue du peuple et de la conversation; il finit par ne plus être employé que dans le style élevé. En effet, le premier monument de la langue vulgaire, le Nouveau Testament, ne nous en donne presque plus d'exemples, et s'il en a quelques-uns, si les écrivains du moyen âge en fournissent d'autres, ce n'est que par une réminiscence littéraire. Les propositions principales avec l'optatif, par exemple, γένοιο εὐτυχής, sont en vérité des propositions secondaires; il faut suppléer ἐβουλόμην, ἐβουλόμην ἄν ou quelque chose de pareil. Le néo-grec, en effet, exprime cette idée par une proposition secondaire, voyez plus loin. Donc l'optatif ne peut rester davantage à cette place. Pour d'autres détails, je renvoie aux exemples réunis par Mavrophrydis et Chatzidakis.

P. 32, l. 4. *Carent infinitivo pro quo utuntur subjunctivo*. Toutes les langues modernes ont une tendance à restreindre les fonctions de l'infinitif. C'est surtout la construction de l'infinitif avec l'accusatif, si fréquente dans le grec classique et dans le latin, qui est tout d'abord remplacée par une proposition conjonctive, et il en est ainsi, excepté dans les cas où le sujet du verbe principal est le même que celui de l'infinitif, ou que le sujet de l'infinitif est le régime direct du verbe principal. Ainsi on dit, en pg. : Βουλοίμην ἂν ὑμᾶς μου ἀκοῦσαι, en latin : *Volo is esse quem tu me esse voluisti*. Mais dans le grec vulgaire du Nouveau Testament : πάντα ὅσα ἂν θέλητε ἵνα ποιῶσιν ὑμῖν οἱ ἄνθρωποι, οὕτω καὶ ὑμεῖς ποιεῖτε αὐτούς. Mavrophrydis a étudié l'emploi de l'infinitif dans le Nouveau Testament et donne beaucoup d'exemples analogues à celui que je viens de citer; nous y voyons qu'à cette époque la construction moderne était sinon la seule, du moins la plus usitée. Déjà nous y rencontrons des phrases comme : ποιήσω αὐτοὺς ἵνα ἥξωσι καὶ προσκυνήσωσι avec une prolepse bien connue du grec ancien, mais plus ou moins étrangère aux langues romanes et germaniques, c'est-à-dire aux langues modernes qui possèdent l'infinitif, et qui, en pareil cas, ou bien supprimeraient le régime, ou bien se serviraient de l'infinitif et non d'une proposition secondaire. De même dans : *spero me venturum esse;* en italien : *spero di venire;* en français : *j'espère pouvoir venir*. C'est ce qui arrive également après les verbes auxiliaires *vouloir, devoir, oser, être accoutumé*, etc., parce que, avec ces verbes, le sujet des deux propositions est le même. Le grec, au contraire, va plus loin : il ne tolère plus l'infinitif, même dans des cas semblables; au lieu de *je veux venir*, il dit : *je veux que je vienne*. — Après les verbes et les locutions impersonnelles, le grec classique et le latin se servent de l'infinitif, le néogrec, le latin vulgaire et les langues romanes d'une proposition secondaire : ἀρκετὸν τῷ μαθητῇ ἵνα γένηται ὡς ὁ διδάσκαλος, Matth. I, 25.

Si l'on parcourt les passages cités par Mavrophrydis, on se persuade facilement qu'au commencement de notre ère, la langue grecque vulgaire était arrivée à peu près au même degré que le latin vulgaire : il y a déjà une tendance à aller plus loin, mais les exemples de θέλω ἵνα ἔλθω, δύναμαι ἵνα λέγω sont très rares. Il est vrai que Mavrophrydis n'a pas fait la distinction entre ces deux cas, celui où il n'y a qu'un seul sujet logique [1], et celui où il y en a deux. L'étude est à reprendre. Mais ce qui est très curieux, c'est que les autres langues indo-européennes de la péninsule des Balkans montrent le même phénomène : elles ne possèdent plus l'infinitif; le bulgare, l'albanais, le roumain, et, jusqu'à un certain point, les patois italiens de l'Apulie sont dans ce cas. Cette coïncidence ne peut pas être fortuite; mais, à l'heure qu'il est, on ne peut pas encore dire, si le point de départ doit être cherché chez les Grecs ou, ce qui est peut-être plus probable, chez les Illyriens. — Nous verrons, p. 191, si l'infinitif n'a pas laissé de traces dans le système de la conjugaison.

P. 32, ll. 1. *Quarum numerus à varia Perfecti... terminatione colligi debet.* Ce qui caractérise le système de la conjugaison moderne, c'est l'influence capitale que l'aoriste exerce sur le présent : il arrive très rarement que le présent modifie l'aoriste; au contraire, dans presque tous les cas où les thèmes de ces temps diffèrent trop l'un de l'autre, le thème du présent se transforme pour se rapprocher de l'aoriste. De même, l'identité de deux aoristes amène très souvent l'identité de deux présents dissemblables. Dans les cas où, en grec ancien, l'aoriste était fort et le futur faible, c'est d'abord l'aoriste qui prend la forme faible, en suivant ainsi le futur; par exemple, ἔδωσα est refait sur δώσω, ἔκαυσα pg. sur καύσω. Enfin, le participe en -μένος peut aussi influencer

---

1. Cf. Diez, *Grammaire des langues romanes*, III, 209.

le présent : c'est ainsi que ῥυμμένος entraîne ῥύκτω (d'où ῥύχτω) pour ῥίπτω, à cause de κρύπτω, κρυμμένος.

P. 32, l. 17. *Prima est in* βγω, etc. Tous les verbes dont le thème se termine par β, φ, π, βγ, appartiennent à la classe des verbes influencés au présent par l'aoriste : avec le σ de l'aoriste, ces consonnes β, φ, π forment la combinaison ψ ; comme γ entre deux consonnes tombe, p. 76, βγσ aboutit de même à ψ. La conséquence de ce fait est une grande confusion entre divers verbes au présent. Repassons d'abord les exemples de Simon Portius.

Ἀλείβω, pg. ἀλείφω ; le présent moderne est calqué sur τρίβω, à cause des deux aoristes ἔτριψα, ἄλειψα (ἤλειψα).

Νίβγω, pg. νίπτω, aoriste ἔνιψα, qui coïncide avec ἔζεψα, d'où νίβγω comme ζεύγω (ζεύγω) ; de même tous les verbes en -εύγω, -ευω. Voyez aux Additions.

Σκύυγω, prononcez σκύβγω, pg. εἰσκύπτω (se baisser en avant, baisser la tête ; même sens aujourd'hui), ἔσκυψα. Même cas que pour νίβγω. Σκύφτω du reste subsiste : c'est la forme usitée dans la langue commune.

Comme νίπτω devient νίβγω, de même κρύπτω devient κρύβγω ; on a de la même façon σκάβγω, ῥάβγω ; comparez aussi τρίβγω, pour τρίβω, λείβγα = λείπω, Cypr., 74, 47 ; κόβγω, Georg. Rhod., 227 ; παύγω = παύω. Cypr., 59, 4.

Ou bien encore, sur ἀλείβω, on dit κλέβω, κρύβω, φέβω ; ces formes sont surtout usitées à Trébizonde : κρύβω, Pulol., 488 ; Carm., 34, 1 ; Belth., 193, toujours à cause des aoristes ἄλειψα, ἔκλεψα, etc.

Ou encore, d'après γράφω, on fait σκάφω, κλέφω, γνέφω (νεύω), sur les aoristes ἔγραψα, ἔσκαψα, etc.

Enfin, sur σκάφτω, on a καύτω (κάφτω) = καίω, ἔκαψα, κάφτουσιν, Belis. I, 168 ; de même γράφτω, etc.[1] ; on trouve encore καύτω = καίω, aoriste ἔκαψα, Carm., 2, 63 ; Sachl. I, 63.

L'aoriste de πέμπω, ἔπεμψα devient ἔπεψα par voie phonétique, voyez p. 88, et de là nous vient un présent πέβω, comme κλέβω.

Ἀμείβω, ἀμείψω. On lit ἀντιμέβη, Eroph., I, 380 ; II, 382 ; ἀντιμέψη, Solom., 66, avec un changement de ει en ε, qui est difficile à expliquer. Est-ce qu'il y aurait une espèce de substitution de suffixe ? Abstraction faite de ἀλείβω, tous les verbes

---

1. Voyez Chatzidakis, Φθογγολογ., p. 23 et suiv.

à labiales que nous avons rencontrés jusqu'ici sont bisyllabiques ; ceux qui ont plus de deux syllabes sont des verbes dérivés en -εύγω ; il est bien possible que ἀντιμέβγω ait été attiré par ceux-ci.

A Bova, -εύγω devient -eguo par métathèse. Nous avons déjà vu, p. 87, que γβ devient βγ en grec moderne, mais qu'à Bova, gu reste. On pourrait supposer que le changement de γβ en βγ est commun, et que plus tard les Grecs de Bova ont fait guaddo de βγάλλω, comme -eguo de -έβγω. Voyez aux Additions.

P. 32, l. 27. *Secunda in* γω, κω, etc. Dans cette classe, on doit faire rentrer tous les verbes dont le thème se termine par une gutturale, qui avec σ donne ξ, et qui, devant le μ des participes, disparaît. Par suite, les deux classes se confondent au participe. De plus, les verbes en -ζω ont en partie des racines à gutturale, en partie à dentale, ce qui amène de nouvelles confusions.

Ῥίχτω, pg. ῥίπτω. Il va sans dire qu'il n'y a pas de changement phonétique de π en κ ; la ressemblance entre ῥιμένος et δειμένος (régulièrement pour δειγμένος, avec chute du γ devant μ) crée d'abord ἔρριξα = ἔδειξα ; puis la gutturale de l'aoriste s'introduit au présent, et l'on a ῥίκτω (d'où ῥίχτω) pour ῥίπτω. On trouve déjà cette forme dans Italograeca I, p. 100, de l'an 1112. Mais l'influence de δείχνω peut être encore plus grande : on dit ῥίχνω à côté de ῥίχτω. Voyez aussi ῥίξιμο = ῥίψιμο, ῥίχτης, *sorcier*, ῥιξιά, *décharge d'arme à feu*.

Σπρώχνω = εἰσπροωθέω, qui devient σπρωθῶ par la chute de ει (ἰ) initial atone et la contraction normale de ωο et ω ; l'aoriste est ἔσπρωσα (cf. θέλω νὰ σὲ ἰδῶ τὸ πῶς τὸν θέλεις σύρειν | καὶ σπρώσεις καὶ λακτίσεις τον, Prodr. III, 515), d'où le présent *σπρώζω et un nouvel aoriste ἔσπρωξα (voyez plus loin), qui conduit à σπρώχτω. Enfin, sur ἔρριξα, de ῥίχνω, on fait le présent σπρώχνω.

Un troisième présent analogique en χν, c'est ἁρπάχνω Schmidt, 37, 6. On peut remarquer que ῥίχνω, σπρώχνω et ἁρπάχνω sont liés entre eux par une certaine parenté du sens. Enfin ψάχνω = ψάω, Pio, 29 (et Constantinople), aoriste ἔψαξα.

Διώχτω = διώκω, ἐδίωξα est calqué sur ῥίχτω, ἔρριξα, voyez ci-dessus.

Φωνάζω = φωνέω-ῶ, ἐφώνησα. On peut voir dans φωνάζω une contamination de φωνῶ et de κράζω ; comparez, dans les dialectes italiens des Abruzzes, *crenzare* = *cre*[*dere* + *pe*]*nsare*. Mais φωνάζω n'est pas un phénomène isolé. Déjà en ancien grec, -άω et -άζω sont employés concurremment; cf. Curtius, *Das Verbum der griechischen Sprache*, I, 337, qui cite ἀγαπάω et -πάζω, ἀγοράομαι et -άζω, ἀνιάω -άζω, ἁρπῶμαι -άζω, γελάω, aoriste ἐγέλαξα, πειράω, πειράζω, σχάω σχάζω, etc. Cf. δικάω, Apoc. I, 147, 152, 165. La plupart des verbes en -άω sont dérivés de substantifs féminins en ᾱ, η; cf. πεῖρα-πειράω. De même, on pouvait tirer φωνάζω directement de φωνή, sur le patron de βία, βιάζω, ἀγάπη, ἀγαπάζω, ou bien il y avait d'abord un présent φωνῶ, φωνᾷς (φωνάω), sur τιμῶ, τιμᾷς, à cause des deux aoristes ἐφώνησα = ἐτίμησα; cf. plus loin.

L'aoriste de ces verbes est donc en -ξα : γελῶ et γελάζω, aoriste ἐγέλασα et ἐγέλαξα; de même ἐρωτῶ, ἐρώτησα et ἐρώτηξα; ζητῶ, ἐζήτησα et ἐζήτηξα, cf. As. Lup., 226 ; et puis σείω, ἔσεισα et ἔσειξα, Carm., 1, 94; Cypr., 76, 28, etc.

Le présent de ἔπνιξα est πνίγω; par conséquent celui de ἐπέρναξα (= ἐπέραξα de περάζω) fait περνάγω, Carm., 63, 2; celui de ἠρώτηξα donne l'imparfait ἐρώταγα, Carm., 60, 3 ; et celui de *ἐφίληξα (cf. ἐζήτηξα), φιλήγω, Carm., 93, 3 ; cf. encore ἐπερικάλαγα, Carm., 93, 3. Quant au γ de ἀκούγω, etc., voyez p. 76.

D'autre part, le présent de ἐγέλαξα est γελῶ, celui de ἥρπαξα, ἁρπῶ, Hésych., Pic., 238 ; Sachl. I, 218 ; Carm., 139, 3 ; Apoll., 218 ; de même σκῶ (σχάω, Aristophane), Quadrup., 687 ; σφῶ, Schmidt, 56, 9.

Comme -άω et -άζω, on trouve -έω et -ίζω ; cf. Curtius, *Verbum*, I, 346 sqq., τριχέω et -ίζω, ὑστερέω -ίζω, ἠρεμέω, -ίζω, ἀσμενέω, -ίζω, etc. J'ajoute le ngr. ἀστοχίζω, δυστυχισμένος, Carm., 62, 65 ; χρίζω, 96, 45 ; θυμισμένον, Eroph., I, 42 ; ζωγραφίζω, Carm., 7, 6 ; λούζω, Carm., 100, 46. Puis on a μαδάω et μαδίζω, Hésych., probablement à cause de μαδήσομαι = τειχίσομαι ; σιγίζω = σιγάω, Cypr., 21, 6 ; βρουχίζω = βρουχάω, Apoc. I, 346.

Τάσσω, aujourd'hui τάζω, à l'aoriste ἔταξα. Στάσσω, Georg. Rhod., 596 ; Prodr. III, 390, répond à l'ancien στάζω (qui du reste subsiste dans la langue commune), à cause de l'aoriste ἔσταξα qui coïncide avec ἔταξα. Au contraire, on a βράζω, Apoll., 808, pour βράσσω pg., et ici c'est βράζω qui subsiste, de sorte qu'on a sur le même pied τάζω, βράζω, στάζω, les formes στάσσω et βράσσω ayant également disparu. Comparez du reste σφυρίστρα et σφυρίχτρα, φταίστης et φταίχτης.

P. 32, l. 35. *Tertia in* δω, θω, ω *purum*, etc. Les dentales s'assimilent à un σ suivant, sans que ce σ soit redoublé ; on a donc voyelle + σ à l'aoriste de ces verbes. Devant μ, les dentales se changent en σ (z) ; le participe est donc en -σμένος et cela constitue une différence entre les verbes en -ω pur et les verbes à dentales. Voici d'abord quelques remarques aux exemples de Portius : προδίδω de προδίδωμι; le changement de conjugaison s'effectue très facilement, étant donné que les formes suivantes coïncident avec λέγω : δίδομεν = λέγομεν, δίδομαι = λέγομαι, διδόμεθα = λεγόμεθα, δίδονται = λέγονται, ἐδίδομεν = ἐλέγομεν, ἐδιδόμην, -μεθα, -οντο = ἐλεγόμην, -μεθα, -οντο. Cf. δίδω, Italogræca I, 118, de l'an 1176; ἀντιπαραδίδω, Gloss. Laod., 55; δίδη, Italogræca I, 92, de l'an 1005. L'aoriste ἔδωσα est calqué sur le futur δώσω; δόσεμεν aoriste, Italogræca I, 132, de l'an 1273. Mais ἔδωκα reste aussi et s'étend aux autres modes : ἀπεδώκαμεν, Italogræca I, 128, de l'an 1239; ἐδώκασιν, Asin., 267, et νὰ δώκω, Carm., 101, 20; Sen. III, 169 (ἐδῶκαν).

Ἀλέθω, pg. ἀλήθω, dont l'aoriste est ἄλεσα, futur ἀλέσω, parfait ἀλήλεκα, moyen ἀλήλεσμαι, etc. C'est donc encore l'ε de l'aoriste qui a pénétré dans le présent, et l'η du présent qui a dû céder la place.

Tous les anciens verbes en -όω se présentent à nous aujourd'hui avec un ν qui semble s'intercaler entre l'ο et l'ω. Mais c'est toujours l'influence de l'aoriste qui a créé les présents en -ώνω. Δουλῶ, δουλοῖς, -οῖ, -οῦμεν, -οῦσι, étaient identiques à πατῶ, πατεῖς, -εῖ, -οῦμεν, -οῦσι; de même, à l'imparfait et au moyen, les deux classes étaient presque égales, mais la différence entre ἐδούλωσα et ἐπάτησα à l'aoriste suffit à séparer ces deux classes complètement. D'autre part, nous avons déjà vu que ζώννυμι, στρώννυμι, χώννυμι et ῥώννυμι sont devenus ζώννω, στρώννω, χώννω. Or, ces verbes font à l'aoriste ἔζωσα, ἔστρωσα, ἔχωσα et ἔρρωσα. Ces aoristes coïncident justement avec ceux des verbes en -όω et c'est sur ἔζωσα, ζώννω, que l'on fait δουλώνω, etc. Il est plus juste, par conséquent, d'écrire δουλώνω, etc. Rigoureusement, il faudrait même écrire δουλώννω. Mais l'orthographe ne peut arriver, dans la pratique, à cet excès d'exactitude.

De même que les verbes en -όω, aoriste -ωσα, ceux en -ύω, -έω; aoriste -υσα, -ησα, font aujourd'hui -ύνω, -ένω, tandis que ceux en -ῶ, -ησα, ne connaissent pas ce ν. Nous avons donc : δένω = δέω Suz. II, 95 (où, du reste, δένη paraît être une mauvaise leçon pour δύνη); Belth., 873; Georg. Rhod., 146, et aujourd'hui constant; je trouve aussi ὑποδήνεται Belth., 165. — Χέω-ἔχυσα-χύνω Xenit., 27; Apoc. I, 121; Carm., 62,

74 ; λύω-ἔλυσα : λύνω ; de même λούω, ἔλουσα, λούνω, Const., 221. Le patron de ces verbes est δύνω-ἔδυσα. Quant à δένω, l'ε est frappant, du moment qu'on admet l'influence du futur et de l'aoriste. Mais nous avons en grec ancien δέδεκα, δέδεμαι, ἐδέθην, ce qui amena *δέσω, *ἔδεσα, et de là δένω sur le modèle de ἔζωσα, ζώνω. Voyez encore *clinno* = κλείω, Otrante ; λούνουνται, Georg. Const., 221. Quant à μαζωχθῆ, Belis. I, 374, 379, il suppose ἐμάζωξα au lieu de ἐμάζωσα, c.-à-d. -ξα au lieu de -σα, comme nous l'avons vu plus d'une fois.

P. 33, l. 4. *Quarta denique continet verba* λω, μω, νω, ρω. C'est, d'après notre classification, la troisième classe des verbes (p. 178). En ancien grec, tous ces verbes formaient l'aoriste par apophonie : ψάλλω ἔψηλα, στέλλω ἔστηλα, etc. Le néo-grec retient l'α partout, ἔψαλα, ἔσφαλα ; il en résulte que l'aoriste ne se distingue plus de l'imparfait, car la différence entre ἔψαλα et ἔψαλλα est purement orthographique. De même φθείρω, aoriste ἔφθειρα, κρίνω, ἔκρινα. Seuls, quelques verbes avec ε au présent changent l'ε en *i* à l'aoriste. Il fallait cependant créer une nouvelle forme, soit pour l'aoriste, soit pour l'imparfait. Or, nous avons vu très souvent que l'aoriste reste, tandis que le présent se modifie ; on peut donc s'attendre au même phénomène dans les verbes à liquides. Il y en a deux dont le thème verbal se termine par μ, celui du présent par μν : κάμνω et τέμνω, aoriste ἔκαμον, et τέμνω, ἔταμον, plus tard ἔτεμον, d'où en néo-grec l'imparf. ἔκαμνα, ἔτεμνα, aoriste ἔκαμα, ἔτεμα. Ces deux verbes, dont le second n'est plus en usage aujourd'hui, ont fourni le modèle au nouveau présent : στέλνω = στέλλω, etc. ; δέρνω = δέρω, aoriste ἔδειρα ; ἀναφέρνω, Georg. Const., 643 ; ἐγέρνετο, Belth., 974 ; παίρνω de ἀπαίρω, etc. Ces présents en -ρνω, -λνω, paroxytons, entraînent des verbes circonflexes : φυρνῶ = φυρῶ, ξερνῶ = ἐξερῶ (ἐξεράω), κερνῶ = κερῶ, περνῶ = περῶ, σκολνῶ = σχολῶ et d'autres.

P. 33, l. 9, corrigez Portius en écrivant ἔδειρα.

P. 33. l. 14. -ομεν. Aujourd'hui, la désinence est -ουμε dans la langue commune (voyez λέγομε en Crète, Ἀθήναιον, X, 111), avec changement de ο atone en ου devant la labiale, p. 93, et chute régulière du ν final.

-ουσι. Déjà dans l'ancien grec, -ασι au parfait avait commencé à disparaître sous l'influence de l'aoriste faible ; cf. G. Meyer[2], § 461, par exemple, πεποίηκαν ; par le même procédé, le grec du moyen âge introduit ν, à côté de -σιν, au présent. La lutte entre les deux formes n'est pas encore terminée aujourd'hui. Pour Spanéas et Prodrome, M. Psichari a cité tous les exemples de cette alternance, *Essais*, I, 170; Glykas donne la préférence à -ουν; cf. 163, 188, 191, 214, 264, 277, 280, 301, etc.; mais -ουσιν ne fait pas non plus défaut, 19, 23, 82, 89. En Crète, les formes -ουσι (de même είχασι à côté de έχουσι) subsistent encore; cf. *Essais*, II, p. 224. L'ε de γράφουνε, qui est hystérogène et ne se trouve que rarement au moyen âge, vient de la 1ʳᵉ et 2ᵉ personnes du pluriel -ομε(ν), -ετε. Cf. Chatzidakis, Ἀθήναιον, X, 122-128, qui donne une explication un peu différente.

P. 33, l. 18. Ἔγραφα. La chute de l'augment et du ν final et la perte des voyelles longues rendit la 1ʳᵉ personne du pluriel de l'imparfait égale à la 1ʳᵉ du présent; on était donc forcé de lui donner une autre terminaison, celle de l'aoriste; c'est ainsi que ἐ]γράφομε[ν, qui coïncide avec γράφομεν, cède la place à γράφαμε. De là, on arrive à ἔγραφα pour ἔγραφον à la 1ʳᵉ personne du singulier et à ἔγραφαν à la 3ᵉ personne du pluriel. Bientôt le -σι du présent pénètre dans l'imparfait ἐκλέφασιν, Italograeca I, 107; ομωσασιν, 117, etc. A côté de -αν on a -ανε, comme au présent -ουν et -ουνε; c'est une des inadvertances ordinaires de Portius que de ne pas mentionner cette forme. — A la 1ʳᵉ personne du pluriel, on trouve souvent -αμαν par assimilation de la finale atone à la voyelle précédente, κλάψαμαν, Apoc. I, 421; sur ἐγράψαμαν on a pu calquer de la sorte ἐγράψατα(ν) pour ἐγράψετε; forme commune γράψατε (*a* de l'aoriste).

P. 33, l. 21. Lisez γράψαμε, γράψετε, ἔγραψαν.

P. 33, l. 22. Εἶχα γράψει *vel* εἶχα γραμμένα. Tandis que εἶχα γραμμένα ou γραμμένο (Sophianos et le grec d'aujourd'hui) s'explique facilement, et se compare au français *j'ai écrit*, ital. *ho scritto*, all. *ich habe geschrieben*, l'autre forme εἶχα γράψει est plus difficile à interpréter. Qu'est-ce que γράψει? Est-ce que c'est l'ancien infinitif ou bien une 3ᵉ personne du singulier cristallisée? M. Chatzidakis, Δελτίον, I, 254, se prononce en faveur de la seconde des deux hypothèses; on aurait dit d'abord νὰ εἶχα νὰ γράψω, νὰ εἶχες νὰ γράψῃς, νὰ εἶχε νὰ γράψῃ, puis νὰ εἶχα γράψω avec suppression de νά, enfin γράψῃ reste à toutes les personnes. Je ne puis admettre cette explication, parce qu'elle ne s'appuie pas sur une base historique. M. Chatzidakis cite Belth., 427, νὰ μὴ εἶχα ἐγεννήθην. Remarquons d'abord dans ce passage l'indicatif; la forme correspondante de l'actif serait ἔ-γραψες à la 3ᵉ personne, d'où l'on ne pouvait jamais arriver à γράψει. Puis ces exemples sont si rares qu'ils ne peuvent pas prouver grand'chose. Quelques lignes plus bas, au vers 429, on lit dans le même sens νὰ ἐγνωρίσθην; il est donc possible que νὰ εἶχα ἐγεννήθην ne soit qu'une contamination de νὰ εἶχα γεννηθῆ et νὰ ἐγεννήθην.

On pourrait dire, tout d'abord, pour combattre l'hypothèse de l'infinitif, que Sophianos et Portius, qui, en général, conservent le ν final, écrivent toujours εἶχα γράψει et jamais γράψειν. Mais cela serait un faible argument et il perd encore de sa force quand on suppose avec M. Foy (Ἡμερολόγιον τῆς Ἀνατολῆς, 1886, p. 207-216), que γράψει repose sur l'infinitif de l'aoriste γράψαι, qui a emprunté la voyelle ι (ει) au présent, à l'aoriste fort et, j'ajoute, au futur de l'infinitif, voyez plus bas. L'infinitif passif -θῆναι serait devenu -θῆ par une apocope, qui elle-même a été amenée par l'infinitif actif. Des exemples comme θέλει θλιβῆν καὶ χαρῆναι, Belth., 4, sont en faveur de cette manière de voir. Le déplacement de l'accent, qui a eu lieu dans φάγει, etc., s'explique par l'influence de la grande majorité des infinitifs actifs, qui sont paroxytons, et par des formes comme φάγε, φάγης, etc.

Reste à expliquer le sens de cette construction de l'imparfait de ἔχω avec l'infinitif. Aujourd'hui, on dit aussi ἔχω γράψει; le silence de Sophianos et de Portius, l'absence de cette combinaison dans les textes du moyen âge, nous montrent bien que ἔχω γράψει est une forme plus jeune calquée sur ἔχω γραμμένο, par la raison que εἶχα γράψει revient à dire εἶχα γραμμένο. M. Chatzidakis, *loc. cit.*, p. 254 sqq., constate qu'au moyen âge ἔχω γράψει et θέλω γράψει sont souvent synonymes; c'est juste; seulement il faut préciser cette assertion dans ce sens, que εἶχα γράψει remplit tout à fait la fonction d'un plus-que-parfait : ainsi νὰ μὴ εἶχα γνωρίσει, Belth., 431, se traduirait en latin par : *ne cognovissen;* νὰ μὴ ἤθελα γνωρίσει par *nollem cognoscere*. On ne peut donc pas comparer εἶχα γράψει à *j'écrir-ais* : en latin *habebam scribere* signifie : *j'avais à écrire;* en grec εἶχα γράψει, je possède, j'ai *l'écrire, l'action d'écrire;* εἶχα γραφθῆ, je possède ce qui résulte de l'action d'écrire. Voici qui nous explique l'emploi de l'infinitif aoriste au lieu de celui du futur que nous trouvons avec θέλω; nous voyons du même coup la parenté étroite qui existe entre εἶχα γράψει et εἶχα γραμμένο, parenté qu'on chercherait en vain entre *habebam scribere* (j'écrivais) et *habui scriptum*, j'ai écrit.

P. 33, l. 30. *Futurum.* θέλω γράψει. Voyez J. Psichari, *Essais de phonétique néo-grecque,* Mém. Soc. Ling. V, 349-393. Les formes que nous donne S. Portius ne sont pas les seules; mais θέλω γράψει est évidemment la formation du futur la plus ancienne. L'infinitif est celui du futur qui, dans les verbes dont le futur diffère de l'aoriste, est remplacé par celui de l'aoriste, en conservant pourtant le -ει final : infinitif futur δερεῖν, infinitif aoriste δεῖραι, nouvel infinitif δείρει. Lors de l'époque de la chute du ν final (chute qui, dans ce cas, pouvait avoir une raison analogique), le second verbe, dans la combinaison θέλει γράψει, donnait l'idée d'une troisième personne, grâce à sa double désinence *i*, et l'on remontait alors à une première personne θέλω γράψω, deuxième θέλεις γράψεις, etc.; ou bien le premier verbe reste invariable ; θέλει γράψει devient dans ce cas une forme syntaxique, dont le premier élément perd beaucoup de sa force, et l'on arrive à dire θέλει γράψω, etc.

Θέλω, comme verbe modal, *je veux*, demande comme tous les autres verbes la conjonction νά : θέλω γράφειν devient alors θέλω νὰ γράφω ou θέλω νὰ γράψω, tandis que dans la combinaison stéréotype θέλω γράψει, *j'écrirai*, l'infinitif reste plus longtemps. Mais dès le moment où θέλω γράψω devient usuel à côté de θέλω γράψει, la conjonction νά s'introduit peu à peu entre les deux verbes. C'est aujourd'hui la formation la plus usitée à côté de θὰ γράψω, dont je parlerai tout à l'heure.

La seconde forme donnée par Portius, c'est θέ indéclinable. A partir du xiiiᵉ siècle, on trouve à côté de θέλεις, θέλει, dans toutes les fonctions, θές, θέ, et plus tard θέμεν, θέτε, θέν. Dans tous les cas où θέλω est suivi immédiatement d'un verbe, soit qu'il exprime le futur, soit qu'il exprime la volonté, il n'a pas d'accent syntaxique, il perd de sa valeur et il est exposé à une mutilation plus grande que tout autre vocable. C'est à peu près le même fait qui se produit ici qu'en français où *aimeravons* devient *aimerons,* ou dans les dialectes italiens où *bisogna avere* donne *bigna avere*, etc. Puis ces formes atones θές, θέ peuvent, par extension analogique, remplacer les formes pleines toniques θέλεις, θέλει. Au futur θὲ γράψει amène θὲ γράψω comme θέλει γράψει aboutit à θέλει γράψω. Puis, νά s'y introduit comme dans θέλω νὰ γράψω et l'on a θὲ νὰ γράψω, d'où, par assimilation, θὰ νὰ γράψω ; enfin, par une confusion entre θὲ γράψω et θὰ νὰ γράψω, on arrive à la forme aujourd'hui courante : θὰ γράψω. Θέλα, Carm., 123, 9; 92, 18 montre une contamination analogue avec θέλει νά. La forme θὲ γράψω donnée par Portius n'est pas usitée.

P. 32, l. 1. *Imperativi* γράψε. L'impératif aoriste se confond aujourd'hui avec le présent, si ce n'est pour les fonctions, du moins pour la désinence. En effet, si le thème de l'impératif moderne est bien celui de l'aoriste, les désinences sont celles du présent. Ainsi γράψε = γράψ-[ον + γράφ]ε; γράψετε = γράψ[ατε + γράφ]ετε. On observe déjà dans le grec classique cet empiètement de l'impératif aoriste sur l'impératif présent. Le présent désigne plutôt l'état, la durée; l'aoriste, au contraire, une action momentanée ou *présente* : δός. Cette fonction de l'aoriste et l'identité des désinences du subjonctif dans les deux temps νὰ γράφετε, νὰ γράψετε, la désinence -ετε au lieu de -ατε à l'indicatif de l'aoriste, et enfin les impératifs forts εἰπέ, etc., ont fait prendre à l'impératif aoriste les désinences du présent : γράψε, γράψετε pour γράψον, γράψατε. Dans les Interpret. Montep., il y a un passage où l'on voit même que la différence entre l'impératif présent et l'impératif aoriste a disparu, car les deux sont employés dans le même sens, 310 sqq.: χαῖρε, ἀναγίγνωσκε, πορεύου, φέρε, φέρετε, δίδαξόν με, ἐρώτησον, ἄγγειλον, δός, δότε, ζῶσον, δός, περίβαλε, ἆρον, ἐλθέ, ἀνάγνωθι, πρόλαβε, γνῶθι, ἀπάντησον, ζεῦξον, ἐλθέ, εἰπέ, ἔλθατε, ἐκτινάξατε, θέτε, περιβάλετε, ἑλκύσατε, ῥάνατε, στρώσατε, γόμωσον, σχίσον, πλύνατε, λάβε, σύμβαλε, ὑπόλυσον, δέξαι, λέπισον.

Les impératifs εἰπέ, ἰδέ, εὑρέ, ἐλθέ, conservent l'accent et entraînent les subjonctifs, πῶ, δῶ, etc. (cf. Foy, Ἡμερολόγιον, p. 211[1]), et le pluriel de l'impératif : εἰπέτε, Carm., 29, 2; Sen. Puell., 16; ἰδέτε, Belis. II, 58, etc.; θές, qui reste, entraîne ἰδές, As. Lup., 317; πές, 347; sur θές on calque θέστε, et de même πέστε, Carm., 146, 15; sur δός, on a δόστε, Schmidt, 54, 20; δῆστε, Carm., 7, 31. Ces formes, qui font l'impression de se passer d'une voyelle de liaison, sont le point de départ de toute une série d'impératifs syncopés; ἀκούστε, Carm., 67, 37; Schmidt, 18, 1; ρίξτε, Carm., 66, 6; κρύψτε, Schmidt, 19, 2; γράψτε, Apoll., 298; ἀνοίξτε, Schmidt, 69, 67; στρώστε, Carm., 142, 14, etc.; puis βάλτε, Carm., 144, 14; πάρτε, 67, 21; σύρτε,

---

1. Ce qui ne veut pas dire que l'on ne rencontre aussi ἔλθω, Apoc. I, p. 365, etc.

Schmidt 65, 3. — Σήκω, Schmidt, 15, 15 ; σῆκο, Du Cange, qui serait en pg. σήκου, impératif de σηκῶ (*peser*, d'où *soulever pour mettre dans la balance*), ng. σηκώνω, a pris les fonctions d'un adverbe ou d'une interjection, et revêt par analogie l'une des désinences propres aux particules ; voyez plus loin.

Les troisièmes personnes et les premières du pluriel de l'impératif sont, comme dans toutes les langues, remplacées par les formes correspondantes du subjonctif. C'est là tout ce qu'il faut retenir des lignes 4-8 du texte.

P. 34, I, 9. *Optativi*. C'est là, à vrai dire, un subjonctif plutôt qu'un optatif de l'aoriste ; ce subjonctif lui-même, d'ailleurs, ne diffère en rien par ses désinences de l'indicatif du présent. Sophianos, qui se pique de donner un subjonctif et un optatif à son verbe, orthographie l'optatif de la manière la plus bizarre : γράψω, -οις, -οι, -ωμεν, -αιτε, -ουν ; pour le subjonctif il écrit -ω, -ης, -η, -ωμεν, -ετε, -ουν. Phonétiquement, il n'y a pas l'ombre d'une différence entre les deux modes ; historiquement, ce sont les désinences de l'indicatif qui ont envahi le subjonctif, parce que le singulier et la première personne du pluriel étaient identiques. (Voyez plus haut, p. 182.)

Quant aux particules qui accompagnent l'optatif, ἄμποτες νά se décompose en ἄν (ἐάν) ποτε[ς], comme en pg. εἴποτε ; le ς est celui des adverbes. Νά est la conjonction ἵνα dans le sens affaibli de ὡς, *que* ; ἄμποτες est considéré comme une proposition : ἄμποτες (ἔνι) *s'il arrive jamais*, νά, *que*, etc. Restituez dans le paradigme : νὰ γράψουμε, νὰ γράψουν (l. 12), θέλαμε, θέλατε, θέλα γράψει (l. 15, cette dernière forme n'est presque pas usitée pour la troisième personne pluriel dans la langue commune), ou θέλανε γράψει.

Ἄς = ἄφες, cf. Abraham, 26, καὶ γείρου, κίνησε νὰ πᾶς, καὶ τὴν τρομάραν ἄς τη ; exemple qui ne laisse pas de doute sur l'identité des deux formes ; cf. As. Lup., 280, et le pluriel ἄστε, Schmidt, 56, 6 : μὰ ἄστε με νὰ κοιμηθῶ. — Quant à la chute de φ, voyez plus haut, p. 100.

P. 34, l. 123. *Praesens ab aoristo*. Ce n'est pas un présent, c'est le subjonctif aoriste qui marque l'action momentanée, tandis que le subjonctif présent marque l'action continue. Rétablissez, l. 28, γράψουμε, γράψουν, formes communes.

P. 34, l. 30. Διὰ νά, *ut*. La combinaison d'une préposition avec une conjonction est très curieuse ; on peut pourtant comparer le français *pour que*. Νά est la conjonction finale, elle exprime le but ; διά, en tant que préposition, joue le même rôle ; la combinaison de ces deux mots est donc un renforcement bien naturel de sens et s'explique d'autant mieux que νά a encore d'autres fonctions à remplir. Plus complète et plus logique, si l'on veut, est la combinaison : Διὰ τὸ ἵνα. Formul., III, 9. — Ὁ γιὰ νά, Puell. Juv. II, 136 ; ὁ διὰ νά; Imb. III, 837, 932, 1168, etc., ont reçu l'ὁ de ἔπου, ὅγιος, ὁκάτι, etc., voyez aux pronoms.

P. 34, l. 31. Ἀγκαλὰ καί, c'est-à-dire ἐὰν καλὰ [ἢ] καί. Καί a ici le sens de *aussi*, *etiam*, comme dans ἂν ἴσως καί, *si*, *peut-être*. — Ἂν ἤθελα γράψει (l. 34) se traduirait par : *si j'avais écrit*, l'imparfait de l'optatif (θἄγραφα) par : *j'écrirais*. — Σάν, l. 39, est l'ancien ὡσάν avec l'aphérèse. Rétablissez σὰ γράψω. C'est la seule forme aujourd'hui usitée dans la langue commune, pour dire exactement *cum scripsero*. Voir aux Additions.

P. 35, l. 1. *Infinitivi*. Νὰ γράψω n'est pas l'infinitif, mais le subjonctif avec νά, qui remplace l'infinitif, abstraction faite des deux cas dont j'ai parlé, p. 193 sqq.

P. 35, l. 5. *Participii. Præsens… indeclinabiliter.* Γράφοντας est déjà dans Sophianos ; il est tiré de γράφοντα, acusatif masculin, qui prend le sens d'un adverbe. On n'a plus éprouvé le besoin d'exprimer les cas, les nombres et les genres au participe présent. Cela s'explique. Le participe présent désigne une action qui se passe synchroniquement à celle du verbe principal ; le sujet des deux verbes est le même ; il n'est donc pas nécessaire de l'exprimer deux fois. La fonction du participe est presque celle des adverbes et il prend la forme des adverbes. C'est par le même procédé et pour la même raison que le participe présent disparaît du latin et est remplacé par le gérondif *in cantando* pour *cantans*..

P. 35, l. 11. Ἔστοντας καὶ νὰ γράψω. Ἔστοντας doit être rattaché au verbe ancien ἵστημι, dans le sens de *étant, étant donné que*. Καί, comme plus haut, a la force de *etiam*, mais il s'est ici beaucoup affaibli.

P. 35, l. 14. *Quoddam participium in* μενος. Voyez l'excellent article de M. Chatzidakis. Ἀθήναιον, X, 85 sqq. Des trois participes en -μενος, celui de l'aoriste n'a pas survécu cf., à ce sujet, Ἀθήναιον, X, 90). Il y a des participes en -αμενος, mais rien n'est plus faux que de vouloir les rattacher à l'ancien aoriste faible. Στάμενος de ἱστάμενος a entraîné στεκάμ.., κοιτάμ., τρεχάμ., ἐρχάμ., πηγαινάμ., πετάμ., πεμπάμ. et quelques autres. — Sur -ούμενος des verbes contracts, on calque καθούμ.., χαρούμ., etc.—Le participe de l'aoriste, c.-à-d. celui de l'ancien parfait, a perdu la réduplication. De plus, les verbes qui n'ont pas de participe passif en ancien grec, comme κάμνω (le participe actif κεκμηώς, G. Meyer[2], p. 188, avait lui-même disparu), comme εἰπεῖν, εὑρεῖν, φαγεῖν, ἰδεῖν, etc., font aussi quelquefois le participe en -ωμένος d'après [δε]δηλωμένος, -ωμένος ayant été senti comme désinence participiale: καμωμένος, πωμένος, φαγωμένος, etc. Πεθαίνω fait πεθαμμένος, probablement d'après l'analogie de [τε]θαμμένος, θάπτω, mod. θάφτω, *enterrer*; φέρνω, παίρνω suivent ceux en λ, ρ : φερμένος, παρμένος [1], comme στέλνω, σταλ-μένος, etc.

P. 35, l. 21. Γράφομαι. Aujourd'hui γράφουμαι. Le ου au lieu de ο serait dû à l'analogie de l'imparfait, et ne serait pas phonétique, si l'on admettait ce qui est dit p. 165 et p. 198 (35, 24).

Γράφεσαι. La restitution de la forme pleine de la 2ᵉ personne du moyen, sur le modèle des verbes en -μι : ἵστασαι, τίθεσαι et du parfait λέλυσαι est très ancienne; le grammairien Mœris (Bekker, 188, 3) dit déjà ἀκροᾷ Ἀττικοί, ἀκροᾶσαι Ἕλληνες, c'est la seule forme populaire du moyen âge; cf. Psichari, *Essais*, I, 169; les exceptions sont très rares; βούλει, Prodr. I, 166 (et Formul., II, 167), est évidemment savant. Cf. φάγεσαι καὶ πίεσαι, Luc, 17, 8; κατακαυχᾶσαι, Ep. ad Rom. XI, 18, etc.; il paraît que les verbes contracts ont reçu la désinence -σαι plus tôt que les autres.

P. 35, l. 23. Γραφούμεσθεν. Le σθ n'a rien à faire avec le σθ épique (Homère, Hésiode); il vient de la 2ᵉ personne du présent pluriel; l'α final de -μεθα a cédé la place à ε parce que toutes les autres personnes du passif se terminaient par ε; le ν final, qui aujourd'hui n'existe plus, vient de l'actif, de même que ού pour ό, par analogie de γράφουμε. Aujourd'hui on dit aussi γραφούμαστε, qui vient de γραφούμεσθα par métathèse.

Γραφοῦστε. Sophianos et les grammairiens modernes ne connaissent que γράφεσθε, γράφεστε. Comparez φοβοῦστε, forme encore usitée aujourd'hui dans plusieurs régions, avec l'*u* de φοβοῦμαι, etc. Voyez ἐγραφοῦστε, p. 35, l. 26.

1. Ἡ γουμένα, *le câble*, ne vient pas de ἀγομένη; c'est l'italien *gomina*, qui a le même sens.

P. 35, l. 23. Γράφονται. Aujourd'hui γράφουνται, cf. κείτουνται, ABC., 28, 1; κολάζουνται, Apoc. I, 219, etc., constamment dans la langue commune, pour l'ου, voyez p. 93, p. 197, et considérez aussi l'influence de l'actif γράφουν.

P. 35, l. 24. *Imperfectum*. La stabilité de l'accent au singulier de l'imparfait de l'actif demande une stabilité égale au passif; d'où ἐγράφομην, au lieu de ἐγραφόμην, à cause de ἐγράφου, ἐγράφετο, où l'accent est sur α. Mais ce n'est pas tout. Ἐγράφομην change d'abord l'η atone après μ en ου; puis le premier ο, par assimilation à l'ου suivant, devient de même ου : ἐγράφουμουν. On pourrait aussi expliquer ce phénomène autrement : ἐγράφομην commencerait par devenir ἐγράφουμην, cf. p. 93; mais Sophianos donne ἐγράφομουν, qui se montre ainsi plus ancien que ἐγράφουμουν; de plus, si l'ου de ο à l'imparfait était dû au μ suivant, on devrait l'avoir au présent, où Portius ne le connaît pas encore. Lisez aujourd'hui γράφουμουν.

Ἐγράφου devient d'abord ἐγράφεσο, sur le patron de ἐλέλυσο, ἵστασο, ἐτίθεσο, etc.; comparez au présent γράφεται pour γράφῃ; ensuite il prend la désinence de la première personne : ἐγράφεσ-ουν (Sophianos), d'où, par assimilation, ἐγράφουσουν. Lisez γράφουσουν aujourd'hui.

Ἐγράφετο, pg., prend d'abord le ν de la première personne, ἐγράφετον; plus tard, après Portius, il change -ον en -ουν : ἐγράφετουν. Or, le rapport qu'il y a entre :

ἐγράφουμ-ουν : ἐγραφούμ-ασθε et
ἐγράφουσ-ουν : ἐγράφουσ-θαν,

fait créer ἐγράφουν-ταν au singulier, parce que le pluriel est ἐγράφουν-ταν. D'où vient l'identité complète des deux formes ? On s'attendrait à une troisième personne du singulier, ἐγράφουν-τουν. Peut-être cela s'explique-t-il de la manière suivante : nous avons une troisième personne singulier ἐγράφετο et une troisième personne pluriel ἐγράφοντο. La substitution de αν à ο (ἐγράφονταν pour ἐγράφοντο), à la troisième personne du pluriel, amène peut-être une substitution égale au singulier. Sophianos, il est vrai, connaît ἐγράφετον à côté de ἐγράφονταν. Mais supposons qu'à la troisième personne du pluriel les deux formes ἐγράφοντο et ἐγράφονταν aient existé l'une à côté de l'autre pendant un certain temps. On peut alors croire que, parallèlement à la troisième personne du singulier ἐγράφετο, on a commencé à dire ἐγράφεται. Au temps de Sophianos, on aurait ainsi une troisième personne pluriel -αν, rarement -ον, une troisième singulier -ον, rarement -αν.

Le nombre des formes possibles du singulier n'est pas encore épuisé. On peut généraliser pour tout le paradigme l'accent de la première personne : ἐγραφόμουν, -όσουν, -ότουν ; dans ce cas, l'ο reste ; par contamination de ἐγράφουμουν et de ἐγραφόμουν, on obtient ἐγραφούμουν ; enfin l'-ε (αι) du présent (γράφομαι) pénètre dans l'imparfait ἐγραφούμουνε.

Au pluriel, la première personne conserve toujours son accent. Elle entraîne la seconde, dans laquelle elle fait passer en même temps ου au lieu de ε : ἐγραφοῦσθε ; la troisième prend à l'avant-dernière syllabe dans Portius ου, pour ο du présent, et le ν final de l'actif. Celui-ci étend encore plus loin son action : ἐγράφουντον devient ἐγραφούντασιν (ἐγραφονύντασιν est une faute d'impression) ou ἐγραφοῦνταν, et de là on arrive à ἐγραφοῦσθαν, ἐγραφούμασταν. Cet empiètement de l'actif sur le passif s'explique par le fait que la première et la deuxième personnes (ἐγραφούμεσθ-εν, ἐγράφομ-εν ; ἐγράφεσθ-ε, ἐγράφετε, voyez Portius) avaient la même désinence (-εν, -ε) dans les deux voix. La proportion :

ἐγραφούμ-ουν : ἐγραφούμ-αστε.

amène ἐγράφουσ-ουν : ἐγραφούσ-αστε.

Quant à l'accent, on trouve encore des formes qui sont contaminées des deux autres, par exemple ἐγράφουσθαν, etc. Dans la κοινή moderne on peut s'en tenir au paradigme suivant : γράφουμουν, γράφουσουν, γράφουνταν, γραφούμεστα, γραφούσαστε, γράφουνταν. Le passif, surtout au pluriel, disparaît de l'usage. L'aoriste γράφηκα, γράφτηκα est plus fréquent.

P. 35, l. 28. *Perfectum*. Le *modus elegantior*, qui vient plus loin, est, comme à l'ordinaire, le grec classique qui ne nous intéresse guère ici. Dans Sophianos, la désinence -κα ne se trouve que pour la première personne ; dans Portius, elle a déjà pénétré dans tout l'indicatif, mais elle ne passe jamais, pas même aujourd'hui, au subjonctif. C'est ἔθηκα et ἔστηκα qui ont fourni ce nouvel élément à la conjugaison. Toutes les formes, excepté à l'indicatif, de l'aoriste de τίθημι et de l'aoriste passif en -θην étaient identiques :

θῶ = λυθῶ   θείην = λυθείην, θεῖναι = λυθῆναι (après l'iotacisme)
θῇς = λυθῇς   θείης = λυθείης   θείς, θεῖσα = λυθείς
            θέν   λυθεῖσα, λυθέν.

De même : ἕστηκα par rapport à ἔστην, ἕστηκας par rapport à ἔστης, etc., l'esprit n'ayant plus aucune valeur. Lors de la chute de ν final, la première personne du singulier ne se distinguait plus de la troisième ; alors on crée ἐλύθηκα sur ἔθηκα ; peu à peu -κα envahit les autres personnes. On voit bien que la fonction originaire des désinences, c'est-à-dire une distinction entre l'actif et le passif, n'existe plus ; l'identité extérieure de λυθῶ et θῶ, λυθῆναι et θεῖναι, la coexistence de ἕστηκα et ἔστην suffisaient pour créer ἐλύθηκα à côté de ἐλύθην. Dans les textes du moyen âge, on trouve très souvent les deux formes, par exemple Georg. Rhod., ἐφύρθηκα, 52 ; ὠργίσθηκες, 886 ; βάλθηκα, 184 ; ἐπνίγηκεν, 375 ; ἐξηγήθηκες, 448 ; ἀποκρίθηκα, 464 ; ἀποτινάχθηκα, 476 ; πουλήθηκες, 639 ; σώθηκες, 643 ; θρηνήθην, 50 ; ἐγίνη, 52 ; ποκρίθην, 452 ; κεντήθην, 264 ; εὑρέθη, 270, etc. ; ἐθυμώθηκεν, Apoll., 203 ; ἐβρώθηκεν, 234 ; ἐγέρθηκεν, 247 ; ἀπεκρίθην, 260 ; ἐγέρθην, 249 ; εὑρέθηκες, As. Lup., 70 ; ἐπνιγήκαμεν, 368 ; ἐγίνηκε, 527 ; ἐκρυβήθηκες, Missa, 130 ; ὑβρίσηκες, 449 ; ἐνεστηκώθην, 270 ; ἐνεγαλλιάσθην, 358 ; ἐτελειώθην, 319 ; εὐγωδώθηκεν, Puell. Juv. II, 139 ; ἐγεννήθηκε, 148 ; ἐπηλογήθη, 16, etc. On voit, par ces exemples, que l'aoriste faible entraîne l'aoriste fort. Il va sans dire que, dans les cas où -θη reste, on trouve à la troisième personne aussi bien -θη que -θην.

A propos des formes ἐγράφθηκα, ἐγράφθην, et plus loin γραφθῆ (p. 36, l. 1), données par S. Portius, il convient d'observer que l'aoriste premier est hors d'usage et qu'on ne se sert que de l'aoriste second, c'est-à-dire γράφηκα, γραφῆ. Restituez donc au paradigme de l'aoriste passif le suivant : γράφηκα, γράφηκες, γράφηκε, γραφήκαμε, γραφήκετε, γράφηκαν, et p. 36, l. 1 sqq. : εἶχα γραφῆ, etc. Pour le futur passif, voyez plus haut, p. 192.

P. 36, l. 6. *Imperativi*. Sophianos connaît toujours l'impératif du présent : γράφοσουν, qui est à γράφου ce que ἐγράφοσουν est à ἐγράφου. Du reste, les mêmes remarques que pour l'actif. On dit γράφου et γράψου, présent et aoriste. Ecrivez ἂς γραφῆ, ἂς γραφοῦμε, ἂς γραφοῦνε, ἂς γραφοῦν. — Voyez plus haut, pour l'optatif, p. 195. Ecrivez θέλαμε, θέλατε, θέλανε ; l. 17, ἤμουνα, ἤσουνα, ἤτανε (le ν seulement devant voyelle et κ, π, τ), ἤμαστε, ἤσαστε, ἤτανε, ou ἤταν ; de même ἤμουν, ἤσουν.

P. 36, l. 21. *Subjunctivi*. A l'actif et au présent passif, les désinences du subjonctif ont été remplacées par celles de l'indicatif. A l'aoriste passif, au contraire, la deuxième personne du pluriel -ητε reste et n'est pas remplacée par -ετε comme partout ailleurs. On a donc γράφετε, γράψετε, γράφεστε comme à l'indicatif, mais γραφτῆτε, γραφῆτε. La troisième personne est remplacée par l'indicatif. A cause de l'accent, γραφῆτε se trouve sur le même pied que les présents des verbes en -έω, -ῶ; il se séparait ainsi de l'indicatif des verbes simples et se dérobait à leur influence.

P. 36, l. 26. *Participii*. Cf. p. 196. On peut formuler la règle de la formation des participes en -μένος de la manière suivante : les verbes à labiales, gutturales et avec ν, perdent la consonne finale du thème, devant μ : παιδεύω, παιδεμένος; φυλάσσω (φυλάγω), φυλαμένος; κρίνω, κριμένος (anc. κεκριμένος), etc. Les verbes contractes ont -α ou -η comme à l'aoriste. Il y a quelques exceptions comme καμωμένος (p. 197); [ἐ]ζωσμένος de ζώννω reste et entraîne δοσμένον, Imb. III, 31, etc. Le parfait ancien ayant disparu, le participe parfait passif se forme directement sur le thème du présent, suivant les règles ci-dessus. C'est pourquoi le redoublement disparaît.

P. 36, l. 35. *Duæ sunt verborum circumflexorum conjugationes*. Les verbes en -άω et -έω sont restés, tandis que ceux en -όω n'existent plus, mais sont remplacés par des présents en -ώνω, p. 189. Entre les deux classes en -εῖς et en -ᾶς il y a beaucoup d'hésitation, parce que la plupart des verbes en -ᾶς coïncident au futur et à l'aoriste avec ceux en -εῖς. Ainsi πολεμῶ devient πολεμᾶς, πολεμᾶ, etc.

P. 36, l. 37. *Penultima modo est ε, modo η, modo α*. La règle pour l'alternance de ε et η, donnée par Portius, est fausse. Il est du reste impossible d'en donner une qui ne souffre pas nombre d'exceptions. L'ancien grec a confondu trois classes différentes de verbes dans les présents en -έω : 1° les thèmes en -η, futur -ήσω, participe parfait -ημένον, par exemple ποιέω, -ήσω, -ημένον; 2° les thèmes en -εσ, futur -έσω, participe parfait -εσμένον, par exemple τελέω, τελέσω, τετελεσμένον; 3° les thèmes en ε, futur -έσω, participe parfait -εμένον, par exemple ἐμέω, ἐμέσω, ἐμεμένον. La langue moderne n'a pas unifié ces trois classes; l'analogie a bien joué son rôle, mais en troublant tout. Il faut se contenter de citer des exemples. La classe en η est toujours la plus nombreuse; ce ne sont que les verbes en -εμένον et -εσμένον qui offrent de l'intérêt.

Parmi les exemples de Portius, καλῶ est un verbe en -έω, χωρῶ, πονῶ en -ήω; mais on a πονέσω dans les manuscrits d'Hippocrate. — Καλῶ rentre dans la classe -εσ; cf. καλεσμένον, Pulol., 3; Apoll.,176. — καταφρονέω, καταφρονεμένος, As. Lup., 5; mais περιφρονημένον, Belis. I, 327; πλανέω (pg. πλανάω), ἐπλάνεσε, Carm., 31, 1; Apoc. I, 215 (πλανέσω); Pic., 508; φορέω, ἐφόρεσα, Carm., 1, 50; cf. λαμπροφορεμένοι, Bel. I, 482; φορέσω, Prodr. I, 52; κερδέω (pg. κερδίζω), κερδέση, Xen., 95; κερδεμένος, Schmidt, 63, 4; ABC., 65, 2 (κερδέσω); ἐμπορέω (cf. εὐπορέω), ἠμπόρεσεν, Sachl. I, 361. — βουτεμένον, Carm., 49, 1, etc. Les aoristes donnés par l'auteur, πάτησα, χώρεσα, πόνεσα, κάλεσα, βάρεσα, τραγούδησα, et tous ceux qui suivent, en retranchant l'augment, appartiennent, en effet, à la langue commune. Ῥιγῶ est dialectal; et la forme ρίγησα existe également.

P. 37, l. 7. *In secunda conjugatione penultima perfecti sæpissime est in η*. En ancien grec, α reste après α, ε, ι, ρ, de même dans γελάω, θλάω, κλάω, σπάω, χαλάω. On voit, par les exemples de Portius, que le nombre de ces verbes a augmenté considérablement : πεινάσω, qui est dans le Nouveau Testament, entraîne διψάσω, puis ριγάω qui, en ancien grec, est un verbe en -έω : ριγέω, ριγήσω. — Σχολάω, écrivez σχολῶ, σχολνῶ, n'est pas ancien : on disait σχολάζω, ἐσχόλασα, mais à partir du moment où les aoristes en -άσα des verbes en άω-ῶ devenaient plus fréquents, des verbes en -άζω pouvaient entrer dans la classe de ceux en -άω, γέλασα, etc. — Ἐπαινῶ, aujourd'hui παινῶ, παίνεσα.

P. 37, l. 19. *Penitus anomala* βαστῶ *et* πετῶ. La coexistence de σχολῶ et σχολάζω, σπουδῶ et σπουδάζω, etc., amène le présent βαστῶ d'après les aoristes ἐβάστασα, ἐσπούδασα, ἐσχόλασα, etc. — Dans πετῶ, ἐπέταξα, πετῶ pour πετάννυμι, est tout d'abord calqué sur ἐπέτασα, d'après la coïncidence des aoristes ἐγέλασα, ἐβάστασα. D'autre part, les aoristes passifs ἐβαστάχθην, ἐπετάχθην, ne se distinguent pas des aoristes passifs des thèmes en κ : ἐφυλάχθην. C'est pourquoi, de part et d'autre, nous avons ἐβάσταξα, ἐπέταξα, comme ἐφύλαξα, etc., etc.

P. 37, l. 22. *Exemplum verbi circumflexi in* -εῖς. Le présent ne diffère pas de l'ancien paradigme [1], si ce n'est qu'à la troisième personne du pluriel on a -οῦν à côté de -οῦσιν. Abstraction faite de l'accent, il n'y a pas de différence entre les verbes paroxytons, γράφω, et les périspomènes. Mais à

---

1. A côté de πατεῖς, on a aujourd'hui également la forme πατᾷς, etc.

l'imparfait les désinences des deuxième et troisième personnes du singulier avaient -ες, -ε, dans l'une des deux classes, ἔγραφες, ἔγραφε; dans l'autre -εις, -ει (ἐφίλεις, ἐφίλει), c.-à-d. les désinences *-is, -i* du présent. D'autre part, les désinences -ες, -ε sont caractéristiques de l'imparfait; elles s'imposent à celui qui dit ἐπάτεις et il élargit cette forme en ἐπάτειες, Pulol., 145 (ἐκράτειες); Tag. III, 110; de même à l'impératif πάτειε; Vind. pop., 26, 5; Sarant., 197, etc. A la troisième personne du pluriel, le présent πατοῦσι amène πατοῦσαν avec la désinence -αν caractéristique de l'imparfait; de là, -αν s'étend à la première personne du pluriel, qui en pg. est (ἐ)πατοῦμεν et devient πατοῦμαν (Sophianos); puis, sur ἐπάτησαν rapproché de ἐπατήσαμεν, on calque ἐπατούσ-αμεν d'après ἐπατοῦσαν. C'est l'état de Simon Portius. Enfin, aujourd'hui, tout le paradigme est refait sur ces deux formes et l'on a πατοῦσα, -ες, -ε, -ετε. Ou bien, dans certaines régions, ἐπάτειες reste et entraîne la première personne du singulier ἐπάτεια.

Au participe présent, on s'attend à πατοῦντας. Si l'on a πατῶντας, p. 38, l. 5, c'est encore l'influence des verbes paroxytons. Nous avons déjà vu que la seule différence dans le présent, entre les deux classes, est celle de l'accent; dans πατοῦντας, à côté de γράφοντας, il y avait encore celle de la *voyelle de liaison*, ce qui était trop : d'où le nivellement des deux classes au participe. — Dans le paradigme de l'actif, supprimez partout l'augment pour avoir les formes de la langue commune; l. 33, écrivez θέλουμεν, θέλουν (θέλουνε); l. 36, πατήσουμε, πατήσουν, -νε.

Au passif, nous avons le même développement qu'à l'actif : ει = ε de la première classe est remplacé par -εις avec accent sur -έ : πατεῖσαι devient d'abord πατείεσαι, puis πατειέσαι, comme γράφεσαι (cf. p. 197); de même πατεῖται, πατείεται; πατεῖσθε, πατειέστε (que Sophianos écrit -ιέσθε sans aucune raison). Comme à l'imparfait de l'actif, le -ει passe d'abord à la première et à la troisième personnes du pluriel, déjà à l'époque de Portius; aujourd'hui, il a aussi envahi la première personne du singulier, πατειοῦμαι, forme commune, φιλειοῦμαι; naturellement φοβοῦμαι, πολεμοῦμαι restent, en tant que ces verbes se conjuguent d'après τιμοῦμαι (= τιμῶμαι) et font φοβᾶσαι, πολεμᾶσαι, voir ci-dessus, p. 206. C'est probablement une inadvertance de la part de notre auteur, que la première personne πατοῦμαι; il aurait au moins fallu donner πατειοῦμαι comme seconde forme. — La deuxième personne pluriel πατειοῦσθε ne demande pas de longues explications : on voit tout de suite que ου vient de la première et de la troisième personnes. Le paradigme commun est aujourd'hui πατειοῦμαι, πατειέσαι, πατειέται, πατειούμαστε, πατειέστε, πατειοῦνται.

L'imparfait montre une fois de plus l'influence de l'actif sur le passif, et des verbes paroxytons sur les perispomènes. Tandis que chez Portius -ει- apparaît à toutes les personnes, Sophianos dit ἐπατούμουν, ἐπατειόσουν, ἐπατειότον; ἐπατούμεθα, ἐπατειέσθε, ἐπατοῦνταν; en d'autres termes, ει ne reste que dans les désinences qui déjà avaient ει dans les verbes circonflexes, -ε dans les autres; cet ε est remplacé par ο comme à l'actif; si Sophianos écrit ἐγράφετον, ce doit être une faute. Aujourd'hui on trouve deux formations à l'imparfait, suivant les régions : ou bien ει est généralisé, ou bien il a disparu : ἐπατούμουν entraîne ἐπατούσουν, et alors c'est le paradigme τιμούσουν, φοβούσουν, voir ci-dessus, ou bien ἐπατειόσουν entraîne ἐπατειούμουν, et c'est alors le paradigme φιλειοῦμαι formé de la façon que nous venons de dire. Le paradigme de ce verbe est, pour la langue commune : πατειούμουν, πατειούσουν, πατειοῦνταν, πατειούμεστα, et πατειούσαστε, πατειοῦνταν. Supprimez l'augment comme plus haut. Dites : πατήθηκα (pas ἐπατήθην), πατηθήκετε, πατήθηκαν, θέλουμε, θέλουν, -νε. Pour ce qui suit, p. 38, l. 28-38, voyez plus haut, p. 201. Voyez, sur ces verbes, Ἀθήναιον, X, p. 116, 118 sqq.

P. 39, l. 3. Διαλεγμένος. La forme organique serait διαλεμένος, voir p. 201; cf. quelques lignes plus bas ταμένος.

P. 39, l. 12. Ἔσπειρα... σπαρμένος C'est un des exemples qui montrent bien qu'à l'origine il n'y a pas de rapport direct entre l'aoriste et le participe; sur ἔσπειρα, cf. p. 190; sur σπαρμένος, p. 197.

P. 39, l. 15. *Verbum* χαίρομαι... *anomalum*. En pg., nous avons le futur χαιρήσω, aoriste ἐχαίρησα et ἐχάρην, futur moyen χαρήσομαι : ἐχάρηκα (aujourd'hui χάρηκα, dans la langue commune) n'est pas autre chose que la désinence -κα avec l'ancien aoriste ἐχάρην, devenu ἐχάρη par chute du ν final. C'est ici un exemple remarquable d'un aoriste moderne en -κα à sens intransitif (cf. ἔστηκα), non passif; or, le présent est χαίρομαι; ce sont des verbes analogues qui ont facilité l'extension de la désinence -κα au passif, voir p. 200. On a, au participe, soit χαιράμενος (comme στάμενος, voir ci-dessus, p. 196) avec le thème du présent, χαίρω, soit χαρούμενος, forme commune, avec l'α de χάρηκα et la désinence -ούμενος, cf. p. 197. Sur καμωμένος, κριμένος, voir p. 197.

P. 39, l. 25. *Pater Hieronymus Germanus*. Encore un nom qu'il faut ajouter à la liste des anciens grammairiens du grec moderne.

P. 40, l. 1. *Circumflexorum in ᾶς exemplum.* Ἀγαποῦμεν, ἀγαποῦσιν se sont substitués à ἀγαπῶμεν, ἀγαπῶσιν par la même raison que πατῶντας s'est substitué à πατοῦντας : la caractéristique des deux personnes est ου, pas ω. On trouve aussi ἀγαπᾶμε, ἀγαπᾶνε avec l'α de la 2ᵉ personne du pluriel. Ou bien on a ἀγαπάω, -άεις, -άει, -άομεν, etc., et à l'imparfait ἀγάπαα (Legrand, Grammaire, p. 79), etc. Il est évident que ce ne sont pas des formes non contractes ; elles sont hystorogènes et s'expliquent comme ἐπάτεις : dans ἀγαπᾶς on n'avait pas l'ει qui est essentiel à la 2ᵉ personne ; c'est pourquoi on disait ἀγαπάεις, ἀγαπάει, ἀγαπάετε ; d'où plus tard ἀγαπάω¹.

Il n'est plus nécessaire d'entrer dans le détail de la formation de l'imparfait et du passif : tout se passe ici comme pour les verbes en -εῖς. Pourquoi Portius donne-t-il l'impératif du présent ἀγάπα, tandis que partout ailleurs il ne parle pas d'impératif présent? Aujourd'hui l'impératif présent de ἀγαπῶ n'est pas inouï sous la forme -αε : Schmidt, 22, 2 ; de même dans la classe des verbes en -εω, μίλειε, Carm., 26, 5 ; θώρειε, As. Lup., 155, etc. — Sophianos, qui connaît encore l'infinitif présent γράφει, πατεῖ, donne de même τιμάει, et à l'impératif ᾶς τιμάει : cela nous fait supposer qu'à l'époque de Sophianos déjà on disait τιμάεις, τιμάει pour τιμᾷς, τιμᾷ ; quoique dans son paradigme il ait restitué les formes classiques τιμᾷς, τιμᾷ, à l'indicatif, comme il ne savait pas à quoi répondait ᾶς τιμάει, il le donne tel quel. Ou bien y voit-il un infinitif ἄφες τιμάειν (de τιμάω ng.)? L'orthographe par -ει le donnerait à penser.

La langue moderne montre un tendance bien marquée à confondre les deux classes des verbes périspomènes dans une seule ; beaucoup de dialectes ont franchi ce pas. En effet, il y

---

1. Chatzidakis, Ἀθήναιον, p. 110 sqq., donne une autre explication. Ce qui me fait préférer celle que je propose ici, c'est que de cette façon on a un seul et même principe pour tous les changements survenus dans les verbes contractes.

a entre les deux classes bon nombre de points de contact. Non seulement l'aoriste est le même dans la plupart des verbes, mais aussi, au présent, les premières personnes et tout l'imparfait de l'actif et du passif sont identiques ; ἐπατούμουν = ἐτιμούμουν ; mais à côté de ἐπατούμουν, on a ἐπατειούμουν, et par conséquent ἐτιμειούμουν ; le présent, qui correspont à ἐπατειούμουν, est πατειοῦμαι ; de même, on dit τιμειοῦμαι. Il n'y a donc que la deuxième et la troisième personnes du singulier (πατεῖς, πατεῖ, mais τιμᾷς, τιμᾷ) et la deuxième du pluriel de l'indicatif du présent actif (πατεῖτε, mais τιμᾶτε) qui séparent décidément les deux conjugaisons.

Voici quelques exemples des fluctuations entre -ᾷς et -εῖς. On a, à côté de ἐπιθυμέω, ἐπιθυμᾷς, Carm., 11, 3 ; θυμᾶται, Carm. 21, 2 ; φοβᾶται (φοβέομαι), Carm. 87, 11 ; Bel. II, 823 ; Eroph., prol., 117 ; φιλᾷ, Cypr., 2, 16 ; παινᾷς (ἐπαινέω), Carm., 26, 8 ; Sachl. II, 64 ; λυπᾶσαι (λυπέω), Carm., 26, 6 ; Pic., 305 ; κινᾷ (κινέω), Bel. II, 431 ; κινᾶται, Pic. 347 ; προσκυνᾷ (προσκυνέω), Sachl. I, 267 ; Carm., 57, 11 (προσκυνᾶν, troisième personne du pluriel) ; Belth., 249 ; λαλέω, λαλᾶτε, Carm., 33, 2 ; μιλάει (ὁμιλέω), Schmidt, 58, 24 ; δειπνᾷ (δειπνέω), Form., I, 89 ; μισᾶτε (μισέω), Apoc. I, 160 ; Eroph., prol., 117 ; ἀκλουθάει (ἀκολουθέω), Schmidt, 39, 27 ; πολεμᾷ (πολεμέω), Carm., 59, 4 (πολεμῆς, Pulol., 219) ; ἀπολογᾶτον (ἀπολογέομαι), Pic., 305 ; (ἀπολογιέται, Carm., 101, 18) ; ἀργᾷ (ἀργέω), Form., II, 123 ; (ἀργεῖ, 125, forme commune), etc., etc. D'autre part, ἀγαπάω fait ἀγαπᾷ, Carm., 105, 11. Les formes en -εῖ sont les seules ou du moins les plus usitées dans πονεῖς, θωρεῖς, κρατεῖς, φιλεῖς, μπορεῖς, φρονεῖς, καρτερεῖς, θρηνεῖς, κατηγορεῖς, καλεῖς à côté de καλυᾷς (celui-ci seul usité dans la langue cammune) ; πατεῖς est bien plus fréquent que πατᾷς, et l'on dira toujours λαλεῖς, etc.

Ζῶ, ζῆς, etc. devient ζιῶ dans Eroph., I, 318 ; ζιοῦσι, Eroph., I, 110 ; ζειοῦν, Georg. Rhod., 238. Le point de départ est encore l'imparfait : ἔζης devient ἔζειες, etc. Cf. ci-dessus, p. 202, 205.

C'est ici le lieu de parler de quelques autres verbes analogues. Nous avons vu, p. 104, que ουου se réduit à ου ; donc ἀκούουσιν devient ἀκοῦσιν, ἀκούουν devient ἀκοῦν ; la conséquence en est que les formes bisyllabiques ἀκούεις, ἀκούει perdent de même leur voyelle, d'après l'analogie de la troisième personne ; ἀκοῦς, Prodr. VI, 182 ; Apoc. I, 212 ; Quadr., 225 ; Schmidt, 17, 1 ; ἀκοῦ, Carm., 91, 4 ; ἀκοῦτε, Quadr., 550 ; Cypr., 18, 1 ; cf. ἀκόντα, Apoc. I, 281 ; κροῦς, Cypr., 30, 6 ; κροῦ, Prodr. II, 357 ; Quadr., 1054 ; Asin., 310 ; κροῦσιν, Bel. I, 162. — De même : κλαίετε donne κλαῖτε, d'où κλαῖς; Schmidt, 39, 3; κλαῖ, Carm., 101, 3; κλαῖσι, Sachl. II, 580. — ἔκλαιν (= ἔκλαιε), Apoc. I, 387; πῆς = πίης, Quadr., 247; κατάλῦ, Sachl. II, 238, etc. D'autre part ἀκούγω, Asin., 195, κρούγη, Belth., 103, ἔκρουγα, Prodr. VI, 198, montrent un γ dont nous verrons bientôt l'origine. Ces verbes font naître l'idée que tous les verbes qui, à la 2ᵉ et à la 3ᵉ personnes du singulier et du pluriel, n'ont qu'une ou deux consonnes contiguës, plus une voyelle, perdent la voyelle de la désinence : τρώεις = τρῶς, etc., voyez p. 193. — Pour avoir le paradigme de la langue commune, faites les changements suivants au paradigme de Portius : ἀγαποῦμε, ἀγαποῦν, ἀγαποῦσα, ἀγαποῦσες, ἀγαποῦσε, ἀγαποῦσαμε, ἀγαποῦσετε, ἀγαπήσαμε, ἀγαπήσετε, ἀγάπησαν; l. 11, εἴχαμε, εἴχαν; futur : θἀγαπήσω, -ῃς, -ῃ, -ουμε, -ετε, ουν; impératif : ἀγάπα, présent ; ἀγάπησε, aoriste : ἀς ἀγαπήσουμε, ἀγαπήστε, ἀς ἀγαπήσουν. Passif : ἀγαπιοῦμαι, ἀγαπιέσαι, ἀγαπιέται, ἀγαπιούμαστε, ἀγαπιέστε, ἀγαπιοῦνται; ἀγαπιούμουν, ἀγαπιούσουν, ἀγαπιοῦνταν; ἀγαπιούμεστα, ἀγαπιούσαστε, ἀγαπιοῦνταν; ἀγαπήθηκα, etc., ἀγαπηθήκαμε, ἀγαπηθήκετε, ἀγαπήθηκαν; l. 33, εἴχαμε, εἴχαν; futur (p. 41, l. 1), θἀγαπηθῶ, -ῇς, -ῇ, -οῦμε, -ῆτε, -ουν, etc. L'orthographe étymologique demanderait ἀγαπειοῦμαι, etc., etc.

P. 41, l. 11. *De verbo substantivo*. Ce qui nous frappe tout d'abord dans ce paradigme, c'est que le verbe substantif εἶναι a reçu les désinences du passif. Le point de départ est probablement la deuxième personne du pluriel de l'imparfait : ἤ-στε (à côté de ἦτε), qui coïncide avec ἐγράφε-σθε, devenu ἐγράφε-στε; ἤμην, ἦσο, ἦτο se trouvent sur des inscriptions, cf. Kaibel, 719; ἤμην est blâmé par Phrynichus, 152. Au moyen âge, le présent εἶμαι, εἶσαι, etc., suit l'exemple de l'imparfait. Reste la troisième personne du singulier et du pluriel. De bonne heure ἐστίν et εἰσίν sont remplacés par ἔνι (= ἔνεστι); on en trouve des exemples dans le Nouveau Testament. Cf. Psichari, *Essais*, I, 69 n. 1 et 170 n. 3. Au xivᵉ siècle, ἔνι reçoit la terminaison du passif ἔναι; puis la première voyelle subit l'influence des autres formes du verbe, on dit εἶναι au pluriel, tandis que ἔναι singulier reste encore (Sophianos) : il y a là probablement quelque écho de l'alternance vocalique entre εἰσίν et ἐστίν, *i*sin, *e*stin. Enfin, l'ει, ι, qui sert de voyelle initiale à toutes les formes du présent s'empare aussi de la troisième personne du singulier εἶναι, pour ἔναι. Cf. *Essais*, 69.

P. 41, l. 18. Ἐστάθηκα. On voit ici le même mélange entre

εἶναι et ἱστάναι qu'on observe en français dans être = *essere*, été = *status*.

P. 41, l. 26. Θέλομεν εἶσθαι. Pourquoi εἶσθαι est-il restreint au pluriel? Ce ne peut pas être un pur hasard, car Sophianos est ici d'accord avec Portius; ou plutôt pourquoi est-ce qu'on ne dit pas θέλομεν εὔμεσθεν? Et qu'est-ce que ce εἶσται? C'est évidemment l'infinitif du moyen, pendant de ἤμην, εἶμαι, etc. (voyez aussi Psichari, *Essais*, I, 224). La coïncidence de εἶναι, infinitif, avec la deuxième personne du pluriel, a probablement éliminé du futur la combinaison ἤμεσθε εἶναι. — Faites pour le paradigme de la κοινή les modifications suivantes : εὔμαστε, εἶστε, ἦταν, ἤμεστα, ἤσαστε, ἦταν; σταθῆκα, σταθήκαμε, σταθήκετε, στάθηκαν; εὔχαμε (l. 21); θὰ σταθῶ, -ῆς, -ῆ, -οῦμε, -ῆτε, -ουν; plus usuel : θὰ εἶμαι, θὰ εἶσαι, etc., avec le présent de l'indicatif; ἂς εὔμαστε, ἂς εἶστε.

P. 42, l. 1. Θέλω. J'ai déjà parlé de ce verbe. J'ajoute que λέγω, λές, λέ (pour λέεις, λέει, cf. p. 207) a pu contribuer par analogie à la formation de θές, etc. Rien de remarquable à relever; ἤθελ[α] est déjà pg., de même ἠθέλησα. Dans la langue commune, θές et θέ ne sont pas usités pour θέλεις, θέλει, pas plus que θέμε, θέτε, θέν. — Rétablissez, pour la κοινή moderne : θέλουμε, θέλετε, θέλουν, ἤθελα (pour ἔθελα, comparez l'aoriste ancien ἐθέλησα), ἤθελες, ἤθελε, θέλαμε, θέλατε, ἤθελαν, θέλανε; θέλησα, θέλησες, θέλησε, θελήσαμε, θελήσετε, θέλησαν; futur présent : θὰ θέλω; futur aoriste : θὰ θελήσω; impératif : θέλε, θέλησε (inusités), ἂς θέλῃ, ἂς θελήσῃ, ἂς θέλουμε, ἂς θελήσουμε; θέλτε (inusité) ou ἂς θέλετε; ἂς θέλουν, ἂς θελήσουν. Κάμε νὰ θέλῃς veut bien dire en effet *fac ut velis*, mais n'est pas plus spécialement un impératif que προσπάθεις νὰ θέλῃς.

P. 42, l. 22. Εἶχα. La seule *irrégularité* de ce verbe, c'est son augment, qui est déjà ancien; de plus, il est défectif. Modifiez les formes suivantes du paradigme : ἔχουμε, ἔχουν, -νε, εἴχαμε, εἴχατε, εἶχαν, -νε; futur : θἄχω, θἄχῃς, θἄχῃ, θἄχουμε, θἄχετε, θἄχουν, -νε; ἂς ἔχουμε, νἄχετε, ἂς ἔχουν ou plutôt νἄχουν, -νε.

P. 43, l. 1. *Anomalorum...flexiones*. Disons d'abord un mot de l'aoriste fort. Quant aux désinences, il va sans dire qu'elles sont les mêmes que pour l'aoriste en σ, c'est-à-dire que l'α de l'aoriste en -σα a envahi la première personne du singulier, la première et la troisième du pluriel dans l'aoriste fort : ἔβαλα, βάλαμε, ἔβαλαν. La plupart des verbes forts font aujourd'hui l'aoriste en σ : λείπω, ἔλειψα; τύπτω, ἔτυψα, etc. Mais ἔβαλα (ἔβαλον) reste, voyez plus loin; de même ἔφυγα, ἤπια de πίνω, ἔκαμα, ἔλαβα, ἔλαχα, ἔμαθα, ἔτυχα présent τυχαίνω, πέθανα, ηὗρα, ἦρθα. Les exemples de l'aoriste passif sont plus nombreux, cf. p. 200. M. Chatzidakis en donne une liste, Γλωσσ. ἀτοπ. ἀναίρ., p. 14 : ἐβράγηκα (de βρέχω), ἐκάηκα, ἐκλάπηκα, ἐφτάρηκα, ἐχάρηκα, ἐκόπηκα, ἐντράπηκα, ἐπνίγηκα, ἐστράφηκα, ἐτράφηκα, ἐσφάγηκα, ἐρράγηκα, etc. — Quand le futur était en -ήσω, on a refait presque toujours ou l'on garde l'aoriste en -ησα : ἁμαρτήσω, ἡμάρτησα (Lobeck, Phryn., 732), aujourd'hui ἁμάρτησα. Ἥμαρτο (ainsi sans ν) a passé dans la langue populaire comme une sorte d'adverbe, pour signifier : *Pardon!*

P. 43, l. 15. Ἀνηβαίνω. Βαίνω a disparu du vocabulaire. Mais les composés de ce verbe ont prospéré. Les plus usités sont : βγαίνω (ἐκβαίνω), *je sors*, et μπαίνω (ἐμβαίνω), *j'entre*. Quant à l'η de ἀνηβαίνω, voyez plus loin; ἀνέθηκα est l'ancien parfait βέβηκα, avec chute de la réduplication. C'est donc le troisième verbe qui pouvait donner naissance à l'aoriste passif en -ηκα, voir ci-dessus, p. 204; ἀνέβηκα était plus ou moins synonyme de ἀνέβην.

P. 43, l. 19. Ἀναστένω. Le présent est refait sur les verbes en -αίνω; on devrait donc écrire ἀνασταίνω. — Ἀναστάθηκα est pour l'ancien grec ἀνεστάθην, aoriste faible qu'on trouve à côté de l'aoriste fort ἀνέστην, déjà dans l'Odyssée, dans Pindare, Xénophon, etc.

P. 43, l. 26. Ἀποβγαίνω, c'est-à-dire ἀπο-ἐκβαίνω; pour la flexion, voyez βγαίνω. Ἀπόβγα = ἀπο ἤβγα, de *ἔκβην (= ἐξέβην, ἔβην sur le présent); pour l'augment en *i* dans ἤβγα, voir à l'augment ci-dessus, ἀποβγῆκα est plus usité dans la langue commune.

P. 43, l. 24. Αὐξαίνω. L'aoriste αὔξησα est ancien (ηὔξησα); le présent a changé -άνω en -αίνω, comme bien d'autres verbes en -άνω. Les anciens verbes en -αίνω formaient l'aoriste en -ηνα; de même μένω, ἔμεινα. De là est venue l'idée qu'à un présent en -αίνω (et non plus en -άνω), correspond un aoriste avec *η, i*; en un mot, on eut l'idée d'une apophonie de ε en η, pour les présents en ν. En effet, les présents en -ίνω changent aussi très souvent -*ino* et -*eno*, et l'on a πλένω pour πλύνω, Sen. Puell., 98, toujours par suite de la relation entre les aoristes -*ina* et les présents -*eno*, mais dans ce dernier cas, par une analogie inverse de la précédente.

C'est *emina* = *eplina* qui fait remonter à *pleno*, d'après *meno*. Quant à αὐξαίνω, ce présent est mi-populaire, mi-savant; -αίνω est populaire, mais la combinaison *fks* ne saurait l'être.

P. 43, l. 24. Ἀφήνω. Sur le futur ἀφήσω, on calque l'aoriste ἄφησα, puis le présent ἀφήνω sur le patron ἔγδησα, γδήνω (ἐκδύνω, ἐκδύω). L'aoriste ἄφηκα ou ἀφῆκα est encore dialectal; ἄφηκα s'emploie aussi dans le κοινή. Ce n'est pas une forme savante : on a ἄφητσε dans les dialectes (*k* + *j* + voyelle = *ts*).

P. 43, l. 26. Βάζω, βάλλω *vel* βάνω. A l'impératif aoriste, il faut noter l'accent : βάλε. Βάλλω n'existe plus; on dit βάζω (forme commune) ou βάνω. Il va sans dire qu'il n'y a pas de changement phonétique de λ en ζ ou ν, mais qu'il s'agit ici d'une confusion entre deux verbes. Βγάζω (ἐκβάλλω) ou βγάνω, aoriste ἔβγαλα, signifie *jeter dehors*, d'où aujourd'hui *faire sortir, ôter*; βγαίνω (ἐκβαίνω) veut dire *sortir*. Le premier a donc le sens de ἐκβιβάζω, qui, avec la chute régulière de la réduplication et le changement de κβ en βγ, devient ἐβγάζω, βγάζω, au lieu de βγάλλω. Ἔβγαλα appartient, au contraire, à ἐκβάλλω.

Quant à la forme ἐβγάνω, elle est pour ἐκβαίνω. En pg., l'aoriste faible ἐξέβησα est transitif et veut dire : *je fis sortir*. De là on tire un présent avec la signification : *je fais sortir*. Ce présent n'est pas γβαίνω, mais γβάνω (βγάνω), sous l'influence des deux verbes synonymes βγάζω et βγάλλω, qui amènent l'*a* au lieu de l'*e* (αι). De ces trois verbes devenus synonymes βγάνω, βγάζω, βγάλλω, le dernier ne peut subsister, parce que les formes de l'imparfait se confondent avec celles de l'aoriste. Le présent lui-même est alors abandonné. Il y a toujours une raison spéciale qui fait qu'on prend deux verbes différents pour en faire un seul paradigme.

D'autre part, βγάλλω, aoriste ἔβγαλα, était synonyme de βγάζω, ἔβγησα (ἐκβῆσα, ἐξέβησα); comme le présent ἐβγάλλω, imparfait ἔβγαλλα, était impossible à côté de l'aoriste ἔβγαλα, subjonctif ἐβγάλω, βγάζω (de ἐκβάζω, ἐκβιβάζω) remplace le présent βγάλλω, mais ἔβγαλα reste toujours. Puis sur ἔβγαλα-ἐβγάζω on fait ἔβαλα-βάζω. — Le pluriel de l'impératif est βάλτε avec chute de l'ε, Carm., 122, 11, 13, 20, etc. Voyez ci-dessus, 194.

P. 43, l. 29. Βιζάνω. Pour le sens, ce verbe répond à μυζῶ. Le changement de μ en β n'est pas expliqué. Cf. βιζιά, mamillæ, Interpret. Mont. Ce serait encore un présent en -άω (σπάω, etc. sur φθάνω, p. 214) traité comme ceux en -όω ; mais le problème reste à résoudre pour $m = v$. A l'aoriste on dit aujourd'hui ἐβίζαξα; cf. p. 202.

P. 43, l. 34. Γδύνω. Ἐκδύω, pg. ἐκδύω ; ἐξέδυσα est ancien ; γδύνω, aoriste ἔγδυσα, est formé par analogie, à cause de la coïncidence des deux aoristes, sur σβύννω, ἔσβεσα, plus tard ἔσβησα. Voir p. 182.

P. 43, l. 36. Δένω. De δέω, δήσω pg. Voir p. 189.

P. 43, l. 37. Δίδω. Voir p. 189. P. 44, l. 1, lisez δόσε, δόστε et voyez p. 194. Lisez δίδουμαι, δόθηκα. La forme commune est δίνω.

P. 44, l. 3. Διαβαίνω. Ce verbe est resté dans la langue commune avec διαβάτης, *passant*. On dira διάβηκα, etc.

P. 44, l. 6. Ἐμπαίνω; *ἔμπην (= ἐνέβην) s'est élargi en μπῆκα (forme commune), comme les autres aoristes en -ην, ou bien cet aoriste a tout simplement échangé la désinence -ην en -α, ἤμπα (forme dialectale). L'accent dans μπῆκα, Puell. Juv. II, 115; Apoll., 66, vient du pluriel μπήκαμε, où la voyelle initiale est tombée, et du présent μπαίνω ; il fallait dire ἔμπηκα ou μπῆκα : c'est la seconde forme qui l'a emporté. L'impératif ἔμπα (*éba*) a donné l'α à στέκα, Carm., 122, 8 ; à φεύγα, τρέχα, Schmidt, 15, 16 (formes communes).

P. 44, l. 9. Ἐπιτυχαίνω. La chute du γ est facilitée par l'aoriste, qui n'a pas de nasale. Sur -αίνω pour -άνω, voyez αὐξαίνω.

P. 44, l. 10. Εὐγαίνω. On écrirait aujourd'hui ἐβγαίνω = ἐκβαίνω. La forme commune est βγαίνω, βγῆκα, θὰ βγῶ ; voyez μπαίνω.

P. 44, l. 12. Εὑρίσκω. Ηὕρηκα est probablement l'ancien parfait, avec le η de ηὗρον. La forme moderne du verbe est du reste βρίσκω, l'aoriste βρῆκα ; on a aussi ηὗρα et εὕρηκα ; celui-ci paraît savant ; dans βρῆκα, nous avons le déplacement de l'accent que nous avons relevé à propos de μπῆκα. L'impératif βρέ (εὑρέ) conserve l'accent à cause de la chute de la voyelle initiale, mais il reçoit souvent le ς de θές. La forme commune est εὕρε, c'est-à-dire *évre*, βρέτο, *trouve-le;* cf. βρές, Legrand, p. 100. L'aoriste passif βρέθηκα conserve l'ε de εὑρέθην ; d'où βρεμένος à côté de βρημένος. — Enfin, le présent βρέσκω, Schmidt, 57, 5, est un doublet comme σβένω, σβίνω ; στένω, στίνω, etc. ; cf. βαρίσκω et βαρέσκω, *frapper*.

P. 44. 1. 16. Εὐτυχαίνω. Ce verbe (au lieu de εὐτυχέω) est calqué sur τυχαίνω, à cause de la parenté du sens.

P. 44, 1. 17. Ζεσταίνω. Ancien ζέω. Ζεσταίνω est formé sur ζεστός. Ζέσταινα est employé comme imparfait, ζέστανα comme aoriste; ζέστασα ou ζέσταξα ne nous est pas connu dans la langue commune.

P. 44, 1. 21. Ηξεύρω. C'est un présent formé sur l'aoriste ἐξεῦρον, avec l'augment de la préposition ηξεῦρον. La langue commune dit ξέρω, par une chute de ν devant ρ encore inexpliquée en phonétique. Ἔμαθα, *j'ai appris* ; ξέρω, *je sais*.

P. 44, 1. 26. Καίω. Les formes assez compliquées de l'ancien verbe se sont beaucoup simplifiées aujourd'hui. Le futur καύσω fait prédominer l'aoriste ἔκαυσα sur l'aoriste ἔκηα, tandis que ἐκάην reste et devient κάηκα. Dans καίγω, forme commune, nous avons le γ de λέγω, voyez p. 207. La langue commune dit plutôt καίω, mais ἔκαιγα, ἔκαψα, θὰ κάψω, καίγουμαι, καίγουμουν, κάηκα ; κάγηκα n'est pas inouï.

P. 44, 1. 33. Καταβαίνω. Voyez à βαίνω. Formes communes : κατεβαίνω, κατέβηκα.

P. 44, 1. 35. Καταλαμβάνω. Aujourd'hui, καταλαβαίνω, κατάλαβα, κατάλαβες, etc., θὰ καταλάβω. Chute régulière de m devant v.

P. 44, 1. 37. Κερδαίνω. Ἐκέρδησα est ancien, d'où κέρδησα ; pour ἐκέρδεσα, voyez p. 201. L'ancien κερδαίνω est remplacé de nos jours par κερδίζω.

P. 45, 1. 2. Λαθαίνω. La chute du ν s'explique phonétiquement, de même que dans μαθαίνω. Ἔλαθα, *latui*, n'appartient pas à la langue commune. Le présent lui-même est inusité.

P. 45, 1. 3. Λαχαίνω. Ancien λαγχάνω ; le ν tombe comme ci-dessus. Ἔλαχα est resté.

P. 45, 1. 4. Εἶπα. Les désinences de l'aoriste faible dans εἶπον sont anciennes ; Hérodote, Xénophon et les poètes tragiques s'en servent déjà. Voyez Kühner[2], I, § 343, p. 817. Le futur est θὰ πῶ.

P. 45, 1. 6. Μαζώνω. Sur ἐμάζωξα (= μάζωξα aujourd'hui) ; cf. p. 189 et 202.

P. 45, 1. 7. Μαθαίνω. Ancien μανθάνω, voyez à Λαθαίνω. Toutes les formes données par S. Portius sont restées.

P. 45, l. 9. Μεταλάβω. La forme usitée est μετάλαβα, μεταλαβαίνω, *je communie*.

P. 45, l. 12. Lisez ξαναβλάστησα ; ξαναβλασταίνω est la forme commune.

P. 45, l. 14. Ξαναβλέπω. L'orthographe ἐξανᾷδα est fautive. Il n'y a pas là d'iota souscrit ; nous sommes en présence d'un simple ει prononcé *i*, puis *ai* devenant *a*; ἐξανᾶδα est une forme plutôt dialectale. La forme commune est ξαναειδα.

P. 45, l. 16. Ξαναλέγω. La forme commune est plutôt ξαναεῖπα. — P. 45, l. 17. Lisez ξαναψύχησα ; l. 18, ξαπερνῶ, ξαπέρασα et ξεπερνῶ, ξεπέρασα, formes communes de ἐξεπέρασα. Il y a, à côté de περνῶ, un verbe ἀπερνῶ dont l'α prothétique est obscur. — P. 45, l. 20. Ξεθυμαίνω fait ξεθύμανε à l'impératif et ξεθύμανα à l'aoriste, comme ζεσταίνω. La forme ξεθύμησα est usitée. — P. 45, l. 21. Pour l'ε dans πέφτω, voyez p. 84. Lisez ξέπεσα comme ξέρασα plus bas, l. 22, qui n'est autre que l'ancien ἐξεράω. Ξερνῶ, comme καλνῶ, cf. p. 190. — P. 45, l. 23. Ξεχάνω est un composé de χάνω et de ἐξ. Voyez plus loin, p. 217. Les formes communes sont ξεχνῶ, ξέχασα.

P. 45, l. 25. Πάγω. C'est ὑπάγω ; ἐπῆγα (lisez πῆγα) semble bien être l'imparfait ancien ἦγον (avec -α pour -ο comme toujours) passé aux fonctions de l'aoriste ; à l'imparfait, on ne se sert jamais aujourd'hui que de πήγαινα, qui appartient au présent πηγαίνω, probablement dû à une confusion avec βγαίνω ; le participe πηγαινάμενος est calqué sur στάμενος, p. 197. Παγαίνω prend l'α de πάγω. A Constantinople, on connaît l'aoriste πάγησα. Celui-ci n'est pas originaire de cette région : il est dû à la coïncidence phonétique des deux présents πάω (sans γ) et ἀγαπάω (cf. ci-dessus) ; d'où πάησα comme ἀγάπησα. C'est le γ intervocalique seul qui est constantinopolitain, suivant les habitudes propres à ce dialecte, qui connaît ce γ. — Devant ει, le γ tombe : πάεις, πάει, d'où πᾶς, πᾶ, suivant ce qui a été dit p. 206, et πᾶμεν, πᾶτε, πᾶσι, πᾶν ; cf. ὑπᾶ, Form., II, 286 ; Belth., 870 ; Belis. II, 130 ; πᾶς, Pulol., 210 ; ABC., 29, 6 ; πᾶμεν, Pic., 463 ; Sen. III, 145 ; πᾶτε, Pic., 471 ; πᾶν, Carm., 2, 61 ; Sen. III, 194. Mais les formes pleines ne manquent pas et deviennent plus fréquentes sous l'influence des verbes en άω : πάει, Carm., 62, 56 ; 122, 9 ; πάης, 195, 5, etc. — L'η de πηγαίνω vient de l'aoriste. La conjugaison dans la langue commune est : πάω, πᾶς, πάει, πᾶμε, πᾶτε, πᾶν, -νε ; πήγαινα, πῆγα, θὰ πάω. Pour ἄμε, voyez plus loin; voir à l'Index. Ὑπάγω a le sens d'*aller* dans le N. Test., voyez Schleusner, s. v. Πηγαίνω a plutôt pris dans la langue commune le sens d'un itératif.

P. 45, l. 30. Παθαίνω. Ce présent au lieu de πάσχω est calqué sur μαθαίνω, d'après les aoristes ἔμαθον, ἔπαθον; on a d'abord παυθάνω, voyez ὅταν, ὄνταν, Mém. de la Soc. de Ling., VI, 1, 45 (= p. 10). Le thème de πάσχω est resté dans πασχίζω.

P. 45, l. 33. Πέρτω. Pour ε, voyez p. 213 et 84.

P. 45, l. 35. Πιάνω, de πιάζω (= πιέζω), qui a le sens moderne déjà dans le Nouveau Testament, aoriste ἔπιασα sur πιάνω = *pjáno*, comme γράφω, *éγrapsa*, etc., etc., p. 216. L'impératif aoriste ἔπαρε, qui est rangé ici, appartient à ἐπαίρω et n'a rien à voir avec πιάνω, qui a ses deux impératifs au présent et à l'aoriste, πιάνε et πιάσε. On dit d'ailleurs πάρε. A côté de πιέζω, on a en pg. la forme poétique πιάζω, ἐπίασα, qui coïncide avec ἔσπασα, d'où plus tard πιάνω, sur σπάνω, dû lui-même aux deux aoristes ἔσπασα, ἔφθασα. Lisez, l. 36, ἤπια et πιές; l. 38, πνέω ou, suivant les régions, πνέγω, mais jamais ἔπνευσα.

P. 45, l. 39. Ποδαίνω, de ὑποδέω, futur ὑποδήσω, d'où ποδήνω, comme δήνω de δήσω, ou ποδαίνω sur le modèle de αὐξαίνω. Ποδήματα signifie *chaussures*. Ποδήνω est une fausse orthographe. Ποδήνεται, Belth., 165.

P. 46, l. 2. Ῥιγάρω. Les verbes néo-grecs qui sont empruntés à l'italien se divisent en deux classes : les uns conservent la forme de l'infinitif : ἀριβάρω, *arrivare*, κουπασάρω, *compassare*, μαϊνάρω, *ammainare*, μπουτάρω, *buttare*, ξεμπαρκάρω, *sbarcare*, ριζικάρω, *risicare*, σιγουράρω, *sicurare*, etc., les autres entrent dans la classe en -εύω : κουρσεύω = *corsare*, καβαλλικεύω, etc. L'aoriste est à remarquer. Le grec n'avait pas de verbes qui correspondissent exactement à ceux en -άρω ; pour former l'aoriste, on a pris le type le plus fréquent, le type -ησα, qui se trouvait en abondance dans les verbes contractes. Puis sur -άρησα on refait -αρίζω : κουραρίζω, *curare*, κιαμαρίζω, *chiamare*, μερεταρίζω *meritare*, etc. (Cf. Miklosich, *Albanische Forschungen*, III, Wien, 1871.)

P. 47, l. 7. Σβειῶν. Voyez p. 182, 206. Forme commune σέννω. Portius juge d'après l'orthographe ; c'est pourquoi, l. 8, il nous dit que ἔσβισα a le même sens que ἔσβησα : c'est tout simplement la même forme.

P. 46, l. 10. Σιάνω. C'est une forme de ce verbe concurrente à σιάζω, qui est antérieur à σιάνω· L'aoriste est ἔσιαξα. Ce verbe n'est autre que l'ancien ἰσάζω, *égaliser*, aujourd'hui *arranger*. Σιάζω devient σιάνω, d'après la coïncidence des aoristes ἔσπασα, ἔσιασα (forme de Portius). Le ι, après σ, nous présente le phénomène inverse de σωπαίνω. Aoriste commun ἔσιαξα, p. 202.

P. 46, l. 11. Σκηύγω, voyez p. 186.

P. 46, l. 13. Στανυιάρω. Pour -άρω, voyez p. 214; ce verbe n'est pas des plus usités dans la langue commune.

P. 46, l. 15. Στέκομαι. Lisez στέκουμαι, στάθηκα; impératif présent στέκου, aoriste στάσου. Voyez ce verbe, p. 178.

P. 46, l. 17. Σωπαίνω. C'est la forme commune avec σώπασα, σῶπα.

P. 46, l. 20. Τασσάρω. Pour -άρω, voyez p. 214.

P. 46, l. 22. Τρώγω. Pour τρῶς, etc., voyez p. 207. De même que ἐφᾶτε, on a φᾶς, Form., II, 16; φᾶ, Belth., 1001; φᾶμεν, Pic., 464; ἔφα, Georg. Rhod., 23. Les formes communes sont τρώγω, τρῶς, τρώει, τρῶμε, τρῶτε, τρῶν (τρῶνε); ἔτρωγα, ἔτρωγες, ἔτρωγε, τρώγαμε, τρώγατε, ἔτρωγαν; ἔφαγα, ἔφαγες, ἔφαγε, φάγαμε, φάγετε, ἔφαγαν ou φάγανε; θὰ φάω, θὰ φᾶς, θὰ φάῃ, θὰ φᾶμε, θὰ φᾶτε, θὰ φᾶν, -νε; νὰ φάω, νὰ φᾶς, etc.

P. 46, l. 31. *Per syncopen*. Ce que Portius appelle ainsi est le phénomène régulier de l'aphérèse. Voyez πάγω, plus haut, p. 213.

P. 46, l. 34-35. Rien à dire sur φεύγω. Φτάνω est la forme régulière commune, pg. φθάνω. L'aoriste est ἔφταξα; cf. sur -ξα, p. 202, imparfait ἔφτανα. Φτάνω veut dire *atteindre*; φτάνει, *il suffit* (cela *atteint* la limite).

P. 46, l. 37. Χάνω. On ne peut guère séparer χάνω de χαίνω. Le changement de sens, le passage de *ouvrir la bouche*, *être béant*, au sens de *perdre*, n'est pas difficile à saisir. Mais comment expliquer α pour αι et l'aoriste en -σα? Χαίνω avait l'aoriste ἔχανον, qui ferait ἔχανα aujourd'hui. Or, cet aoriste ἔχανα ressemblait trop à un imparfait, comme ἔφτανα, pour n'avoir pas été regardé comme tel: il prit alors un nouveau présent χάνω, et un nouvel aoriste ἔχασα, sur ἔφτασα. M. Chatzidakis, Ἀθήναιον, X, 445, donne la même explication. — Χάσκω, comme dans Portius. Χορταίνω, de même, sauf que l'aoriste est χόρτασα et qu'il y a un imparfait χόρταινα. C'est l'ancien χορτάζω, *nourrir de fourrage*, d'où *nourrir, saturer*.

P. 47, l. 2. Χύνω. L'aoriste ἔχυσα, de l'ancien présent χέω, pour ἔχεα ou ἔχευα, calqué sur ἐχύθην, amène χύνω, d'après δύνω, calqué lui-même sur σβύννω, 182. Apoc. I, 181.

P. 47, l. 4. Ψήνω. Ψήνω, *cuire, rôtir*, ancien ἔψω, futur ἐψήσω, aoriste ἔψησα, pluriel ψήσαμε, d'où le présent ψήνω, sur σβύννω, ἔσβησα. — Ὠφελαίνω, l. 6, n'est guère usité, mais on se sert de φελῶ, comme dans la locution δὲ φελᾶ, *cela ne sert de rien*; φελοῦσα, φέλησα.

CHAPITRE VIII

De la formation des temps.

P. 47, l. 23. *Augmentum iis tantum præteritis addi consuevit quorum præsens incipit à consonante.* Voyez Chatzidakis, Ἀθήναιον, X, 101. On peut dire, en thèse générale, que le néo-grec ne possède plus l'augment. Dans tous les verbes de plus de deux syllabes, et dans le pluriel de ceux de deux syllabes, l'augment était atone et tombait, si le mot précédent se terminait par une voyelle; cette forme postvocalique se généralise ensuite, comme dans beaucoup d'autres cas, cf. 102 sqq. Mais, même dans les verbes disyllabiques au présent, l'augment n'a pas plus de vitalité en syntaxe : ἔπιεν καὶ ἔφαγεν devient : ἔπιεν καί φαγεν; ὅπου ἔκαμα devient ὁπού καμα; ce n'est qu'au commencement de la phrase que les types ἔκαμα, etc., restent plus longtemps. J'ai déjà parlé du déplacement de l'accent dans les cas où l'augment tombe, p. 179; j'ajoute ἐπέσαν; Apoc. I, 281; ἐστάϊνα, 311.

P. 47, l. 25. *Hoc ipsum augmentum è syllabico fieri interdum solet temporale.* Les verbes qui commencent par ε ou α ont pour augment η ou quelquefois (ce qui revient au même pour la langue moderne), ει; εἶχα, ἦλθα sont restés. Les autres verbes à initiale vocalique n'ont pas d'augment; cf. ἄκουσες; Apoc. I, 445. Les verbes trisyllabiques perdent leur voyelle initiale, l'augment η au contraire reste au singulier, de manière qu'une série de verbes paraissent avoir l'augment η pour ε : θέλω (ἐθέλω), ἤθελα; βρίσκω, ἤβρισκα; λάμνω, ἤλαμνα; cf. déjà en pg. βούλομαι, ἠβουλόμην; δύναμαι, ἠδυνάμην, qui ont l'η de ἤθελον. De bonne heure, η apparaît dans des verbes qui ont toujours commencé par une consonne : ἤφερον, Kaibel, *Epigrammata*, n° 168 (Attique); cf. le grammairien Περὶ ἡμαρτημένων λέξεων (Hermann, *De emendanda ratione græcæ grammaticae*, p. 130) : ὁμοίως πλημμελοῦσιν οἱ λέγουσιν ἀπήλαυσα.

Voici quelques exemples pris dans les textes : ἤπαιναν, Prodr. V, 129; ἠρχίσασι, Apoc. I, 354; ἤβλεπα, 386; ἤφερες, Abraham, 31; Apoc. I, 394; ἤστεκα, Carm., 138, 115. On pourrait augmenter cette liste aisément. Il y a aujourd'hui des dialectes où η est l'*augmentum temporale* dans les cas où l'augment reste, en Crète surtout et à Syra. L'augment sera donc, suivant les régions, ἤφερα, ἤλεγα, aussi bien que ἠγάπησα, etc. Le phénomène inverse se produit dans ἐγάπησες, ABC., 2, 1; ἐρνίστηκας, 9, *ibid*. La règle donnée l. 30 sqq. est purement orthographique. Elle n'est même pas exacte pour l'exemple donné par Portius, en ce qui concerne la langue commune; ainsi on dira bien ἔρρκψα (*érapsa*), mais ῥάντιξα.

P. 47, l. 34. *In verbis compositis... augmentum... fieri ante ipsam praepositionem.* Dans les verbes composés, l'ancien grec met l'augment entre la préposition et le verbe, excepté dans les cas où la composition n'est plus sentie, comme dans καθίζω, ἐκάθιζον; ἐπίσταμαι, ἠπιστάμην. Mais de bonne heure, on trouve ἀναχωρήθην, C. I. G., 5072, etc.; et puis, l'augment apparaît devant la préposition, ce qui est la règle pour le moyen âge. Mais l'augment interverbal a laissé bien des traces, comme dans πῆγα (ὑπῆγον), etc. D'autre part, la préposition ἐξ perdait son σ devant les consonnes; de là diverses assimilations, où elle est devenue méconnaissable : ἐκβαίνω, βγαίνω; γλυτώνω; γλυστρῶ; ἐκτύπτω, χτύφτω, etc. Devant ε, au contraire, elle reste intacte : ἐ]ξέκαμα, ἐ]ξέπλυνα, ἐ]ξέκοφτα, etc. Des deux formes : ἐ]κκάμνω, ἐ]ξέκαμα, la seconde qui est plus claire et plus consistante, est presque toujours généralisée, de manière qu'à peu d'exceptions près (γλυτώνω, de ἔκλυτος (Foy), γδέρνω, γδύνω, βγαίνω, βγάζω, etc.), tous les verbes composés avec ἐκ- ont aujourd'hui ξε-. — Les prépositions : ἀνά, κατά, ἀπό, ἐπί, ὑπό perdent la voyelle finale devant l'ε : ἀναβαίνω, ἀνέβαινον; καταβαίνω, κατέβαινον; ἀποθνήσκω, ἀπέθνησκον, ἐπιθυμῶ, ἐπεθύμουν; ὑπολείπω, ὑπέλειπον. Le même besoin d'unification que nous avons constaté pour ξε-, fait entrer l'ε de l'imparfait, dont la signification est oubliée, dans le présent; nous avons ainsi πεθαίνω (qu'on écrit sans raison παιθαίνω), πεθυμῶ, d'où πεθυμία, πεθυμιά; κατεβαίνω, d'où κατέβασμα, etc. On en trouvera facilement des exemples en parcourant les lexiques aux mots : ἀναι-, καται-, ἀ]παι-, etc. — Dans les mots savants, la préposition ne prend pas plus l'augment que le verbe lui-même. Ainsi, dans l'exemple de Portius, on dira : καταδέχουμουν, comme on dit : κατέθηκα. Dans καταδέχουμουν, c'est la forme de la préposition au présent qui reste à l'imparfait, où elle est atone; comme ἐδέχουμουν n'existe plus, on dira naturellement καταδέχουμουν, comme on dit δέχουμουν. — Sur ce qui suit, il n'y a rien à relever, si ce n'est que le passif fait -ουμαι et non -ομαι (l. 7). Nous avons déjà traité de l'augment. Quant à l'imparfait, il suit toujours en effet le thème du présent (l. 12-20). Sur εἶχα, voyez p. 208. L'observation de notre auteur est purement orthographique en ce qui concerne la langue moderne : c'est ει qui se prononce i, ici comme partout. Ce que Portius appelle le parfait, c'est l'aoriste, et l'on n'a qu'à se reporter à ce que nous en avons déjà dit, pour ce qu'on lira l. 22-39. Sur ἔψαλα, voyez p. 190. Il veut dire aussi probablement ψάλνω. Il n'y a aucune attention à accorder à ce qui suit.

P. 48, l. 39. Aι ante... ν, vel amittit ι in perfecto... vel vertitur... in η. On voit par les exemples cités ici que la tendance de la langue est de mettre partout η, i à l'aoriste; l'ancien α est resté à cause de l'ι dans ἐχλίανα, ἔγιανα. On dira χόντραινε imparfait, χόντρηνε aoriste. Les observations de Portuis au sujet de ces verbes sont orthographiques, comme toujours et n'ont aucune valeur. Pour μένω, voir p. 190. L'ancien parfait a presque entièrement disparu par une raison de syntaxe. En effet, il n'y a pas de changements phonétiques qui auraient pu l'éliminer. Il est vrai que la réduplication est tombée, d'abord dans des verbes qui commençaient par un groupe de consonnes et par ζ : ἐστεφάνωκα, ἐζήτηκα, ἔρριφα, etc. On pourrait alors supposer que la réduplication disparut aussi dans les autres verbes, parce qu'une voyelle atone, serrée entre deux consonnes identiques, tombe facilement, cf. μὲ τόν = μετὰ τόν; on a ainsi ποίηκα, ποῖκα de πεποίηκα (voyez pourtant plus haut, p. 202, à ce sujet). Mais le parfait faible restait toujours bien distinct de l'aoriste, et seul le parfait fort aurait pu être menacé : γε]γράφαμεν, par exemple, se confond avec l'imparfait ; de même λε]λοίπαμεν avec ἐ]λείπαμεν. Ce ne sont toujours, cependant, que des cas isolés ; dans la grande majorité des verbes, le parfait avait une forme qui lui était propre. Ce n'est donc pas dans la coïncidence phonétique de ces deux temps qu'il faut chercher la raison de la disparition du parfait actif ancien. Il n'y a qu'une seule explication de la perte de ce temps : les fonctions en coïncidaient de plus en plus avec celles de l'aoriste, de manière que l'un des deux temps devint superflu ; et c'est le parfait qu'on laissa tomber, parce qu'il s'éloignait trop, par sa formation avec -κα, du système verbal connu, tandis que l'aoriste en -σα trouvait un appui dans le futur en -σω. J'ai déjà énuméré quelques débris de ce temps : ἕστηκα, εὕρηκα, ἀνέβηκα ; au moyen âge on trouve souvent πεποίηκα, ποῖκα, etc. Cf. ἐποῖκες, Georg. Rhod., 202 ; ἐποῖκεν, Prodr. I, 138 ; Georg. Rhod., 242 ; ἔποικαν, Apoc. I, 238. — D'autre part, la forme analytique ἔχω γραμμένον contribuait beaucoup à la perte du parfait. On peut comparer le latin *amavi*, qui remplit les fonctions de ἠγάπησα et de ἠγάπηκα ; puis, dans le sens du parfait, il est remplacé par *habeo amatum* et ne conserve que le sens de l'aoriste :

amavi = ἠγάπησα
amavi = ἠγάπηκα
} latin et grec classiques.

amavi = ἠγάπησα
habeo amatum = ἔχω ἀγαπημένον
} latin et grec vulgaires.

P. 49, l. 13. *De Plusquam-perfecto*. Sur le plus-que-parfait, voyez plus haut. La forme analytique a évincé la forme synthétique. Εἶχα γράψει se traduirait par *scripseram* ; εἶχα γραμμένο ou γραμμένα par *scriptum habebam*, plutôt dans le sens du latin classique : *habeo librum lectum*. Il y a cette nuance dans la langue commune. Le plus-que-parfait ancien a quelquefois ce sens.

P. 49, l. 22. *De Futuro*. La perte du futur s'explique un peu autrement que la perte du parfait. L'homme du peuple ne connaît guère que deux temps : le présent et le passé. Il n'a pas besoin du futur : quand il veut parler de l'avenir, il se le figure comme actuel, comme présent ; ou bien, il dit qu'il a l'intention de faire telle chose : θέλω ποιεῖν, *je veux faire*. Peu à peu, quand la langue vulgaire redevient une langue littéraire, le sentiment des différents temps, surtout la distinction entre le présent et le futur, s'impose de nouveau, et la construction θέλω ποιεῖν (ou ποιήσειν) entre dans toutes les fonctions de ποιήσω. C'est ce qui est arrivé en grec; les langues romanes avec leur formation *amare habeo = amabo*, l'allemand *ich werde tun* (*werden = se tourner*, cf. *aller faire*), l'anglais *I shall do* montrent à peu près le même développement. — Les règles de Portius sont purement mnémotechniques : remarquez qu'on dira aujourd'hui θὰ γράψω, l. 29-33. — Sur la formation θέλω γράψει, dont il est parlé l. 34-37, voyez au futur. — Le futur moderne n'ayant aucun lien avec l'indicatif aoriste, l'observation de S. Portius, l. 38-41, tombe d'elle-même. Πάγω et παίονω font au futur θὰ πάω, θὰ πάρω, tout simplement parce que πάγω et πάρω sont les formes du subjonctif. Ajoutez à tout ce qui est dit dans ce passage la distinction de sens que Portius oublie de faire entre θὰ γράφω, futur continu, *j'écrirai habituellement*, et θὰ γράψω, futur absolu, *j'écrirai une fois*, pour marquer une action momentanée. Cf. Psichari, *Futur composé*, p. 3 (= 349).

P. 50, l. 15. Π... *ante quam ponitur* θέν. Ce n'est pas tout à fait exact; on dit aussi θέν devant τ, θεγ devant κ, avec ν guttural. Devant π, on dit en réalité θεμ. Le ν s'explique comme celui de μήν, p. 89 : la relation qu'il y a entre τὸ βασιλέα et τὸμπατέρα amena de même θὲμπάρω à côté de θὲ βαστάξω[1]. Θὲλ' ἀγαπήσω appartient à une autre formation et ne doit pas être considéré comme un substitut syntactique de θὲ ou θὰ. La règle syntaxique suivante, l. 18-21, est juste.

P. 50, l. 22 — P. 53, l. 10. Ce que nous avons dit plus haut du verbe nous dispense de tout commentaire sur la fin de ce chapitre. Qu'on veuille bien se reporter à notre analyse antérieure; il n'y a pas grand compte à tenir des théories sur la formation des temps qu'expose ici notre auteur. Quelques remarques rectificatives suffiront pour le reste : elles ne porteront que sur les formes données par Portius. — P. 50, l. 30 et 34, lisez δέρνουμαι, γράφουμαι, voyez p. 197. Sur πουλειέσαι, ἀγαπειέσαι (forme commune et non ἀγαπᾶσαι), cf. p. 206. — P. 51, l. 9, lisez γραφούμαστε (voyez p. 197) et γράφεστε, l. 10. — Ajoutez les deux formes γραφοῦστε, γραφοῦνται, l. 11, 13,

---

[1]. Voyez dans un autre sens, J. Psichari, *Futur composé*, p. 40.

aux formes mentionnées p. 197, à côté de φοβοῦστε. — P. 51,
l. 19, γράφουμουν; l. 28, γράφουσουν; l. 21, γράφουνταν; l. 26,
γραφούμεστα; l. 29, γράφαστε. Les formes de l'imparfait, quoique
régulières, ne sont pas très usitées au pluriel dans la langue
commune; l. 30, γραφούντασι est une forme dialectale. —
P. 52, l. 2, γεννοῦμαι. Ce n'est pas tout à fait exact. S. Portius
voulait dire sans doute γίνουμαι (γίγνομαι), ἔγινα; l. 4, γράφηκα,
voyez p. 200; l. 5, φυλάχτηκα, à côté de φυλάγηκα, ou φυλάηκα dialectal; l. 6, κούνησα, *j'ai mis en mouvement et j'ai été mis
en mouvement;* κούνησε τὸ τραῖνο, *le train se mit en mouvement;* κουνήθηκε est passif et voudrait dire *a été secoué, agité;*
le présent κουνῶ est transitif et intransitif, comme l'aoriste,
κουνῶ τὸ χέρι, actif; δὲν κουνῶ, *je ne bouge pas;* l. 7, ὀνομάτισα.
Νοματίζω est la forme moderne et populaire (cf. νομάτος), à
côté de ὀνομάζω, savant, qui passe dans la langue commune.
Avec l'aphérèse, nous avons νομάτισα. S. Portius aurait dû au
moins écrire ὠνομάτισα; l. 8, ψάλθηκα, commun, à côté de
ψάρθηκα, ψάρτηκα qui paraît dialectal; l. 20, lisez κολάστηκα;
l. 23, κράχτηκα, peu usité; l. 24-31, ces aoristes en -κα se
forment sur l'aoriste II passif pg., ἐστάλην, etc., voyez p. 200.
Lisez ἐπάρθηκα; l. 34, la forme commune est χώθηκα; l. 35,
λαθάστηκα n'est pas usité. — P. 53, l. 1, γελάστηκα; l. 9,
l'édition originale porte bien γραφθῆ sans iota souscrit, contrairement à l'habitude de S. Portius.

CHAPITRE IX

Les adverbes.

P. 53, l. 17. *Adverbia igitur*[1], *ut plurimum desinunt
in α.* La désinence adverbiale n'est plus -ως, comme en pg.,
mais -α, c'est-à-dire qu'il faut y reconnaître le pluriel neutre,
plutôt que des formations analogiques d'après ἅμα, τάχα,
μάλα, vu le petit nombre de ces adverbes en α. Déjà, en
ancien grec, on trouve assez souvent le neutre employé
comme adverbe; on dit presque toujours βεβαιότατα,

---

1. Le point qui se trouve dans notre édition après *igitur* est une faute d'impression. Il y a bien une virgule dans le texte.

ἄριστα, etc. Dès le moment où ο s'est prononcé de la même façon que ω, les adverbes en -ως coïncidaient avec le nominatif singulier dans tous les adjectifs en -ος, ce qui faisait préférer à -ως une formation différente. Les adverbes en -α ont entraîné ἀπόψα, Belth., 939; d'autre part, ἐνταμῶς, Belth., 768, est calqué sur συντόμως, ibid. 1020. — Ωσκαθώς, l. 19, ne semble pas appartenir à la langue commune. Καθώς lui-même est remplacé soit par σάν, soit par σὰν ποῦ, suivant les cas, soit par ὅπως. On se sert néanmoins encore de καθώς, dans les conversations les plus familières : c'est un de ces mots dont il est difficile de dire, aujourd'hui, s'ils sont d'origine savante ou populaire.

P. 53, l. 19. Ὁμπρῶς *ante*. Ὁμπρῶς ou plutôt ὀμπρός, Abr., 627, 726; ἐμπρός, Italograeca I, 92, correspond comme sens à ἔμπροσθεν, qui n'existe plus dans la langue commune[1]. Ὁμπρός signifie *devant*, ἔμπροσθεν, *de devant;* cf. ἐκεῖ, *là*, ἐκεῖθεν, *de là;* ποῦ, *où;* πόθεν, *d'où;* ἔξω, *dehors*, ἔξωθεν, *du dehors;* αὐτοῦ, αὐτόθεν, etc. On pourrait donc supposer que ἐμπρός a été refait sur ἔμπροσθεν, d'après le même modèle. Mais l'accent fait difficulté. C'est pourquoi je vois plutôt dans ἐμπρός une composition de ἐν et πρός; cf. le latin *inante* (italien *dinanzi*) et *abante* (avant). L'*o* serait dû à une simple assimilation, voyez p. 79. Ὁμπρός paraît s'employer après consonnes, μπρός après voyelles. Μπροστά = ἐμπροστά est probablement dû à une contamination entre ἔμπροσθεν et μπρός, ἐμπρός, avec l'*a* adverbial, accentué parce que ὀμπρός lui-même est oxyton. — L. 20. Ces deux adverbes se disent, suivant les régions et les phonétiques dialectales, ἀπάνω, κάτω, ou πάνου, ἐπ., ἀπ., κάτου. Les deux réunis forment le nouvel adverbe ἀπάνωκάτω, *à peu près*, qui reste dans la langue commune. Des deux formes ἀπάνω et πάνω, la seconde est due à l'aphérèse; la première nous présente un α inorganique développé par attraction de la deuxième syllabe.

P. 53, l. 21. Ἀξάφνου *derepente*. Ce n'est pas là l'ancien ἐξαίφνης, Belth., 314; l'α et la désinence -ου s'opposent également à cette dérivation; dans ἀξάφνου, formé sur le modèle de ἐξαίφνης, il y a ἄφνω en composition avec ἐξ, l'*a* par attraction, cf. p. 73). A cause de cette composition même, on a cru voir un génitif dans la seconde partie du mot; de là

---

1. On cite, dans certains dialectes, δώθε, ἐδώθε.

-ου pour -ω; sur ἄξαφνου on dit κάτου, Missa, 4; ἀπάνου, Missa, 152. On trouve aussi ἄφνω, Dig. II, 107, dont la finale va de pair avec celle de κάτω; cf. χάμω, et χάμου, aujourd'hui. La forme commune est ἄξαφνα; pour -α final, comparez ξαφνικά et la désinence neutrale -α des adverbes.

P. 53, l. 21. Πιτακτοῦ, c'est-à-dire ἐπὶ τακτοῦ. Une forme normale, πιταχτοῦ, ne nous est pas connue dans la langue commune.

P. 53, l. 25. Ὀλίγο *parvum*. La chute de ν, qui ne semble pas encore accomplie dans S. Portius pour τόσον, πόσον, ferait croire qu'il y a eu pour ὀλίγο une influence particulière de πολύ. Aujourd'hui, on dira λίγο, de même que τόσο et πόσο, jamais avec ν final, même dans les phrases comme πόσο καῖρο θὰ μείνῃς?

P. 53, l. 25. Καμπόσον. Voyez aux pronoms. Aujourd'hui, κάμποσο est la forme commune. Sur -ακι dans καμποσάκι, adverbe d'ailleurs peu usité, voyez p. 148. — A côté de πρῶτα, on a aussi πρῶτα πρῶτα, *tout d'abord, tout en premier.* Δεύτερο, τρίτο.

P. 53, l. 29. Βολά. Βολή, *lancement, coup*, avec un changement de signification, qui se retrouve dans le français *coup*. L'α vient du synonyme φορά, cf. Ἀθήν. X, 234, note 2.

P. 53, l. 33. Ἔτζι. Prononcez ἔτσι. Le mot n'est pas encore suffisamment expliqué. On a pensé à οὑτωσί, mais ω ne peut pas tomber, et, pour toute espèce de bonnes raisons, cette étymologie ne soutient pas l'examen. Le τζ pourrait indiquer une origine étrangère, mais je ne vois rien qui puisse nous mettre sur la voie ni en latin (car on ne voudra pas penser à *et sic*), ni en italien, ni en roumain; le roumain *aşa* ou même le macédo-roumain *assi* sont trop loin de ἔτζι. Si le mot est grec, il suppose à l'origine un type ἔτισι, cf. κάτσε = κάθισε, ou ἴτισι, cf. ἐδικός = ἰδικός. Cela nous reporte à ἤτοι, *certes*, avec un ς adverbial, ce qui nous donne ἤτοις d'où ἤτσι, de la même façon que l'article τῆς devient τσῆ en crétois. Ce qui semble confirmer cette hypothèse, c'est qu'en effet ἤτις, dans le sens de ἔτζι, nous est bien certifié par les textes; cf. Apoc. I, 349 :

καὶ ὡς τῆς σφαγῆς τὸ πρόβατον εἰς τοῦ σφακτῆ τὸ χέριν,
κοίτεται διχ' ἀπανοχῆς καὶ βλέπει τὸ μαχαίριν,
ἤτις ἐμεῖς τὸν θάνατον ἐμπρὸς τὸν ἐθωροῦμαν.

Ibid. 431 : κ' ἥτις ὁ Χάρος μ' ἔδωκε θάνατον εἰς τὴν γέννα. Puell. Juv. II, 16, etc.; Sachl. I, 290, ἥτις dans le manuscrit P, ἔτζη dans M. A Otrante on dit *etci* avec *ci*, qui se trouve souvent dans les adverbes; cf. ἔτζου, Cypr., 17, 4, 9; 61, 7; 10, 5, etc.; ἔτζε, ABC., 74, 6; 75, 4; mais *e* pour *i* reste toujours à serrer de plus près. Nous avons un composé de ἔτσι avec ἐδώ dans ἐδ-έτης, Imb. III, 322. — A côté de ὀρθά, notez ὄρθια ; l'adjectif lui-même est ὄρθιος. — Σήμερον, l. 36, malgré αὔριο, devient σήμερα avec l'α des adverbes neutres.

P. 53, l. 37. Μεθαύριον. Le θ n'a pas de justification étymologique; il vient de μεθ' ἡμέραν. Dans ἀντήμερα, Schmidt, 68, 8, nous avons le phénomène inverse. Prononcez χτές, προχτές, comme plus haut μιὰ φορά, δυὸ φορές.

P. 53, l. 31. Τῶρα. C'est encore là une autre *crux* des étymologistes. Il est impossible de partir de τῇ ὥρᾳ qui donnerait τιώρα, *tjora*, ou d'un ancien ἐτ' ὥρα, qui aboutirait à θώρα, ou de l'italien *tutt'ora*, dont le sens ne se prête pas beaucoup à cette étymologie, outre que la chute de la syllabe initiale ferait difficulté. Le datif ὥρᾳ devient un adverbe démonstratif du temps : *à l'heure, maintenant.* Or, une partie des adverbes et pronoms démonstratifs commencent par τ, cf. τότε, τοῖος, τοῦτος, τέτοιος, etc., tandis que les adverbes qui commencent par ο sont presque toujours relatifs : ὅτε, ὅπου, ὅγιος, etc. Il y avait donc dans ὥρα une contradiction entre la forme qui était plutôt celle d'un adverbe relatif, et la signification qui était celle d'un démonstratif. On remédie à cette antinomie en donnant à ὥρα le signe caractéristique des démonstratifs τώρα.

P. 53, l. 38. Ἀργά *sero*. La même métaphore se retrouve dans βράδυ, *soir*, et dans l'espagnol *tarde, le soir*, du latin *tarde*, lentement. *Serum* lui-même n'a pas d'autre signification.

P. 53, l. 38. Ἀπέκει. Ἀπέκει, *ensuite, de là*, ou *à partir de ce moment*, comme ἐδέκει, *là*, et παρέκει, *au delà*, présentent des difficultés. On ne comprend pas le déplacement de l'accent; il s'expliquerait si l'on pouvait y voir l'accent de ἀπό, de παρά ou de ἐδώ, mais on s'attendrait alors à παράκει, etc. Or, il se fait justement que παράκει n'existe que sous la forme παρακεῖ. L'accent de ἀπό ne peut jouer non plus aucun rôle dans ἀπέκει, puisque ce n'est pas ἀπό, mais ἀπ qui est dans ἀπέκει; sans cela on aurait ἀπόκει. On pourrait peut-être penser aux formes avec ε de ces deux prépositions, ἀπέ et παρέ, qui auraient alors fait prévaloir leur accent. Mais nous n'aurions pas l'équivalent pour ἐδέκει. On a bien ἔδε, voyez plus loin, mais pas ἐδέ; cf. ἀπέδω, Belth., 283, à côté de ἀπεκεῖ, *ibid.*; ce dernier est régulier si l'on suppose ἀπε- non ἀπό-. Κεῖ est bien proclitique, κεῖ ποῦ θὰ πάω, mais non enclitique, θὰ πάω κεῖ, avec l'accent : θαρἁοκί.

P. 53, l. 38. Πέρυσι. Aujourd'hui πέρσι; voyez p. 85. Lisez παρεφτύς. On a ἐκεῖ ou κεῖ, suivant le contexte, cf. p. 102. Ἐκεῖ toujours, quand il est emphatique.

P. 54, l. 2. Πούπετας. Déjà en pg., on voit une tendance à terminer les adverbes par ς : μέχρι et μέχρις; ἄχρι, ἄχρις; εὐθύ, εὐθύς; ἀμφί, ἀμφίς; ἀντί, ἀντίς, etc.; voyez G. Meyer², § 303; on a de même πούποτε et πούποτες; cf. ἀφότις, Xenit., 188; λοιπονίς, Puell. Juv. II, 75, 114; Eroph., II, 109; ἐτότες, Sachl. I, 166; ἐκεῖθες, Apoc., 80; πάντοτες, Imb. III, 251; τάχατες, As. Lup., 69; παραύτας, As. Lup., 38; ὕστερις, Pic., 418; δεῖλις, Cypr., 76, 27; ἐπειδής, Pio, 187; πάντις, Puell. Juv. II, 111, etc. De πούποτες on arrive à πούπετες par assimilation, et à πούπετας avec l'α des adverbes, ou πούπετι, Belth., 279; πούπετις, 523. La forme commune est πούπετις, comme τίποτις, ἀντίς, etc.

P. 54, l. 3. Ἀπάνω, *sursum*. Voyez plus haut, p. 222 et cf. ἀπάνωθεν dans le Nouveau Testament.

P. 54, l. 3. Ὀμπροστά, *ante*. Le -τά, cf. *danach*, est peut-être le pluriel neutre de l'article(?); cf. plus haut; l'accent fait difficulté dans les deux explications. Voyez p. 222 pour κάτω. On a de même ἀποπίσου, ou, sans α, ποπίσω, ποπίσου, suivant les régions.

P. 54, l. 4. Ἐδῶ, *hic*. C'est ἰδέ ou ἰδοῦ avec l'ῶ de κάτω, ἄνω, etc., et l'ε de ἐ-δικός, ἐ-κεῖνος, etc. Cf. ἰδέ, Nic., 37; ἴδε, Prodr. IV, 437; ἔδε, Prodr. III, 532, 434; Nic., 39; Glyk., 269; ἐδῶ, Glyk., 281; δῶ, Prodr. III, 487; ἐδά, Belth., 801; Georg. Rhod., 240; le même α que ἐδά est dans ἐπᾶ (= ποῦ), ἐδ-επᾶ, Poèmes hist., XXXVIII; δεπᾶ, Eroph., II, 423, etc.

P. 54, l. 5. Ἐλᾶτε, venez; ἔλα, *viens*. Si c'est un verbe, l'étymologie en est aussi difficile que celle du verbe *aller* en français !

P. 54, l. 5. Ἄς = ἄφες, pg. Cf. p. 100. Γειάσου = ὑγιεία σου. — Ὡσκαθώς, voyez plus haut, p. 222. — Σάν devant κ, π, τ et voyelles; σά, ailleurs, pour ὡς (sicut) et pour ὡσάν. — Πολύ est plus usité que πολλά; περπέρισσα ne l'est plus guère.

P. 54, l. 9. Ἀχαμνά remisse. De χαυνός, cf. p. 103. — Μὲ βία, μὲ βιά, βιαστά, βιαστικά, aujourd'hui, et non plus μετὰ βίας. — Qu'est-ce que ἀγάλια? — Τάχα, dans le sens de peut-être est déjà ancien. — Τὸ λοιπό, τὰ λοιπά ου λοιπονίς, comme plus haut, p. 89, constamment sans ν final.

P. 54. l. 11. — Ναίσκε. Est-ce que σκέ = σχέ serait l'impératif aoriste de ἔχω, pour σχές, dans le sens de tiens? — La forme commune pour ὁλότελα serait plutôt ὅλους δι' ὅλου (ὅλως δι' ὅλου), moitié savant, moitié populaire.

P. 54, l. 12. Ὄχι. Ο pour ου et le déplacement de l'accent restent sans explication. Dans ὄγεσκε, il semble qu'on ait οὐ γέ. — Δέν de οὐδέν. Le ν comme à μήν, voyez p. 89. Μήτε, μηδέ, οὔτε sont anciens et restent modernes.

P. 54, l. 14 Ἀκόμη. Cet adverbe vient de ἀκμήν, comme M. Krumbacher l'a démontré dans ses *Beiträge*, etc. — P. 54, l. 18, il faut remarquer que τὴν ἡμέρα équivaut, en effet, à une locution adverbiale, car on a la soudure de l'article avec ἡμέρα qui ne perd jamais son η dans cette combinaison, l'*i* n'étant plus initial. Mais naturellement on dira τὴ νύχτα ou τῆς νυχτός, pas τὴν νύκτα, comme dans Portius. — Οἰμένα ne peut avoir aucune parenté avec οἴμοι ancien.

Il y a encore d'autres adverbes, dont Portius ne parle pas, par exemple μβρέ, *Tiens!* du turc *bre;* cf. alb., *more*, bulg., serbe, roum., *bre;* ἄιντε, *allons*, pluriel ἄιντετε, Carm., 112, 13, turc *hajdé;* cf. alb., serbe, bulg., *hajde;* ἄγωμε, *allons*, *agamus*, Form., II, 48 : ἔξελθε καὶ ἀναχώρησε — καὶ ἄγωμε εἰς τὰ ἄγρια ὄρη; Cypr., 2, 9 : Ἄγωμε, βιβλίον, etc.; ἀγώμετε, Sachl. II, 293; c'est l'ancien ἄγωμεν, *allons*, qu'on ne comprend plus. Je ne sais si ἄμε, ἄμετε, dont le sens est le même, peut être regardé comme une forme syncopée de ἄγωμε; le pluriel de ἄμε est ἄμεστε, Carm., 138, 81.

CHAPITRE X

Des prépositions.

P. 54. l. 25. *Nostræ... præpositiones... accusativum... optant.* Les deux phénomènes les plus intéressants dans l'histoire des prépositions sont les suivants : 1° il n'en reste que huit ; 2° ces huit prépositions régissent l'accusatif. Après la perte du datif, il ne restait que le génitif et l'accusatif comme régimes aux prépositions. Or, εἰς et ὡς étaient suivis de l'accusatif ; ἀπό et χωρίς du génitif ; les autres de l'accusatif et du génitif. Ces dernières ne se construisent peu à peu qu'avec l'accusatif ; χωρίς et ἀπό suivirent. Il serait aisé de donner des exemples, tirés des textes du moyen âge, d'une certaine confusion ou d'une hésitation dans l'usage des cas après les prépositions, surtout chez les écrivains qui emploient encore le datif. Ἐξ qui a disparu d'assez bonne heure, mais qui se rencontre toujours au moyen âge, se construit avec l'accusatif ; cf. Prodr. IV, 400 : σύρω τον ἐκ τὸ ἱμάτιν ; III, 228, φεύγει ἐκ τὸ σκουτέλλιν (mais dans le passage parallèle de Prodr. IV : ἐκ τοῦ σκουτελλίου) ; cf. 606 ; ἐκ τῶ μονάστηριν, Italogræca I, 106 ; ἐκ ταῖς μάνναις, Puell. Juv. II, 110 ; ἀπό avec l'accusatif, Abr., 2 : ἀπὸ τοὺς οὐρανούς ; 8, ἀπό δικήν σου χέρα, etc. — σὺν πράγματα ταῦτα, Italogræca I, 91, etc. Ἀπό reste ; ἐκ a disparu ; cf. p. 230.

P. 54, l. 31. Εἰς. Εἰς perd l'ει, si le mot suivant commence par une voyelle et devant l'article : 'ς ἄθρωπο ; 'ς τὸν οὐρανό. Devant les consonnes, on rencontre parfois : (εἰ)σε : εἰσὲ καλὴν καρδία, Imb. III, 288 ; σὲ τί καράβι, 'ς τὶ πόρτο, Schmidt, 7, 2. — Dans la langue commune, σ n'apparaît que devant voyelles et avec l'article. Partout ailleurs on a σέ ; εἰς n'existe plus. — Πρός n'est plus populaire.

P. 55, l. 1, Μετά. Devant l'article -α tombe : μὲ τόν, pour μετὰ τόν, se lit déjà dans Dukas, 522 B, μὲ τὴν ἀφεντίαν μας, *ib.;* Prodr. I, 111 sqq., μὲ τά, μὲ τάς, μὲ τούς. L'α, en dehors de sa construction avec l'article, tombe naturellement devant les voyelles. Dans μεταίσου, Apoc. I, 485, l'ε vient des verbes μετεβαίνω de μετέβηκα, cf. p. 218. Je ne comprends pas μητά, Cypr., 18, 10 ; 26, 6. Μετά ne s'emploie plus guère qu'en composition avec des pronoms à initiale vocalique, comme dans μετά κείνους, μετά μένα, et c'est dans ce sens qu'il faut restreindre la distinction, juste d'ailleurs, que fait Portius.

P. 55, l. 5. Ἀπό. On lit aussi ἀπαί, Italograeca I, 100, 101; Belth., 574; Georg.Const., 674. C'est le même cas que pour μεταί, cf. p. 218. Ἀπού, Cypr., 2, 8; Carm., 61, 61; l'ου est celui de κάτου, etc., p. 222. Devant l'article, ο peut tomber; -στόν, μεττόν, entraînent ἀπτόν, ἀφ' τόν, Georg. Rhod., 594, 637, etc.

P. 55, l. 15. Διατά. Sur μετ' εσένα, Carm., 39, 4, on fait διατ' εσένα, Carm., 2, 2, 6; 39, 7; Valach., 1713; διατ' αὐτο, Apoc. I, 529, etc. Puis μετά à côté de μετ amène διατά à côté de διατ. Je note encore ὁδιά, ὀγιά, Apoc. I, 235; ὁδιά, ibid., 492, διατί, 353; Puell. Juv. II, 55, ὀγιά.

P. 55, l. 18. *Quo in casu tantum genitivum gubernat.* Le génitif s'est conservé parce que διαλόγου σου est une locution toute faite, qu'on ne comprend plus. On dira donc Τοῦ λόγου σου, εἶπες, au nominatif, comme si on disait : ta Seigneurie m'a dit. L'idée de flexion se perd. — Γιά est la forme commune pour διά. — Κατά, dans la locution κατὰ πῶς εἶσαι, *telle que tu es, telle quelle,* Passow, 517, 37, est très populaire, mais dans cette locution seulement. Cf. aussi p. 230.

P. 55, l. 24. Δίχως. Très souvent on trouve δίχως précédé de μέ : μὲ δίχως ἔγνοια, Eroph., I, 518; μὲ δίχως ὄφελος, II, 96; μὲ δίχως κόπον, μὲ διχωστὰς πληγή, V, 478; cf. II, 76. Διχωστὰς τὴν κόρη μου, II, 334; διχωστὰς πάθη νὰ δοκιμάσῃ., II, 196; διχωστάς, adverbe, Pic., 84. Qu'est-ce que ce τας? Serait-ce le τα que nous avons dans ὀμπροστά, p. 225, avec le σ des adverbes? Cf. δίχωστα τοῦ ποστάρη, Pic., 107. Δίχως appartient à la langue commune tout autant que χωρίς.

P. 55, l. 27. Ὡς *videtur desumpta à Graeca literali* ἕως. Malgré l'identité de la signification, ὡς ne peut pas dériver de ἕως qui aurait donné γιώς (*jos*); ὡς n'est autre que ὡς; ὡς, ancien, comme préposition, veut dire *vers*, d'où l'on arrive sans difficulté au sens de *jusqu'à*, ὡς τὴν πόρτα, *jusqu'à la porte*. La forme commune la plus répandue pour dire *jusqu'à*, c'est ἴσια μέ =*juxta cum*. — Les remarques qui suivent (l. 30-38) ne sont pas entièrement justes. Ἀντί et παρά restent comme conjonctions ou prépositions : Ἀντὶς νὰ κάμω τέτοιο πρᾶμα, ou ἀντὶς ἐμένα, *à ma place;* cf. p. 57, l. 22, où παρά traduit *quam*; il signifie *si ce n'est*, dans : Δὲν ἔχω παρὰ νὰ πεθάνω = je n'ai pas de chose à faire *au-delà* de celle-ci, qui est de, etc. — Lisez γκαρδιακός, l. 37.

P. 55, l. 42. Κοντὰ vel σιμὰ *adverbia loci*. Κοντός signifie *court, bref*, qu'on trouve déjà dans Léon le Sage, 6, 26; 12, 86; κοντομονόβολον, Photius, Nomocanon, 241; κοντεύω, Malalas, 160, 6; 245, 19. Κοντά et σιμά prennent le génitif avec le pronom personnel. En dehors de là, on dira κοντὰ στὸν τάδε, etc., κοντὰ στὸ νοῦ. Même observation pour μπροστά. Σιμά, de σιμός, *camus*; σιμόω veut dire se courber de manière à ce que les deux extrémités se *rapprochent* : σιμώσας τὸν αὐχένα, ayant courbé le cou, d'où s'étant approché.

P. 56, l. 13. Χωστά. Χωστός, *caché, fiché*, de χώννω, *cacher, ficher*, pg. χώννυμι. La construction indiquée est exacte. Κρυφά appartient plus que χωστά à la langue commune, surtout avec un régime. Il en est de même de ἐναντίο μου, ἐναντίο ou ἐνάντια στόν.

P. 56, l. 22. Τριγύρου. Je ne comprends pas trop l'élément τρι- dans cet adverbe. Est-ce que τρίγωνος, *triangle*, y est pour quelque chose? Τριγύρου, Belth., 472. Γύρῳ γύρῳ ou γύρου γύρου (Belth., 475, adverbe), suivant les régions, signifie *tout autour*. Γύρω reste là où l'on dit τριγύρω, κάτω et ἀπάνω.

P. 56, l. 28. Μαζί. Μαζί, et le verbe μαζώνω, ont le sens de ὁμαδόν, cf. ὁμάδι, dans Pic., 10, σπίθαις ὁμάδι μὲ καπνόν, μαδεύω, Quadr., 42, 72 = μαζεύω, Sachl. II, 587. Mais δ ne devient pas ζ. On pourrait penser à μαζός, *poitrine*, ἐπὶ] μαζῷ qui serait devenu adverbe; mais comment expliquer η dans μαζή? Ἀντάμα = ἐν τῷ ἅμα, *a* par attraction, p. 73. On trouve aussi ἀντάμη (d'où μαζή?), Eroph., III, 179.

P. 56, l. 33. Ὄξω. L'ο par attraction, voyez p. 79. Ὄξω et ὄξου, suivant les régions; voyez à τριγύρου.

P. 56, l. 39. Ἀνάμεσα. Il est remarquable que μέσα soit enclitique; cf. ἀπέκει (à côté de ἀπεκεῖ), ἀπόπερα. Ἀνάμεσα στὸ λαό, *parmi* le peuple; μεσὰ στὸ λαό, *dans* le peuple. — Ce qui suit, p. 57, l. 1-8, est à retenir.

P. 57, l. 13. Ὕστερα ἀπ'. L'emploi de ἀπό, après le comparatif, rappelle l'ablatif du latin classique, le *de* français devant les noms de nombre, le *di* italien devant des substantifs dans le même sens ; ἡ ἀλήθεια εἶναι βεβαιότερη ἀπὸ τὴ φήμη, se traduirait en italien par : *la verità è più sicura della fama*. Dans le même sens, on emploie παρά, dont la fonction ancienne est oubliée au point qu'on peut faire suivre παρά du nominatif : παρὰ τὴ φήμη ou παρὰ ἡ φήμη, c'est-à-dire que *ne l'est* la renommée, avec une proposition sous-entendue : παρά est alors une conjonction. Dans Prodr. III, 235, on lit déjà : "Ἄλλον γὰρ τί χερότερον παρὰ τὸ νὰ ψοφήσω. Ἀπό avec ὕστερα se dit dans la langue commune, même devant les pronoms : ὕστερα ἀπὸ σένα.

P. 57, l. 21. Ἀντί. Ce n'est plus ici une préposition : en effet, on ne la trouve pas au chapitre des prépositions de S. Portius ; mais c'est une conjonction, comme cela résulte de la combinaison avec νά, que. Voyez plus haut, p. 228. — La langue commune connaît μακριά μου et μακριὰ ἀπὸ τὰ μάτια μου ou μακριὰ ἀπὸ μένα. — Pour ἐπάνω, voyez p. 222. Lisez ἀπάνω στὸ κεφάλι του. — Πρός, *vers*, se dirait κατὰ τὸ μέρος ἐκεῖνο. — Les locutions qui suivent sont exactes. On dira ἀπέχει ἀπό, non ἀπέχει πό ; *i* (ει) est traité comme consonne ; alors même que l'*a* de ἀπό tombe après la voyelle du mot précédent, il se maintient après l'*i* ; c'est, par une raison analogue que, dans la langue commune, les combinaisons τἄκαμα, etc., sont beaucoup plus courantes que les combinaisons τἆχα = τὰ εἶχα ; c'est que, dans la langue commune, le son *i* a une tendance à devenir consonne et participe plus de la consonne que de la voyelle. — Ἀπόπερα s'emploierait plutôt absolument. Cf. à Ἀνάμεσα, p. 229.

Ἐκ, ἐξ est resté dans quelques dialectes, par exemple en crétois, chypriote et en Epire, mais il a changé sa forme et devient : ἀκ, ἀξ, ἀχ, Apoll., 477, 493, 535, 664 ; Cypr., 2, 15, 20, sous l'influence de ἀπό ; on a même ὀκ, ὀχ, Schmidt, 20, 18 ; Pulol., 243 ; Dist. I, 14 ; Erophil., I, 616, etc., avec l'*o* de ὄξω.

CHAPITRE XI

Des conjonctions.

P. 58, l. 7. Καί. Remarquons que καί (κε) reste tout d'abord devant α, ο, ου (*a, o, u*), mais que l'αι s'élide devant ε, ι (*e, i*) :

par exemple : Georg. Rhod., 483, καὶ ἇς ; mais, 485, κ' ἐξάπαντα ; 496, κ' εἰς, etc. Aujourd'hui καί ne subsiste que devant consonnes : devant *e, i*, l'*e* de καί s'élide ; devant *a, o, u,* il devient *jod* : κι ὁ ἄντρας (= κj ὁ ἄντρας).

P. 58, l. 7. Ἀμὴ *vel* μά *sed.* Au moyen âge, on écrit ἀμμή, Glyk., 169 ; Prodr. III, 325 ; Georg. Rhod., 75, 78 ; cf. εἰμή, Prodr. III, 342 = ἀμή, Georg. Rhod., 53, Apoc. I, 366 ἀμμέ, influencé par καί ? Si l'élément μή peut se ramener à μήν, *en vérité*, l'élément ἀμ- fait plus de difficulté. Le passage de Prodr. III fait penser à ἄν, *si ;* dans ce cas μή serait plutôt la négation. Avec ἄν μή, *nisi*, puis *sed*, on pourrait comparer l'espagnol *sina*, qui très souvent a un sens adversatif *mais* (allemand *sondern*). — Quant à μά, le μά ancien de μὰ τὸν Δία, qui n'existe plus que dans la langue savante (cf. aussi μὰ τὴν ἀλήθειαν, Belth., 272), n'a rien à voir ici. On pourrait penser au *ma* italien ; mais j'ai quelque peine à comprendre qu'on ait emprunté à l'étranger un mot aussi usité que μά ; la même objection doit être faite à tout emprunt arabe ou turc. L'ancien ἅμα correspond pour la forme comme pour le sens ; cf. l'italien *però*, le français *cependant*, qui d'abord signifient la simultanéité de deux actions, puis une opposition entre les deux. Le déplacement de l'accent serait comme dans ἵνα, (ὁ)ποῦ. Du reste, à Tatavla, faubourg de Constantinople, on dit encore ἅμα dans le sens de *mais*, et c'est la confirmation la plus sûre de notre étymologie. — Ἀνισωσκαί, dans le cas où. — Ἀ devant toute autre combinaison que κ, π, τ, ou voyelles : dans cette double combinaison, on se sert de ἄν. — On entend dire aussi πειδὴ καὶ μ' εἶπες, *étant donné que tu m'as dit ;* d'autre part, ἐπειδής ; cet adverbe est d'origine savante. — Sur σὰν ἔρθω, futur antérieur, voyez p. 196, 239. — Διὰ νά, dans la langue commune γιὰ νά. Sur le renforcement de sens, voyez p. 196. — Γιατί dans la question aussi bien que dans la réponse. On admet la distinction orthographique γιατί, *pourquoi*, et γιατί, *parce que*. — Νά = ἵνα. Pour l'accent, voir p. 106. Νά se lit déjà dans Spaneas I, 22. Cf. *Futur composé*, p. 42, note 2. Voir aux Additions.

P. 58, l. 12. Τάχα. L'évolution du sens est curieuse ; *faire une chose vite, tout de suite*, veut dire, avec une certaine ironie qui se renouvelle chaque fois que cette assurance est répétée, *la faire tantôt, oui! mais il faut attendre encore un moment.* De là le sens dubitatif de τάχα. Cf. l'allemand *vielleicht*, littéralement *très facilement*. Je note la forme τάχατες, Belis. I, 39. Ce double sens de τάχα existe déjà en grec ancien. — Un synonyme de τάχα, c'est λόπις, Sfak. I, 44. — Λάνε est inconnu à la langue commune. — Τὸ λοιπό, sans ν, dans la langue populaire commune, cf. p. 226.

La liste des conjonctions est loin d'être complète dans notre auteur. En voici quelques-unes qui, pour une raison ou pour une autre, offrent un intérêt particulier.

Ὄνταν ou ὄντεν, Puell. Juv. II, 9 = ὅταν. M. Psichari a étudié cette forme assez curieuse, cf. Mémoires de la Société de linguistiques, IV, p. 40-50. Dans des combinaison syntactiques où ὅταν était suivi d'un mot qui contenait le groupe νθ, il y avait métathèse du ν, parce que le groupe ντ était très usité, tandis que le groupe νθ se perdait. En effet, dans Prodr. I, 61, l'un des munuscrits porte ὅταν ἐμάνθανεν, l'autre ὄνταν ἐμάθανεν; cette alternance se répète dans Prodr. VI, 71. Ἄνταν, Cypr., 43, 1; 49, 2, s'explique comme ἀποῦ, p. 172. De même que ὅταν est remplacé par ὄνταν, on lit aussi ἀφόντις pour ἀφότις (ἀφ' ὅτε), Xen., 50.

Ἀπήν, Imb. III, 564, Apoc. I, 287, etc., *depuis que*; ἀπήτης, Apoc. I, 237, 273, *lorsque*, dérivent de l'ancien ἐπεί, *lorsque*; le ν dans ἀπήν est le même que dans μήν = μή, etc., et tient à des raisons syntactiques, c'est-à-dire à la position du mot dans la phrase, voyez p. 89; le -της de ἀπήτης est celui de ἀφότις, πούπετις, etc., qu'on retrouve aussi dans la forme ἐπειδήτις de ἐπειδή. L'α est dû plutôt à une influence de ἀπό, à cause de la signification des deux mots, qu'à celle de ἀποῦ, *supra*. Lorsque ἀπήτης était regardé et senti, comme ἀπ-ήτης, on pouvait former un composé : 'ς-ήτης, *dans le temps où*, *quand*. Serait-ce là, par hasard, l'explication de σίτι, Carm., 49, 6; 50, 2; σῆτα, Puell. Juv. II, 64, d'où σύντα, Carm., 19, 5; Dist. I, 72, 1, etc., comme ὄνταν de ὅταν? Un autre exemple de ντ pour τ serait γιάντα, Cypr., 19, 12, à côté de γιάτα, à moins que le ντα ne vienne plutôt de τίντα.

CHAPITRE XII

Syntaxe.

P. 59, l. 1. *Substantiva quae materiam significant*, etc. C'est encore un des cas où le néo-grec et les langues romanes montrent le même développement : ζώνη ἀπὸ πετσί ne peut se traduire que par le français *ceinture de cuir*, l'italien, *cintola di cuojo*. Il y a toujours cette différence que les langues romanes doivent se servir du génitif, tandis que le grec possède des adjectifs en -ένιος qui remplissent la même fonction, voyez p. 161. Tout ce passage, l. 1-11, contient une observation exacte.

P. 59, l. 12. *Tertia Relativi*. Ce n'est plus là la construction moderne. Lorsque le relatif est au nominatif ou à l'accusatif, on emploie ποῦ sans article, ἡ γυναῖκα ποῦ εἶδα, τὸ παιδὶ ποῦ πῆγε. Lorsque ποῦ doit être au génitif, la proposition relative n'est plus la même : Pierre *dont* j'ai vu le livre, se traduira par : ὁ Πέτρος, ποῦ εἶδα τὸ βιβλίο του; Pierre *à qui* j'ai parlé, se dira ὁ Πέτρος, ποῦ τοῦ μίλησα. Le pronom est répété et ποῦ revient presque au sens adverbial originaire. L'article est répété toutes les fois que la proposition principale est trop loin de la proposition relative et laisse place à quelque doute. Sur ποῦ, voyez p. 171 sqq.

P. 59, l. 25. *Interdum... iste genitivus transit in accusativum*. Les deux exemples τὸ κορμὶ τοῦ Πέτρου et ποτήρι νερό n'ont rien de commun l'un avec l'autre. Dans τιμή τους, il y a la tendance générale à remplacer le génitif des pronoms par l'accusatif. Dans ἕνα ποτήρι νερό, au contraire, νερό est regardé comme une apposition explicative du substantif; ce n'est pas l'accusatif qu'il faut y voir, mais le nominatif, à moins que ποτήρι lui-même ne soit à l'accusatif dans la proposition.

P. 59, l. 36. *Monosyllaba... nunquam orationis initio*. L'observation de S. Portius donne à penser qu'à une certaine époque le néo-grec ne pouvait pas commencer une phrase par un mot atone : ce serait là la raison de la règle énoncée dans ces lignes. On avait με atone et ἐμένα tonique; donc il fallait dire ou bien ἀγαπᾷ με, ou ἐμένα ἀγαπᾷ; cf. ἐπιφωνοῦμαι σᾶς το, Belth., 281. On peut remarquer, à ce sujet, que l'ancien français ne peut pas dire non plus *me aimet*, mais *moi aimet* ou *aimet me*. La répétition du pronom régime atone dans ἐμένα μὲ ἀγαπᾷ rappellerait de même l'usage roman (cf. Diez, Grammaire, III, 20), comme du reste Portius l'observe lui-même. Mais aujourd'hui cette distinction s'est perdue, comme en français d'ailleurs; on ne dira plus, dans la langue commune, ἀγαπῶ τους, mais τοὺς ἀγαπῶ; de même μὲ λέει, etc.;

σοῦ, σὲ λέω, μᾶς εἶπε, etc., etc.; le pronom se placera toujours devant le verbe. Pour l'emploi de σᾶς, ἐσᾶς, σέ, ἐσένα, voyez p. 166. En revanche, le pronom se place toujours après l'adjectif dans la combinaison indiquée p. 60, l. 22-30.

P. 60, l. 32. *Tam ante verbum collocari posse, quam post*. La règle qui semble résulter surtout de ce qui suit, c'est que les pronoms régimes directs devaient occuper la seconde place dans la phrase : ἐγὼ σᾶς τὸ διάβασα et δὲ μᾶς τόστειλε, mais διάβασά σας. Par une contamination des deux constructions, on a ἐγὼ διάβασά σας. C'est la première construction qui est restée aujourd'hui : τόστειλα, σᾶς ἔστειλα, etc. — P. 60, l. 34-p. 61, l. 4. Portius donne l'état moderne, l'état actuel, mais cet état ne dépend en rien des adverbes préposés ou non : nous avons constaté plus haut la même construction sans ces adverbes. En revanche, si la construction ἀγαπῶ τους a été vraie à un certain moment, on a dû dire aussi bien σήμερα εἶπα σας, p. 61, 4, ce qui est encore aujourd'hui l'état de certains dialectes. La langue commune ne connaît que σᾶς εἶπα. — P. 61, l. 17. On dirait aujourd'hui στοὺς φίλους.

P. 61, l. 25. *Si... cum pronominibus jungantur... postulant genitivum, si cum aliis nominibus accusativum cum præpositione* ἀπό. La différence entre δεύτερός μου et δεύτερος ἀπ' ὅλους est la même qu'en français, entre : *je lui ai donné quelque chose* et *je donne quelque chose à mon frère*, c'est-à-dire que les pronoms personnels conservent plus longtemps leurs cas que les autres mots. — Lisez : ἀπ' ὅλους τοὺς Ἕλληνες ποῦ ἦταν στὴν Τρωάδα, ὁ δυνατώτερος ἦταν ὁ Ἀχιλλέας. L'article est indispensable pour marquer le superlatif. Γεμάτος avec l'accusatif, de même que γέμει, est une construction usuelle au moyen âge. On dit encore aujourd'hui ποτήρι γεμάτο νερό ; de même, tous les verbes marquant *plénitude* prendront l'accusatif. Il y aura une nuance importante de sens, suivant qu'on dira : στολίστηκε μαργαριτάρια, *elle s'est ornée de perles*, de façon à en être *couverte*, ou bien : στολισμένη μὲ ou ἀπὸ μαργαριτάρια, qui revient à dire que l'ornement de la personne en question *consiste en perles* : l'idée de plénitude est alors écartée. Pour ἐναντίος, voyez p. 229. — P. 62, l. 7. On dirait aussi bien ἀπὸ τὸ φόβο του et μὲ τὸ φόβο, mais pas γιά dans le sens causatif de Portius ; la préposition μέ a pris aujourd'hui une extension considérable. On entend dire dans certains dialectes français : je suis parti *avec* lui, ce qui veut dire : *je l'ai quitté*. Μέ, en grec, a surtout pris un sens causatif très étendu : μὲ τὸ θυμό του, *par* sa colère, etc. Mais il y a une nuance entre : μὲ τὸ θυμό του τὰ χάλασε ὅλα, *avec* sa colère, il a tout gâté ; ἀπὸ τὸ θυμό του ἔφυγε, il est parti *de* colère.

P. 62, l. 17. *Ipso nudo nominativo utuntur.* C'est un fait assez curieux qu'un nominatif absolu. Il faut supposer qu'on a commencé par dire μισεύοντας, *en allant*, sans exprimer le sujet ; nous avons déjà vu, p. 196, que le participe présent est presque un adverbe ; μισεύοντας pourrait donc se traduire par : *pendant la marche;* plus tard on cherche plus d'exactitude dans l'expression ; on met le sujet au nominatif.

P. 62, l. 27. *Accusativum vel genitivum.* La distinction dialectale faite par S. Portius paraît encore vraie. On dira donc suivant les pays : μοῦ τὸ λές (septinsulaire) et μὲ τὸ λές. La langue commune, bien entendu, connaît les deux constructions et s'en sert. Il faut bien remarquer d'ailleurs que, même dans les îles, μοῦ ne remplit jamais que les fonctions du génitif ou du datif, non pas du régime direct ; ainsi μοῦ λές, mais μὲ δέρνεις. — Le génitif avec ἀκούω, p. 63, l. 14, est remarquable. Il est vrai qu'on dit partout ἀκούω τὸν Πέτρο, l. 8. Cela nous ferait croire, non pas que c'est le pronom qui a sauvé le cas dans cette construction spéciale, mais que, dans la phrase de S. Portius, ἀκούω est un intransitif ; on dit en effet ἀκούω, dans le sens d'obéir, sans régime : ἀκούω, *j'obéis;* μου ne serait alors qu'un explétif, *mihi* en latin. — Pour rendre le passage intelligible (p. 62, l. 35-p. 63, l. 6), il n'y a qu'à écrire *ii*, p. 62, l. 35, et *postverba*, p. 63, l. 2, en deux mots. *Id verum esse præcipue*, p. 63, l. 2, se traduira par : *C'est surtout le cas.* — P. 63, l. 17. La distinction établie par S. Portius n'est pas exacte en ce qui concerne la langue commune : on dit aussi bien εἶπα τὸν Πέτρο, et lui-même vient de nous donner plus haut la liste des pays où, dans ce cas, on se sert du génitif ou de l'accusatif. Dans εἶπα τὸν Πέτρο, c'est la tendance que nous avons signalée p. 227, à faire de l'accusatif le seul cas régime. — L. 20, Portius ne voit pas que, pour le sens, *vous* est aussi bien un datif que *à François.* L'exemple qui suit, l. 25-31 rentre dans le même ordre d'idées. Il en est de même des ll. 32-37 ; il n'y a pas de syntaxe nouvelle : tout cela est déjà dit. — L. 40, dans la langue commune, on dira aussi bien σὲ πῆρα, πῆρα τὸν Πέτρο τὸ ῥοῦχο του, avec deux accusatifs. Le régime indirect se met à l'accusatif sans préposition, soit quand la clarté n'en souffre pas, soit quand le sens du régime n'est pas prégnant : χάρισα, πούλησα τὸ ροῦχο μου τὸ ράφτη ou στὸ ράφτη. Dans la phrase qui suit, il y a une préposition en jeu : la construction ne peut donc plus être la même. — P. 64, l. 8. C'est la dernière syntaxe qui est la seule bonne ; voyez plus haut γεμάτος, p. 234. Dans ce sens, ἀπό ne se mettrait jamais ; on dirait plutôt μέ. Ἀπό établirait une idée de distinction : je remplis la cruche d'eau (et non de vin) ; comme nous l'avons dit plus haut, ici encore l'idée de plénitude n'est pas en jeu.

P. 62, l. 24. *De constructione Verbi.* C'est ici le lieu de parler du datif. Pourquoi le grec moderne ne le possède-t-il plus ? Jusqu'à présent, nous avons pu observer, plus d'une fois, une certaine ressemblance entre les langues romanes et le néo-grec. Sur ce point, ils se séparent tout à fait : le néo-grec renonce au datif et conserve le génitif ; les langues romanes, au contraire, ont perdu d'abord le génitif, beaucoup plus tard le datif. De plus, dans le latin vulgaire, le génitif est tombé hors d'usage, parce que les prépositions *de, ab, ex,* l'ont rendu superflu ; en grec, au contraire, l'accusatif et le génitif se partagent tout simplement les fonctions du datif. Voyez : Apoc. I, 521, εἰπὲ καὶ τὰς γυναῖκας μας, εἰπὲ καὶ τῶν παιδιῶν μας ; 535, δὲν ἔχω πλέον νὰ σοῦ πῶ νὰ πῆς τῶν πονεμένων ; δὸς τῆς ψυχῆς τὸ θέλει, 40 ; λέγω, δίδω, avec l'accusatif, Apoll., 144, 110, etc. ; τὸν Βελθανδρον ἔλεγε, Belth., 1214. Ce sont les prépositions qui régissent deux ou trois cas, ainsi que les verbes composés qui ont amené cette confusion. Seuls, ἐν et σύν n'ont que le datif, et ces deux prépositions ont été remplacées de bonne heure par εἰς (accusatif) et μετά (génitif, accusatif) ; παρά, περί, ne régissent guère le datif, même dans la prose ancienne ; d'autre part, la différence entre ὑπό τινος et ὑπό τινι est très légère. Déjà Polybe n'emploie presque jamais le datif après les prépositions. Aussi, le domaine de ce cas devient-il très restreint. Les verbes composés se construisent très souvent avec le régime demandé par la préposition qu'ils contiennent ; ainsi la plupart des verbes composés avec κατά prennent le génitif ; de même ceux avec ἀπό : ἀπολείπεσθαί τινος, ὑπογνῶναι τινός, ἀποφεύγειν τινός, etc[1]. Cette tendance va croissant vers

---

1. Encore un rapprochement avec le roman. L'espagnol aime à faire suivre les verbes de la préposition avec laquelle ils sont composés. Or, *enterar,* qui vient de *integrare,* semble contenir la préposition *en ;* on dit pourtant *enterarse en,* se persuader de quelque chose.

l'époque de la décadence (*sit venia verbo!*), et, par analogie, on dit προσαποδοῦναί μου, Pap. Lup., 282, 22 (162 av. J.-C.). Puis les verbes composés entraînent les verbes simples. Si maintenant une partie de la Grèce donne la préférence à l'accusatif sur le génitif, il ne faut y voir que le dernier pas franchi dans l'histoire de la syntaxe casuelle. Voyez plus haut, p. 227. — P. 64, l. 15. On dira aussi bien τραβειέται μὲ τάλογα; voyez plus haut pour μέ, p. 234. De même, l. 20, μὲ μένα ou μετὰ μένα, p. 227. L. 19, rétablissez τὴ γραμματική. La tournure par le passif n'est d'aucun usage. — Lisez plus bas, l. 22-25, ζῶ, περπατῶ, στέκουμαι; l. 25, μ' ἀρέσει, σᾶς φαίνεται pour la langue commune; l. 34 sqq. ἤπανε, φαίνουμαι, λέγουμαι; les autres sont inusités. — P. 65, l. 10, lisez également μ' ἐγγίζει, δὲ σᾶς πρέπει; δὲν ἔχει ἔννοια, ou δὲν εἶναι ἔ. γιὰ τὴν ψυχή. — L. 21, sur l'infinitif, voyez p. 191. Τὸ νὰ κάμης se dirait encore. — Τὸ φαγί est bien un infinitif (φαγεῖν). — L. 29, ὅτι ne s'emploie strictement que comme adverbe de temps : ὅτι τόκαμα, *dès que je l'eus fait* (ou, comme pronom relatif, ὅτι κιὰν πῆς, *quoique vous disiez*). Πῶς et ποῦ sont les deux conjonctions qui servent à analyser l'ancienne proposition infinitive. Voici la nuance qui les sépare : πῶς emporte une idée de doute et s'emploiera de préférence dans les propositions subordonnées qui dépendent elles-mêmes d'une proposition subordonnée; ποῦ indique la simple affirmation. C'est une nuance toute psychologique, par conséquent souvent insaisissable. Comparez, pour choisir un exemple, les deux tours de phrase : λὲς πῶς ἔρχεται (jamais ποῦ, dans l'interrogation, avec la nuance de: crois-tu *qu'il vienne?* ou même pour dire : on croirait *qu'il vient*) et λὲς ποῦ ἔρχεται, *tu dis qu'il vient*.

P. 65, l. 30. *Ponitur etiam καί pro* ὅτι. Cf. Eroph., I, 555 : Πρέπό ν' ἀφέντη κι ἄγωμε κ' ἐμεῖς κ' οἱ ἄλλα δοῦλοι; III, 179, κάμε κ' ἐσμίξαμεν ἀντάμη; Belth., 1211, ὡς ἤκουσε καὶ πνίγηκεν; φοβοῦμαι καὶ πολλοί' ναι, Sfak. II, 36; βρίσκει τὸν καὶ κοιμᾶ, Suz. III, 40. Le passage de la Suzanne nous explique cette construction : *je le trouve et il dort*, revient à dire *je trouve qu'il dort*, je le trouve endormi. Nous avons déjà vu que la prolepse est très usitée en ancien grec, et qu'elle exerce une assez grande influence sur le développement de la syntaxe. Des exemples comme celui-ci ont amené peu à peu la syntaxe de coordination au lieu de la syntaxe de subordination. Ces constructions sont usuelles dans la langue commune. Il faut remarquer que, dans les propositions négatives ou dubitatives, c'est νά qui remplace ποῦ et la coordination disparaît : Δὲν εἶδα νἄκαμες τέτοιο πρᾶμα.

P. 66, l. 19. La langue commune dira : ποῦ σ' ἔγραψα ou γιατὶ σ' ἔγραψα, δὲ θὰ πῇ, etc., que je vous aie écrit, cela ne veut pas dire que, etc. — Sur ἄμποτες, l. 29, voyez p. 195. L'optatif de S. Portius se rend aussi bien par νά et l'imparfait de l'indicatif. Νὰ τόκαμνα, *si je pouvais faire telle chose, puissé-je la faire.* Θά avec l'imparfait marque le conditionnel : θἄκαμνα, je le ferais, même dans le sens de θὰ τὸ εἶχα κάμει, je l'aurais fait. — L. 34, Sur ἄν, voyez p. 231. Ἄν pour ἐάν est déjà pg. Sinon, nous aurions *jan*. La remarque de Portius ne s'applique qu'aux verbes qui ont un subjonctif aoriste, et toujours avec la nuance du futur, de l'action à accomplir; mais on dira ἄν ἔχω. De même on emploie ἄν avec l'indicatif, dans le sens de : *du moment que.* Ἄν τὸ λέω, θὰ πῇ ποῦ τὸ ξέρω, si je le dis, c'est que je le sais. Il devient ainsi le substitut de εἰ, pg. Dans le sens dubitatif, il se construit avec l'imparfait de l'indicatif : ἄν τόκαμνα, *si je le faisais;* mais la proposition que Portius donne, p. 67, l. 1, a un tout autre sens et répond à l'emploi de l'indicatif dans ἄν ἔχω, ci-dessus. Ἄν avec le subjonctif aoriste désigne surtout une action qui est supposée pouvoir être faite dans l'*avenir* : ἄν τὸ κάμω, *si je le fais jamais,* d'où le subjonctif. Ἄν, dans une proposition subordonnée, servant de conjonction, prend nécessairement l'indicatif; voyez plus bas, l. 21 : ἃς διοῦμε ἄν ἔρχεται. Lisez, d'ailleurs (p. 66, l. 37), ἃ σὲ πιάσω, et effacez εὑρήσω du vocabulaire. — Les remarques qui suivent, l. 3-13, n'ont pas de portée syntaxique. Elles n'intéressent que la composition des verbes et, dans ce sens, restent vraies. — Ἄς, l. 14, voyez p. 226. Ἄς ἔβλεπα est un équivalent syntaxique de νἄβλεπα, voyez ci-dessus. Lisez ἃς διοῦμε. — Dans δέν, cf. ἄν, p. 231, le ν ne reste que devant voyelles et κ, π, τ. On se sert de μή, μήν, dans les phrases prohibitives ou négatives : φοβοῦμαι νὰ μὴ φύγῃ, *ne fugiat;* il répond dans ce cas à *ne,* comme dans les propositions prohibitives : μὴν τὸ κάμῃς, νὰ μὴ σὲ βλέπω, νὰ γράψω, ἢ νὰ μὴ γράψω, etc. Ailleurs, δέν. Voici encore une série d'exemples de syntaxe coordonnée qui sont un peu différents de ceux que nous donnons plus haut : Cypr., 8, 7, κι οὐδὲ φελᾷ με, ἂν ἦν' κι' παραδώσω : s'il est = s'il arrive, et je donne = *quoique;* cf. *ib.* 10 : ἂν ἔν' κι' ν' ἀποθάνω λογαργιάζεις, τοὺς πόνους μὲ τὴν ζωήν μου νὰ τελειώσῃς. Cf. *ib.* 21, 9; Eroph., III, 21, 9, etc.

P. 67, l. 36. Νά... *est adverbium demonstrandi.* Cette interjection est différente de la conjonction; cf. bulgare, serbe, albanais, roumain, *na*. Je relève le pluriel νᾶτε, Pio, 13; cf. p. 225. Νάσου se traduira par : *en voilà pour toi, tu as ton affaire, tu as ton compte.* — L. 41, νά conjonction régit le subjonctif aoriste seulement, bien entendu, dans le futur θὰ κάμω et dans les propositions comme νὰ κάμω, νὰ διῶ. Mais voyez νάκαμνα ci-dessus. — Ὡσάν, σάν, voyez p. 231. Σάν prend le subjonctif aoriste quand il s'agit d'une action à venir, σὰν ἔλθω, *lorsque je viendrai;* il se construit avec l'indicatif dans le sens de *lorsque* ou *après que* : σὰν ἔλεγα, lorsque je disais; σὰν ἦλθα, après que j'étais venu. — Sur ὀϊμένα, voyez p. 226. — Ὢ τοῦ θαύματος n'est pas moderne : cette locution appartient à la langue littéraire.

P. 68, l. 23. *Papæ.* Cf. de même, l. 26. Ces deux passages, ainsi que quelques autres, nous montrent que S. Portius était un grec catholique. Voyez l'Introduction.

FIN DU COMMENTAIRE GRAMMATICAL ET HISTORIQUE
DE LA GRAMMAIRE DE SIMON PORTIUS

SUPPLÉMENT A L'INTRODUCTION

P. xxviii, l. 10. Aux renseignements donnés sur S. Portius, ajoutons l'indication bibliographique de son dictionnaire :

Λεξικὸν λατινικόν, ρωμαϊκον καὶ ἑλληνικὸν εἰς τὸ ὁποῖον μὲ τὰ λατινικὰ λόγια συμφωνοῦναι τὰ Ρωμαϊκα καὶ τὰ Ἑλληνικά. Ἐσμίχθηκε μὲ τοῦτο στὸ τέλος τοῦ βιβλίου ἄλλον ἕνα λεξικόπουλον, εἰς τὸ ὁποῖον τὰ Ρωμαϊκα λόγια κατ' ἀλφάβητον βαλμένα γυρίζονται πρῶτα ἑλληνικά, καὶ ἀπέκει λατινικά. Συνθεμένον ἀπὸ τὸν Σίμωνα τὸν Πόρκιον, τῆς ἱερᾶς θεολογίας διδάσκαλον[1].

Dictionarivm latinvm, græco-barbarvm et litterale. In qvo dictionibvs latinis svæ qvoqve Græcæ linguæ Vernaculæ, nec non etiam Litteralis voces respondent. Accessit insuper alivd in calce operis Dictionariolum, in quo prius ordine Alphabetico dispositæ Vernaculæ linguæ Græcæ dictiones, Græco-Litterales, tùm Latinæ redduntur. Auctore Simone Portio, S. Th. Doctore[1]. De Mandato D. Cardinalis de Richeliev, Lvtetiæ Parisiorum, Impensis Societatis Typographicæ Librorum Officij Ecclesiastici, jussu Regis constitutæ. M. DC. XXXV. *Cum Priuilegio Majestatis suæ Christianissimæ.*

In-4° de 4 feuillets non chiffrés, 512 et 248 pages (dont les deux dernières non chiffrées). Rarissime.

P. xv. Relativement au français *moins, avoine* et *foin*, en regard de *reine, veine*, voici la précieuse indication que me fournit une lettre de M. l'abbé Rousselot, dont la compétence en ces matières est bien connue :

« *Fein* et *aveine* (au moins ce dernier) existent aux portes de Paris. C'est la forme du centre et de l'Ouest; *foin* et *avoine* sont de l'Est.

---

1. Voyez p. xxv, ligne troisième avant-dernière.

« Pour ces deux mots on admettrait facilement l'emprunt. Mais, dit-on, *moins* fait difficulté. Alors on suppose l'influence de la labiale *f*, *m*, *v*.

« *Moins* me paraît, au contraire, s'être répandu au-delà de ses limites qui sont celles de $\bar{e} = ei$, beaucoup plus que *foin* et *avoine*. Je n'ai pas les documents pour en tracer la carte. Mais je le trouve dans la Charente à côté de *fẽ́*, *fẽ*, et de *ăvĕ̆n*.

« C'est dire que, pour ces trois mots, je ne vois qu'*un emprunt*. »

Voyez aussi, dans la *Revue des patois gallo-romans*, I, 4, 241-55, « Le Patois de Bourberain (Côte-d'Or) », de M. l'abbé Rabiet, et II, 1, 51-62.

Par suite de circonstances dont il est inutile d'entretenir le lecteur, les *Additions et Corrections* qui suivent étaient achevées bien avant la publication du présent volume; d'autre part, le Commentaire était imprimé depuis longtemps quand ces Additions ont pu être livrées à l'imprimerie. Les opinions ou les critiques qui y sont contenues appartiennent exclusivement à M. W. Meyer. On sait peut-être que, particulièrement en ce qui concerne les *Vokalstudien* de M. K. Foy, j'ai soutenu un avis contraire à celui de M. Meyer (*Revue critique*, 1888, p. 329-333, n° 17; 1888, p. 299-303, n° 43; *Quelques observations sur la phonétique des patois et leur influence sur les langues communes*, Paris, 1888, 18-22, 27-28, 38-41; prochainement *Essais de gramm. hist. néogr.*, t. II, p. LXIV-LXVII, *Études sur la langue médiévale*). Je professe aussi une opinion toute différente, tant pour l'ensemble que pour le détail, au sujet du livre de M. Karl Krumbacher (*Revue critique*, n° 46). Mais M. W. Meyer n'avait pas eu le temps matériel d'examiner ces derniers articles et la correction même des épreuves a dû se faire à Paris.

J. P.

ADDITIONS ET CORRECTIONS

Ce n'est qu'après avoir envoyé le manuscrit à l'imprimerie que j'ai reçu deux travaux importants sur le vocalisme néogrec, les *Griechische Vokalstudien* de M. K. Foy, Bezzenbergers Beiträge, XII, 38-75, et le livre de M. K. Krumbacher, *Ein irrationaler Spirant im Griechischen*, Sitzungsberichte d. philos., philol. u. hist. Classe der k. bayer. Akad. d. Wiss., 1886, p. 359-444. En général les deux auteurs arrivent à des résultats qui ne diffèrent guère de ce que nous avons pu dire sur le même sujet dans notre Commentaire ; quelques points sont éclaircis plus que je n'avais pu le faire ; d'autre part, je ne puis admettre toutes les conclusions ni toutes les assertions des deux auteurs et je laisse subsister ce que j'ai dit dans le Commentaire ci-dessus. Cette notice est destinée tant aux *errata* qui ont pu se glisser dans le volume qu'à quelques modifications que cette lecture m'a suggérées.

P. 73, l. 29, voyez p. 73.

Id., l. 38, voyez p. 125 sqq.

P. 76, l. 25, voyez p. 207, 213, 215, 217.

Id., l. 35. Krumbacher, p. 408 sqq. : « Le phénomène de la chute du γ paraît avoir de profondes racines particulièrement à Carpathos et dans l'île voisine de Casos : il s'y étend sur grand nombre de mots et les textes sont ici d'accord avec les notices de mes correspondants et les informations que j'ai pu recueillir par ailleurs. »

Du reste, M. Krumbacher ne donne pas non plus de renseignements précis ou de règles exactes. Quant au γ inorganique, voici ce qu'il établit : « Par suite de la tendance physiologique à éviter l'hiatus, qui s'était introduit dans beaucoup de mots en grec, il se développa dans l'intérieur des mots, principalement dans les verbes en -ω pur, une spirante hystérogène devant la seconde des deux voyelles en collision, et on la marqua dans l'écriture par un γ : c'est pourquoi nous l'appelons un γ irrationnel. Dans le cours des siècles, cette voyelle vint à se produire même devant des mots à initiale vocalique. Dans les verbes en -αυω, -ευω et dans les autres mots avec υ + voyelle, ce phénomène irrationnel se maintint même après consonantisation de υ. » Je ne vois pas que, sous cette forme, l'explication soit démonstrative. M. Krumbacher prend son point de départ dans les formes verbales. Ce système n'est pas sans danger, parce que, dans la transformation de la conjugaison, les changements par analogie sont aussi fréquents que les changements par voie phonétique. Ce ne sont que des mots et des formes isolées, qui fournissent une base solide à la phonétique. Voici une série d'exemples du γ inorganique en dehors de la conjugaison, et qui tous sont empruntés à la brochure de M. Krumbacher : ὠγόν, ζωγή, πρωγί, λαγός (λαός), θεγός, ναγός. Ce qui est commun à tous ces mots, c'est que l'accent est toujours sur la dernière syllabe et c'est, si je ne me trompe, le point essentiel. Ainsi donc ὠόν fait ὠγόν, mais ζῶον : ζῶ (cf. 104). La seconde voyelle est prononcée avec une plus grande intensité, avec une espèce d'esprit rude qui se développe en spirante palatale. — Quant à ποῖγα, cité par M. Krumbacher, ce n'est, à mon avis, qu'un mélange d'orthographe étymologique et phonétique pour πjά. — Dans λαγμός, le γ ne sert qu'à indiquer la prononciation aï.

P. 77, l. 5. Les plus anciens exemples de -εύγω pour -εύω datent du IXe siècle (Krumbacher, 368); ils se rencontrent dans une légende des saints Pierre et Paul. Suivent les *Interpretamenta* du *Pseudodositheus* (IXe ou Xe siècle). Dans ceux-ci, on trouve des verbes en *-eugo*, de plus *pirago* (πειράζω, voyez p. 187 sqq.), *foneigo*, qui est évidemment une faute pour *foneugo*, *sceuge* (σκεύη), mais *celiome*, *clio*, *cribo*, *ceome*, *palcoriome*, outre *genome*, *desmeno*, etc. M. Krumbacher y voit le même γ que dans θεγός, etc. Après ce que nous avons vu tout à l'heure, il faudrait supposer une conjugaison -εύω, -εύομαι, -ευγόμεθα, etc. Des formes accentuées sur la désinence, le γ se serait introduit dans les autres, ce qui n'est pas du tout probable. Au Xe siècle et bien plus tôt, εύω se prononçait *evo* (p. 99) et je ne vois pas comment *evo* peut devenir *evjo*. Παρασκευή, *sceuge*, ne prouvent pas que ευ + voyelle donne *evj* : la coexistence de -εύω et -εύγω amène σκεύγη pour σκεύη. — Je ne saisis pas ce que M. Krumbacher objecte contre l'explication donnée ci-dessus, et qui est celle de M. Chatzidakis : « L'aoriste de ζεύγω fait ἔζευξα ; ἔζευχα est une forme postérieure. » A la même époque où -ευω devient *evo*, ευξ- se change en *efx*, *eps* (p. 76). Nous n'avons aucun droit de dire que le présent -εύγω est antérieur à l'aoriste *ezepsa*.

Un phénomène tout à fait différent du γ inorganique entre deux voyelles est le γ prothétique (Krumbacher, p. 406, 425 sqq.). Οἱ γιἄνθρωποι, ἡ γιὄμορφη s'expliquent facilement (voyez p. 114), mais que dire de ὁ γιἄλλος? Est-ce que le γ vient du pluriel? Et qu'est-ce que τὸ γιαῖμα?

P. 77, l. 13 (lisez, *ibid.*, Chap. VI), voyez p. 182, 187, etc., etc.

P. 80, l. 3, voyez p. 194.

Id., l. 14, voyez p. 109.

P. 94, l. 24, lisez « futur passif » au lieu de « futur moyen ».

P. 96, l. 6. M. Foy (*Vokalstudien*, p. 60) fait remarquer avec raison que cette assimilation n'a lieu qu'à l'atone : on dit ἥμυσυ, mais ἡμίσια.

P. 102, l. 40, voyez p. 105.

P. 103, l. 4, voyez p. 211.

Id., l. 22. Cf. Foy, *Vokalstudien*, 38 sqq. M. F. constate qu'à cause de l'aphérèse de l'atone initiale après τό, τά, dans la plupart des dialectes, il n'y a plus de neutres qui commencent par une voyelle. L'aphérèse n'a pas lieu dans les trisyllabes, pg. -ίον, ng. -ί, par exemple ὐνί, ὠτί, ὠγόν. Τὰ ὠτιά, τὰ ὠγά, deviennent successivement τ'ἀωτιά, τ'αωγά, τ'ἀφτιά, τ'ἀφγά, d'où les singuliers ἀφτί, ἀφγό.

P. 104, l. 2. Pour la chute de l'α, M. Foy (p. 68 sqq.) a trouvé une règle plus précise : α ne tombe que quand il est à la seconde protonique, νοιχτάριν, ξινάρι, σερνικός, στακός. Au contraire, les proparoxytons trisyllabiques qui commencent par une consonne montrent très souvent la prothèse d'un α : ἀγέρανος, ἀμήλιγκας, ἀκάθαρος, etc. Telle est la règle pour les masculins. Au féminin, les paroxytons montrent un α prothétique : ἀπαρθένα, ἀπαλάμη, ἀσφεντόνα, ἀχελώνα, etc. La voyelle reste toujours : 1° devant ρ + consonne, λ + consonne : ἐργάτης, ἐλπίδα, ὀρθός; 2° dans les mots bisyllabiques : ἀκοῦς, ὑγρός, ἐγώ, εὐχή, etc.

Id., l. 23, voyez p. 206-207.

P. 107, l. 36, voyez p. 189.

P. 117, l. 21, voyez p. 223 à ἔτσι.

P. 130, l. 26, voyez p. 207.

P. 153, l. 22. Voyez K. Foy, *Vokalstudien*, p. 50-56. La forme avec ε se montre d'abord au neutre; au masculin et au féminin, elle n'apparaît pas avant le xve siècle; τεσσάρων reste toujours.

Id., l. 39, lisez « inedite » au lieu de « inedete ».

P. 186, l. 15, voyez ci-dessus, p. 244.

P. 187, l. 10, voyez *ibidem*.

Id., l. 11. D'après ce que je viens de dire sur le γ « irrationnel », on comprend que je n'accepte pas l'explication que M. Krumbacher donne pour les verbes en -γω. Je ne saisis pas son objection contre ce que M. Chatzidakis dit pour -εύγω de -εύω : ἔζεψα est une forme postérieure (p. 398). Il est vrai que, dans nos textes, ἔζεψα se trouve plus tard que ἔζευξα, mais la chute du *k* est sans doute aussi ancienne que le changement de υ en *ev*; il remonte donc très haut (voyez p. 74). Nous avons vu (p. 104) que λέγεις devient λέεις, λέγει : λέει, tandis que λέγω reste plus longtemps. Or, on a ἀκούεις, ἀκούει, qui montre la même structure que λέεις λέει, φάεις φάει, etc., et c'est sur ces formes qu'on calque ἀκούγω = λέγω.

Je ne puis pas non plus admettre les hypothèses de M. Chatzidakis (Μελέτη, 98-100). D'après lui, on aurait dit βασιλεύει καλά, mais βασιλεύη ὁ ἥλιος; par une contamination de la forme prévocalique *vasilewj* et de la forme préconsonantique *vasilewi*, on a *vasilewji*. Ce qui me fait rejeter cette explication très ingénieuse, c'est que nous n'avons qu'une seule forme, la troisième personne du singulier du présent, où le γ serait justifié, et nous ne voyons nulle part, dans la conjugaison néo-grecque, une influence de cette personne sur toutes les autres.

P. 191, l. 35, lisez : Δελτίον (τῆς ἱστορικῆς καὶ ἐθνολογικῆς ἑταιρίας τῆς Ἑλλάδος, Athènes, 1885).

P. 223, l. 15, voyez p. 75.

LISTE DES PRINCIPAUX TEXTES CITÉS

DANS LE COURS DU COMMENTAIRE

Abc. — *Das ABC der Liebe, eine Sammlung Rhodischer Liebeslieder*, herausgegeben von W. Wagner, Leipzig, 1879.
Abraham. — *Le Sacrifice d'Abraham*. E. Legrand, *Bibliothèque grecque vulgaire*, Paris, I, pp. 226-280.
Alph. — W. Wagner, *Carmina*, etc., 1874, pp. 242-248.
Andron. — Legrand, *Monuments*, n° 12 : Ὁ υἱὸς τοῦ Ἀνδρονίκου.
Apoc. I. — Ἀπόκοπος τοῦ Μπεργαδῆ, ῥῖμα λογιωτάτη, τὴν ἔχουσιν οἱ φρόνιμοι πολλὰ ποθεινοτάτη. E. Legrand, *Bibliothèque*, II, pp. 94-122 [1].
Apoll. — Μεταγλώττισμα ἀπὸ λατινικὸν εἰς ῥωμαϊκόν, Διήγησις πολυπαθοῦς Ἀπολλωνίου τοῦ Τύρου. W. Wagner, *Carmina græca medii ævi*, pp. 248-276.
Asin. Lup. — Γαδάρου, λύκου καὶ ἀλουποῦς διήγησις ὡραία. Wagner, *Carmina*, pp. 124-140.
Belis. I. — Διήγησις ὡραιοτάτη τοῦ θαυμαστοῦ ἀνδρὸς τοῦ λεγομένου Βελισαρίου. Wagner, *Carmina*, pp. 304-321.
Belis. II. — Ῥιμάδα περὶ Βελισαρίου. Wagner, *Carmina*, pp. 348-378.
Belth. — Διήγησις ἐξαίρετος Βελθάνδρου τοῦ Ῥωμαίου. Legrand, *Bibliothèque*, I, pp. 125-168.
Carm. Gr. — *Chansons populaires grecques*. E. Legrand, Paris, 1876.
Cypr. — *Poésies érotiques chypriotes*. Legrand, *Bibliothèque*, II, pp. 56-93.
Dig. II. — *Les Exploits de Digénis Akritas*, publiés par C. Sathas et E. Legrand, Paris, 1875.
Eroph. I. — Ἐρωφίλη, τραγῳδία Γεωργίου Χορτάτζη, Κ. Σάθας, Κρητικὸν θέατρον, Venise, 1879.
Eroph. II. — *Erophile, tragédie en dialecte crétois, par George Chortatzis*. E. Legrand, *Bibliothèque*, II, pp. 335-399.
Formul. — *Formulaire médical de Jean Staphidas*. E. Legrand, *Bibliothèque*, II, 1-27.
Georg. Belis. — Ἐμμανουὴλ Γεωργιλλᾶ ἱστορικὴ ἐξήγησις περὶ Βελισαρίου. Wagner, *Carmina*, pp. 322-347.
Georg. Const. — Ἐμμανουὴλ Γεωργιλλᾶ ἅλωσις Κωνσταντινουπόλεως. E. Legrand, *Bibliothèque*, I, pp. 169-202.
Georg. Rhod. I. — Ἐμμανουὴλ Γεωργιλλᾶ θανατικὸν τῆς Ῥόδου. Wagner, *Carmina*, pp. 32-52.
Gloss. Laod. — *Glossaire grec-latin de la Bibliothèque de Laon*, par M. E. Miller. Not. et Extr., t. XXIX, 2, 1880, pp. 25-230.

---

1. Rétablissez Apoc. I partout où notre Commentaire porte Apoc. II, par exemple p. 89, l. 2.

GLYKAS. — *Poème de Michel Glykas.* E. Legrand, *Bibliothèque*, I, pp. 18-37.
IMB. — Ἐξήγησις τοῦ θαυμαστοῦ Ἰμπερίου. E. Legrand, *Bibliothèque*, I, pp. 283-320.
INFORT. — Λόγος παρηγορητικὸς περὶ δυστυχίας καὶ εὐτυχίας. Lambros, *Romans grecs*, pp. 289-321.
INTERPRET. MONTEP. — Ἑρμηνεύματα καὶ καθημερινὴ ὁμιλία, publié par A. Boucherie. Not. et Extr., XXIII, 1, 1872.
ITALOGRÆCA I. — Ἰταλοελληνικὰ ὑπὸ Σ. Ζαμπελίου. Ἐν Ἀθήναις, 1864.
MISSA. — *Messe de l'homme sans barbe.* E. Legrand, *Bibliothèque*, II, pp. 28-47.
MICH. LIMB. — *Mort de Michel Limbona.* E. Legrand, *Bibliothèque*, II, pp. 123-147.
MICH. STREN. — *Histoire de Michel le Brave.* E. Legrand, *Bibliothèque*, II, pp. 183-230.
PAP. LUP. — *Notices et textes des papyrus grecs du Musée du Louvre et de la Bibliothèque impériale.* Not. et Extr., t. XVIII, 2, Paris, 1865.
PECCAT. — Ἁμαρτωλοῦ παράκλησις. E. Legrand, *Bibliothèque*, I, p. 17.
PHYSIOL. — *Le Physiologus.* Ch. Gidel et E. Legrand, Annuaire, 1873.
PICAT. — Ἰωάννου Πικατόρου τοῦ ἐκ πόλεως Ῥεθύμνης ποίημα εἰς τὸν πικρὸν καὶ ἀκόρεστον ᾅδην. Wagner, *Carmina*, pp. 224-241.
PIO. — *Contes populaires grecs*, publiés et annotés par Jean Pio, Copenhague, 1879.
PRODROM. I. — Τοῦ Προδρόμου Κυροῦ Θεοδώρου πρὸς τὸν βασιλέα τὸν Μαυροϊωάννην. E. Legrand, *Bibliothèque*, I, pp. 38-47.
PRODROM. II. — E. Legrand, *Bibliothèque*, I, pp. 48-51.
PRODROM. III. — E. Legrand, *Bibliothèque*, I, pp. 52-76.
PRODROM. IV. — E. Legrand, *Bibliothèque*, I, pp. 77-100.
PRODROM. V. — E. Legrand, *Bibliothèque*, I, pp. 101-106.
PRODROM. VI. — E. Legrand, *Bibliothèque*, I, pp. 107-124.
PUELL. JUV. II. — Ῥήματα κόρης καὶ νέου. E. Legrand, *Bibliothèque*, II, pp. 51-57 [1].
PULOL. — Πουλολόγος. Wagner, *Carmina*, pp. 179-198.
QUADRUP. — Διήγησις παιδιόφραστος τῶν τετραπόδων ζώων. Wagner, *Carmina*, pp. 141-178.
SACHL. I. — Γραφαὶ καὶ στίχοι καὶ ἑρμηνεῖαι Κύρου Στεφάνου τοῦ Σαχλήκη. Wagner, *Carmina*, pp. 62-78.
SACHL. II. — Γραφαὶ καὶ στίχοι καὶ ἑρμηνεῖαι, ἔτι καὶ ἀφηγήσεις Κύρου Στεφάνου τοῦ Σαχλήκη. Wagner, *Carmina*, pp. 79-105.
SAKELL. — Σακελλάριος, Κυπριακά, t. III, Athènes, 1868.
SCHMIDT. — *Griechische Märchen Sagen und Volkslieder*, Leipzig, 1877.
SEN. PUELL. — Περὶ γέροντος νὰ μὴν πάρῃ κορίτζι. Wagner, *Carmina*, pp. 106-111.
SFAK. I et II. — Legrand, *Chansons populaires*, 1876, Maisonneuve, Paris.
SKLAV. — Μανοὴλ Σκλάβου συμφορὰ τῆς Κρήτης. Wagner, *Carmina*, pp. 53-61.
SOLOM. — Διδαχὴ Σολομῶνος περὶ τοῦ αὐτοῦ υἱοῦ Ῥοβοάμ. E. Legrand, *Bibliothèque*, I, pp. 11-16.
SOPHIANOS. — Νικολάου Σοφιανοῦ τοῦ Κερκυραίου Γραμματικὴ τῆς κοινῆς τῶν Ἑλλήνων γλώσσης, par E. Legrand, Paris, 1874.

1. Rétablissez Puell. juv. II partout où il y a tout simplement Puell. juv.

SPANEAS. — *Poème à Spanéas.* E. Legrand, *Bibliothèque*, I, pp. 1-10.
SUZ. I. — *Histoire de Suzanne.* E. Legrand, *Bibliothèque*, I, pp. 48-50.
SUZ. II. — *Histoire de Suzanne.* E. Legrand, *Bibliothèque*, I, pp. 269-282.
SYNTIP. — Ἱστορικὸν Συντίπα τοῦ φιλοσόφου ὡραιότατον πάνυ. A. Eberhard, *Fabulae romanenses*, volumen prius, Leipzig, 1872.
TRAP. — Ἱστορία καὶ στατιστικὴ Τραπεζοῦντος, S. Joannidis, Constantinople, 1870.
XENIT. — Wagner, *Carmina*, pp. 203-220.

Ἀθήναιον, X. — Ἀθήναιον, σύγγραμμα περιοδικόν, Athènes, 1882.
BEITRAEGE. — *Beiträge zu einer Geschichte der griechischen Sprache*, von Dr. Krumbacher. Zeitschrift für vergleichende Sprachforschungen, Band 28.
BLASS. — *Ueber die Aussprache des griechischen.* Ed. II, Berlin, 1882.
BOVA. — Voir MOROSI BOVA.
ESSAIS. — *Essais de grammaire historique néo-grecque*, par Jean Psichari, I, Paris, 1886.
FOY. — *Lautsystem der griechischen Vulgärsprache*, Leipzig, 1879.
KRUMBACHER. — Voir BEITRAEGE.
LEGRAND. — *Grammaire grecque moderne*, Paris, 1878.
MAVROPHRYDIS. — Δοκίμιον ἱστορίας τῆς ἑλληνικῆς γλώσσης. Ἐν Σμύρνῃ, 1871.
G. MEYER. — *Griechische Grammatik.* Ed. II, Leipzig, 1886.
MOROSI BOV. — Morosi, *I dialetti romaici del mandamento di Bova.* Archivio glottologico italiano, IV, pp. 1-116.
MOROSI OTR. — *Studi sui dialetti greci della Terra d'Otranto*, Lecce, 1870.
OTR. — Voir MOROSI OTR.
PHON. LEG. — Περὶ φθογγολογικῶν νόμων καὶ τῆς σημασίας αὐτῶν εἰς τὴν σπουδὴν τῆς νέας ἑλληνικῆς ὑπὸ Γ. Ν. Χατζιδάκη, Athènes, 1883.
Φθογγολ. — Voir PHON. LEG.
POÈMES HISTORIQUES. — E. Legrand, *Recueil de poèmes historiques*, Paris, 1877.
WAGNER. — *Quæstiones de epigrammatis Græcis*, Leipzig.

INDEX RERUM

PHONÉTIQUE

Accent, 105-112 ; changements d'accent dans la flexion, 124, 126, 161, 169, 171, 179, 182, 194, 198, 210, 211, 216, 224.

Assimilation. — ε-α = α-α, 73, 79, 191.
    ο-α = α-α, 73.
    ε-ο = ο-ο, 79.
    ε-ι = ι-ι, 79.
    ε-ου = ου-ου, 79.
    ο-ου = ου-ου, 198.
    ι-υ = υ-υ, 96.
    κ-γκ = γ-γκ, 86.
    κ-χ = χ-χ, 87.

Chute de voyelles. — α, 227 ; ε, 79 ; ι, 85 ; ο, 93 ; υ, 95, 97 ; à l'initiale, 102 sqq.; à l'intérieur dans l'hiatus, 104.

Chute de consonnes. — γ, 76 ; λ, 87 ; μ, 88 ; ν, 88 ; τ initial dans ἴντα, 174.

Contraction, 104.

Dissimilation. — α-α = α-ε ou ε-α, 73.
    ι-ι = ε-ι, 85.
    λ-λ = ρ-λ, 94.

Influence des consonnes sur les voyelles. — ο, ου devant labiales au lieu d'une autre voyelle, 73, 79, 82, 93, 96, 98.
    ηρ, υρ atone = ερ, 81, 97.
    ορ atone = αρ, 93.

Paragogique. — ε à l'accusatif des pronoms, 167 ; aux verbes, 191.
    ν dans μήν, 92.
    ς dans les adverbes, 225.
    τ dans διατ-, 228.

Prothèse. — α du pluriel de l'article, 103 ; de l'accusatif d'un substantif, 172.

δ de διά, 78.
ε de ἐκεῖνος, 103, 166, 223, 225 ; de ἐμέ, 165.
η de l'article, 103.
ν de l'article, 92.
ο de l'article, 103 ; des pronoms ὁποῖος, etc., 103.
τ des pronoms démonstratifs, 224.

MORPHOLOGIE

Doubles désinences, 123 sqq., 130, 140, 153, 157, 164, 167, 169, 180, 203, 205.

DÉCLINAISON

Article. — Influence du substantif sur la flexion de l'article, 115.

Cas. — Influence du *nominatif* sur les autres cas, 80, 116, 121, 129, 131.
Influence du *génitif*, 136, 137, 142, 169.
Influence de l'*accusatif*, 127, 129, 151.

Genre. — Changements de genre, 108, 124 sqq., 140 sqq.
Influence du genre sur la flexion, 125, 126, 127, 129, 136, 137, 139.
Influence du *féminin* sur le masculin, 151, 152.
Influence du *neutre* sur le masculin et le féminin, 157.

Nombre. — Influence du *pluriel* sur le singulier, 142.
Neutre pluriel devenant singulier, 103.

SUFFIXES

-ακι, 148.
-δες, 133 sqq., 142, 162.
-τερος, 159, 160.
Augmentatifs, 122, 148, 156.
Postverbaux, 121.

Changements de suffixe : ἀλέτρι, 73 ; ἱλαρός, 73 ; ὄρτυκα, 77 ; -ικος, 109 ; -εια, 111.

PRÉFIXES

ἀνε-, 207.
ἀπο- pour ὑπο-, 103, 176, 196.
ἐξ- pour ὀξ-, 93.
κα-, 175.
ξε-, 217.

CONJUGAISON

Actif. — Son influence sur le passif, 197-199, 204.
Aoriste. — Son influence sur le présent, 77, 84, 88, 111, 179, 182, 185, 189, 202, 209.
Son influence sur le futur, 180.
Augment, 216 sqq.
Futur. — Son influence sur l'aoriste et le présent, 94, 99, 182, 185, 189.
Imparfait pris comme aoriste, 215.
Impératif en α, 211 ; en ς, 180, 194.
Infinitif. — Derniers débris, 145, 192.
Parfait. — Derniers débris, 178, 211, 218.
Son influence sur le présent, 77, 179, 185, 190.
Participe en -άμενος, 196 ; en -ώμενος, 197.
Passif en -κα, 199, 204, 211.
Présent en -γω, 76, 187 ; en -νω, 189 ; en -χνω, 187.
Verbes monosyllabiques, 207.

LEXICOGRAPHIE

Influence d'un mot sur un autre.
— a) Dans l'accent, 106 sqq.
b) Dans la flexion :
ἀτός μου — ἐδικός μου, 173.
γάλας — κρέας, 141.
διψάσω — πεινάσω, 202.
μεγαλίτερος — καλλίτερος, 157.
μερός — νυχτός, 131.
πικρός — γλυκύς, 108, 143, 155.
ῥοζιαρικός — κουμπιαρικός, 161.
c) Dans le corps du mot :
ἀκ = ἀπό + ἐξ, 230.

γυρτός = κυρτός + γύρω, 86.
ἔντελμα = ἔνταλμα + ἐντέλλω, 73.
ἐρέτος = ἐπέτος + ἐφήμερος, 93, 224.
θέτω = τίθημι + κεῖτω, 180.
κλιματιζίδα = *κλιματζι + κλιματίδα, 81.
κουνῶ = κινῶ + κούνια, 82.
κρεμμίδι = κρομμύδι + κρεμίζω, 93.
κροῦσταλλος = κρύσταλλος + κροῦστα, 96.
μεθαύριον = μετ' αὔριον + μεθ' ἡμέραν, 83.
ὀξόβεργον = ἐξόβεργον + ὀξω, 85.
ὁρμηνεύω = ἑρμηνεύω + ὁρμῶ, 79.
ὀχιά = ὄφις + ἔχις, 79.
παγαίνω = ὑπάγω + βαίνω, 213.
στέκω = στήνω + στέκω, 179.
τέτοιος = τίτοιος + ἔτοιος, 177.

FORMES ET MOTS SAVANTS

αὐξαίνω, 210.
βιβλίο, 84.
βοῦλα, 197.
ἑαυτό, 124.
θυγάτηρ, 131.
ἱστήκω, 179.
κρέμαντις, 147.
περιττό, 95.
πρᾶγμα, 77.
σύββατι, 75.
τύχης, 139.
ὕδωρ, 137.
φιλία, 121.

VARIA

ἀμμή, 231.
ἀξάφνου, 222.
βάζω, 210.
γουμένα, 197 sqq.
ἔδα, 225.
ἔτσι, 223.
ζιῶ, 206.
ἴντα, 174.
καημίνος, 99.
μά, 231.
σήτης, 232.
σπρώχνω, 187.
τέτοιος, 177.
τίντα, 174.
τώρα, 224.

ERRATA

Page	Ligne	Lisez :	Au lieu de :
14	8	præponatur	praeponatur.
23	27	χιλιάδες	χιλιάδες.
29	23	ἐμαυτόνμου *meipsum*	ἐμαυτόνμου *me ipsum*.
35	12	quoad	quod.
37	32	πατήσει	πατήσει.
42	25	εἴχα	εἴχα.
43	30	εἰδῇ [1]	εἰδῃ.
45	6	ἐμάζωξα	ἐμάζωξα.
52	33	præter	practer.
53	17	igitur, ut	igitur ut.
65	5	à	à.
66	10	modi	modo.
66	16	μάθω	μέθω.
66	26	percurremus	precurremus.
73	28	ἀρρεβῶνας	ἀρρεβῶνας.
74	27	Du reste, les	Du restes les.
74	36	à la p. 75),	à la p. 75,
75	19	μπάνος, *ban*	μπάνος *ban*.
79	22	ἀξαναβίγλουν, Cypr., 6, 11.	ἀξαναβίγλουν, Cypr., 23, 1.
81	27	Κληματζίδα	Κληματζίδα.
83	10	Précédé d'une des spirantes φ, χ, σ	Précédé d'une spirante (φ, χ, σ).
88	4 av.-dern.	ἐγνοιάζομαι	ἐγνοιόζομαι.
90	18	μάχην	μαχήν.
102	8 av.-dern.	εἰς ἐσᾶς	εἰς, ἐσᾶς.
137	24	P. 19, l. 9	P. 18, l. 9.
139	28	λογιῶ	λογιώ.
182	6	illusion	l'illusion.
187	7 av.-dern.	de sens	du sens.
192	5	grand chose	grand'chose.
197	3	contractes	contracts.
—	26	—	—
—	34	γραφούμαστε	γραφούμαστε.
200	3	du ν	de ν.
205	3 av.-dern.	une tendance	un tendance.
208	14	-οῦν	-ουν.

1. Telle est la leçon de l'édition originale. S. Portius voit toujours un subjonctif dans ces formations et il a omis l'iota souscrit par pure négligence. Il reste bien entendu, d'ailleurs, qu'il aurait dû pour le moins écrire ἰδῇ.

ERRATA

Page	Ligne	Lisez :	Au lieu de :
214	4 av.-dern.	Σδαιῶ	Σδαιῶν.
223	13	καιοὺ	καίρο.
231	12	*sinó*	*sina.*
237	13	ἀγγίζει	ἐγγίζει.
238	5 av.-dern.	δὲν	δὲν.

Voici enfin quelques autres indications qui se rapportent à peu près au même objet ou qui regardent plus particulièrement le Commentaire.

P. 17, l. 21, lire μάστορη au lieu de μαστόρη que porte d'ailleurs l'édition.

P. 44, note 1 : la même observation doit être faite pour la p. 99, l. 10 de l'édition originale où on lit ἔξανα. δα : supprimez le point.

P. 48, l. 38 (de même p. 52, l. 29 et p. 63, l. 40) il faut lire παίρνω au lieu du πέρνω de notre auteur.

P. 53, l. 4, *ad illa* est certainement une faute de l'original pour *ad illam* qu'il faut rétablir.

P. 61, l. 5, le mot *sic* entre parenthèses (*sic*) a été introduit là par mégarde dans la correction des épreuves et doit disparaître.

P. 81, l. 5, nous voulons parler de Musa prononcé à la moderne, car dans Musa, latin, *s* a toute sa valeur de sourde.

P. 95, l. 21, il vaut mieux écrire πτυάριον au lieu de *πτυάριον ; voyez, en effet, Leo. Tact. 5, 6 ; Porph. Cer. 463.

FIN

TABLE DES MATIÈRES

	Pages.
Lettre à M. Wilhem Meyer pour servir d'introduction à la Grammaire de Simon Portius	I-LVI
Grammatica linguæ græcæ vulgaris, reproduction de l'édition de 1638	1-68
Épître dédicatoire au Cardinal de Richelieu (texte grec)	1-2
La même (texte latin)	3-4
Privilège du Roy	5-6
Proœmium	7
Caput I. De Literis, earúmque divisione, ac Pronunciatione.	7-11
Caput II. De Accentibus et Spiritibus	12-13
Caput III. De Partibus Orationis	13-14
Caput IV. De Nomine	14-19
Appendix prima. De Heteroclytis, Verbalibus et Numeralibus	19-24
Appendix secunda. De Adjectivis, Comparativis et Superlativis	24-27
Caput V. De Pronomine	27-31
Caput VI. De Verbis	31-47
Caput VIII[1]. De temporum Græcæ linguæ vulgaris efformatione.	47-53
Caput IX. De Adverbiis	53-54
Caput X. De Præpositionibus	54-57
Caput XI. De Conjunctionibus	58
Caput XII et ultimum. De Syntaxi Linguæ Græcæ Vulgaris..	58-68
De Concordantiis	58-59
De Pronominibus μοῦ, σοῦ, etc	59-61
De quibusdam Nominibus quæ genitivum regunt, vel accusativum, ubi etiam de ablativo absoluto..	61-62
De Constructione Verbi Activi	62-64
De Constructione Verbi passivi, neutri, ac Deponentis	64
De Verbis εἶμαι, φαίνομαι, et aliis, tum de Verbo Impersonali, de Modis, Gerundiis, ac quibusdam loquutionibus	64-66
De nonnullis adverbiis, ac particulis, quæ vel nominibus, vel Verbis præfiguntur	66-68

1. Le chapitre VII ne figure pas dans l'original, par suite d'une faute d'impression qui se répète jusqu'à la fin (p. 47, Cap. VIII au lieu de VII; p. 53, C. IX (au lieu de VIII); p. 54, C. X (au lieu de IX); p. 58, C. XI (X); p. 58, C. XII (XI), onze chapitres en tout). Pour ne rien déranger à notre édition diplomatique du texte et pour ne pas créer de confusions, nous avons conservé, dans les renvois aux chapitres de l'original, les mêmes fautes d'impression et les mêmes numéros de chapitres, au Commentaire.

	Pages.
Commentaire de la Grammaire de Simon Portius et notes....	69-239
Epitre au Cardinal de Richelieu	69-70
Privilège du Roy..	70
Chapitre premier. *Des Lettres et de leur Prononciation*......	71-105
Chapitre II. *Des Accents et des Esprits*....................	105-112
Chapitre III. *Des Parties du Discours*	112-118
Chapitre IV. *Du Nom*..	118-151
Noms de Nombre........................	151-154
Adjectifs. Degrés de Comparaison.....	154-163
Chapitre V. *Du Pronom*......................................	163-177
Chapitre VI. *Du Verbe*	178-216
Chapitre VII (VIII). *De la Formation des Temps*............	216-221
Chapitre VIII (IX). *Des Adverbes*...........................	221-226
Chapitre IX (X). *Des Prépositions*	227-230
Chapitre X (XI). *Des Conjonctions*	230-232
Chapitre XI (XII). *Syntaxe*	232-239
Supplément à l'Introduction.................................	241-242
Additions et Corrections....................................	243-246
Liste des principaux textes cités dans le cours du Commentaire.	247-249
Index rerum...	251-252
Errata..	253-254
Table des matières	255-256

FIN DE LA TABLE DES MATIÈRES

Paris. — Imprimerie polyglotte A. Lanier et ses Fils, 14, rue Séguier.

44. Études d'archéologie orientale, par Ch. Clermont-Ganneau, tome premier, 1re livraison. 10 fr.
45. Histoire des institutions municipales de Senlis, par J. Flammermont. 8 fr.
46. Essai sur les origines du fonds grec de l'Escurial, par C. Graux. 15 fr.
47. Les Monuments égyptiens de la Bibliothèque nationale, par E. Ledrain. 2e et 3e livraisons. 25 fr.
48. Étude sur le texte de la vie latine de Sainte Geneviève de Paris, par C. Kohler. 6 fr.
49. Deux versions hébraïques du Livre de Kalîlâh et Dimnâh, par J. Derenbourg. 20 fr.
50. Recherches sur les relations politiques de la France avec l'Allemagne, de 1292 à 1378, par A. Leroux. 7 fr. 50
51. Principaux monuments du Musée égyptien de Florence, par W. B. Berend, 1re partie. Stèles, bas-reliefs et fresques. Avec 10 planches photogravées. 50 fr.
52. Les lapidaires français du moyen âge des XIIe, XIIIe et XIVe siècles, réunis, classés et publiés, accompagnés de préfaces, de tables et d'un glossaire, par L. Pannier, avec une notice préliminaire par G. Paris, membre de l'Institut. 10 fr.
53 et 54. La religion védique d'après les hymnes du Rig-Veda, par A. Bergaigne. Volumes II et III. 27 fr.
55. Les Établissements de Rouen, par A. Giry, tome Ier. 15 fr.
56. La Métrique naturelle du langage, par P. Pierson. 10 fr.
57. Vocabulaire vieux-breton, avec commentaire contenant toutes les Gloses en vieux-breton, gallois, cornique, armoricain connues, par J. Loth. 10 fr.
58. Hincmari de ordine palatii epistola. Texte latin traduit et annoté par M. Prou. 4 fr.
59. Les Établissements de Rouen, par A. Giry, tome second. 10 fr.
60. Essai sur les formes et les effets de l'affranchissement dans le droit gallo-franc, par M. Fournier. 5 fr.
61 et 62. Li Romans de Carité et Miserere, du Renclus de Moilliens, publié par A.-G. Van Hamel. 20 fr.
63. Études critiques sur les sources de l'histoire mérovingienne. 2e partie. Compilation dite de « Frédégaire », par G. Monod, directeur d'études et par les membres de la Conférence d'histoire. 6 fr.
64. Études sur le règne de Robert le Pieux, 996-1031, par C. Pfister. 15 fr.
65. Nonius Marcellus, Collation de plusieurs manuscrits de Paris, de Genève et de Berne, par H. Meylan, suivi d'une notice sur les principaux manuscrits de Nonius pour les livres I, II et III, par Louis Havet. 5 fr.
66. Le Livre des parterres fleuris. Grammaire hébraïque en arabe d'Aboul-Walid Merwan Ibn-Djanah de Cordoue, publiée par J. Derenbourg. 25 fr.
67. Du Parfait en grec et en latin, par E. Ernault. 6 fr.
68. Musée du Louvre. Stèles de la XIIe dynastie, par Alb. Gayet. 1re et 2e livraisons. 15 fr.
69. Gujastak Abalish. Relation d'une conférence théologique présidée par le calife Mâmoun. Texte pehlvi publié pour la première fois avec traduction, commentaire et lexique, par A. Barthélemy. 3 fr. 50
70. Études sur le papyrus Prisse. Le livre de Kaqimna et les leçons de Ptah-Hotep, par P. Virey. 8 fr.
71. Les Inscriptions babyloniennes du Wadi-Brissa, par H. Pognon; accompagné de 14 planches. 10 fr.
72. Johannis de Capua, Directorium Vitæ humanæ alias parabola antiquorum sapientium. Version latine du livre de Kalilah et Dimnah publiée et annotée par Joseph Derenbourg, de l'Institut. 1er fascicule. 9 fr.
73. Mélanges Renier. Recueil de travaux publiés par l'École pratique des Hautes Études (section des sciences historiques et philologiques) en mémoire de son président Léon Renier. Avec un portrait en héliogravure. 15 fr.
74. La Bibliothèque de Fulvio Orsini. Contribution à l'histoire des collections d'Italie et à l'étude de la Renaissance, par P. de Nolhac. Avec 8 fac-similés en héliogravure. 15 fr.
75. Histoire de la ville de Noyon et de ses institutions jusqu'à la fin du XIIIe siècle, par A. Lefranc. 6 fr.
76. Étude sur les relations politiques du pape Urbain V avec les rois de France Jean II et Charles V, par M. Prou. 6 fr.
77. Lettres de Servat Loup, abbé de Ferrières. Texte, notes et introduction par G. Desdevises du Dezert. 5 fr.

BERGAIGNE (A.). Manuel pour étudier la langue sanscrite. Chrestomathie. — Lexique. — Principes de grammaire. Gr. in-8°. 12 fr.

BIBLIOTHÈQUE FRANÇAISE DU MOYEN AGE publiée sous la direction de MM. G. Paris et P. Meyer, membres de l'Institut. Format petit in-8°.

Vol. I, II : Recueil de motets français des XIIe et XIIIe siècles, publiés d'après les manuscrits avec introduction, notes, variantes, etc., par G. Raynaud, suivis d'une étude sur la musique au siècle de saint Louis, par H. Lavoix fils. 18 fr.

Vol. III : Le Psautier de Metz, tome Ier, texte et variantes, publié d'après quatre manuscrits par F. Bonnardot. 9 fr.

Vol. IV, V : Alexandre le Grand dans la littérature française du moyen âge, par Paul Meyer, membre de l'Institut. 18 fr.

BREKKE (K.). Étude sur la flexion dans le voyage de saint Brandan, poème anglo-normand du XIIe siècle. In-8°. 3 fr.

CHRESTOMATHIE de l'ancien français (IXe-XVe siècles) à l'usage des classes, précédée d'un tableau sommaire de la littérature française au moyen âge et suivie d'un glossaire étymologique détaillé par L. Constans. In-8° cartonné, avec le supplément, 5 fr. — Le supplément seul. 1 fr. 50

CURTIUS (G.). Grammaire grecque classique, traduite sur la quinzième édition allemande par Paul Clairin. In-8°. 7 fr. 50
DARMESTETER (A.). De la Création actuelle de mots nouveaux dans la langue française et des lois qui la régissent. Gr. in-8°. 10 fr.
FLAMENCA (le roman de), publié d'après le manuscrit unique de Carcassonne, avec introduction sommaire, notes et glossaire par P. Meyer. Gr. in-8°. 12 fr.
GODEFROY (F.). Dictionnaire de l'ancienne langue française et de tous ses dialectes du IX° au XV° siècle, composé d'après le dépouillement de tous les plus importants documents, manuscrits ou imprimés, qui se trouvent dans les grandes bibliothèques de la France et de l'Europe, et dans les principales archives départementales, municipales, hospitalières ou privées. Publié sous les auspices du Ministère de l'Instruction publique, et honoré par l'Institut du grand prix Gobert.
    Paraît par livraisons de 10 feuilles grand in-4° à trois colonnes au prix de 5 fr. la liv. L'ouvrage complet se composera de 100 livraisons.
LOTH (J.). Vocabulaire vieux breton avec commentaire contenant toutes les gloses en vieux breton, gallois, cornique, armoricain connues, précédé d'une introduction sur la phonétique du vieux breton et sur l'âge de la provenance des gloses. Gr. in-8°. 10 fr.
MOREL-FATIO (A.). La Comedia espagnole du XVII° siècle. Cours de langues et littératures de l'Europe méridionale au Collège de France. Leçon d'ouverture. In-8°. 1 fr. 50
    Études sur l'Espagne, 1re série, petit in-8°. 3 fr. 50
MEYER (P.). Documents manuscrits de l'ancienne littérature de la France, conservés dans les bibliothèques de la Grande-Bretagne. 1re partie : Londres (Musée Britannique), Durham, Edimbourg, Glasgow, Oxford (Bodléienne). 1 vol. in-8°. 6 fr.
MYSTÈRE (le) de la Passion d'Arnoul Greban, publié d'après les mss. de Paris, avec une introduction et un glossaire par G. Paris et G. Raynaud. 1 fort vol. gr. in-8° à 2 col. 25 fr.
PARIS (G.). Étude sur le rôle de l'accent latin dans la langue française. In-8°. 4 fr.
— Dissertation critique sur le poème latin du Ligurinus attribué à Gunther. In-8°. 2 fr.
— Le petit Poucet et la Grande-Ourse. 1 vol. in-16. 2 fr. 50
— Les Contes orientaux dans la littérature française du moyen âge. In-8°. 1 fr.
— Grammaire historique de la langue française. Cours professé à la Sorbonne en 1868. Leçon d'ouverture. 1 fr.
RECUEIL d'anciens textes bas-latins, provençaux et français, accompagnés de deux glossaires et publiés par P. Meyer, membre de l'Institut. 1re partie : bas-latin, provençal, gr. in-8°. 6 fr.
— 2° partie : vieux français. Gr. in-8°. 6 fr.
SAUSSURE (F. de). Mémoire sur le système primitif des voyelles dans les langues indo-européennes. In-8°. 10 fr.
VIE (la) de saint Alexis, poème du XI° siècle. Texte critique par G. Paris, membre de l'Institut. Petit in-8°. 1 fr. 50

REVUE CELTIQUE fondée par M. H. Gaidoz et publiée sous la direction de M. H. d'Arbois de Jubainville, membre de l'Institut, avec le concours de MM. J. Loth, E. Ernault et de plusieurs savants des Iles Britanniques et du Continent. Chaque volume se compose de 4 livraisons d'environ 130 pages chacune. — Prix d'abonnement : Paris, 20 fr.; départements et pays d'Europe faisant partie de l'Union postale, 22 fr.; édition sur papier de Hollande Paris, 40 fr.; départements et pays faisant partie de l'Union postale, 44 fr.
    Le neuvième volume est en cours de publication.
REVUE DES PATOIS, recueil trimestriel consacré à l'étude des patois et anciens dialectes romans de la France et des régions limitrophes, publié par L. Clédat, professeur à la Faculté des lettres de Lyon. Ce recueil forme à la fin de l'année un volume in-8° d'environ 320 pages. — Prix d'abonnement : France, 15 fr.; Union postale, 17 fr.
    La deuxième année est en cours de publication.
ROMANIA, recueil trimestriel consacré à l'étude des langues et des littératures romanes, publié par MM. Paul Meyer et Gaston Paris. Chaque numéro se compose de 160 pages qui forment à la fin de l'année un vol. gr. in-8° de 640 pages. — Prix d'abonnement : Paris, 20 fr.; départements et pays d'Europe faisant partie de l'Union postale, 22 fr.
    La dix-septième année est en cours de publication.
    Aucune livraison de ces trois recueils n'est vendue séparément.

www.ingramcontent.com/pod-product-compliance
Lightning Source LLC
Chambersburg PA
CBHW060415170426
43199CB00013B/2147